民事訴訟・執行・保全・破産における
不服申立の実務

抗告・異議等の活用

茨城県弁護士会 編

ぎょうせい

刊行にあたって

本書は、茨城県弁護士会が開催した平成19年度関東十県会夏期研修会の研究成果である。

関東十県会は東京高等裁判所管内の弁護士会のうち東京三会を除く10県の弁護士会で組織されたものであり、明年で設立50周年を迎える。この夏期研修会は、10県が持ち回りで開催するものであり、これまでの研修会においても多大な成果をあげてきている。茨城県弁護士会も、昭和52年度「土地区画整理の諸問題」、昭和62年度「判例からみた安全配慮義務」、平成９年度「墓地の法律と実務」と過去３度の出版を行い、その都度好評を博してきた。10年に１度の開催は、その時々の民事的な問題点がとりあげられ、今回が３度目の経験となる私にとっても先輩会員との熱心な議論が充実したなつかしい思い出となっている。

今回の「民事訴訟・執行・保全・破産における不服申立の実務―抗告・異議等の活用―」は、これまでのテーマとは違い、今日的なテーマではなく、むしろ永遠の課題というべき裁判における闘いの法的武器の使用方法の解説であり、いかにしてこれを有効に活用すべきか、そもそも理論的にどのようなものが使えるのかを中心に研究されたものである。本書の執筆は、茨城県弁護士会の中堅・若手弁護士が中心になり約２年の研究の上になされたものであるが、このような問題を弁護士の立場から総合的な観点で書かれた類書はなく、その意味では研究成果を世に問い、実務家各位からの御批判を仰ぐものである。

本書が、民事事件に携わる多くの実務家に読まれ、少しでも日々の実務に役立つことができれば、本書作成にかかわった茨城県弁護士会会員にとっては、幸甚の至りである。

最後に、本書執筆を担当した茨城県弁護士会夏期研修会準備委員会の委員各位、並びに御多忙の中何度も準備委員会に出席いただき、種々のアドバイスをいただいた筑波大学村上正子准教授に深く謝意を表するものである。

平成19年８月

茨城県弁護士会
会長　**足　立　勇　人**

本書の構成と用い方

■基本的な構成と用い方

本書は、民事訴訟、民事執行、民事保全、破産の各手続において、具体的な場面でどのような不服申立ができるかを検討したものである。

各編の構成は、原則として、本文、書式集、具体的な設例に応じて不服申立ができるかどうかの結論を示した一覧表からなる。さらに本文は、それぞれの不服申立方法の概要を説明する総論と不服申立の具体的な論点を解説した各論とに分かれる。

本書の実務書としてのハイライトは一覧表にある。一覧表では、民事訴訟、民事執行、民事保全、破産の各手続において発生する具体的な設例について、不服申立ができるかどうか、できるとしてどのような不服申立（抗告・異議等）になるかの結論とその根拠条文を表示している。そのほか、各手続により項目に差はあるが、最低限、不服申立の審理機関・不服申立期間・申立方法・再度の不服申立の可否を表示している。

その設例は、民事保全を除いては、原則として各条文に従って配列してあるので、例えば、民事訴訟法51条に関連して「訴訟係属中の事件につき、義務承継が生じたので、当事者が義務承継人に対する引受申立をしたが、裁判所が却下決定をした」という場面で、どのような不服申立ができるかを知りたいときは、その条文を参照条文として引用している設例を探していただければ、「通常抗告ができる」ということを簡単に知ることができるようになっている。

民事保全については、条文に従った配列とするとかえって分かりづらくなることから、論理的な配列とした。これにより検索はさらに容易となっている。

また、本文や書式と一覧表との対応関係も明示し、立体的な理解ができるよう工夫してある。

もちろん、本文についても、様々な工夫を施した。ただ、これらについては、各編でそれぞれ内容が若干異なるので、以下、各編ごとの特色として説明する。

■民事訴訟編の特色

不服申立という場合、通常は「裁判」に対する上訴や異議を指して使われる。しかし、民事訴訟では、訴訟の進行に応じて各種申立が認められており、「不服のある状態に対する手段」としての不服申立としての意味を持つ。そこで、「不服のある状態に対する手段」も広い意味での不服申立と捉えて検討対象としている。

それらの相互関係については総論において詳しく説明してある。

また、民事訴訟編では、各論において一覧表の各設例について個別に詳しい解説をつけることとした。そこで一般的な説明をするとともに、一覧表の結論としては不服申立ができないとしたものでも他の代替手段がないかどうかなどの検討をしてあるので、是非ご一読いただきたい。

民事訴訟の書式については、多くの実務書が出ていることから、各種抗告状のひな形を総論の中で紹介するにとどめ、逆に各論の中で、抗告等ができるものについては「抗告の趣旨」等を記載してある。これにより、容易に各種抗告状等を作成することができよう。

■民事執行編の特色

民事執行においては、手続の流れに従って、執行文付与の段階、執行の段階、配当の段階があり、それぞれに不服申立手段が用意されている。総論において、これらの概要が説明される。

ただ、民事執行は、各種執行でそれぞれ手続が異なる一方で、権利実行の場面であることから迅速かつ適切な対応が要求されるので、いざというときに細かな解説本を読んでいる暇はないのが実情である。そこで、各論においては、他の編と異なり、各種執行ごとに手続の流れをフローチャートで示すとともに、その中でどのような不服申立ができるかを指摘した。

これにより、自分のとっている（とられている）執行手続の中で、どの段階でどのような不服申立ができるのかが一目瞭然となる。

■民事保全編の特色

民事保全においては、保全命令の申立が却下された場合の即時抗告、保全命令が発せられた場合の保全異議・保全取消・保全抗告があり、総論において、それらの概要と、関連する制度について説明される。

各論においては、民事保全における不服申立の中で特に問題となる論点を取り上げて解説してある。

■破産編の特色

破産においては破産法に定めがある場合に限り即時抗告が許されるところから、総論においては、この点を中心に解説される。ただし、一覧表においては、管財人や他の債権者に対する対抗手段についても検討が加えられている。

各論においては、破産法上の不服申立に関し、実務上重要であったり、まとまった解説が必要と思われる事項について、解説してある。

以上が、本書の構成と用い方のあらましである。

本書を手に取られた方々が、このような特色を踏まえて、本書を有効に活用していただければ、関東十県会夏期研修会準備委員会委員一同にとって望外の幸せである。

茨城県弁護士会関東十県会夏期研修会
準備委員会副委員長　**後藤直樹**
同　**根本信義**

茨城県弁護士会関東十県会夏期研修会準備委員会

委員長　大和田　一雄

副委員長　後藤　直樹、根本　信義

委　員（50音順）　足立　勇人、阿久津　正晴、阿部　良二、会沢　克男、相澤　寛、秋山　環、秋山　安夫、天野　義章、荒川　誠司、井出　晃哉、伊藤　しのぶ、飯島　章弘、飯田　大樹、石橋　真一、糸賀　良德、今村　英子、上田　和裕、遠藤　俊弘、小沼　典彦、尾池　誠司、岡野　聡史、桂　秀明、門井　節夫、亀田　哲也、木島　千華夫、木名瀬　修一、菊池　正憲、栗山　学、小菅　稔、小西　俊一、古徳　尚子、五來　則男、佐谷　道浩、佐藤　大志、坂本　博之、志村　和俊、篠崎　和則、鈴木　健秀、鈴木　富美子、鈴木　實、田中　道夫、田原　緑、高橋　博信、高宮　大輔、竹若　栄吾郎、種田　誠、寺山　竜介、戸賀崎　篤、百目鬼　明子、中本　義信、二宮　嘉秀、根本　裕一、野村　貴広、萩原　慎二、平島　雅人、星野　学、松井　敏博、松沼　和弘、丸山　幸司、水口　二良、茂木　博男、茂手木　克好、望月　直美、森田　冴子、谷田部　亘、谷萩　陽一、山形　学、山崎　真也、山本　鉄也、横田　由美子、吉岡　隆久、渡邉　昭

〈凡　　例〉

本書では、判決裁判所、判例の出典及び法令の名称等について下記の略号・略称が用いられている。

㈠　判決裁判所

判決裁判所については、その裁判所名を次の略号で示した。

大……………………………………………………………………………大審院民事部
最……………………………………………………………………………最高裁判所
○○高………………………………………………………………………○○高等裁判所
○○地………………………………………………………………………○○地方裁判所
○○家………………………………………………………………………○○家庭裁判所

㈡　判例の出典

公表された判例については、その出典名を次の略号で示した。

民集……………………………………………………………最高裁判所民事判例集
民録……………………………………………………………………大審院民事判決録
刑集……………………………………………………………最高裁判所刑事判例集
集民……………………………………………………………最高裁判所裁判集民事
高民集…………………………………………………………高等裁判所民事判例集
下民集………………………………………………………下級裁判所民事裁判例集
家月……………………………………………………………………家庭裁判所月報
東高民時報……………………………………………東京高等裁判所民事判決時報
判時…………………………………………………………………………判例時報
判タ…………………………………………………………………………判例タイムズ
新聞…………………………………………………………………………法律新聞
金法………………………………………………………………………旬刊金融法務事情
金商………………………………………………………………………金融・商事判例
評論……………………………………………………………法律［学説判例］評論全集

㈢　法　　令

本書は、民事訴訟、民事執行、民事保全、破産の４編から成る。そのため、各編の基本法である民事訴訟法、民事執行法、民事保全法、破産法については、特に誤解を招くと思われる個所を除いて、当該編のなかで法律名を省略し、直接、条・項・号番号のみを示した。

これ以外の場合の法令名については、次の略号で示した。

刑訴法……………………………………………………………………刑事訴訟法
税徴………………………………………………………………………国税徴収法
民…………………………………………………………………………………民法
民執法……………………………………………………………………民事執行法
民執規……………………………………………………………………民事執行規則
民訴法……………………………………………………………………民事訴訟法
民訴規……………………………………………………………………民事訴訟規則
民訴費……………………………………………………民事訴訟費用等に関する法律

民保法……………………………………………………………………………………民事保全法
民保規…………………………………………………………………………………民事保全規則
破規………………………………………………………………………………………破産規則
非訟……………………………………………………………………………非訟事件手続法

㈣　出典等

本書では、文献及び論文名を引用する場合、その文献名及び論文名をフルネームで出典として明示することを原則とした。

ただし、三宅省三・塩崎勤・小林秀之「注解民事訴訟法」（青林書院）は「注解」、「新版注釈民法」（有斐閣）は「注釈」、「基本法コンメンタール民事執行法」（日本評論社）は「コンメ民執」と略称することとした。

目　次

第1編　民事訴訟

第4編　破　　産

第１編

民 事 訴 訟

第１章　不服申立総論

はじめに

民事訴訟において「不服申立」という場合、通常は「裁判」に対する上訴や異議を指して使われる（通常の不服申立）。しかし、民事訴訟において当事者が不服を申し立てたいと思う場面は「裁判」に限らない。

当事者としては、訴訟のそのときの状態に不満がある場合もあれば、相手方の訴訟行為に不満がある場合もある。

もちろん、それが実体的な側面での不満であれば、反論・反証ということになるわけであるが、手続的な側面としても、自己に不利な場所で訴訟を提起された、裁判官に公正な裁判を妨げる事情がある等、さまざまな場面が考えられる。本書においては、そうした「不服のある状態に対する手段」を含めたものを広い意味での不服申立と捉えて、どのような不服申立が可能かを検討した。

第１節　民事訴訟における不服申立制度の概要

あらかじめ、民事訴訟における各種不服申立を概観しておけば次のようになる。これらの不服申立手段の相互関係を図示したものが４頁の**不服申立概要図**である。

第１　不服のある状態に対する不服申立

まず、上述した「不服のある状態」に対しては、申立権のあるもの（除斥、忌避、移送など）については、それらの申立をすることができ、これに対して、裁判所が決定で判断する。

さらにその判断に不満があれば通常の不服申立（**第２・１参照**）をするという流れになる。

申立権のないもの（口頭弁論の併合等（152条）、再開（153条）、調査嘱託（186条）、公文書の成立についての官庁等に対する照会（228条３項）などを当事者が希望しているのになされない場合）については、申立をしたとしても裁判所の職権発動を促す意味しかなく、裁判所がこれに応答しなかった、あるいは応答したとしてもそれ以上の不服申立手段はない。

第２　裁判官の行為に対する不服申立

１　裁判所（官）のした「裁判」に対しては、通常の不服申立をすることになる。その具体的な不服申立方法は、「裁判」の種類により異なる。

「裁判」は、①当事者の申立のうち重要な事項、すなわち訴え・控訴・上告等に対する裁判所の終局的な判断としてなされる判決と、②訴訟指揮や訴訟手続上の付随的事項の処理など、判決の場合と比べて重要度の低い事項や迅速な判断が要求される事項に対する判断としてなされる決定・命令とに分類できる。決定と命令との違いは、決定が判決と同様裁判所がする裁判であるのに対し、命令は裁判長又は受命裁判官・受託裁判官が行う裁判である点にある。

終局判決に対する不服申立方法は、控訴・上告である（281条、311条）。なお、中間判決に対しては独立して控訴、上告することはできず、終局判決を待って、これに対する控訴・上告の中で上級審の判断を受けることになる（283条本文）。

決定・命令に対しては、場合によって、「通常抗告ができる」、「即時抗告ができる」、「控訴（上告）で争う」、「不服申立はできない」という４つの結論に分かれる。

控訴・上告、抗告は不利な裁判を受けた当事者が上級裁判所に不服申立をするという意味で「上訴」と呼ばれる。

抗告で争う方法、控訴で争う方法については、**第２節**で説明する。

2　通常の不服申立に含まれるものの「上訴」とは異なるものとして、いくつかの「裁判」に対して「異議」という不服申立が認められている。すなわち、手形・小切手訴訟、少額訴訟などの略式手続における判決に対する「異議」である（357条、367条２項、378条）。これらは、上訴と同じく確定遮断の効力が与えられている（116条）ものの、同一の裁判所に対する通常の手続による審判要求としての意味を持つ点で上訴と異なる。

また、受命裁判官又は受託裁判官がした裁判については受訴裁判所への異議が認められている（329条）。これは、受訴裁判所による再度の判断を求めるものであり、受訴裁判所は決定で判断を下す。その意味で、抗告に準ずる意味を有する。この裁判所の再度の判断に不満があれば、**1**の流れに戻ることになる。

本書においては、これらの異議が認められるものについては「異議申立ができる」と表記することにする。

3　同じく「異議」と呼ばれるものでも、上述の異議とは異なり、裁判を前提としないものもあるので注意を要する。①裁判長のした弁論、証拠調べに関する訴訟指揮（裁判である場合が多いが事実行為である場合もある）に対する合議裁判所への異議（150条）、②責問権としての「異議」（90条）、③裁判所が手続を選択するにあたり、当事者の意思を尊重する趣旨で、当事者の異議のないことを要件としている場合の「異議」（195条４号、205条など）がある。

①は、受命裁判官等の裁判に対する異議と類似しているが、事実行為も含む点で異なる。②は、裁判所や相手方の訴訟行為について訴訟手続の法令違反がある場合に、当事者にその無効を主張する権能を認めたものである点で、通常の不服申立とは異なる。③は、当該訴訟手続について当事者が同意しない旨の意思表示に過ぎない。

本書においてはこれらの異議が認められるものについては「異議を述べることができる」と表記することにする。

なお、訴訟指揮に対する異議と、裁判所や相手方の訴訟行為について訴訟手続の法令違反がある場合に認められる責問権としての異議については、弁護士にとっても理解が不十分なところであるので、第３節、第４節において改めて説明する。

4　裁判所の裁判以外の行為（送達等）については、原則として、独立に不服を申し立てることはできず、本案についての終局判決を待って、控訴・上告により上級審においてこれらの当否を含めた判断を受けることになろう。ただし、前述した訴訟指揮に対する異議、責問権としての異議の対象となる場合はありうる。

第３　裁判所書記官の処分に対する不服申立

裁判所書記官にも独自の権限に基づいて一定の処分をすることが認められている。

例えば、訴訟記録の閲覧・謄写請求（91条１項）、判決の確定証明書付与請求（民訴規48条）などを拒絶する処分や、訴訟費用額の確定処分（71条１項）、訴訟費用の更正処分（74条１項）などである。これらについては、受訴裁判所への異議申立（121条）が認められている。異議申立があったときは、受訴裁判所が決定をもって再度の判断をする。裁判所の再度の判断に不満があれば、通常抗告をすることになる（**第２・１**の流れに戻る）。

これに対して、督促手続における支払督促に対する督促異議（390条、393条）は、裁判所書記官の処分に対する不服申立であるが、同一の裁判所に対する通常の手続による審判要求である点で**第２・２**の略式裁判に対する異議と同様の意味を持つ。

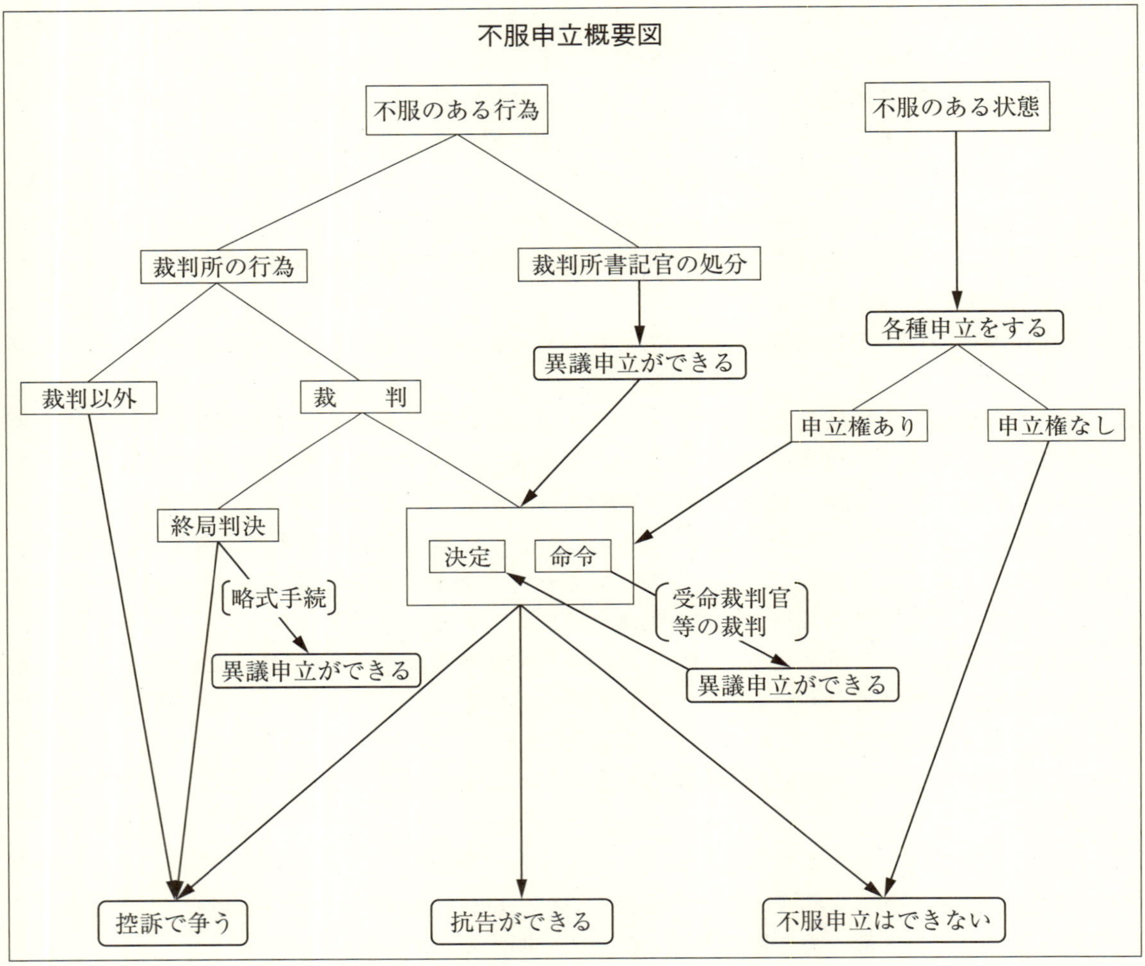

第２節　決定・命令に対する不服申立方法

第１　概　　説

283条本文は、「終局判決前の裁判は、控訴裁判所の判断を受ける。」と規定している。

すなわち、終局判決に至るまでの訴訟手続に関する決定・命令については、終局判決に対する控訴・上告がなされた際に上級裁判所が終局判決と併せてその当否を判断することとされており、決定・命令についてのみ独立して不服申立をすることはできないのが原則である。

これは、本案の審理との間に密接な関係があり、その誤りが終局判決に直接影響する事項に関する決定・命令については、終局判決に対する控訴・上告の中で同時に争わせて審判するのが、審理の迅速性の観点からして合理的との考慮に基づくものである。

もっとも、決定・命令について常に控訴でしか争えないとするのは妥当でない場合もある。そのため民事訴訟法は、独立した不服申立が必要なものについて、抗告（即時抗告を含む）を認めている（283条但書）。

具体的には、①本案との関係が密接でなく付随的・派生的な手続上の事項（期日指定申立却下決定、管轄指定申立却下決定、忌避申立却下決定等）については、これを常に控訴・上告で争うのは紛争の早期解決・訴訟経済等の観点から好ましくないため、本案の審理とは切り離して、抗告手続で争うことになる。また、②終局判決に対する上訴の中ではそもそも争う機会のない場合も、抗告手続によることになる。ア判決なしに決定・命令で事件が終了する場合（訴状却下命令等）、イ終局判決後に決定・命令がなされる場合（訴訟費用額確定決定等）、ウ判決の名宛人以外の第三者に対してなされる決定・命令（第三者に対する文書提出命令や不出頭の証人に対して訴訟費用の負担を命じる決定等）がこれにあたる。

これに対して、明文又は解釈によって、不服申立が認められない場合もある（10条３項、25条４項、214条３項、238条、274条２項等）。

なお、略式的な裁判については同一裁判所に対する異議申立が認められている（弁論準備手続に付する決定に対する取消申立（172条）、受命裁判官等の裁判に対する不服申立（329条１項）等）。異議申立に対しては、裁判所が決定で裁判をすることになるが、この裁判に対しては、抗告をすることができる。

第２　抗告で争う場合

１　抗告は、訴訟に関してなされる裁判のうち、判決以外の裁判、すなわち決定及び命令に対する独立の不服申立方法である。

抗告には、通常抗告、即時抗告、再抗告、許可抗告、特別抗告がある（それぞれの適用場面については、**「抗告制度の概要図」** ８頁参照。）。

２　通常抗告（328条）

ア　意義・内容

通常抗告とは、不服申立の期間がなく、原裁判の取消を求める利益のある限りはいつでも申立ができる抗告である。

イ　要　　件

通常抗告は、①「口頭弁論を経ないで」「訴訟手続に関する申立」を却下した決定・命令（328条１項）、及び②「決定又は命令により裁判をすることができない事項について決定又は命令がされたとき」（違式の決定・命令）（328条２項）に対して行うことができる。

ウ　方法・審理方式等

通常抗告は、抗告状を原裁判所に提出する方法で行う。

抗告の趣旨としては、①原裁判の取消を求めるパターン、②原裁判の取消とともに新たな決定・命令を求めるパターン、③原裁判の取消とともに原審への差戻しを求めるパターンが考えられる。

抗告審の手続には、控訴の規定が準用される（331条）が、決定手続であり、口頭弁論を開くかどうかは裁判所の判断による。

なお、抗告状の書き方については**【書式１】**を参照。

3　即時抗告

ア　意義・内容

即時抗告とは、裁判の性質上特に迅速に確定させる必要があるため、一週間の不変期間内に提起すべきものとされる抗告である（332条）。

イ　要　　件

法が個別に即時抗告ができることを認めている場合にのみ行うことができる（移送の裁判、補助参加の許否についての決定、担保の申立に関する裁判等）。

ウ　方法・審理方式等

原則として通常抗告と同じであるが、裁判が告知された日から１週間の不変期間内に提起しなければならない点に注意が必要である（332条）。

なお、即時抗告状の書き方は基本的には抗告状と同一である（**【書式１】**参照）。

4　再抗告（330条）

ア　意義・内容

再抗告とは、抗告審の終局決定に対する法律審への再度の抗告である。再抗告が許されるのは、地方裁判所が抗告裁判所としてなした決定のみである。

イ　要　　件

抗告審の決定に憲法解釈の誤りなど憲法違反又は決定に影響を及ぼすことが明らかな法令違反があることを理由とする場合に限り認められる。

ウ　方法・審理方式等

再抗告は、原裁判所に対し再抗告状を提出する方法によって行う。

再抗告状に再抗告理由を記載しないときは、再抗告提起通知書の送達を受けたときから14日以内に原裁判所へ抗告理由書を提出しなければならない（民訴規210条、205条）。

再抗告にも通常抗告と即時抗告の区別があるが、いずれの抗告であるかは、抗告裁判所の決定内容が即時抗告に服するか通常抗告に服するかを基準として決まる。

なお、再抗告状の書き方については**【書式２】**を参照。

5　特別抗告（336条）

ア　意義・内容

特別抗告とは、不服申立のできない決定・命令について、憲法違反を理由として最高裁判所に対して提起する抗告をいう（336条）。

イ　要　　件

特別抗告は、不服を申し立てることができない決定・命令と高等裁判所の決定・命令に対して行うことができる。

特別抗告理由として、原裁判に憲法の解釈の誤りがあることその他憲法違反の存在が必要とされる。

ウ　方法・審理方式等

特別抗告は、原裁判所に対し特別抗告状を提出する方法によって行うが、原裁判の告知を受けた日から５日間の不変期間内に行わなければならない点に注意が必要である（336条２項）。

特別抗告の訴訟手続には、原則として特別上告の規定が準用される。

なお、特別抗告状の書き方については**【書式３】**を参照。

６　許可抗告（337条）

ア　意義・内容

高等裁判所の決定及び命令に対しては、一定の要件を満たす場合には、その高等裁判所の許可により、最高裁判所に抗告をすることができる。これを許可抗告という（337条）。

旧法下では、最高裁判所への抗告は憲法違反を理由とする特別抗告しか認められなかったが、現行法では、法令の解釈に関する重要な事項を含む場合に許可抗告が認められるようになった。

イ　要　　件

許可抗告を行うためには、決定・命令をした高等裁判所に対し、許可抗告の申立をして、その高等裁判所の許可を得なければならない。

許可されるのは、①その裁判が地方裁判所の裁判であるとした場合に抗告することができるものである場合に限り（337条１項但書）、また②その裁判に最高裁判所の判例（これがない場合には大審院又は上告裁判所若しくは抗告裁判所である高等裁判所の判例）と相反する判断がある場合、その他法令の解釈に関する重要な事項を含むと認められる場合（同２項）に限られる。

ウ　方法・審理方式等

許可抗告は、書面により、裁判の告知を受けた日から５日間の不変期間内に、原裁判所である高等裁判所に提起しなければならない（337条６項、336条２項）。その場合、申立書には、抗告許可理由の記載が必要とされ、かつ、その内容は具体的に記載すべきであり、判例違反を理由とする場合は、その判例を具体的に摘示すべきことが要求されている（民訴規209条、192条、193条）。

高等裁判所は、受理した許可抗告を理由ありと判断した場合には、許可決定をしなくてはならず(337条２項)、この許可があった場合には、最高裁判所への抗告があったものとみなされる(同条４項)。

最高裁判所は、裁判に影響を及ぼすことが明らかな法令の違反があるときは、原裁判を破棄することができる（同条５項）。

なお、許可抗告申立書の書き方については、**【書式４】**を参照。

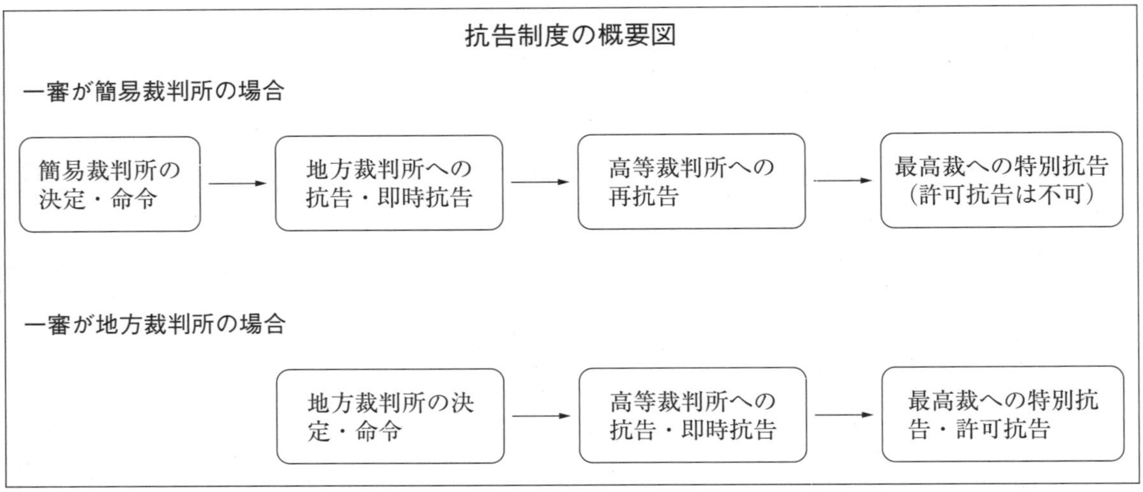

抗告制度の概要図

第３　控訴審において争う場合

第一審裁判所の決定・命令のうち、通常抗告・即時抗告が許されないものについても（証拠決定・訴えの変更不許決定など）、一切不服申立ができないというわけではなく、終局判決について控訴し、控訴審手続において第一審裁判所の決定・命令の違法性・不当性を主張することは当然認められる。

第一審裁判所の決定・命令が違法・不当と認められれば、控訴裁判所がこれを取り消し、又は新たな決定・命令をすることで是正される可能性がある（283条本文）。

さらに、手続違反の程度が著しく、審理不尽と認められる場合は、当該訴訟手続（決定・命令に限らない）を取り消すにとどまらず、事件を第一審裁判所に差し戻すこともある（308条）。

主要な判例は次のとおりである。

ア）送達手続に違法があるとして取り消し、差し戻した例（大阪高判平４・２・27判タ793-268、仙台高判平５・12・27判タ864-261ほか多数）

イ）第一審裁判所が口頭弁論を経ないで請求棄却の判決を言い渡したとして取り消し、差し戻した例（福岡高判平13・２・20判タ1123-281）

ウ）第一審裁判所が違法な訴訟手続受継の申立を認容したとして取り消し、差し戻した例（大阪高判昭38・11・12高民集16-８-679）

エ）第一審裁判所が当事者が訴訟能力を欠いていることを看過したとして取り消し、差し戻した例（山形地決昭38・12・18下民集14-12-2576）

オ）第一審で訴訟追行した支配人が、実質上の支配人とはいえないとして取り消し、差し戻した例（仙台高秋田支判昭59・11・21判タ550-257）

もっとも、明文によって、不服申立が認められないとされる決定・命令（10条３項、25条４項、214条３項、238条、274条２項等）については、控訴裁判所を拘束するので、控訴審でも争えない（283条但書。ただし、特別抗告は許される）。

【書式１】

抗　告　状

平成　　年　　月　　日

○○高等裁判所　御中

抗告人訴訟代理人弁護士　○　○　○　○　㊞

〒○○○－○○○○　県　市　町　丁目　番地

抗　　告　　人（原告）　×　×　×　×

〒○○○－○○○○　県　市　町　丁目　番地

○○法律事務所（送達場所）

上記訴訟代理人弁護士　○　○　○　○

電　話

ＦＡＸ

〒○○○－○○○○　県　市　町　丁目　番地

相　　手　　方（被告）　△　△　△　△

上記当事者間の○○地方裁判所平成○○年（○）第○○○○号○○事件について、同裁判所民事第○部が平成○○年○月○日にした下記決定は、不服であるから、即時抗告を申し立てる。

第１　原決定の表示

事件番号　平成○○年（○）第○○○○号

主　　文（※本件訴訟を○○地方裁判所に移送する、など）

第２　抗告の趣旨

１　原決定を取り消す。

２　（※相手方の移送申立を却下する、など）との裁判を求める。

第３　抗告の理由（※移送決定に対する即時抗告の場合）

１　本件は、…という事案であり、○○法第○条にいういわゆる「○○の訴え」にあたるから、同条により、本来、○○裁判所の専属管轄に属すべきものである。

抗告人は、上記の理由から本件を○○裁判所に対して提起したものである。

２　しかるに原決定は、上記の点を看過し、相手方（被告）の普通裁判籍のみを考慮して、上記移送決定を発したものであり、これは明らかに上記○○法第○条に違反するものである。

３　よって、抗告の趣旨記載のとおりの裁判を求める。

附　属　書　類

（省　略）

【書式２】

再抗告状

平成　　年　　月　　日

〇〇高等裁判所　御中

再抗告人訴訟代理人弁護士　〇　〇　〇　〇　㊞

〒〇〇〇－〇〇〇〇　県　市　町　丁目　番地

再　抗　告　人（原告）　×　×　×　×

〒〇〇〇－〇〇〇〇　県　市　町　丁目　番地

〇〇法律事務所（送達場所）

上記訴訟代理人弁護士　〇　〇　〇　〇

電　話

ＦＡＸ

〒〇〇〇－〇〇〇〇　県　市　町　丁目　番地

相　　手　　方（被告）　△　△　△　△

上記当事者間の、〇〇地方裁判所平成〇〇年（〇）第〇〇〇〇号…決定に対する即時抗告事件について、同裁判所民事第〇部が平成〇〇年〇月〇日にした下記決定は、不服であるから、再抗告を申し立てる。

第１　原決定の表示

本件抗告を却下する。

第２　再抗告の趣旨

１　原決定を取り消す。

２　（※本件を〇〇簡易裁判所に差し戻す、など）

との裁判を求める。

第３　再抗告の理由

（省　略）

附　属　書　類

（省　略）

【書式３】

特別抗告状

平成　　年　　月　　日

最高裁判所　御中

特別抗告人訴訟代理人弁護士　　○　○　○　○　㊞

〒○○○－○○○○　　県　市　町　丁目　番地

特　別　抗　告　人　　×　×　×　×

〒○○○－○○○○　　県　市　町　丁目　番地

○○法律事務所（送達場所）

上記訴訟代理人弁護士　　○　○　○　○

電　話

ＦＡＸ

〒○○○－○○○○　　県　市　町　丁目　番地

相　手　方　　△　△　△　△

○○高等裁判所平成○○年（○）第○○○○号○○抗告事件について、同裁判所民事第○部が平成○○年○月○日にした下記決定（平成○○年○月○日に特別抗告人に送達）は、憲法に違背しており、不服であるから、特別抗告を申し立てる。

第１　原決定の表示

本件抗告を棄却する。

第２　特別抗告の趣旨

１　原決定を取り消す。

２　（※本件を○○地方裁判所に差し戻す、など）

との裁判を求める。

第３　特別抗告の理由

１　本件は、…という事案であるが、これに対する原決定の判断は、憲法第○条に違反する。

２　すなわち、憲法第○条は、「…」と規定しているが、ここでいう「○○○○」とは、…を保障する趣旨と解するべきである。

３　しかるに、原決定が、…と判断したことは、明らかに上記憲法第○条に違反するものである。

４　よって、特別抗告の趣旨記載のとおりの裁判を求める。

附　属　書　類

（省　略）

【書式４】

許可抗告申立書

平成　　年　　月　　日

○○高等裁判所　御中

申立人訴訟代理人弁護士　○　○　○　○　㊞

〒○○○－○○○○　　県　市　町　丁目　番地

申　　立　　人（抗告人）　×　×　×　×

〒○○○－○○○○　　県　市　町　丁目　番地

○○法律事務所（送達場所）

上記訴訟代理人弁護士　○　○　○　○

電　話

ＦＡＸ

〒○○○－○○○○　　県　市　町　丁目　番地

相　　　手　　　方　△　△　△　△

東京高等裁判所平成○○年（○）第○○○○号○○事件について、同裁判所第○民事部が平成○○年○月○日にした下記決定（平成○○年○月○日に申立人に送達）は、不服であるから、最高裁判所に対しさらに相当な裁判を求めるため、民事訴訟法第337条に基づき許可抗告の申立をする。

第１　原決定の表示

本件抗告を棄却する。

第２　申立及び抗告の趣旨

１　申立の趣旨

上記決定に対して最高裁判所に抗告することを許可する。

２　抗告の趣旨

原判決を破棄し、さらに相当の裁判を求める。

第３　申立の理由（※最高裁判所の判例に違反することを理由とする場合）

１　原決定の判断は、最高裁判所の判例に違反している。

本件は、…が問題となる事案であるところ、この問題について、最高裁判所は、平成○○年○月○日の判決（民集○○）において、…との判断を示している。

これに対して、原決定は、…と判断しており、これが上記最高裁判所の判例に違反していることは明らかである。

２　よって、本申立について、最高裁判所に対して抗告することを許可するとの裁判を求める。

附　属　書　類

（省　略）

第３節　訴訟指揮等に対する不服申立

第１　訴訟指揮の性質

訴訟指揮は、その多くが裁判（決定・命令）の形式をとって行われるが、口頭弁論の指揮（148条）のように事実上の行為として行われるものもある。進行の打合せ、訴訟費用の予納督促、準備書面の事前提出の督促、釈明準備の要請なども事実上の行為として行われる訴訟指揮である。

第２　当事者の申立権

訴訟指揮は、裁判所の職権に属する事項である。

裁判所は、訴訟指揮が事実上の行為として行われた場合はもとより、裁判の形式で行われた場合でも、原則としていつでもこれを取り消すことができる（120条参照）が、原則として当事者に（不服）申立権は認められない。当事者が不服を申し立てたとしても、それは裁判所の職権発動を促すものに過ぎず、裁判所に応答義務はない。

第３　訴訟指揮等に対する異議（150条）

1　150条は、訴訟指揮等に対する異議について規定している。この規定からは、一見、当事者が裁判所の訴訟指揮等に対して常に異議を申し立てることができるようにも思われるが、本条は受訴裁判所が合議体の場合にのみ適用される規定であることに注意が必要である。

すなわち、受訴裁判所たる合議体を構成する裁判官が合議体の機関としてなした訴訟指揮等に対しては、合議体による監督が必要である。そこで、合議体の機関としての裁判長の指揮及び陪席裁判官の発問に対して当事者が異議を述べた場合には合議体である裁判所がその当否について裁判をなすこととして、合議体による監督の手続を定めたのが本条である。

したがって本条は、受訴裁判所が合議体の場合にだけ適用され、受訴裁判所が単独体の場合には適用がない。

2　本条の異議申立に対しては、合議体たる裁判所が決定をもって裁判する。

裁判長の命令及び裁判長又は陪席裁判官のなした処置が、不適法又は不当である場合には、裁判所はこれを取り消す決定をなしうる。その命令又は処置が適法又は妥当である場合には、異議を却下する。

異議について合議体の裁判所の下した決定に対しては、独立して抗告することはできない。異議についての裁判に不服のある場合には、終局判決に対し上訴を提起したうえ、上訴裁判所の判断を受けるにとどまる。

第４節　責問権としての異議（90条）

第１　責問権としての異議の要件と効果

90条は、「当事者が訴訟手続に関する規定の違反を知り、又は知ることができた場合において、遅滞なく異議を述べないときは、これを述べる権利を失う。ただし、放棄することができないものについては、この限りでない。」と、責問権の存在を裏から規定している。

条文のとおり、責問権とは、裁判所又は当事者（相手方）の訴訟行為に訴訟手続の法規違背があった場合に、異議を述べてその無効を主張する当事者の権利をいう。

1　要　　件

責問権が認められる要件としては、①当事者であること、②「訴訟手続に関する規定の違反」であること、が必要である。また、責問権を喪失しないための要件として、③当事者がその違反について知っているか、知ることができた場合に、④遅滞なく異議を述べることが必要である。

①について付言すると、訴訟手続の法規違背が、裁判所の訴訟行為について存するときは、責問権は当事者双方ともにこれを有するが、当事者の訴訟行為について存するときは、その相手方たる当事者が責問権を有する。

②は、責問権の対象となるのは、訴訟の審理及び遂行に関する形式面に関するもの、すなわち、当事者及び裁判所の訴訟行為の方式・要件・時期・順序・場所などに関する規定の違背であり、訴訟行為の内容や訴訟上の主張の当否に関する実質面における規定は、責問権の対象とはならない、ということである。

③の「訴訟手続に関する規定の違反を知」るという要件は、法の不知は許さないという観点から、訴訟手続に関する規定による効力の判断の前提要件である事実を知り又は知ることができたとき、と解される。

④について、異議の内容は、当事者が、単純に規定違背を指摘して、異議を述べるだけで足りる。異議の申述先は、裁判所である。通常は、口頭弁論期日に述べる。遅滞なく異議を述べるとは、異議を述べうる最初の機会に直ちに異議を述べるということである。

2　効　　果

効力規定に違背した訴訟行為は無効であるのが原則である。裁判所は、異議を理由あると認めるときはその訴訟行為を無効とし、相当の措置をとらなければならない。

例えば、受託裁判官が証拠調べの期日及び場所を当事者に通知しないで証拠調べをした場合（大判明32・10・10民録５－９－74）に当事者が異議を述べたときは、その証拠調べは違法であり、その結果を援用することは許されないから、あらためて証拠調べをやり直す必要がある。

宣誓をさせるべき証人に宣誓させないで尋問した場合（大判昭15・２・27民集19－３－239）に、当事者が異議を述べたときは、直ちに宣誓させた上、再度当初から尋問のやり直しをしなければならない。

訴状又は口頭弁論期日呼出状の送達が被告の住所以外の場所でなされ、それを受領した第三者から、口頭弁論期日の日時の通知を受けた被告が期日に出頭して異議を述べた場合（大判明38・２・９民録11－139）に、被告がまだ訴状を受領していない限り、裁判所は被告に対する訴状送達から適法にやり直す必要がある。

証人尋問調書を関係人に読み聞かせなかったことに対し異議を述べたとき（大判明35・１・29民録８－１－93）は、直ちに調書を読み聞かせなければならない。

第２　責問権の放棄・喪失

１　趣旨・原則

当事者が訴訟法規の違反に気づいていたのに積極的に異議を述べないとか、あるいは注意すれば気づくはずなのに気づかずにいた場合、当該違法行為を基礎として手続が進んだ後でも、責問権が行使されればいつでもそれを無効として扱わなければならないとすると、法的安定性が損なわれ、また、訴訟不経済である。そこで、訴訟法規の中でも、当事者の訴訟追行利益を保障し、その便宜を図ることを主たる目的とする規定については、当該違反により不利益を受ける当事者がそれを甘受すれば、あえて無効とするまでのことはないので、責問権の放棄を許すとともに、当事者が遅滞なく行使しないときは、責問権を喪失せしめることとした。

放棄は、裁判所に対して当事者が一方的に明示又は黙示の意思表示によって行うが、黙示の意思表示の場合は、責問権の喪失と見られる場合が多い。責問権放棄の意思表示は、口頭弁論で行うのが通常であり、訴訟外で相手方に対して行っても、効力を生じない。また、法的安定性の観点から、いったん放棄すると、その放棄自体を撤回することは許されない。

２　例　　外

責問権の放棄・喪失は、私益的な色彩の強い規定、つまりいわゆる任意規定の違反に限られ、訴訟制度の信用と能率にかかわる事項などの公益的規定、つまりいわゆる強行規定の違背（例えば、裁判所の構成、裁判官の除斥、判事補の職権、裁判官更迭の場合の弁論の更新、口頭弁論に出席した裁判官の調書への署名捺印、専属管轄、公開主義、上訴の要件、判決の言渡し、判決の確定など訴訟完結に関する事項、再審の要件、除斥期間の諸規定に反するとき）については認められない。また、責問権は、規定違背後にはじめて発生するものであり、事前放棄は、法律の規定と異なる簡易な訴訟手続を任意に創設することとなるから、認められない。

３　判例の動向

法は、いかなる訴訟法規の違背が責問権の放棄・喪失の対象となるかについては規定しておらず、学説・判例の蓄積に委ねている。責問権の放棄・喪失が認められた場合として判例に表れた事例（一部）は、以下のとおりである。

① 訴えの提起・訴えの変更の方式に反するとき、例えば、

ア　請求の趣旨・原因の訂正が請求の原因を変更するものであるとき（大判昭12・５・14新聞4133-15など）

イ　訴えの変更についての書面の提出又は送達がないとき（最判昭31・６・19民集10-６-665など）

ウ　訴状の訂正により当事者の変更をきたす場合（大阪高判昭29・10・26下民集５-10-1787）

エ　本訴又は本訴の攻撃防御方法と関連性を欠く反訴の提起（東京地判昭36・４・26下民集12-４-888）

オ　訴えの取下げ又は支払命令に対する異議申立の取下げの方式違背（大判昭10・９・13民集14-17-1608）

② 口頭弁論期日・証拠調べ期日の呼出しの方式に関する規定に反するとき、例えば、

ア　口頭弁論期日の指定又は呼出しにおける違法（大判昭４・５・23民集８－８－536、東京高判昭47・２・29東京高民時報23－２－24）

イ　呼出状の送達方法を誤った違法な期日における証拠調べ（大判昭14・10・31民集18－18－1185）

③　送達に関する規定に反するとき、例えば、

ア　訴状の送達を受ける能力のない者に訴状が送達されたとき（最判昭28・12・24判タ37－48）

イ　送達の名宛人の氏名の記載に誤記があるとき（大判大３・２・28民録20－91）

ウ　訴状・呼出状・判決などを被告たる未成年者自身に対して送達したとき（大決昭８・７・４民集12－25－1215）

エ　訴状・判決言渡期日の呼出状及び判決正本の送達がなかった場合（東京高判昭38・６・11判タ151－74）

オ　受取人の住所以外の同居親族でない者に執行命令送達正本が送達されたとき（大判大５・６・28民録22－1290）

④　証拠調べの方式に関する規定に反するとき、例えば、

ア　証拠決定がないのにかかわらず証人を尋問したとき（最判昭26・３・29民集５－５－177）

イ　宣誓させるべき証人に宣誓させないで尋問したとき（最判昭29・２・11民集８－２－429など）

ウ　宣誓させてはならない証人に宣誓させたとき（大判昭５・９・19評論20民19）

エ　部員でない判事を受命裁判官に指定し証拠調べをさせたとき（大判昭６・３・24民集10－３－126）

オ　法定代理人を誤って証人として尋問したとき（大判昭11・10・６民集15－21－1789、名古屋地判昭50・12・24下民集26－９～12－1053）

カ　証人として尋問すべき者を当事者として尋問したとき（東京高判昭31・２・28高民集９－３－130）

キ　鑑定証人に対し、鑑定人に関する規定を適用して鑑定を命じ、鑑定書を提出させたとき（大判昭14・７・７評論28民訴381）

ク　嘱託の尋問事項に関連しない事項を証人に尋問したとき（大判大元・11・26民録18－997）

ケ　証人尋問調書を関係人に読み聞かせなかったとき（大判明35・１・29民録８－１－93）

コ　許容した証人を尋問しないで結審したとき（大判明45・５・15民録18－503）

サ　相手方を呼び出さずに施行した証拠保全の結果を本案訴訟において援用したとき（大判昭13・５・24民集17－12－1063）

シ　当事者である会社を現実に代表していない代表取締役を代表者本人として尋問したとき（福岡高判昭39・９・10金法390－14）

ス　裁判所外の証拠調べ期日に口頭弁論を終結したとき（東京高判昭39・７・31下民集５－７－1871）

⑤　中断・中止中の行為に関する規定に反するとき（大判明42・６・22民録15－571、大判大６・１・30民録23－74、大判昭10・４・８民集14－６－511、大判昭14・９・14民集18－16－1083、大判昭12・７・16民集16－17－1196、最判昭34・３・26民集13－４－493など）

⑥　弁護士法25条１号違反の訴訟行為があったとき（最大判昭38・10・30民集17－９－1266）

第２章　裁 判 所

第１節　管　　轄

管轄に関して問題が生じる典型的な場合としては、移送決定ないし移送申立却下の決定がなされた場合があり、特殊な問題として支部への回付がなされた場合がある。

移送決定ないし移送申立却下決定に対しては即時抗告が認められている（21条）。

管轄は地方裁判所ごとに決められ、各支部の分担は地裁の中の配点（事務分配）の問題と考えられている。その事務分配に基づいて別の支部に移されることを回付という。回付は司法行政に属する問題であり原則として訴訟法上の不服申立は認められていない。

第１　指定管轄

抽象的な法定管轄の定めによっては対応できない、具体的事件の管轄につきどこの裁判所に訴えを提起したらよいのか不明な場合が生じる場合に、上級裁判所の指定に基づいて生ずる管轄を定めるのが10条である。この上級裁判所の指定によって生ずる管轄を指定又は裁定管轄という。

【１】	管轄裁判所が法律上又は事実上裁判権を行うことができないため、原告が直近上級の裁判所に管轄裁判所を定めるよう申立をしたところ、直近上級の裁判所が管轄裁判所を定める決定をした。	10条１項

結　　論　不服申立はできない（10条３項）。

解　　説　指定管轄（裁定管轄）の決定に対しては、不服申立は許されていない。

10条１項は、法律上又は事実上裁判権を行うことができない事情があるときに、管轄裁判所の直近上級の裁判所に対して、指定管轄の申立を行う旨を定めている。

「法律上、裁判権を行うことができないとき」とは、管轄裁判所の裁判官全員につき、除斥、忌避、回避などの事由が生じた場合をいう。

「事実上、裁判権を行うことができないとき」とは、管轄裁判所の裁判官が全員病気あるいは天災その他の事故によって職務を行うことができないような場合をいう。

【２】	管轄裁判所が法律上又は事実上裁判権を行うことができないため、原告が直近上級の裁判所に管轄裁判所を定めるよう申立をしたところ、直近上級の裁判所が却下決定した。	10条１項

結　　論　１　地裁の決定であれば通常抗告ができる（328条１項）。

２　高裁の決定には特別抗告（336条１項）又は許可抗告（337条１項）しかできない。

３　最高裁の決定には不服申立はできない。

抗告の趣旨　原決定を取り消し、本件を○○裁判所に差し戻す。

解　　説　指定管轄の決定がなされた場合と異なり、申立却下に対しては、上記のとおり、不服申立ができる。

【3】	管轄区域が明確でないため、原告が関係のある裁判所に共通する直近上級の裁判所に管轄裁判所を定めるよう申立をしたところ、直近上級の裁判所が管轄裁判所を定める決定をした。	10条2項

結　　論　不服申立はできない（10条3項）。

解　　説　指定管轄（裁定管轄）の決定に対しては、不服申立は許されていない。

10条2項は、管轄区域が明確でないときに、関係のある裁判所に共通する直近上級の裁判所に対して、指定管轄の申立を行う旨を定めている。

「管轄区域が明確でない」とは、①地図などが明確でなく、場所は特定しているがどの裁判所の管轄区域に属しているか不明である場合や、②進行中の列車の中で殺害されたが、どの地点で殺害されたか不明である場合などをいう。

【4】	管轄区域が明確でないため、原告が関係のある裁判所に共通する直近上級の裁判所に管轄裁判所を定めるよう申立をしたところ、直近上級の裁判所が却下決定した。	10条2項

結　　論　1　地裁の決定であれば通常抗告ができる（328条1項）。

2　高裁の決定には特別抗告（336条1項）又は許可抗告（337条1項）しかできない。

3　最高裁の決定には不服申立はできない。

抗告の趣旨　原決定を取り消し、本件を○○裁判所に差し戻す。

解　　説　指定管轄の決定がなされた場合と異なり、申立却下に対しては、上記のとおり、不服申立ができる。

第2　合意管轄

11条は、公益に反しない限り、両当事者の合意により管轄裁判所の選択を認めるとの趣旨から、管轄の合意の許される範囲、合意の要件等を規定している。

しかし、特に対消費者の関係で、業者の普通取引約款等による管轄の合意により、消費者が遠隔地での応訴を強いられるという問題が発生している。

【5】	業者の普通取引約款で業者の本店所在地を管轄する裁判所を管轄裁判所とする定めがなされていたところ、業者が消費者に対してその合意管轄裁判所に訴えを提起した。	11条

結　　論　移送の申立ができる（17条）。

申立の趣旨　本件を○○地方裁判所に移送する。

解　　説　　旧法下では、17条に該当する旧31条の要件が「著キ損害又ハ遅滞ヲ避クル為必要アリト認ムルトキ」とされ、さらに、「専属的管轄ニ属スルモノヲ除ク」とされていたことから、約款の管轄合意を競合的（付加的）管轄合意と解した上で、「著しい遅滞を避ける」公益上の必要がある場合に該当すれば旧31条による移送を認めるなど、合意管轄の効力を解釈によって制限しようとしていた。しかし、著しい遅滞が常にあるとはいえないし、また約款において専属管轄を明示されれば消費者を保護することができないため、この対応には限界があった。そこで、合意管轄の不成立ないし無効を主張して旧30条の管轄違いによる移送申立も行われていた。

しかし、現行法においては、移送要件の「著キ損害」を「当事者間の衡平を図るため」と改め、かつ、明文で、専属的合意管轄がなされていても移送することができるとし（20条）、立法的解決を図ったので（【20】の解説参照）、17条移送が容易になった。

現行法下で、合意管轄条項があるにもかかわらず、遠隔地に居住する消費者の経済的・時間的な負担などを考慮して、消費者の住所地を管轄する裁判所への移送を認める裁判例として、東京地決平11・３・17判タ1019-294、東京地決平11・４・１判タ1019-294などがある。これに対して、信販会社からの訴訟で、被告である消費者が利息制限法による引き直し計算を主張して争っている場合に、合意管轄裁判所からの移送を認めなかった裁判例（東京高決平12・３・17金法1587-69）もあるが、これは、争点整理は電話会議による弁論準備又は書面による準備手続によることが可能であること、書証以外の証拠は取り調べる必要がないことなどが考慮されたようである。

なお、17条移送の要件については【11】の解説参照。

第３　訴訟の移送

訴訟の移送とは、訴訟の係属している裁判所が、裁判をもって、その訴訟を他の裁判所に送致することをいう。訴訟の移送には、第一審訴訟の移送のほかに、上訴審における移送（例えば、309条、324条、325条）もある。

なお、確定した移送の裁判は、移送を受けた裁判所を拘束し、移送を受けた裁判所は、さらに事件を他の裁判所に移送することができないが（22条１項、２項）、移送決定後に新たに移送すべき事由が生じたり、移送決定されたときとは別個の移送すべき事由があるときは、さらに移送申立をすることを妨げるものではない。

【６】	原告が裁判所に訴えを提起したが、管轄違いであった。	16条

結　　論　　移送の申立ができる（16条）。

申立の趣旨　　本件を〇〇地方裁判所に移送する。

解　　説　　16条１項は、管轄違いの裁判所に訴えが提起された場合に、管轄違いによって訴えを却下することなく、申立又は職権により事件を管轄裁判所に移送することを規定している。

第一審の管轄権を有しない高等裁判所や最高裁判所に訴えを提起したような場合にも、本条が適用されるし（最判昭22・９・15集民１-１）、上訴が管轄権を有しない上級裁判所に提起された場合にも本条が適用される（最決昭23・５・13民集２-５-112等）。

ただし、地方裁判所は管轄区域内の簡易裁判所の管轄事件について、その専属管轄に属する場合を除き、相当と認めるときは、申立又は職権で、自ら審判することができる（16条2項）。

当事者が管轄裁判所を合意した場合（11条）に、原告が他の裁判所に訴えを提起した場合も16条1項による移送の対象となる。

なお、管轄違いであっても、専属管轄の場合を除き、被告が応訴をすれば応訴管轄が生じる（12条）ので注意が必要である。

【7】	原告がある裁判所に訴えを提起したところ、受訴裁判所が職権で、又は被告の申立により、管轄違いに基づく移送決定をした。	16条1項

結　　論　即時抗告ができる（21条）。

抗告の趣旨　原決定を取り消す。

解　　説　合意管轄に反した裁判所への訴え提起も16条1項による移送の対象となるところから（【6】参照）、特に問題となる。例えば、原告が過払金返還請求訴訟を原告の住所地を管轄する裁判所に提起した場合に、被告である貸金業者が普通取引約款で規定された合意管轄を理由として、本社の住所地を管轄する裁判所への移送申立をしたところ、当該申立どおりの移送決定がなされた場合などである。

この場合も、抗告理由として、【5】で述べたのと同じように、①合意管轄の不成立ないし無効を理由に管轄違いを主張すること、②訴訟の著しい遅滞を避け又は当事者間の衡平を図るために必要があることを主張することなどが考えられる。

【8】	原告がある裁判所に訴えを提起したところ、被告が管轄違いを理由として移送の申立をしたが、受訴裁判所が却下決定をした。	16条1項

結　　論　即時抗告ができる（21条）。

抗告の趣旨　原決定を取り消し、本件を○○裁判所に移送するとの裁判を求める。

【9】	原告がある地方裁判所に訴えを提起したところ、その訴訟が、簡易裁判所の管轄に属する場合であったが、地方裁判所が相当と認め、16条1項の規定にかかわらず、申立により又は職権で、訴訟の全部又は一部につき自ら審理及び裁判をする決定をした。	16条2項

結　　論　不服申立はできない。

解　　説　1　16条2項本文の趣旨と但書

簡易裁判所判事の任用資格が判事のそれよりも緩やかであることや、簡易裁判所の訴訟手続は簡易化されていること、訴訟関係者の出頭の便宜等から考えて、地方裁判所で審理するほうが当事者にとって利益になることもあるため、16条2項の規定が設けられた。

なお、訴訟がその簡易裁判所の専属管轄に属する場合には地方裁判所は自ら審理・裁判することはできず、必ず移送しなければならない（16条2項但書）。

2　「相当と認めるとき」

①　当事者双方に異議がない場合、
②　複雑な事件につき、慎重な審理が望まれる場合、
③　牽連事件が地方裁判所に係属している場合、などが考えられる。

3　申立をする場合の時期

原告は訴え提起後、被告は訴状送達後、移送決定があるまでの間、いつでも申立をすることができる。

4　自ら審理・裁判する決定は、21条の裁判には含まれないこと、被告にとってさしたる権利侵害になるわけではないことなどから、この決定に対して不服申立はできない。

【10】	原告が、ある地方裁判所に訴えを提起したところ、その訴訟が、簡易裁判所の管轄に属する場合であったが、当事者が、地方裁判所で審理・裁判するのが相当な場合であるとして、訴訟の全部又は一部につき当該地方裁判所が自ら審理及び裁判をするよう申し立てたが、同裁判所が却下決定をして、簡易裁判所へ移送した。	16条２項

結　　論　即時抗告ができる（21条）。
抗告の趣旨　原決定を取り消す。
解　　説　地方裁判所が本件申立を却下する場合は、同時に簡易裁判所への移送決定をすべきであるから、この決定に対しては、21条の即時抗告ができる。

【11】	原告がその管轄に属する裁判所に訴えを提起したが、被告としては、当事者及び尋問を受けるべき証人の住所、使用すべき検証物の所在地その他の事情を考慮すると、訴訟の著しい遅滞を避け、又は当事者間の衡平を図るため、別の裁判所で審理してもらう必要があった。	17条

結　　論　移送の申立ができる（17条）。
申立の趣旨　本件を○○地方裁判所に移送する。
解　　説　「訴訟の著しい遅滞を避け又は当事者間の衡平を図るために必要があると認めるとき」の判断要素

①　当事者及び尋問を受けるべき証人の住所並びにその他の証拠資料の所在地

裁判例には、当該訴訟において予想される争点から、当該証拠資料の取調べの必要性の程度、内容を具体的に検討した上で、当該管轄裁判所での取調べの容易性を考慮し、訴訟遅滞のおそれや当事者間の衡平の要件につき判断をしているものが多く見受けられる。

②　当事者の経済力

裁判例においては、当事者双方の経済的事情を比較して、訴訟遅滞のおそれや当事者間の衡平の要件を検討しているものも多い。例えば、一方当事者は多重債務者であり遠隔地の裁判所で審理がなされると出頭が困難になり、実質的に訴訟追行ができなくなるおそれがあるのに対し、他方当事者は、全国に支店営業所を多数持つ株式会社で、移送が認められなかったとしても応訴が不可能になるような事情が考えにくいなどとして、貸金業者の移送申立を認めない判断をすることがある。

③　管轄の趣旨、内容

法定管轄については、その管轄が認められた趣旨（例えば、不法行為地に管轄を認めた理由の１つに証拠資料が不法行為地にあることが通常であること）を上記要件の判断につき斟酌する裁判例もある。

また、合意管轄については、旧民事訴訟法31条の「著シキ損害ヲ避クル為」との要件が、改正民事訴訟法17条により「当事者間の衡平を図るため」との要件に緩和された趣旨を考慮する裁判例（大阪地決平11・１・14判時1699-99）がある。

【12】	原告がその管轄に属する裁判所に訴えを提起したが、当事者及び尋問を受けるべき証人の住所、使用すべき検証物の所在地その他の事情を考慮して、訴訟の著しい遅滞を避け、又は当事者間の衡平を図るため必要があるとして、申立により又は職権で、受訴裁判所が移送決定した。	17条

結　　論　即時抗告ができる（21条）。
抗告の趣旨　原決定を取り消す。相手方の移送申立を却下する。

【13】	原告がその管轄に属する裁判所に訴えを提起したところ、被告が、当事者及び尋問を受けるべき証人の住所、使用すべき検証物の所在地その他の事情を考慮して、訴訟の著しい遅滞を避け、又は当事者間の衡平を図るため必要があるとして移送の申立をしたが、受訴裁判所が却下決定した。	17条

結　　論　即時抗告ができる（21条）。
抗告の趣旨　原決定を取り消し、本件を○○裁判所に移送するとの裁判を求める。

【14】	原告が簡易裁判所に訴えを提起したが、事案が複雑であり、地方裁判所で審理するのが相当であると思われた。	18条

結　　論　移送の申立ができる（18条）。
申立の趣旨　本件を○○地方裁判所に移送する。
解　　説　簡易裁判所は、「相当と認めるとき」には、地方裁判所への移送決定ができる（18条）。「相当と認めるとき」という要件は16条２項の場合と基本的には同一である（【９】参照）が、16条２項の場合と異なり、原告が簡易裁判所での審理を希望している点を配慮する必要がある。

【15】	原告が簡易裁判所に訴えを提起したところ、事案が複雑であるなど相当の理由があるとして、当該簡易裁判所が、職権で又は被告の申立により、同裁判所の所在地を管轄する地方裁判所への移送決定をした。	18条

結　　論　即時抗告ができる（21条）。

抗告の趣旨　原決定を取り消す。

【16】	原告が簡易裁判所に訴えを提起したところ、被告が、事案が複雑であることを理由として18条により移送を申し立てたが、簡易裁判所が相当と認めず却下決定した。	18条

結　　論　即時抗告ができる（21条）。
抗告の趣旨　原決定を取り消し、本件を○○地方裁判所に移送するとの裁判を求める。

【17】	当事者の移送申立及び相手方の同意があるにもかかわらず、受訴裁判所が19条１項但書の事由の存在を理由として却下決定した。	19条１項

結　　論　即時抗告ができる（21条）。
抗告の趣旨　原決定を取り消し、本件を○○裁判所に移送するとの裁判を求める。
解　　説　19条１項は、当事者の申立と相手方の同意がある場合の必要的移送について定めるが、「移送により著しく訴訟手続を遅滞させる」（19条１項但書）場合は移送しなくてよいとされ、通常、証拠調べ終了後又は弁論終結後の19条１項に基づく申立は、19条１項但書の「移送により著しく訴訟手続を遅滞させる」場合に該当する。争点整理中又は整理後の場合にも、それが複雑なものである場合には、これに該当する余地がある。

【18】	原告が簡易裁判所に訴えを提起したが、不動産訴訟であった。	19条２項

結　　論　移送の申立ができる（19条２項）。
申立の趣旨　本件を○○地方裁判所に移送する。
解　　説　不動産に関する訴訟が簡易裁判所に提起された場合に、被告が地方裁判所への移送を申し立てたときは、必ず移送するものとされている（19条２項本文）。

ただし、かかる移送申立は、本案についての弁論の後はできない（19条２項但書）。

本案についての弁論の後は、18条又は19条１項による移送申立によることになる。

【19】	簡易裁判所の管轄に属する不動産訴訟につき、被告が本案の弁論をする前に地方裁判所への移送を申し立てたところ、簡易裁判所が却下決定した。	19条２項

結　　論　即時抗告ができる（21条）。
抗告の趣旨　原決定を取り消し、本件を○○地方裁判所に移送するとの裁判を求める。

【20】	法定専属管轄に属するにもかかわらず、管轄裁判所が移送決定をした。	20条

結　　論　即時抗告ができる（21条）。
抗告の趣旨　原決定を取り消す。

解　　説　　移送決定されてしまった場合も、専属管轄違反の瑕疵は治癒されない。したがって、即時抗告がなされなかった場合においても、控訴理由（299条1項但書）・上告理由（312条2項3号）となる。

なお、現行法では、「専属管轄」から「当事者が第11条の規定により合意で定めたものを除く」ものとしたので、専属的合意管轄の場合には20条の移送の制限は適用されず、17条以下の移送が許される。

第4　回　　付

本庁で取り扱う事件につき支部に訴えが提起され、あるいは、同一地方裁判所管轄区域内のある支部で取り扱うべき事件につき別の支部に訴えが提起された場合、それら事件を支部から本庁へ、あるいは、支部から支部へ移すことを「回付」という。回付は、事実上のもので、移送とは異なる。

【21】	集団訴訟を地裁本庁に提起したところ、原告の住所地が各支部にまたがっていたため、地裁本庁が各支部に回付した。	

結　　論　　不服申立はできない。

解　　説　　地方裁判所本庁と支部との間の事件の分配は、裁判所内部の問題で、訴訟法にいう管轄の問題ではない（最判昭41・3・31判時443-31）。したがって、地方裁判所本庁と支部間あるいは支部相互間の回付の申立は、不適法な申立であり（東京高決昭58・3・16判時1076-66）、当事者は、裁判所の回付の措置に対して、訴訟法に基づく不服の申立はできない（最決昭44・3・25刑集23-3-212、東京高決昭35・6・29下民集11-6-1381）。

第2節　裁判所職員の除斥及び忌避

1　裁判の公正さを確保するため、裁判官や裁判所書記官がその事件について特殊な関係にある場合に、それらの者を職務執行から排除する制度として、除斥・忌避・回避があり、これも一種の不服申立制度と捉えることができる。

後述のとおり、忌避申立は認められにくいというのが実情であるが、不公正な訴訟指揮がなされた場合で、これに対する具体的な不服申立方法が見当たらない場合、忌避申立をすることによって、事実上裁判長の交代という結果をもたらしたケースもある（コラム2参照）。

したがって、忌避申立には、事実上の効果を期待し得る場合もあるため、忌避申立自体としての意味のほかに、事実上、訴訟指揮そのものに対する不服申立としての意味があるとも考えられよう。

2　除斥又は忌避の申立があると、原則として、その裁判が確定するまでの間、訴訟手続を停止しなければならないが（26条本文）、明らかに訴訟の引き延ばしを目的としているような申立権の濫用と認められる場合にも、常に手続を停止しなければならないかは問題である（【26】の解説参照）。

また、除斥や忌避の申立に理由がないとする決定については、その決定自体に対する不服申立が問題となる。

3　なお、専門委員（92条の６）や知的財産に関する事件における裁判所調査官（92条の９）、鑑定人（214条）の除斥及び忌避については、別に規定がある。

【22】	裁判官に以下のような事情があった。 ①　裁判官又はその配偶者若しくは配偶者であった者が事件の当事者であるとき、又は、事件について当事者と共同権利者、共同義務者若しくは償還義務者の関係にあるとき。 ②　裁判官が当事者の４親等内の血族、３親等内の姻族若しくは同居の親族であるとき、又は、あったとき。 ③　裁判官が当事者の後見人、後見監督人、保佐人、保佐監督人、補助人又は補助監督人であるとき。 ④　裁判官が事件について証人又は鑑定人となったとき。 ⑤　裁判官が事件の当事者の代理人又は補佐人であるとき、又は、あったとき。 ⑥　裁判官が事件について仲裁判断に関与し、又は不服を申し立てられた前審の裁判に関与したとき。	23条

結　　論　　除斥の申立ができる（23条）。
申立の趣旨　　裁判官○○に対する除斥は理由がある。
解　　説　　1　除斥の申立の方法

(1)　申立権者

当事者の申立により、又は、除斥原因ありとする裁判官自身、若しくはその所属する裁判所の他の裁判官の申出により、職権をもって開始される。

(2)　除斥申立の方式

申立の方式は、忌避申立と同様のため(民訴規10条)、【23】の解説１(2)を参照されたい。

(3)　申立の時期

後述する忌避の申立と異なり、当事者はいつでも除斥の申立ができる。

2　当該裁判官の関与の禁止

除斥を申し立てられた裁判官は、除斥の裁判に関与することができない（25条３項)。ただし、【26】の解説も参照されたい。

3　訴訟手続の停止

原則として、除斥の申立があったときは、その裁判が確定するまでの間、訴訟手続を停止しなければならない。ただし、急速を要する行為については、この限りではない（詳細は、【26】【27】【28】の解説参照。)。

4　その他

除斥原因のある裁判官が誤ってした訴訟行為は無効となり、判決に至った場合には上告理由と再審事由となる（312条２項２号、338条１項２号)。

【23】	裁判官について裁判の公正を妨げる事情がある。	24条

結　　論　　忌避の申立ができる（24条）。

申立の趣旨　　裁判官○○に対する忌避は理由がある。

解　　説　1　忌避の申立の方法

⑴　忌避権者

当事者だけが忌避申立権をもつ。刑事訴訟とは異なり、訴訟代理人は固有の権利として忌避申立をすることはできない（24条1項、刑訴21条2項参照）。

⑵　忌避申立の方式

・期日にする場合を除き書面でする（民訴規10条2項）。実務上は、期日に口頭で申し立てて、その際、忌避原因を簡単に明示しておいて、その後疎明期間内に忌避の原因を具体的に詳しく開示する書面を提出することが多い。

・裁判官を指名して特定し、その原因を明示して、その裁判官の所属する裁判所に対して申し立てる（民訴規10条1項）。

・忌避の原因については、申立後3日以内に疎明しなければならない（民訴規10条3項）。疎明方法は、直ちに取調べできるものに限る。

なお、先例としては、忌避申立に実体上理由がないとき、この3日以内に却下することは差し支えなく、旧条文38条2項の規定は3日が経過するまでは申立に対する裁判ができないと定めたものではないとしたものがある（東京高決昭53・7・25判時898-36）。

・除斥、忌避の裁判の性質は、公正な裁判の保障という公益的性質を有するから、裁判所は、疑わしい場合には、職権によって証拠調べをしなければならない。

・合議体の構成員である裁判官及び地方裁判所の一人の裁判官の除斥又は忌避についてはその裁判官の所属する裁判所が、簡易裁判所の裁判官の除斥又は忌避についてはその裁判所の所在地を管轄する地方裁判所が、決定で、裁判をする（25条1項）。

⑶　忌避申立権の喪失と例外

ア　忌避申立権の喪失

・当事者が裁判官の面前で弁論をし、又は弁論準備手続において申述したときは、その裁判官を忌避することができなくなる（24条2項本文）。

イ　忌避申立権喪失の例外

・当事者が、忌避の原因があることを知らなかったとき、又は忌避の原因がその後に生じたときは、忌避申立権は失わない（24条2項但書）。

・「忌避の原因があることを知らなかったとき」に関しては、不知につき、過失があってもよい。当事者本人、法定代理人、訴訟代理人のいずれか1人が知れば、知ったことになる。この場合、忌避の原因とともに、それの存することを知らなかった事実をも疎明する必要がある（民訴規10条3項後段）。

・「忌避の原因がその後に生じたとき」についても、そのような事実を疎明する必要がある（民訴規10条3項後段）。

2　「公正を妨げる事情」の具体的な内容

これまで判例で問題となった事例は、以下のように分類される。

⑴　「裁判官と当事者の関係」に関するもの

現に争われた事例としては、

①　裁判長たる裁判官が一方の訴訟代理人の娘婿であること（最判昭30・1・28民集9

－１－83)、

② 裁判官が当事者である放送会社のテレビ番組に広報活動として出演したこと（東京高決昭48・12・18東高民時報24－12－219)、

③ 別件の国家賠償請求事件で、当事者と裁判官が対立当事者である場合（神戸地決昭58・10・28判時1109－126)、

④ 裁判官がかつて別件訴訟で共同被告となっているＡ銀行の顧問弁護士事務所に所属していた場合で、別件訴訟で本案訴訟とほぼ同一の事実について、Ａ銀行との共同不法行為責任が問われているような状況にある場合（東京地決平７・11・29判タ901－254)

などがあるが、いずれも忌避事由にならないとされている。

コラム１　訴訟代理人の中に娘がいることを理由に父親の裁判官が回避した事例

裁判長たる裁判官が一方の訴訟代理人の娘婿であることは忌避事由とならないとの最高裁判例があるが、訴訟代理人の中に実の娘がいるとして、裁判長が事件の担当を回避した例がある。これは家永三郎教授が提訴した第二次教科書検定訴訟の例である。第一審の杉本判決で家永教授が勝訴し、文部大臣が控訴し、東京高裁第一民事部に係属した。同部の当時の裁判長はＴ裁判官であった。Ｔ裁判長は、家永側弁護団の一員であったＯ弁護士の実父であった。弁護団の中には、Ｔ裁判長に担当してもらうために、娘のＯ弁護士を弁護団からはずしたらとの意見を持つ弁護士もいたようであった。しかし、その前にＴ裁判長は、自分の方から事件の担当を回避した。回避の事例は形として明確に残らないことが多いが、この事例は、当時朝日新聞にも報道されたし、当事者のＯ弁護士が「私の『家永教科書裁判』―弁護団の32年―」（家永教科書訴訟弁護団編）で述べている。Ｏ弁護士の手記によると、朝日新聞を読んだあちこちの読者からＴ裁判官のところに、「娘が譲るべきところ、父親が回避するとは何事か」との手紙が送られていたとのことである。

(2) 「予断の恐れ」に関するもの

① 私文書偽造行使私印盗用の刑事事件において有罪判決をした裁判官が、その証書を証拠とする貸金請求の民事事件を担当した場合（東京控決明35・７・３新聞96－４)、

② 和解無効確認並びに請求異議事件における裁判官が和解の成立に関与していたこと（東京控決昭５・５・５新聞3148－８)、

③ 裁判所支部を廃止する最高裁規則の制定の取消を求める訴訟において、裁判官が同規則の制定に関する裁判官会議に参加していたこと（最決平３・２・25民集45・２・117)

などについて忌避申立がなされたが、これらもいずれも忌避事由にならないとされている。

なお、

④ 裁判官が書記官に指示して、被告らに口頭弁論期日呼出状等を送達する際に、「原告の請求を棄却する。訴訟費用は原告の負担とする、との判決を求める。旨の答弁書を提出してください。右答弁書の提出があれば、出頭不要です。」と記載した事務連絡を同封したことは、忌避事由になるとして、忌避申立を認めたケース（横浜地小田原支決平３・８・６自由と正義43－６－120)

がある。

上記判例は、旧民事訴訟法時代のものであり、新民事訴訟法の運用の下では、被告に対する訴状送達の際に、「答弁書記載例」が同封されており、上記の結論が現在も果たして

妥当かどうかについては議論の余地があるように思われる。

(3)　訴訟指揮に関するもの

いずれも忌避事由ではないとする判例として、以下のものがある。

①　唯一の証拠方法を排斥したこと（大決大2・1・16民録19-1）。

②　証拠調べの申立を却下したこと（東京高決昭39・3・10下民集15-3-505）。

③　弁論続行の申立を容れないで、弁論を終結したこと（大決明39・6・28民録12-1043）。

④　弁論を再開又は終結したこと（大決昭2・11・15新聞2782-10）、

⑤　弁論の再開申請を容れなかったこと（東京高決昭50・12・19判タ337-204）。

⑥　不当な言辞を用いた弁護士に対して発言を禁止しなかったこと（東京地決大15・5・5評論15-民訴294）。

⑦　和解の際金員の支払を勧めたこと（東京控決昭16・2・17評論30-民訴67）。

⑧　和解勧告の際心証の一部を示したこと（東京高決昭50・12・19判タ337-204など）。

コラム2　結果的には忌避申立が却下されたが、その後裁判官が「健康上の理由」で交代して実質的には所期の目的を達した事例

上記コラム1で紹介した第二次教科書検定訴訟の例である。T裁判長に代わって担当したのがやはり頭文字がTではじまる裁判長であった。このT裁判長は第1回の期日前の打ち合わせの時から、「われわれは、この裁判を早く片付けたい。判決後、いろいろ学説が出ているようだが、特異なものはとらない。極論すれば、証拠調べをしなくても判決を書ける。この部は教科書裁判のためだけに作られた。」などの発言をしていた。口頭弁論期日に入っても、同裁判長は証拠調べを制限し、早期結審を意図していた。こうした中で、1972年2月の法廷で、家永側代理人が準備書面の要旨を口頭で述べていたところ、T裁判長は居眠りを始め、さらには「いびき」をかきだす失態を演じた。

弁護団は、この裁判長の下では、到底公正な裁判を期待できないとして、同年5月に同裁判長の忌避申立をした。この忌避申立は却下されたが、その後の同年10月T裁判長は「健康上の理由」からとして、この裁判から身を引くことになった。T裁判長に対する忌避申立は却下されたが、同裁判長が交代したため、結果としては所期の目的が達成できたことになった。

【24】	裁判所が、除斥又は忌避を理由があるとする決定をした。	25条4項

結　　論　不服申立はできない（25条4項）

【25】	裁判所が、除斥又は忌避を理由がないとする決定をした。	25条5項

結　　論　即時抗告ができる（25条5項）

抗告の趣旨　原決定を取り消す。裁判官○○に対する忌避（除斥）は理由がある。

【26】	除斥又は忌避を申し立てたが、明らかに訴訟の引き延ばしを目的としているとして、除斥又は忌避を申し立てられた裁判官自身が、除斥又は忌避に理由がないとする決定をした。	25条5項

結　　論　即時抗告ができる（25条5項）

抗告の趣旨　原決定を取り消す。裁判官○○に対する忌避（除斥）は理由がある。

解　　説　1　当該裁判官の関与の禁止と簡易却下

(1)　当該裁判官の関与の禁止

除斥又は忌避を申し立てられた裁判官は、除斥又は忌避の裁判に関与することができない（25条3項）。

(2)　簡易却下

これらの申立があると、その裁判が確定するまで訴訟手続が停止する（26条）ので、これが訴訟遅延の原因ともなっている。そこで、刑訴法24条が認める簡易却下（申立をされた裁判官自身が直ちに却下する）が、民事訴訟においても認められるかが問題となるが、多くの下級審判例がこれを認めている（東京高決昭39・1・16下民集15－1－4、名古屋高決昭53・12・7判タ378－110、東京高決昭56・10・8判時1022－68など）。

2　訴訟手続の停止

除斥又は忌避申立があると、原則として、その裁判が確定するまでの間、訴訟手続を停止しなければならない（26条本文）。ただし、急速を要する行為についてはこの限りではない（26条但書）。すなわち、急速を要する行為については、除斥又は忌避を申し立てられた裁判官が処理できるものとされている。

「急速を要する行為」の例としては、証拠保全、仮差押・仮処分の決定、執行停止命令などがあり、「急速を要しない行為」の例としては、進行協議、弁論準備、証拠調べを含む一般の口頭弁論、判決言渡しなどがある。

3　忌避申立権の濫用

我が国では、忌避申立がかなり多い一方、この申立があると、その裁判が確定するまで訴訟手続が停止する（26条）ため、裁判所としては、明らかに忌避権の濫用といえるような場合への対応が問題となる。具体的には、ⅰ簡易却下が認められるか、ⅱ訴訟手続の停止の規定（26条）が適用されるかという点などが問題となる。

この点、判例には、

①　合議体での裁判を要するという規定（25条2項）、自己関与の禁止を定めた規定（25条3項）、手続の停止を定めた規定（26条）のいずれも適用がなく、忌避申立をされた裁判官自身がその申立を却下でき、訴訟手続の停止もないので、そのまま訴訟を進行させて差し支えないとしたもの（東京高決昭39・1・16下民集15－1－4）、

②　自己関与禁止及び訴訟手続停止の規定の適用がないとしたもの（大阪地決昭35・9・19下民集11・9・1940、大阪高決昭40・3・29判時423－33等）、

③　自己関与禁止の規定は適用がないとしたもの（大阪高決昭36・6・20下民集12－6－1400、東京高決昭57・5・25判時1048－114）、

④　訴訟手続の停止の規定は適用がないとしたもの（京都地判昭59・3・1判時1131－120等）

がある。

【27】	当事者が申し立てたある行為が26条但書の「急速を要する行為」であったのに、除斥又は忌避を申し立てられた裁判官が「急速を要しない行為」	26条但書

	であるとして、その申立を却下した。	

結　　論　本来その申立についての裁判に許されている不服申立の方法により、不服申立ができる（例：証拠保全却下に対しては通常抗告）。

解　　説　「急速を要する行為」そのものに関する申立が却下された場合に不服申立をする場合である。このような場合、その行為に関する裁判そのものについて許されている不服申立ができる。

【28】	当事者が申し立てたある行為が「急速を要しない行為」であるのに、除斥又は忌避を申し立てられた裁判官が26条但書の「急速を要する行為」であるとして、その申立を認容する決定をした。	26条但書

結　　論　その決定に本来法律が認めている方法で不服申立ができる（仮差押・仮処分を命ずる決定に対しては、保全異議）

解　　説　1　「急速を要しない行為」が「急速を要する行為」として認容された場合の不服申立

除斥又は忌避申立があった後に、急速を要しない行為であるのに、急速を要する行為として当事者の申立が認容された場合、相手方当事者の不服申立ができるかについては説が分かれる。この点、多数説は、仮差押・仮処分を命ずる決定に対しては、保全異議ができ、また、それについて独立した不服申立手段がないときには（例：証拠保全決定）、その急速を要する行為を基礎とした終局裁判に対する上訴によって争っていくべきとする。

2　「急速を要しない行為」と瑕疵の治癒

急速を要しない行為を急速を要する行為として申立を認容した場合には、その行為は無効である。証拠調べであれば、無効な証拠調べとして判決の基礎にできないことになるし、判決の言渡しであれば、上訴によって取消の対象となるのが原則である。

しかし、裁判官が訴訟手続を停止せずに審理を進めたところ、その後、除斥又は忌避申立は理由なしとする裁判が確定した場合、学説上争いがあるが、例外的に瑕疵が治癒され、その行為が有効となると解するのが判例である（判決の言渡しについてであるが、瑕疵は治癒されるとした最判昭40・3・11集民78-237等）。

コラム3　**予定されていた「中間の判断」の期日の5日前に裁判長の忌避申立をしたが、裁判所はこの期日を変更せずに中間判決を強行する態度をとったために、忌避裁判所は予定されていた期日の前日に忌避却下決定を出した事例**

1　これも第二次教科書訴訟の事例である。T裁判長に代わって担当したのがA裁判長であった。A裁判長は、双方当事者に釈明等を求める中で、この訴訟については憲法判断をせずに行政の一貫性・安定性の観点で結論を出そうと考え、この点について1974年12月20日に「中間の判断」をするとして結審した。弁護団では、弁論を再開し、憲法判断に関する証拠調べをすることを求めたが、裁判所はこれに応じず、期日を変更しようとしなかった。弁護団では、この事件で憲法判断を回避するのは到底認められないと考えていたので、この期日に「中間の判断」と称しつつ終局判決を出そうとする裁判所の態度を容認できなかった。そこで、予定されていた期日の5日前の12月15日にA裁判長の忌避を申し立てた。

2　高裁民事１部の裁判官に対する忌避申立は、高裁民事２部が担当することになっており、当時はＢ裁判長であった。Ｂ裁判長は、「Ａ君には12月20日の期日を変更したらどうかと言っているが変更しようとしない。気持ちは相当強固だ。そうであれば、武士の情で判決前に忌避申立について判断せざるを得ない。君たち弁護団も、何が何でも12月20日の期日を延期させたいと考えるのであれば、疎明資料提出期間が３日とあるのだから、忌避の申立をもう少しずらせばよかったのに…。」として、前日の12月19日に忌避却下の決定をした。そして翌20日、民事１部のＡ裁判長は、検定処分は行政行為の一貫性・安定性を欠いて違法として、検定処分の取消を認めた第一審判決を相当として文部大臣の控訴を棄却する終局判決をした。

3　民事訴訟規則10条３項は、「忌避の原因は、申立をした日から３日以内に疎明しなければならない」としており、旧民訴法下でも同様の規定はあった。しかし、当時弁護団は、この規定はほとんど念頭になく、判決期日の５日前に忌避を申し立てたので、判決期日は延期されるであろうと考えていた。判決を強行させないことを目的とするのであれば、この規定を逆用すればよかったが、当時は思いつかなかったのである。

なお、Ｂ裁判長が指摘するように、仮に忌避申立を判決予定日の前日にでも申し立てた場合に、果たしてＡ裁判長が翌日の判決言渡しを延期したかは不明である。Ａ裁判長は、家永側を勝訴させるので、弁護団から文句をいわれる筋合いはないとして、判決を強行したかも知れない。この場合には、判決は如何なる場合でも「急速を要する行為」（26条但書）にあたらないといわれているので、この瑕疵の治癒が問題となる（設例【28】の解説参照）。

【29】	裁判所書記官について、23条１項各号の除斥事由（ただし、６号は除く）がある。	27条、23条

結　　論　除斥の申立ができる（27条、23条）

申立の趣旨　裁判所書記官○○に対する除斥は理由がある。

解　　説　除斥原因があるのにした行為は無効だが、裁判所書記官は、判決自体には関与しないため、絶対的上告理由又は再審の事由にはならない。しかし、その書記官の作成した証人調書に記載されている証言が証拠になっている場合は、上訴の理由になる。

また、除斥の申立があると訴訟手続は停止する（26条準用）。もっとも、申立があると、その裁判所書記官は、職務の執行ができなくなるが、他の裁判所書記官を立ち会わせて、訴訟を進行させることは差し支えない。

【30】	裁判所書記官について、裁判の公正を妨げる事情がある。	27条、24条

結　　論　忌避の申立ができる（27条、24条）

申立の趣旨　裁判所書記官○○に対する忌避は理由がある。

解　　説　忌避の申立があると、訴訟手続は停止する（26条準用）。もっとも、申立があると、その裁判所書記官は、職務の執行ができなくなるが、他の裁判所書記官を立ち会わせて、訴訟を進行させることは差し支えない。

【31】	裁判所書記官について、裁判所書記官の所属する裁判所が、除斥又は忌避を理由があるとする決定をした。	27条、25条４項

結　　論　不服申立はできない（27条、25条４項）

【32】	裁判所書記官について、裁判所書記官の所属する裁判所が、除斥又は忌避を理由がないとする決定をした。	27条、25条5項

結　　論　即時抗告ができる（27条、25条5項）

抗告の趣旨　原決定を取り消す。裁判所書記官○○に対する除斥（忌避）は理由がある。

第3章　当事者

第1節　当事者能力及び訴訟能力

当事者能力とは、民事訴訟の当事者となることのできる一般的資格をいう。当事者能力は、訴訟法上の概念であるが、民法の権利能力の有無を基準として決定されるのが原則である。

例外として、民事訴訟法では法人格のない団体（例えば、町内会や同窓会）のうち、社団又は財団で代表者又は管理人の定めがあるものについては当事者能力を付与している（29条）。

訴訟能力とは、民事訴訟の当事者として単独で訴訟を追行するために必要な能力をいう。訴訟能力も訴訟法上の概念であるが、民法の行為能力の有無を基準として決定されるのが原則である。

訴訟能力に関して、法定代理人がない場合又は法定代理人が代理権を行うことができない場合、当事者は一定の要件の下に特別代理人の選任を申し立てることができる（35条1項）。

当事者能力や訴訟能力の問題は、これを看過してなされた判決は不適法であり、不服申立方法として上訴をなすことが認められるが、訴訟能力につき看過された場合（338条1項3号）と異なり、当事者能力につき看過された場合は再審事由にあたらないことに注意が必要である。

裁判長のなした特別代理人の選任命令に対しては、当事者は不服を申し立てることができず、改任の申立（35条2項）をなすべきこととなる。他方、裁判長のなした特別代理人選任の申立を却下する決定に対しては、選任命令とは異なり、申立人は通常抗告することができる（328条）。

【33】	法人格なき社団や民法上の組合と認められるだけの実体を備えていないのに、裁判所がこれを看過し、当事者能力のあることを前提に訴訟を係属させた。	29条

結　　論　不服申立はできない。

解　　説　格別の不服申立制度はないが、本案前の答弁として、当事者能力がないことを理由に訴え却下判決を求めるべきである。

【34】	法人格なき社団や民法上の組合と認められるだけの実体を備えていないのに、裁判所がこれを看過して当事者能力を認め、判決をした。	29条

結　　論　控訴ができる（281条1項）。

控訴の趣旨　原判決を取り消す。本件訴えを却下する。
解　　説　民法上の組合につき判例は、29条の適用を認める（最判昭37・12・18民集16−12−2422など）。
判決確定後は、再審事由にはあたらないから（338条）取り消すことはできない。
当事者能力の欠缺を看過した確定判決の効力については争いがあるが、通説はその事件に限って当事者能力があるものと扱われると解する。

【35】	裁判所が、原告の訴え提起に対し、原告の訴訟能力等が欠けるのではないかとして、補正を命じていたが、原告が補正に応じなかったため、口頭弁論を経ずに、訴え却下判決をした。	34条１項、140条

結　　論　控訴ができる（281条１項）。
控訴の趣旨　原判決を取り消し、本件を○○裁判所に差し戻す。
解　　説　訴えが不適法で不備を補正することができないときは、口頭弁論を経ないで訴えが却下される（140条）。補正できないとは、原告に補正を命じても補正しない場合も含まれる。
原告である無能力者本人ばかりでなく、無権代理人とされた者も、単独で本案判決を求めて適法に控訴ができると解されている。

【36】	裁判所が、原告の訴え提起に対し、訴状の記載自体から被告の訴訟能力等が欠けるのではないかとして、補正を命じていたが、原告が補正に応じなかったため、裁判長が訴状却下命令を発した。	28条、133条２項１号、137条１項、２項

結　　論　即時抗告ができる（137条３項、332条）。
抗告の趣旨　原命令を取り消す。

【37】	訴え提起前すでに被告が訴訟能力等を欠いていたことを看過して、裁判所が本案の終局判決をした。	28条

結　　論　控訴ができる（281条１項）。
控訴の趣旨　原判決を取り消し、本件を○○裁判所に差し戻す。
解　　説　いずれの当事者からも控訴することができると解されている（ただし、本案で無能力者勝訴の判決がなされた場合、いずれの当事者も控訴の利益を欠くとする見解もある（新堂幸司「新民事訴訟法」））。
かかる場合、控訴裁判所としてとるべき態度について、判例は原判決を取り消し、原審に差し戻した上で、補正の機会を与えるべきとする（最判昭45・12・15民集24−13−2072など）。
なお、当事者能力につき看過された場合と異なり、再審事由となることに注意（338条１項３号）。

【38】	受訴裁判所の裁判長に対して特別代理人の選任を求めたが、裁判長が「遅滞のため損害を受けるおそれがある場合」にあたらないとして、却下命令をした。	35条１項

結　　論　通常抗告ができる（328条１項）。
抗告の趣旨　原命令を取り消し、〇〇を特別代理人に選任する。

【39】	受訴裁判所の裁判長が特別代理人の選任命令をしたところ、別に法定代理人のいることが判明した。	35条１項

結　　論　不服申立はできない。
解　　説　裁判長のなした選任命令に対しては、当事者は不服を申し立てることができない。これは人選に不満がある場合も同様である。人選に不満があるときは、改任の職権発動を促すべきことになるが、別に法定代理人がいることが判明した場合は、解任の職権発動を促すべきこととなる。

なお、「改任」とは別に「解任」という概念があるか問題となるが、新堂幸司「新民事訴訟法」（弘文堂・第１版）148頁には、「特別代理人の必要が無くなっても、解任されない以上、当然にはその権限を失わない。」とされており、「解任」という概念自体は存在することになるが、条文上は見当たらない。

「改任」という概念を分析すると、「解任」と新たな特別代理人の「選任」とが複合したものである（それゆえ、改任の申立には「選任」手続に準じた手数料が必要となる）。

ほかに、実体法上の法定代理人のあることが判明した場合などにも、「解任」が生じうる（下記最判昭36・10・31家月14・３・107参照）。

【40】	受訴裁判所の裁判長が特別代理人の選任命令をしたところ、その後、実体法上の法定代理人を生じた。	35条１項

結　　論　不服申立はできない。
解　　説　訴訟中に実体法上の法定代理人を生じても、特別代理人の資格は当然に消滅するものでなく、裁判所の解任によってこれと交替する（最判昭36・10・31家月14−３−107）。したがって、この場合も【39】の事例と同様、解任の職権発動を促すべきこととなる。

【41】	受訴裁判所の裁判長が特別代理人の選任命令をしたところ、その後、特別代理人が交通事故に遭い、裁判所に出頭することができなくなった。	35条１項

結　　論　改任の申立ができる（35条２項）。
申立の趣旨　〇〇を解任して、新たに△△を特別代理人に選任する。
解　　説　裁判所が改任の決定を相手方に告知したときからその効力を生ずるところ、従来、告知方法につき送達を要するとされていたが、告知に改められた（119条、民訴規16条）。

第２節　共同訴訟

共同訴訟は、複数の当事者についての請求を併合して審判するものであるから、まず、共同訴訟の要件（併合要件）に関する不服申立（【42】）が考えられる。また、裁判所が要件を欠いていることを看過したまま判決してしまった場合や、必要的共同訴訟において誤って弁論を分離してしまったり、判決をしてしまった場合にも不服申立が考えられる。

共同訴訟は客観的併合と主観的併合の双方を伴う。客観的併合要件（136条）は裁判所が職権で調査するが、主観的併合要件（38条）は当事者の異議がなければ裁判所は調査をしない（【42】の解説参照）。ただし、裁判所がこの異議を認めずに判決をしても、抗告はできない（【43】）。

必要的共同訴訟であるのに弁論を分離してしまったとしても、抗告はできず（【44】）、判決に対して上訴が可能となるだけである（【45】）。固有必要的共同訴訟の場合は、当事者の一部脱落を見落として手続が進められた場合に不服申立をなしうるのか問題となるが、これも抗告はできないと解されている（【46】）。さらに、平成10年に施行された現行民事訴訟法で新設された同時審判申出事件（41条）についても、裁判所が原告の申出にもかかわらず弁論の分離をしても抗告はできず（【47】）、判決に対して控訴が可能となるだけである（【48】）。

【42】	38条の要件を満たさない共同訴訟が提起された。	38条

結　　論　　異議申立ができる（90条）。
解　　説　　遅滞なく異議を述べる（要件を満たさない旨を指摘する）。

当事者が遅滞なく異議を述べないと、異議権（責問権）を喪失する（大判大６・12・25民録23-2220）。なお、異議が認められた場合、不適法却下ではなく、それぞれが別訴として扱われる。

【43】	裁判所が、【42】の異議を認めず、38条の要件が欠如しているのに、弁論を分離せず、そのまま併合審理し、判決した。	38条

結　　論　　不服申立はできない。
解　　説　　控訴を認めて最初から弁論を分離して審判をやりなおすのは訴訟経済に反するからである。

【44】	裁判所が、必要的共同訴訟について、弁論を分離した。	40条

結　　論　　異議申立ができる（90条）。
解　　説　　弁論の分離は違法であり、責問権を行使することができる。裁判所が、異議を認めず、弁論を分離したまま判決をしてしまった場合は、不服があれば【45】のように控訴によって救済されうる。

【45】	裁判所が、必要的共同訴訟について、弁論を分離して別々に判決した。	40条

結　　論　控訴ができる（281条1項）。

控訴の趣旨　原判決を取り消し、本件を○○地方裁判所に差し戻す。

解　　説　必要的共同訴訟を違法に弁論を分離し、別々に言い渡された判決は、いずれも違法な手続によるものとして取消を免れない（308条2項）。一個の全部判決として判決の名宛人とされていない共同訴訟人も上訴することができると解されている。ただし、類似必要的共同訴訟の場合には、誤ってなされた一部判決が共同訴訟人側の勝訴判決であれば、その確定によって既判力の拡張（115条1項2号）や第三者効（会社法838条）により、効力が他の共同訴訟人に及ぶから、共同訴訟人に上訴の利益はない（注解Ⅰ390頁）。

弁論を分離しないで一部判決（243条2項）がなされた場合にも同様である。

分離された一部の判決について、その一部の当事者が上訴しても、全員について全部上級審に移審することになる。東京高判平6・6・29判時1506−116は、固有必要的共同訴訟である遺産確認の訴えにつき、裁判所が原告（X）の主張事実を争わない被告（Y1）と争う被告（Y2Y3）で弁論を分離し、同日に別々に判決を言い渡した（Y1に対する関係では請求認容、Y2Y3に対する関係では一部認容）事案である。XがY2Y3との関係で控訴したところ、控訴審はY1との関係でも判決の確定が遮断され、移審の効力を生ずるものと判示し、破棄自判した。

【46】	裁判所が、固有必要的共同訴訟について、当事者の一部の脱落を看過して判決した。	40条

結　　論　控訴ができる（281条1項）。

控訴の趣旨　原判決を取り消し、本件を○○地方裁判所に差し戻す。

解　　説　固有必要的共同訴訟においては、一定の範囲の者全員が訴え又は訴えられる必要があるが、これを欠く場合には、当事者適格を欠くとするのが判例・通説である。しかし、当事者適格は訴訟要件であって、訴え提起の要件ではないから、訴え提起後に脱落者が共同訴訟参加するなどして訴訟に加われば、訴えが却下されることはない（大判昭9・7・31民集13−1438）。控訴審でも、共同訴訟人側が勝訴し、脱落者が控訴審で共同訴訟参加して、当事者が異議を述べなかったときは、瑕疵は治癒されるとする裁判例がある（福岡高那覇支判平4・10・22判タ809−209）。

【47】	同時審判の申出による共同訴訟の要件を満たす事件につき、原告が同時審判の申出をしたにもかかわらず、裁判所が弁論を分離した。	41条

結　　論　異議申立ができる（90条）。

解　　説　同時審判の申出は、通常共同訴訟であっても、原告の申出により、弁論及び裁判の分離が許されなくなる制度である（41条）。ただし、この制度が適用になるのは、通常の共同訴訟のうち、複数の被告に対する権利が法律上併存し得ない場合に限定される。

同時審判の申出がなされると、弁論の分離は許されないが、不服申立に関する特段の規定はない。90条による異議申立は、直ちに行わなければ、黙示的な撤回ないし異議権の放棄があったものとされる。

弁論が分離された場合は【48】のように不服があれば控訴によって救済されうる。

【48】	同時審判申出事件で、裁判所が弁論を分離した後、原告が適時に異議を述べたにもかかわらず裁判所は弁論を併合せず判決した。	41条

結　　論　控訴ができる（281条１項）。

控訴の趣旨　原判決を取り消し、本件を○○地方裁判所に差し戻す。

解　　説　原告より同時審判の申出があり、要件を満たしていれば、裁判所は弁論及び裁判を分離することができなくなる（41条）。控訴裁判所は原判決を取り消して（306条）事件を原審に差し戻す（308条）ことになる。

第３節　訴訟参加

すでに係属している訴訟に利害関係を持つ第三者が加入することを訴訟参加という。訴訟参加の具体的類型としては、①利害関係を有する第三者が当事者の一方の側に従たる地位で参加する補助参加（42条～46条）、②自己の利益を害され又は自己の権利を主張する第三者が原告、被告と対立する立場で関与する独立当事者参加（47条）とがある。この２つの参加態様のほかに、③訴訟中に特定承継があった場合の参加承継（49条、51条）、引受承継（50条、51条）があり、さらに、④合一確定の必要がある場合に第三者が原告又は被告の共同参加人として参加する共同訴訟参加（52条）がある。

第１　補助参加

補助参加とは、他人間の訴訟の結果について法律上の利害関係を有する第三者が、当事者の一方を補助しこれを勝訴させることによって自己の利益を貫徹するため、訴訟に参加する形態をいう（42条）。例えば、債権者が主たる債務者に対して貸金返還請求訴訟を提起している場合に、保証人が補助参加するというような場合である。

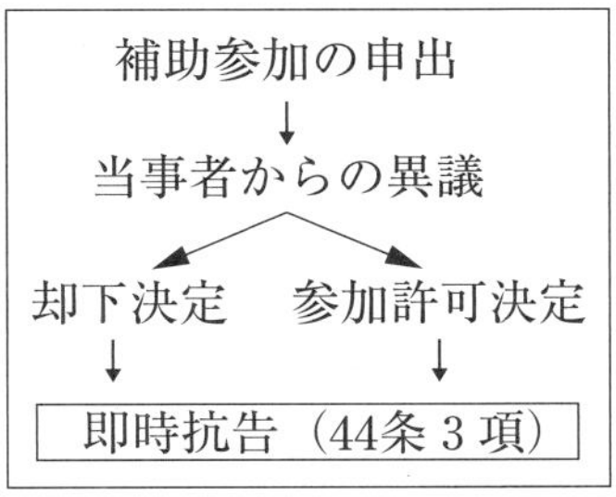

【49】	補助参加の要件たる「訴訟の結果について利害関係」を有しないと思われる第三者が、裁判所に対して補助参加の申出をした。	43条１項

結　　論　異議申立ができる（44条１項）。

解　　説　訴訟行為の一般的要件を具備しているかどうかは職権調査事項であるが、参加の理由の存否については、当事者の側から参加について異議が申し立てられない限り、裁判所は自ら調査する権限も義務もないとされている。

当事者が異議を述べないで弁論し、又は弁論準備手続において申述をした後は、異議を述べることはできなくなる（44条2項）。

【50】	補助参加の申出に対し、異議を述べたところ、裁判所が参加を許可する決定をした。	44条1項

結　　論　即時抗告ができる（44条3項）。

抗告の趣旨　原決定を取り消す。本件補助参加申出を却下する。

解　　説　参加の理由は参加の許否に関する審理の終結時に存在することを要し、参加申出当時に存在していても審理の終結時に参加の理由が消滅していれば、参加は許されないことになる。

【51】	補助参加の申出をしたところ、当事者が異議を述べ、裁判所が参加申出の却下決定をした。	44条1項

結　　論　即時抗告ができる（44条3項）。

抗告の趣旨　原決定を取り消す。抗告人の補助参加を認める。

解　　説　却下決定の確定により既判力が生じ、その既判力は同一の理由に基づく再度の参加申出を遮断するから、参加人は新たに生じた事由に基づかない限り再度の参加申出は許されない（最決昭58・6・25判時1082-50）。

第2　独立当事者参加

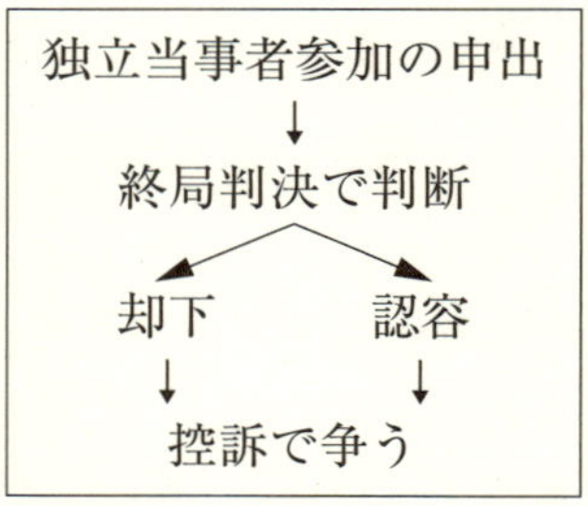

独立当事者参加とは、他人間の訴訟が係属中に、第三者が、原告又は被告、若しくはその両方を相手方として、訴訟の結果によって権利が害されること若しくは訴訟の目的の全部又は一部が自己の権利であることを主張して、当事者としてその訴訟手続に参加する形態をいう。

独立当事者参加は、独立の訴えの提起と実質的には同じと解される（申立は書面でなすことを要し、請求の趣旨や原因の記載を要求される）ので、申出自体に対する独立の不服申立は認められない。

終局判決において、参加要件を含めて、三当事者間の請求について統一的に判断が下される。

裁判所の参加の要件の判断に不服がある場合には、終局判決に対して控訴して争うことはできる。

【52】	独立当事者参加の要件を満たさないと思われる第三者が裁判所に対して独立当事者参加の申出をした。	47条

結　　論　答弁書等で、参加人の参加申出の却下を求める。

解　　説　独立当事者参加の主体は、訴訟の結果によって権利が害されることを主張する第三者又は訴訟の目的の全部若しくは一部が自己の権利であることを主張する第三者に限られる。

独立当事者参加は、訴え提起の実質を有し、44条も準用されていないので、申立がされただけでは異議は認められないとするのが判例である（大判昭15・４・10民集19-716）。

結局、終局判決において参加要件も含めて判断されるところから、予め、答弁書等で、参加人の参加申出の却下を求めておくことになる。

【53】	独立当事者参加の申出をしたところ、裁判所が参加要件を欠くとして申出を却下する判決を下した。	47条

結　　論　控訴ができる（281条１項）。

控訴の趣旨　原判決を取り消し、本件を○○地方裁判所に差し戻す。

解　　説　独立当事者参加は、訴えの実質を有するので、参加要件を欠いた場合、参加申出人の意思を確認した上で独立の訴え提起として扱うか、口頭弁論を経て判決をもって申出を却下することになる。

あくまで独立当事者参加の要件を満たすことを主張する場合は控訴によって不服申立をすることになる。なお、上告審で独立当事者参加の申出は許されないとするのが判例である（最判昭44・７・15民集23-８-1532）。

【54】	独立当事者参加の要件を満たさないにもかかわらず、裁判所が申出人の独立当事者参加を認め、その後、請求認容又は請求棄却の判決を下した。	47条

結　　論　控訴で争う（281条１項）。

控訴の趣旨　原判決を取り消す。参加人の参加申出を却下する。

解　　説　【53】の解説参照。

第３　参加承継

参加承継とは、訴訟係属中に、その訴訟の目的である権利義務を承継した第三者が、当事者として独立当事者参加の規定により訴訟に参加することをいう。したがって、その手続も独立当事者参加の手続に準じる。

【55】	訴訟係属中に、その訴訟の目的である権利が原告から第三者に承継されたので、第三者としては訴訟に参加したい。	49条、47条１項

結　　論　参加承継の申立ができる（49条、47条１項）。

参加の趣旨　上記原被告間の御庁平成○○年（ワ）第○○号事件について、参加人は、民事訴訟法49条により、当事者双方を相手方として参加承継する。

請求の趣旨　１　（被告に対しては、原告の請求と同一の請求の趣旨）

２　（原告に対しては、承継原因の主張にかかる権利の積極的確認）

解　　説　権利承継人が訴訟承継の申立をするには、独立当事者参加の形式でしなければ

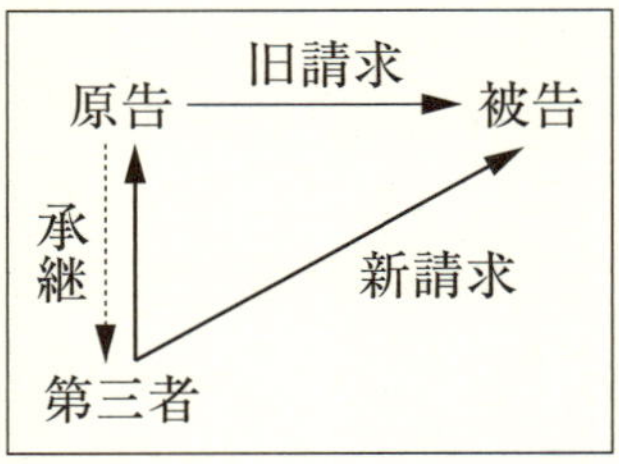

ならないから、申立の趣旨、理由のほかに、請求の趣旨や原因の記載も要求される。

原告に対しても承継原因に争いがある場合は、上記請求の趣旨2のように承継原因の主張に係る権利の積極的確認も求めることになる。これに対して、承継原因に争いがない場合は、被告に対する請求のみを定立すれば足りる。この場合、原告は被告の同意があれば訴訟から脱退することができる。

【56】	権利承継人ではない第三者が、権利承継人として訴訟参加の申出をした。	49条、47条1項

結　　　論　答弁書等で参加人の参加申出の却下を求める。
解　　　説　【52】の解説参照。

【57】	権利承継人として訴訟参加の申出をしたところ、裁判所が参加を認めず却下判決を下した。	49条、47条1項

結　　　論　控訴ができる（281条1項）。
控訴の趣旨　原判決を取り消し、本件を○○地方裁判所に差し戻す。
解　　　説　【53】の解説参照。

【58】	権利承継の要件を満たさないにもかかわらず、裁判所が申出人の訴訟参加を認め、その後、請求認容又は請求棄却の判決を下した。	49条

結　　　論　控訴で争う（281条1項）。
控訴の趣旨　原判決を取り消し、本件を○○地方裁判所に差し戻す。
解　　　説　【53】の解説を参照

なお、主張自体から承継関係が認められない場合と、主張自体は問題ないが、主張した事実の真偽が問題となる場合が考えられる。

主張自体から承継関係が認められない場合の例としては、配偶者と子がいるのに兄弟姉妹が相続人として権利承継による訴訟参加の申出をしてきた場合が想定できる。この場合でも、訴えの実質を有する以上は判決をもって参加申出を不適法却下することになる。

反対に、主張自体は問題ないが、主張した事実の真偽が問題となる例は、債権譲渡等による権利承継の主張があったが、債権譲渡自体に争いがある場合等がある。これは本案の問題であり、請求の認容又は棄却の判決がなされる（大阪高判昭39・4・10下民集15-4-761）。

これに対してあくまで権利承継の要件を争うのであれば、控訴をすることになる。

【59】	訴訟係属中に、その訴訟の目的である義務が被告から第三者に承継されたので、第三者としては訴訟に参加したい。	51条前段、47条1項

結　　論　参加承継の申立ができる（51条前段、47条１項）。

参加の趣旨　上記原被告間の御庁平成○○年（ワ）第○○号事件について、参加人は、民事訴訟法51条前段により、当事者双方を相手方として参加承継する。

請求の趣旨　１（原告に対しては、債務不存在の消極的確認請求）
２（被告に対しては、承継原因の主張にかかる権利の積極的確認）

解　　説　義務承継人たる第三者も、原被告間の訴訟状態を利用して紛争解決を得る利益があるから、参加承継が認められる。

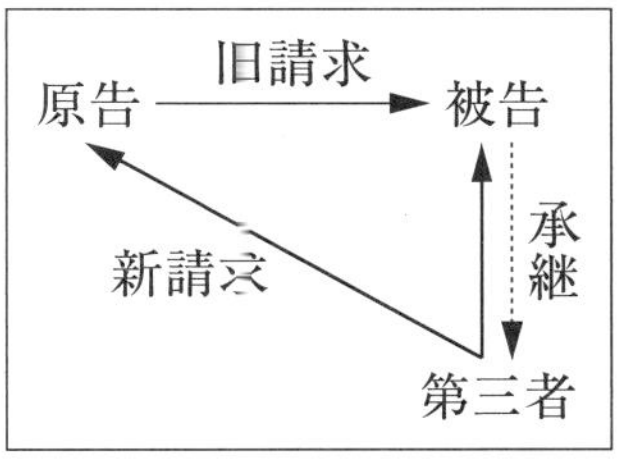

承継原因に争いがある場合は、上記請求の趣旨２のように承継原因の主張にかかる権利の積極的確認も求めることになる。これに対して、承継原因に争いがない場合は、原告に対する請求のみ定立すれば足りる。この場合、被告は原告の同意があれば訴訟から脱退することができる。

【60】	義務承継人ではない第三者が義務承継人であるとして訴訟参加の申出をした。	51条、47条１項

結　　論　答弁書等で参加人の参加申出の却下を求める。

解　　説　【52】の解説参照。

【61】	義務承継人として訴訟参加の申出をしたところ、裁判所が参加を認めず却下判決を下した。	51条、47条１項

結　　論　控訴ができる（281条１項）。

控訴の趣旨　原判決を取り消し、本件を○○地方裁判所に差し戻す。

解　　説　【53】の解説参照。

【62】	義務承継の要件を満たさないにもかかわらず、裁判所が申出人の訴訟参加を認め、その後、請求認容又は請求棄却の判決を下した。	51条、47条１項

結　　論　控訴で争う（281条１項）。

控訴の趣旨　原判決を取り消し、本件を○○地方裁判所に差し戻す。

解　　説　【53】の解説参照。

第４　引受承継

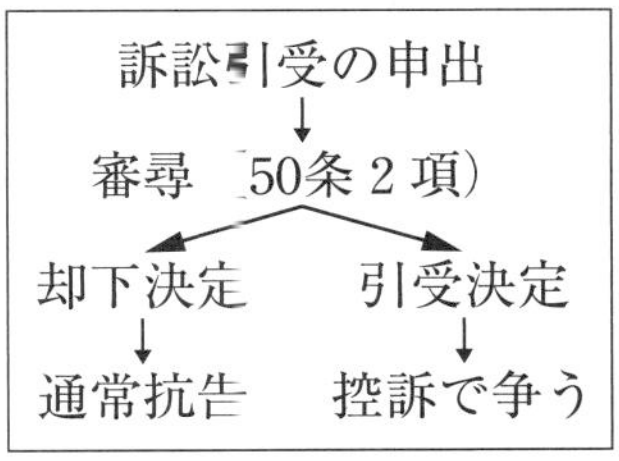

引受承継とは、訴訟係属中に、その訴訟の目的である権利義務を承継した者を、訴訟当事者のイニシアティブでその訴訟に参加させることをいう。したがって、第三者が積極的に訴訟に参加する参加承継とは手続を異にする。当事者から訴訟引受けの申立があった場合、裁判所は、当事者及び承継人たる第三者を審尋し（50条２項）、決定で、その許否の裁判をする（50条１項）。申立却下決定に対し

ては通常抗告をすることができるが、引受決定に対しては独立の抗告は許されない。終局判決に対して控訴で争うことになる。

【63】	訴訟係属中に、その訴訟の目的である義務を被告から第三者が承継したので、原告としては第三者に訴訟を引き受けさせたい。	50条1項

結　　論　引受承継の申立ができる（50条1項）。
申立の趣旨　被申立人に対し、被告のために本件訴訟の引受けを命ずる。
解　　説　訴訟係属中に被告から第三者への義務の承継があった場合、原告としては、それまでの訴訟状態を利用して当初の請求を貫徹する利益を有するところから、承継人である第三者を訴訟に引き込み、紛争を統一的に解決することができるように訴訟引受けの制度が認められている。この場合、被告は原告の同意があれば訴訟から脱退することができる。

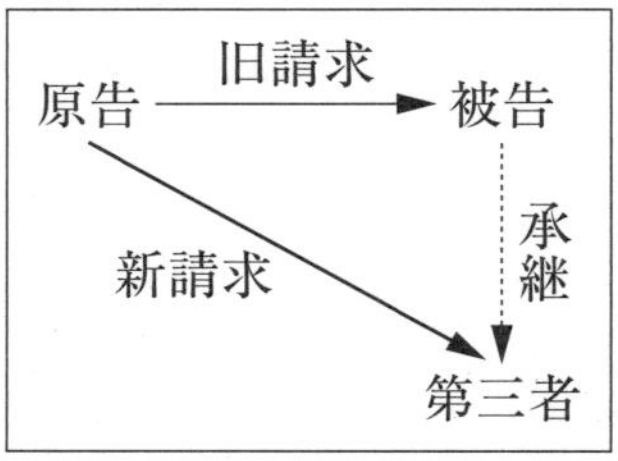

なお、訴訟引受けの申立をするのは通常は被承継人の相手方当事者であるが、被承継人自らも訴訟引受けの申立ができるとするのが通説である。

【64】	訴訟係属中の事件につき、義務承継が生じたので、当事者が、訴訟引受けの申立をした。	50条1項

結　　論　審尋（50条2項）の機会に反対の意見を述べる。
解　　説　訴訟引受けの申立があると、訴訟当事者及び第三者（引受人となる者）につき必要的に審尋が開かれる。その機会に反対の意見を述べることはできる。

【65】	訴訟係属中の事件につき、義務承継が生じたので、当事者が、義務承継人に対する引受申立をしたが、裁判所が却下決定をした。	50条1項

結　　論　通常抗告ができる（328条1項）。
抗告の趣旨　原決定を取り消す。相手方○○に本件訴訟の被告を引き受けさせる。

【66】	訴訟係属中の事件につき、義務承継が生じたので、当事者が、義務承継人に対する引受申立をしたところ、裁判所が引受けを命じる決定をした。	50条1項

結　　論　控訴で争う。
解　　説　引受けを命ずる決定に対しては独立の不服申立は許されない（大決昭16・4・15民集20-482）。

ただし、訴訟引受けを命じる裁判は一応承継人の適格を認め、これを当事者として扱う中間的裁判に過ぎないから、本案の裁判を拘束するものではなく、裁判所は審理の結果、義務承継の事実なしと認めるときは、終局判決で訴訟引受人に対する原告の請求を棄却する。

したがって、承継人は、本案の審理において、承継資格の有無を争うことができる。

さらに、承継人は、終局判決に対する上訴の機会にさらに訴訟引受けの当否について争うことができる。

【67】	訴訟係属中に、その訴訟の目的である権利が原告から第三者に承継されたので、被告としては第三者に訴訟を引き受けさせたい。	51条前段

結　　論　引受承継の申立ができる（51条後段）。

申立の趣旨　被申立人に対し、原告のために本件訴訟の引受けを命ずる。

解　　説　例えば、原告から被告に対し債務の履行請求訴訟が提起されているときに、原告から第三者に債権譲渡がなされていれば、被告は債権譲渡の抗弁を提出することになるが、被告の抗弁が認められず敗訴するおそれがある一方で、後に第三者から債権譲渡による履行請求がなされ、その第三者にも敗訴するおそれがあり、被告の統一的審判を受ける利益を確保する必要があるため、権利承継の場合も引受承継の申立が認められている。

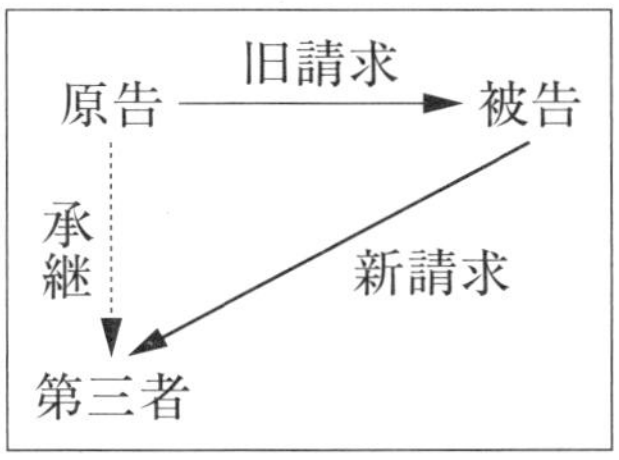

原告に対しても承継原因に争いがある場合は、承継原因の主張に係る権利の積極的確認も求めることになる。これに対して、承継原因に争いがない場合は、被告に対する請求のみ定立すれば足りる。この場合、原告は被告の同意があれば訴訟から脱退することができる。

【68】	訴訟係属中の事件につき、権利承継が生じたので、当事者が訴訟引受けの申立をした。	51条、50条２項

結　　論　審尋（50条２項）の機会に反対の意見を述べる。

解　　説　【64】の解説参照。

【69】	訴訟係属中の事件につき権利承継が生じたので、当事者が訴訟引受けの申立をしたが、裁判所が却下決定をした。	51条、50条１項

結　　論　通常抗告ができる（328条１項）。

抗告の趣旨　原決定を取り消し、相手方○○に本件訴訟の原告を引き受けさせる。

【70】	訴訟係属中の事件につき権利承継が生じたので、当事者が訴訟引受けの申立をしたところ、裁判所が引受けを命じる決定をした。	51条、50条１項

結　　論　控訴で争う。

解　　説　【66】の解説参照。

第5　共同訴訟参加

【71】	共同訴訟参加の要件を満たさないにもかかわらず、第三者が共同訴訟参加の申出をした。	52条1項

結　　論　答弁書等で共同訴訟参加人の参加申出の却下を求める。
解　　説　【52】の解説参照。

【72】	共同訴訟参加の申出が判決により却下された。	52条1項

結　　論　控訴ができる（281条1項）。
上訴の趣旨　原判決を取り消し、本件を○○地方裁判所に差し戻す。
解　　説　【53】の解説参照。なお、共同訴訟参加申出を却下した場合でも、補助参加の要件を満たしているならば、補助参加の申出として扱うべきとされる。

【73】	共同訴訟参加の要件を満たさないにもかかわらず、裁判所が申出人の訴訟参加を認め、その後、請求認容又は請求棄却の判決を下した。	52条1項

結　　論　控訴で争う（281条1項）。
控訴の趣旨　原判決を取り消し、本件を○○地方裁判所に差し戻す。
解　　説　【53】の解説参照。

第4節　訴訟代理人及び補佐人

訴訟上の代理人には、本人の意思によらずに選任される法定代理人と、本人の意思によって選任される任意代理人とがある。

任意代理人には、訴訟委任による訴訟代理人と法令による訴訟代理人とがある。訴状審査の際に代理人の資格につき疑問があれば、裁判所は原告に補正を命じることになる（補正に応じなかった場合は、【35】を参照）。また、訴訟係属中に代理人の資格を欠いていることが分かった場合、裁判所は、手続関与排除の中間判決（東京地判昭41・6・29判時462−3は、弁護士法25条1号違反の被告訴訟代理人弁護士につき、「弁護士○○は、本件につき、被告の訴訟代理をしてはならない。」とした）か決定（京都地決昭51・9・9判タ351−340）を行う。

資格を欠く代理人により行われた訴訟行為の効力については争いがあるが、判例は追認可能であると解しているようである（最判昭43・6・21民集22−6−1297）。

訴訟代理人に関して問題が生じる場合としては、簡裁代理の許可・不許可（下記【74】、【75】）、訴訟代理権の証明（下記【76】、【77】）に関する命令がある。

補佐人とは、当事者、補助参加人又はこれらの訴訟代理人に付き添って期日に出頭し、その補足をする者である。補佐人に関して問題が生じる場合としては、補佐人出頭の許可・不許可（下記【78】）がある。

【74】	簡易裁判所において、弁護士でない者を訴訟代理人とする許可の申立をしたところ、簡易裁判所が許可又は不許可をした。	54条１項

結　　論　不服申立はできない。

解　　説　簡裁においては、親族、被用者等の弁護士でない者を訴訟代理人とするよう申出がなされることがあり、親族、被用者については許可されるが厳格に運用されている。

許可又は不許可に対しては、手続裁量の問題として不服申立はできないものとされている。ただし、裁判所は、許可をいつでも取り消すことができる（54条２項）。したがって、不服がある場合には、許可決定取消又は許可の職権発動を求めていくことになる。

裁判所は、事件の性質、代理人の力量、代理人と事件との関係等を判断要素とするので、この点を主張する。なお、許可は審級ごとに必要とされるので、第１審で不許可となった場合、控訴審で再度許可を求めることができる。

【75】	簡易裁判所が、弁護士でない者を訴訟代理人とすることの許可を取り消す決定をした。	54条１項

結　　論　不服申立はできない。

解　　説　手続裁量の問題として不服申立はできないものとされている。したがって、不服がある場合には、再度職権発動による許可を求めていくことになる。裁判所は、事件の性質、代理人の力量、代理人と事件との関係等を判断要素とするので、この点を主張して職権発動を求めていくことになる。なお、許可は審級ごとに必要とされるので、第１審で許可取消となった場合、控訴審で再度許可を求めることができる。

【76】	弁護士が、裁判所に対して訴訟委任状を提出したが、裁判所が訴訟委任状について公証人の認証を受けるよう命じた。	54条１項、民訴規23条２項

結　　論　不服申立はできない。

解　　説　この裁判所の決定は、手続裁量として行われる措置であり不服申立はできないとされる。

この認証を受けないときは、訴訟代理権が証明できないことになり、本人が追認しない限り、訴訟手続の関与から排除され、代理権のない者のなした訴訟行為として取り扱われる。

なお、民事訴訟規則23条２項にある公証人以外の「その他の認証の権限を有する公務員」としては、公証人の職務を行う法務事務官、外国にいる日本人が作成した委任状の認証について「日本の領事」が挙げられる。

なお、弁護士が自己の訴訟代理権を主張してこれに沿う委任状を提出している場合には、裁判所は、その真偽を疑わせるような特別の事情のない限り、真正の代理権が存在するものとして取り扱えば良いとされる（最判昭41・４・22民集20－４－803）。

【77】	訴訟委任状について公証人の認証を受けよとの裁判所の命令に従わなかったので、裁判所が不適法な訴えであるとして却下判決を下した。	54条１項

結　　論　控訴ができる（281条１項）。
控訴の趣旨　原判決を取り消し、本件を○○地方裁判所に差し戻す。

【78】	専門的知見を要する訴訟であるため、補佐人を伴って出頭することを裁判所に請求したところ、許可又は不許可の決定がなされた。	60条１項

結　　論　不服申立はできない。
解　　説　補佐人は、当事者、補助参加人又はこれらの訴訟代理人に付き添って期日に出頭し、その補足をする者である。

その法律上の性格については、一種の代理人と解するのが通説である。

許可又は不許可の決定に対しては、手続裁量の問題として、不服申立はできないものとされている。したがって、不服がある場合には、許可決定取消又は許可決定の職権発動を求めていくことになる。裁判所は、事件の性質、補佐人の力量等を判断要素とするので、この点を主張して職権発動を求めていくことになる。なお、許可は審級ごとに必要とされるので、第１審で許可取消となった場合、控訴審で再度許可を求めることができる。

第４章　訴訟費用

はじめに

狭義の訴訟費用は、当事者が裁判所を通じて国庫に納付する裁判費用と当事者自らが支出する当事者費用とに分けられる（「民事訴訟費用等に関する法律」所定の範囲内のもの）。これに対して、広義では、社会的事実として当事者が訴訟追行のために行う支出を意味する（なお、82条１項の「訴訟の準備及び追行に必要な費用」は広義の訴訟費用を意味するとされる）。両者の違いで重要なものには弁護士費用がある（ただし、民訴費２条10号）。

裁判費用は、当事者が訴えの提起など各種の申立に際して納付する申立手数料とそれ以外の原因に基づいて納付する費用とに分けられる。

申立手数料以外の訴訟費用の具体例としては、証人・鑑定人の旅費、宿泊料、日当、裁判所外における証拠調べの場合の裁判官などの出張費、郵便による送達の場合の郵便料金があげられる（民訴費11条及び18条以下）。

申立手数料が不足、あるいは納付されない場合には原則として申立自体が不適法とされる（民訴費６条）。

申立手数料以外の訴訟費用については概算額を当事者に予納させ、予納がないときには裁判所は当該費用を要する行為を行わないことができる（民訴費12条）。

当事者費用は、当事者が訴訟の準備及び追行のために自ら支出する費用のうち、訴訟費用として法定されているものである。

当事者費用の具体例としては、当事者や代理人が期日に出頭するための旅費等の費用、訴状その他の書面料などがある（民訴費２条４号６号等）。

第１節　訴訟費用の負担

第１　訴訟費用の裁判

裁判所は、職権により、終局判決の主文においてその審級の訴訟費用の全部について当事者の負担を定める（67条１項）。

また、上級裁判所が原審の本案の裁判を変更するときには、原判決中の訴訟費用の裁判は当然に効力を失い訴訟費用の負担についても変更されるべきものであるから、原審と上級審を通じた訴訟費用の負担について裁判をする（67条２項）。

上級審が原判決を取り消した上で差戻し又は移送の裁判をするときには、差戻審等が上級審を含めた事件の総費用の負担について裁判する（67条２項）。

これに対し、上訴を却下・棄却する場合には、上級審は当該審級における訴訟費用の負担について裁判をする。

なお、訴訟費用負担についての裁判は職権によってなされるものであり、当事者の申立は職権の発動を促すものに過ぎない。

【79】	裁判所が訴訟費用の裁判をした。	61条～67条

結　　論　本案についての上訴で争う。

解　　説　訴訟費用負担の裁判のみに対しては、独立の上訴（控訴、上告、抗告）が認められない（282条、313条、331条）。これを許すと、結果として本案の当否を上級裁判所が再審査することになるからである。本案について上訴の利益があることを要するから、全面勝訴した当事者は訴訟費用の裁判に不満があっても上訴することはできない。ただし、附帯上訴の場合は費用の点だけについても不服を申し立てることができる（ただし、福岡高判昭26・827下民集２－８－1035は反対の見解をとる）。

なお、上訴に理由がないとして本案に対する上訴が棄却される場合、訴訟費用の裁判に対する不服申立が不適法となるかどうかについて、本案の結論が維持される場合でも原審とは判決理由が異なる場合があることから当該不服申立を適法とするのが通説的見解であるが、判例は独立の上訴を否定する趣旨から当該不服申立を不適法としている（最判昭53・12・21民集32－９－1749）。

【80】	裁判所が訴訟費用の裁判をしなかった。	67条

結　　論　訴訟費用の負担の裁判の申立ができる（258条２項）。

申立の趣旨　訴訟費用は○○の負担とする。

解　　説　訴訟費用の負担の裁判を脱漏したときは、裁判所は、申立又は職権で訴訟費用の負担について追加決定する（258条2項）。

第2　訴訟費用の償還

法定代理人、訴訟代理人、裁判所書記官又は執行官が、故意又は重大な過失によって無益な訴訟費用を生じさせた場合は、訴訟費用を負担させられた者が、これらの者に対し、その費用額の償還を命ずることを求めることが認められている。これが訴訟費用償還手続である（69条）。

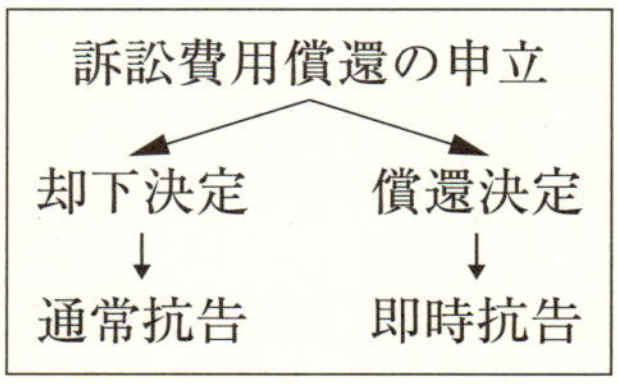

その手続の流れは図のとおりである。

【81】	原告勝訴の判決が言い渡され、訴訟費用全額について被告の負担とさせられたが、原告の訴訟代理人が、正当な理由なく期日の不遵守を繰り返した上、明らかに無意味な法律論に基づく主張を提出するなどしたことによって、無益な訴訟費用が相当額発生した。	69条1項

結　　論　訴訟費用償還決定の申立ができる（69条1項）。

申立の趣旨　相手方（原告訴訟代理人）は、申立人（被告）に対し、別紙計算書記載の訴訟費用○○円を償還せよ。

【82】	被告の法定代理人又は訴訟代理人として訴訟行為をした者が、その代理権又は訴訟行為をするのに必要な授権があることを証明することができず、その間、無益な訴訟費用が生じたが、原告勝訴の判決が言い渡され、訴訟費用全額について被告の負担とさせられた。	69条2項

結　　論　訴訟費用償還決定の申立ができる（69条1項）。

申立の趣旨　相手方（被告の代理人）は、申立人（被告）に対し、別紙計算書記載の訴訟費用○○円を償還せよ。

解　　説　法定代理人又は訴訟代理人として訴訟行為をした者が、その代理権又は訴訟行為をするのに必要な授権があることを証明することができず、かつ、追認を得ることができなかった場合において、その訴訟行為によって生じた訴訟費用について、69条1項の規定が準用される（同条2項）。原告代理人として訴えを提起したものの、代理権がなかったり、必要な授権を証明できなかったりしたために、訴えそのものが却下された場合については、70条が適用になる（【85】参照）。69条2項が適用されるのは、被告代理人として訴訟行為をした者である場合及び適法な訴え提起後に新たに原告代理人として訴訟行為をした者である場合に限られる。

【83】	【81】【82】で訴訟費用償還決定の申立があった場合に、裁判所が費用の償還を命じる決定をした。	69条1項、2項

結　　論　即時抗告ができる（69条3項）。

抗告の趣旨　原決定を取り消す。

【84】	【81】【82】で訴訟費用償還決定の申立があった場合に、裁判所が、費用償還命令の申立を却下する決定をした。	69条１項、２項

結　　論　通常抗告ができる（328条１項）。
抗告の趣旨　原決定を取り消し、本件を○○裁判所に差し戻す。

【85】	原告代理人として訴えを提起したものの、代理権がなかったり、必要な授権を証明できなかったりしたために、裁判所が訴えそのものを却下する判決をし、訴訟費用については無権代理人の負担とした。	70条

結　　論　控訴で争う（281条１項）。
請求の趣旨　原判決を取り消し、本件を○○地方裁判所に差し戻す。
解　　説　無権代理人とされた者も、単独で控訴することができる。
【35】の解説参照。
ただし、訴訟費用の裁判のみを捉えて控訴することはできない（282条）。
【79】の解説参照。

第３　訴訟費用額確定手続

訴訟を完結させる裁判においては、訴訟費用負担の裁判として訴訟費用負担者又は負担者とその割合が定められるにとどまり、具体的な額は特定されない。

なぜなら、終局裁判以降にあってもなお訴訟費用が発生すること及び具体的な額の算定は技術的なものであってその算定のために終局判決が遅れることは望ましいことではないからである。

そこで、具体的な費用償還額を定める手続が必要となる。現行法では、訴訟費用額の確定を裁判所書記官の権限とし、その手続を整備した(71～74条)。その手続の概略は次のとおりである。

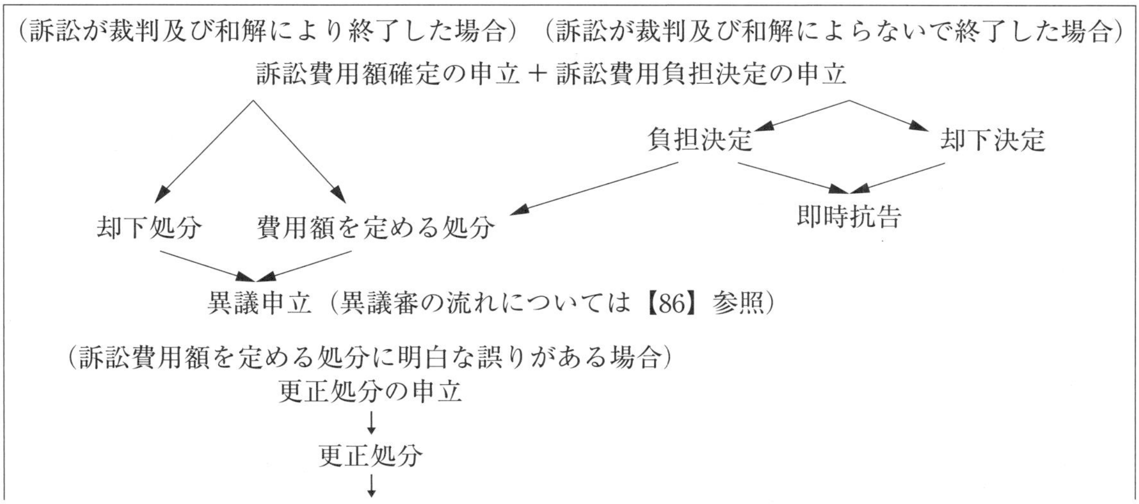

異議申立
↓
決定
↓
即時抗告

コラム４　訴訟費用額確定申立件数

訴訟費用額確定にあたっては、訴訟費用計算書及び費用額の疎明に必要な書面を裁判所書記官に提出する必要がある。そして、訴訟費用の種類やその金額の算定は複雑であり実際に訴訟費用額確定の申立がされる件数は極めて少ない。地方裁判所においては民事第一審訴訟事件の既済件数に対する訴訟費用額確定申立件数の割合は以下のとおりである。

平成10年（0.25%）、平成11年（0.28%）、平成12年（0.28%）、平成13年（0.28%）

（出典：第４回司法アクセス検討会配付資料11より）

そして、司法制度改革推進本部第７回司法アクセス検討会においては訴訟費用額確定手続の簡素化についても検討が加えられた。

【86】	訴訟費用の負担の裁判が執行力を生じた後に、費用償還請求権者の申立により、第一審裁判所の裁判所書記官が負担の額を定めた。	71条１項

結　　論　異議申立ができる（71条４項）。

解　　説　訴訟を完結させる裁判においては、訴訟費用負担の裁判（67条）があるが、そこでは具体的な金額は特定されない。そこで、本条による訴訟費用額確定手続が必要となるのである。ここでは、具体的な計算書を添付するのが通常である。

上記の「執行力」とは、債務名義に表示された給付請求権の強制執行に対し民事執行以外の方法によりその内容に適合する状態の実現を求めうる通用力の意味であって、いわゆる広義の執行力に属する。「執行力を生じた」とは、具体的には、訴訟費用負担の裁判が判決であれば判決が確定するか仮執行宣言が付されることを要するが、決定・命令の場合には即時に執行力を生じるため裁判がなされれば足りる。

【異議審の審理の流れ】

（裁判所書記官の処分）	（裁判所の判断）		（異議申立についてすべき裁判）
訴訟費用の確定	正		異議申立却下（①）
	誤	内容の誤り	原処分の取消し、自判（②）
		申立を却下すべき場合	原処分の取消し、差戻し（③）
申立却下処分	正		異議申立却下（④）
	誤		原処分の取消し、差戻し（⑤）

①及び④の場合において、異議審の裁判所が、裁判所書記官の確定処分ないし却下処分について誤りがないと判断した場合には、異議申立却下決定をする（121条）。

確定処分に対して異議の申立を理由があると判断した場合には、裁判所は、原処分を取り消して、自らその額を定めることになる（②のケース。71条６項）。ただし、訴訟費用額の確定の要件を欠いていて申立を却下すべきときは、原則どおり、原処分を取り消して、書記官に申立を却下させることになる（③のケース）。

書記官の申立却下処分に対する異議の申立を理由があると判断した場合には、いきなり裁判所が訴訟費用額を定めるのではなく、原処分を取り消して、まず、書記官に訴訟費用額の確定処分をさせることになる（⑤のケース）。

裁判所書記官の確定処分に対する異議の申立は、その告知を受けた日から１週間の不変期間内にしなければならない（71条４項）。この異議の申立は執行停止の効力を有する（71条５項）。

異議申立についての決定に対しては、即時抗告ができる（71条７項）。

【87】	訴訟費用の負担の裁判が執行力を生じた後に、費用償還請求権者が訴訟費用額確定の申立をしたところ、第一審裁判所の裁判所書記官がこの申立を却下した。	71条１項

結　　論　異議申立ができる（71条４項）。
解　　説　【86】の解説を参照。

【88】	裁判所で和解が成立して訴訟費用の負担を各２分の１とする旨定めたがその額については定めなかった。そこで、当事者が費用額確定の申立をしたが、申立額の一部が認容されなかった。	72条

結　　論　異議申立ができる（72条、71条４項）。
解　　説　【86】の解説を参照。

【89】	訴訟が訴えの取下げにより終了した後に、当事者が訴訟費用の負担についての申立をしたところ、第一審裁判所が訴訟費用の負担を命じる決定をした。	73条１項

結　　論　即時抗告ができる（73条２項、71条７項）。
抗告の趣旨　原決定を取り消す。
解　　説　訴え・反訴の各取下げの場合に、費用負担についての裁判は存しないので、申立により、第一審裁判所が、訴訟費用の負担者及び負担割合を決定する。そのほか、調停成立による訴えの取下げ擬制の場合、請求の放棄・認諾の場合、当事者の地位の混同による訴訟の終了の場合などがある。補助参加の申出の取下げ又は補助参加についての異議の取下げがあった場合も同様である。

【90】	訴訟が訴えの取下げにより終了した後に、当事者が訴訟費用の負担に	73条１項

	ついての申立をしたところ、第一審裁判所が当該申立を却下した。	

結　　論　　即時抗告ができる（73条2項、71条7項）。
抗告の趣旨　　原決定を取り消し、本件を○○裁判所に差し戻す。
解　　説　　上記の場合に、訴訟費用の負担者及び負担割合を確定する申立があったが、申立の要件を欠いており、補正命令によっても、補正しない場合などが考えられる。訴えの取下げ以外の具体例は【89】の解説参照。

【91】	訴訟が訴えの取下げにより終了した後に、当事者が訴訟費用の負担についての申立をしたところ、第一審裁判所が訴訟費用の負担を命じる決定をし、その決定が執行力を生じた後、当該裁判所の裁判所書記官が負担の額を定めた。	73条1項

結　　論　　異議申立ができる（73条2項、71条4項）。
解　　説　　【86】及び【89】の解説参照。

【92】	訴訟費用負担の裁判がなされた場合に、裁判所書記官が費用額確定処分をしたが、そこには計算違いや誤記があった。	71条1項、72条、73条1項

結　　論　　更正処分の申立ができる（74条1項）。
解　　説　　更正が可能な費用額確定処分は訴訟費用負担の裁判がなされた場合、和解の場合、訴訟が裁判及び和解によらないで完結した場合である。また、記述上の誤り、表現上の誤りは更正の対象になるが、判断の誤りは更正の対象とならない。

【93】	裁判所書記官が、当事者の申立により又は職権で訴訟費用についての更正処分をした。	74条1項

結　　論　　異議申立ができる（74条2項、71条4項）。
解　　説　　①更正処分に不服がある当事者は、その処分をした裁判所書記官が所属する裁判所に対して、異議を申し立てることができる（121条）。②異議申立期間は、告知を受けた日から1週間の不変期間である（74条2項、71条4項）。③更正処分の執行力は、異議の申立により停止する（74条2項、71条5項）。④費用額の確定処分に対する適法な異議の申立があったときは、更正処分に対してさらに異議の申立をすることはできない（74条3項）。異議申立の手続のなかで更正処分の当否も判断されるからである。⑤異議申立を受けた裁判所は、決定でこれについて裁判をする（121条）。

【94】	裁判所書記官のした訴訟費用についての更正処分に対する異議申立について、裁判所が異議を認める決定をした。	74条1項

結　　論　即時抗告ができる（74条２項、71条７項）。
抗告の趣旨　原決定を取り消す。

【95】	裁判所書記官のした訴訟費用についての更正処分に対する異議申立について、裁判所が異議を却下する決定をした。	74条１項

結　　論　即時抗告ができる（74条２項、71条７項）。
抗告の趣旨　原決定を取り消し、本件を○○裁判所に差し戻す。

コラム５　少額事件の訴訟費用負担

航空機の手荷物延着訴訟で乗客が勝訴したものの、乗客の賠償金と航空会社の訴訟費用請求が相殺された上、乗客に対し訴訟費用残額が請求されているという事件がある。

（事件の概要）

イタリアへ海外視察に行った大学研究員の手荷物が到着地で行方不明となり、６日後に本人の元に届いたが、その間、視察先には短パンとＴシャツで行かねばならなかったとし、航空会社に対し下着購入費１万5,000円、慰謝料20万円、弁護士費用10万円の支払を求めた事件。仙台地裁は、慰謝料４万円を認めた上、訴訟費用の８分の１は航空会社、８分の７が研究員の負担とする判決を言い渡した（最高裁で確定）。

（訴訟費用問題）

この航空会社側は、訴訟費用中には書類作成費用のほか、東京在住の代理人弁護士の東京仙台間の旅費14万円、弁護士日当、国際航空約款の翻訳料４万4,800円等が含まれるとし、合計約31万円の訴訟費用となり、同費用を賠償額４万円と相殺した上、残額につき訴訟費用額確定の申立をなした。

仙台地裁はこの訴訟費用額確定処分の結果として、６万2,356円を研究者側の負担としたため、実質は損害賠償認容額を上回ることになり、研究者側はこの確定処分に対し異議申立を行っている。

異議の理由は、まずこのような少額の訴訟において勝訴判決を得ても、かような訴訟費用額確定処分がなされるのであれば、実質敗訴であり、訴訟に対する萎縮効果を招くこと、本件訴訟における訴訟費用としては印紙代に限られるべきであること等を掲げ、このような訴訟費用額確定処分は不適法であり却下されるべきであるとしている。

この件については平成19年２月現在で裁判所の結論は出されておらず、その判断が注目されるところである。

第２節　訴訟費用の担保

被告は、原告が日本国内に生活上、事業上の本拠を有しない場合、勝訴したとしても被告の支出した訴訟費用の償還を原告から受けることが困難となる。そこで、法は、被告の申立により訴訟費用の担保提供を認める手続と担保取消手続について定めている。

ただし、実務上、訴訟上の担保提供命令の例は少ない。なお、韓国人、中国人の歴史研究者らが愛媛県教育委員会等に対し教科書の採用をめぐって損害を被ったとして損害賠償請求訴訟を提起した事案において、被告らが担保提供命令の申立をし、原告一人あたり５万円の担保提供命令がなされた。

これに対し、民事訴訟法上の担保提供の方法及び担保取消手続は、他の法令による訴えの提起について立てるべき担保につき準用される（81条）ので、会社訴訟や保全命令、民事執行法上の保全処分については実務上よく利用されている。

【96】	被告は、原告から訴訟を提起されたが、原告は日本に生活上、事業上の本拠を有しないため、勝訴したとしても被告の支出した訴訟費用の償還を原告から受けることが困難になるのではないかとおそれている。	75条１項

結　　論　　訴訟費用担保提供命令の申立ができる（75条１項）。

解　　説　　訴訟費用担保提供命令の申立をした被告は、原告が担保を立てるまで応訴を拒むことができる（75条４項）。逆に、被告は、担保を立てるべき事由があることを知った後に本案について弁論をし、又は弁論準備手続において申述をしたときは、この申立をすることができない（75条３項）。

【97】	被告の申立により、裁判所が訴訟費用の担保を立てるべきことを原告に命じる決定をした。	75条１項

結　　論　　即時抗告ができる（75条７項）。

抗告の趣旨　　原決定を取り消す。

解　　説　　担保提供の決定自体には不服がないが、その額について不服がある場合も同様である。

【98】	被告が訴訟費用の担保提供命令の申立をしたのに対し、裁判所が当該申立を却下する決定をした。	75条１項

結　　論　　即時抗告ができる（75条７項）。

抗告の趣旨　　原決定を取り消す。

【99】	原告は担保提供命令に従い担保提供をしていたが、担保の事由が消滅した。	79条１項

結　　論　　担保取消決定の申立ができる（79条１項）。

解　　説　　担保事由の消滅した場合とは、原告の請求を認め、訴訟費用は被告の負担とする判決が確定した場合がその典型例である。

【100】	原告は担保提供命令に従い担保提供をしていたが、担保提供者が担保の取消について担保権利者の同意を得た。	79条２項

結　　論　　担保取消決定の申立ができる（79条２項）。

【101】	【99】又は【100】の場合に、担保提供者が担保取消決定の申立をしたのに対し、「担保の事由が消滅したこと」又は「同意を得たこと」の証	79条１項、２項

	明が不十分なのにもかかわらず、裁判所が担保取消決定をした。	

結　　論　即時抗告ができる（79条４項）。
抗告の趣旨　原決定を取り消す。

【102】	【99】又は【100】の場合に、「担保提供者が担保の事由が消滅したこと」又は「同意を得たこと」を証明して担保取消の決定を求めたのに、裁判所がその申立を却下する決定をした。	79条１項、２項

結　　論　通常抗告ができる（328条１項）。
抗告の趣旨　原決定を取り消し、本件を○○地方裁判所に差し戻す。

【103】	原告は担保提供命令に従い担保提供をしていたところ、裁判所が、原告の請求を棄却し、訴訟費用は原告の負担とする判決を下し、それが確定した。ところが、被告が権利行使をしようとしない。	79条３項

結　　論　権利行使催告＋担保取消決定の申立ができる（79条３項）。
解　　説　原告敗訴の訴訟完結後、被告が権利を行使しない場合は、原告は、裁判所に被告に対して権利行使の催告をすることを求めることができる。裁判所が被告に対し一定期間内に権利行使すべき旨催告したにもかかわらず行使しなかったときは、担保取消につき同意があったものとみなされる（79条３項）ので、79条２項により担保取消決定をすることになる。

【104】	担保提供者の権利行使催告の申立がなされたが、裁判所がこの申立を却下する決定をした。	79条３項

結　　論　通常抗告ができる（328条１項）。
抗告の趣旨　原決定を取り消し、本件を○○地方裁判所に差し戻す。

【105】	担保提供者の申立により、裁判所が担保権利者に対し一定の期間内にその権利を行使すべき旨を催告したにもかかわらず行使しなかったため、担保取消につき同意があったものとして、裁判所が担保取消決定をした。	79条３項、２項

結　　論　即時抗告ができる（79条４項）。
抗告の趣旨　原決定を取り消す。
解　　説　この場合の担保取消決定は79条２項によるものであるから、79条４項により即時抗告ができる。

なお、権利行使の催告自体については、不服申立はできない（裁判ではない）。担保権利者は、権利行使をしないものとして担保取消決定がされたときにこれに対する即時抗告をする中で不服を申し立てることになる。

【106】	担保提供者が担保の変換を申し立てたところ、裁判所が変換を命ずる決定をした。	80条

結　　論　　不服申立はできない。
解　　説　　担保提供者は代担保を特定して変換申立をする必要があるが、変換を認容するか却下するかあるいは申し立てられたとおりの代担保の提供を命じるか否かは裁判所の裁量に属し、申立却下決定のみならず、申立とは異なる種類又は数量の代担保との変換決定に対しても、担保提供者・担保権利者ともに不服申立ができない（大阪高決昭56・５・26判タ446-95）。

【107】	担保提供者が担保の変換を申し立てたが、裁判所がこの申立を却下する決定をした。	80条

結　　論　　不服申立はできない。
解　　説　　【106】の解説参照。

第３節　訴訟上の救助

【108】	当事者が訴訟救助付与の申立をしたが、裁判所がこの申立を却下する決定をした。	82条１項

結　　論　　即時抗告ができる（86条）。
抗告の趣旨　１　原決定を取り消す。
２　○○地方裁判所平成○○年（　）第○○号○○事件について、抗告人に対し訴訟上の救助を付与する。

【109】	相手方が訴訟救助付与の申立をしたところ、裁判所が訴訟救助付与の決定をした。	82条１項

結　　論　　即時抗告ができる（86条）。
抗告の趣旨　　原決定を取り消す。
解　　説　　訴訟救助を付与する決定に対して、訴訟の相手方は即時抗告をすることができる（大決昭11・12・15民集15-2207、最決平16・７・13民集58・５-1599）。

【110】	訴訟救助付与決定を受けた当事者が死亡し、その相続人が訴訟承継をしたところ、裁判所が猶予していた訴訟費用の支払を命ずる決定をした。	83条３項

結　　論　　即時抗告ができる（86条）。
抗告の趣旨　　原決定を取り消す。

解　　説　　訴訟上の救助は、受救助者のためにのみ効力を有するから、受救助者である当事者が死亡し、又は法人その他の団体が合併によって消滅した場合は相続人や存続会社のような包括承継人に対しては、救助の効力は及ばない（83条２項）。

しかしながら、承継人が訴訟費用を支払う資力を有するときに限って、猶予した費用の支払を命じうるものと解すべきである。

【111】	裁判所が訴訟救助付与の決定をした後に、当該決定を受けた者が資力を有するに至った場合に、裁判所が、利害関係人の申立により又は職権で、訴訟救助付与の決定を取り消し、猶予した訴訟費用の支払を命ずる決定をした。	84条

結　　論　　即時抗告ができる（86条）。
抗告の趣旨　　原決定を取り消す。
解　　説　　訴訟救助付与の決定を受けた者が当初から資力要件を満たしていなかったことが判明した場合も同様である。

【112】	裁判所が訴訟救助付与の決定をした後に、当該決定を受けた者が資力を有するに至った場合に、利害関係人が、訴訟救助付与決定を取り消して猶予した訴訟費用の支払を命ずる決定を求める申立をしたところ、裁判所が、この申立を却下する決定をした。	84条

結　　論　　即時抗告ができる（86条）。
抗告の趣旨　１　原決定を取り消す。
２　○○に対する訴訟上の救助の決定を取り消し、猶予した訴訟費用の支払を命ずる。
解　　説　　訴訟救助付与の決定を受けた者が当初から資力要件を満たしていなかったことが判明した場合も同様である。

第５章　訴訟手続

第１節　訴訟の審理等

第１　責問権の喪失（90条）

訴訟手続に関する規定の違反については、放棄することができないもの（職権調査事項−除斥・忌避事由、訴訟能力、不変期間の遵守の規定違反等に対する異議権）を除き、規定違反を知り又は知ることができたのに遅滞なく異議を述べないと、異議を述べる権利を失う。詳細については本編の「第１章　不服申立総論」を参照。

第２　訴訟記録の閲覧等

何人も、書記官に対して訴訟記録の閲覧を請求することができる（91条１項）。ただし、公開を禁止した口頭弁論に係る訴訟記録については、当事者以外の者が閲覧を求めるには利害関係を疎明しなければならない（91条２項）。また、記録の謄写についても、利害関係の存在を疎明できれば第三者も可能である（91条３項、４項）。

しかし、このように誰でもいつでも訴訟記録を閲覧できるとすると、プライバシーや営業上の秘密に係る事実を記載した書類等を証拠等として提出することを躊躇せざるを得ない場合があった。そのため、プライバシーや営業上の秘密を保護するため、一定の要件のもとに第三者の閲覧謄写を制限できることとした。

【113】	訴訟記録の閲覧等の請求を裁判所書記官に申請したが、公開を禁止した口頭弁論に係る記録であるとして閲覧等を拒否した。	91条２項

結　　論　異議申立ができる（121条）。
解　　説　訴訟記録の閲覧等の拒否は、裁判所書記官の処分であり、これに対しては訴訟記録の存在する裁判所に異議申立ができる。

【114】	訴訟記録の閲覧等の請求を裁判所書記官に申請したが、記録の保存又は裁判所の執務に支障があるとして、閲覧等を拒否した。	91条５項

結　　論　異議申立ができる（121条）。
解　　説　【113】の解説を参照。

【115】	裁判所書記官に訴訟記録の閲覧を請求したが、拒否された。そこで、当該処分について異議申立をしたが却下された。	91条２項、５項、121条

結　　論　通常抗告ができる（328条１項）。
抗告の趣旨　原決定を取り消す。抗告人に対し、別紙目録（省略）記載の訴訟記録の閲覧を認める。
解　　説　【147】の解説参照。

【116】	訴訟記録中に私生活の秘密又は営業秘密にかかわる部分があった。	92条１項

結　　論　訴訟記録閲覧等制限申立ができる（92条１項）。
申立の趣旨　別紙目録（省略）記載の書類について、閲覧若しくは謄写、その正本若しくは抄本の交付又はその複製の請求をすることができるものを当事者に限る。

【117】	訴訟記録中に私生活の秘密又は営業秘密にかかわる部分があるので、	92条１項

	当該部分についての閲覧等制限の申立をしたところ、裁判所が閲覧等制限決定をした。	

結　　論　（当事者は）不服申立はできない。

解　　説　閲覧等制限決定は直ちに確定し、決定が取り消されるか記録が廃棄されるまで効力を維持する。したがって、記録の閲覧請求をしようとする第三者は、閲覧等制限決定の取消の申立をする必要がある（【119】以下参照）。

【118】	訴訟記録中に私生活の秘密又は営業秘密にかかわる部分があるので、当該部分についての閲覧制限の申立をしたが、裁判所が申立却下決定をした。	92条１項

結　　論　即時抗告ができる（92条４項）。

抗告の趣旨　原決定を取り消す。別紙目録（省略）記載の書類について、閲覧若しくは謄写、その正本若しくは抄本の交付又はその複製の請求をすることができるものを当事者に限る。

【119】	第三者が訴訟記録の閲覧を請求したところ、閲覧制限の決定がなされていたため閲覧を拒否された。しかし、当該訴訟記録に記載されている事実には元々秘密性がないか、又は報道等により秘密性を喪失していた。	92条１項

結　　論　閲覧等制限決定取消の申立ができる（92条３項）。

申立の趣旨　○○地方裁判所平成○○年（ワ）第○○号○○請求事件の訴訟記録のうち、別紙目録（省略）記載の書類について、閲覧等の請求をすることができるものを当事者に限るとした○○地方裁判所の平成○年○月○日付の決定を取り消す。

【120】	第三者が訴訟記録閲覧等制限の取消の申立をし、裁判所が訴訟記録閲覧等制限決定の取消決定をした。	92条３項

結　　論　即時抗告ができる（92条４項）。

抗告の趣旨　原決定を取り消す。

【121】	第三者が訴訟記録閲覧等制限の取消の申立をしたが、裁判所が申立却下決定をした。	92条３項

結　　論　即時抗告ができる（92条４項）。

抗告の趣旨　原決定を取り消す。○○地方裁判所平成○○年（ワ）第○○号○○請求事件の訴訟記録のうち、別紙目録（省略）記載の書類について、閲覧の請求をすることができるものを当事者に限るとした○○地方裁判所の平成○年○月○日付の決定を取り消す。

第２節　専門委員等

第１　専門委員

専門委員の関与は裁判所の専門的知見を補充することが目的であり、専門委員は何らかの決定権を有するものではないが、専門訴訟においては、専門委員の影響力は無視しえないものがあり、当事者からみて問題が生ずる場合には、専門委員の関与に対して不服申立をする必要が生ずる場合がありうる。

専門委員に対する不服申立の方法としては、関与の取消の申立（92条の２第４項）、及び忌避の申立（92条の２第１項、24条）が規定されている。

【122】	裁判所が専門委員を手続に関与させる決定をした。	92条の２

結　　論　取消の申立ができる（92条の４本文）。
申立の趣旨　専門委員を本件手続に関与させるとの決定を取消す。
解　　説　専門委員の関与を裁判所が決定するには、当事者の意見を聴取し（92条の２第１項、２項）、あるいは同意を必要とする（同条２項、３項）とされており、選任の時点で当事者の意見が何らかの意味で参考にされているわけであるから、当事者が関与の取消を求めるようになるのは、選任の後、選任当時には判明しなかった事実が判明したとか、事情が変更になったような場合が考えられる。

関与の取消の申立は、一方からこれを提出するときは申立の理由を明らかにしなければならない（民訴規34条の８第２項）。

これに対して当事者双方が取消の申立をしたときは必要的取消となるので、理由は必要ない（92条の４但書）。

【123】	専門委員の関与の取消を求める申立を理由がないとして、裁判所が却下する旨の決定をした。	92条の４

結　　論　通常抗告ができる（328条１項）。
抗告の趣旨　原決定を取り消す。専門委員を本件手続に関与させるとの決定を取り消す。

【124】	裁判所が専門委員を関与させたが、当該専門委員又は専門委員の配偶者若しくは配偶者であった者が事件の当事者であった等の除斥事由があった。	92条の２

結　　論　除斥の申立ができる（92条の６第１項、23条１項１号）。
申立の趣旨　専門委員○○○○に対する除斥には理由がある。

【125】	裁判所が専門委員を選任したが、当該専門委員について裁判の公正を	92条の２

	妨げる事情がある。	

結　　論　　忌避の申立ができる（92条の６第１項、24条１項）。
申立の趣旨　　専門委員○○○○に対する忌避には理由がある。
解　　説　　専門委員については、裁判官に対する忌避の規定が準用されている。24条１項の規定は判例上かなり厳格に解釈されており、そうした傾向からすると、専門委員についてもよほど明白な事情がない限りは忌避申立が認容される場合は少ないであろうと思われる。

したがって、専門委員について忌避理由に該当しそうな事情がある場合は、指定の取消をするよう職権発動を促すという対応をするほうが現実的であろう。

【126】	裁判所が、専門委員を除斥又は忌避する旨の決定をした。	92条の６第１項、25条１項

結　　論　　不服申立はできない（92条の６第１項、25条４項）。

【127】	当事者が、専門委員の除斥（忌避）の申立を行ったが、裁判所が、理由なしとして却下する決定をした。	92条の６第１項、25条１項

結　　論　　即時抗告ができる（92条の６第１項、25条５項）。
抗告の趣旨　　原決定を取り消す。専門委員○○○○に対する除斥（忌避）には理由がある。

第２　知的財産に関する事件における裁判所調査官

知的財産に関する事件における裁判所調査官については、専門委員のような関与の取消の申立という制度は設けられていない。

当該調査官の適格性に問題があるような場合には、除斥、忌避の申立をすることになるが、そのほか、120条に基づく指定の取消をするよう職権発動を促すことはできる。

【128】	裁判所が、知的財産に関する事件において、裁判所調査官を関与させたが、当該裁判所調査官又は裁判所調査官の配偶者若しくは配偶者であった者が事件の当事者であった等の除斥事由がある。	92条の８

結　　論　　除斥の申立ができる（92条の９第１項、23条１項１号）。
申立の趣旨　　裁判所調査官○○○○に対する除斥には理由がある。

【129】	裁判所が、知的財産に関する事件において裁判所調査官を手続に関与させたが、当該裁判所調査官について裁判の公正を妨げる事情がある。	92条の８

結　　論　　忌避の申立ができる（92条の９第１項、24条１項）。

申立の趣旨　　裁判所調査官○○○○に対する忌避には理由がある。

【130】	裁判所が、知的財産に関する事件において裁判所調査官を除斥又は忌避する旨の決定をした。	92条の９第１項、25条１項

結　　論　　不服申立はできない（92条の９第１項、25条４項）。

【131】	当事者が、知的財産に関する事件において裁判所調査官の除斥（忌避）の申立を行ったが、裁判所が、理由なしとして却下する決定をした。	92条の９第１項、25条１項

結　　論　　即時抗告ができる（92条の９第１項、25条５項）。
抗告の趣旨　　原決定を取り消す。裁判所調査官○○○○に対する除斥（忌避）には理由がある。

第３節　期日及び期間

第１　期日の指定とその変更

期日の指定は、裁判長が行う（93条１項）。これに対して、一旦指定された期日を変更することは、裁判所の権限とされる。期日の変更をすることは、当事者の訴訟進行予定や、立証活動に与える影響が少なくなく、場合によって訴訟遅延のおそれもあることから慎重な取扱いが求められるためである。

【132】	当事者が期日指定の申立をしたところ、裁判所が当該申立には理由がないとして却下した。	93条１項

結　　論　　通常抗告ができる（328条１項）。
抗告の趣旨　　原決定を取り消し、本件を○○地方裁判所に差し戻す。
解　　説　　93条１項の申立については、当事者に申立権を認める趣旨か、単に職権発動を促すに過ぎないのかについては争いがある。本書においては文言に忠実に申立権を認めるとの見解を前提としている。申立権が認められるかどうかは、裁判所の応答義務の存否、通常抗告の可否に影響する。

ただし、263条前段の期日指定の申立については、訴えの取下げの擬制にかかわる特別の効果が生じるので、当事者に申立権が認められることに争いはない。

【133】	裁判長の指定した期日が当事者にとって不都合であった。	93条１項

結　　論　　期日の変更の申立をする（93条３項）。
申立の趣旨　　本件事件において、期日が○年○月○日○時○分と指定されたが、○○の理由

により期日の変更を申し立てる。

解　　説　実務上は、期日を変更することについて、相手方の同意を得た上で期日変更の申立をすることが多いが、顕著な事由に基づいてなされた場合には、相手方の同意がなくとも、裁判所が期日の変更を許さなければならないし（大判昭９・３・９民集13-249、最判昭24・８・２民集３－９－312参照）、逆に、相手方の同意があっても、顕著な事由がない限り、裁判所は期日の変更を許さなくともよい（最判昭50・７・21判時791-76）。

【134】	期日変更の申立を行ったところ、裁判所が却下決定をした。	93条３項

結　　論　不服申立はできない。

解　　説　当事者からの期日変更の申立の許否についての決定に対しては、不服申立が許されないとするのが判例（大決昭５・８・９民集９－777）である。審理の進行に関する裁判所の職権を尊重する趣旨からである。

【135】	一方当事者の反対にもかかわらず、「顕著な事由」があるとの相手方の主張が容れられ、裁判所が期日を変更した。	93条３項

結　　論　不服申立はできない。

解　　説　【134】の解説を参照。

なお、一旦指定された期日に対する変更の申立は、①最初の期日については当事者の合意のある場合（93条３項但書）、②①以外の口頭弁論期日あるいは弁論準備期日については「顕著な事由」のある場合（93条３項）、③弁論準備期日を経た口頭弁論期日については「やむを得ない事由」のある場合（93条４項）でなければ、期日の変更は認められないものとしている。この「やむを得ない事由」は、「顕著な事由」がある場合よりも狭い概念であって、厳格に解されている。

裁判所が「顕著な事由」には該当しないとした事例としては次のようなものがある。

① 申立の理由として本人訴訟の当事者が「出張のため」とのみ記載したもの（最判昭55・２・14判時958-60）

② 代理人弁護士が他の事件のために出頭できないということのみを理由としたもの（大阪高判昭25・８・９下民集１－８－1229）

③ 代理人弁護士が、受任後間がないことから十分な準備ができないということのみを理由としたもの（最判昭57・９・７判時1062-85）

④ 出頭予定の当事者本人が単に病気で出頭できないと陳述したのみであったもの（最判昭24・８・２民集３－９－312）

⑤ 本人の妻から本人が病気である旨の届出のみがあったもの（最判昭27・５・６民集６－５－490）

⑥ 出頭困難な事由があるとしても、訴訟遅延の目的が認められる場合（大判昭10・５・11民集14-1020）

他方、「やむを得ない事由」に該当しないとした判例として次のようなものがある。

本人が脳溢血になり、絶対安静を要する状態にあるという事情では足りず、訴訟代理人や復代理人を選任する時間的余裕があるときについて、裁判所は、「やむを得ない事由」には該当しないとした（最判昭28・５・29民集７－５－623)。

第２　付加期間

不変期間は、法定期間のうち特に法律が不変期間と明定する期間をいう（285条、313条、332条、342条１項、393条等)。当該期間自体を伸縮することはできないが、法は、裁判所が、郵便事情が著しく不便な離島地区等裁判所から遠隔の地に住所あるいは居所を有する者のために、付加期間を定めることができるとしている（96条２項)。

この付加期間は、裁判所が職権で付与するものであって、当事者にはその申立権はない。当事者から申立がなされても、それは職権の発動を促すものというにとどまる。

付加期間は、不変期間の終了時までに定めることができ、これが定められると定められた付加期間を合わせた期間が全体として１つの不変期間となる。この場合において、再度の付加期間を定めることができるかという点については、争いがあるが、積極に解する見解が有力である。

【136】	裁判所が、不相当な付加期間を相手方に対して付与した。	96条２項

結　　論　　不服申立はできない。

解　　説　　付加期間は、裁判所が、職権で、具体的な事情を考慮してその自由裁量によって定めるものであるから、不服の申立をなすことはできない。

なお、付加期間付与の裁判は、実務上は、不服申立の対象となる元の裁判の主文の末項に「本件につき被告のために控訴期間の付与期間を７日間と定める」などと記されることが多い。

【137】	遠隔地に居住していることを理由に、付加期間の付与を求めたが、付与されなかった。	96条２項

結　　論　　不服申立はできない。

解　　説　　付加期間は、裁判所が、職権で、具体的な事情を考慮してその自由裁量によって定めるものであるから、当事者は、裁判所が付加期間を定めなかったことに対しても、不服の申立をなすことはできない。

第３　訴訟行為の追完

不変期間は、控訴期間（285条）に見られるように、当事者に重大な意味をもつものが少なくないにもかかわらず、比較的短期間に定められている。このため、法は、期限切れによって当該訴訟行為を排することが正義・公平に反するような場合に備えて、一定の要件のもとで当該訴訟行為の追完を認めている（97条)。訴訟行為の追完は、本来不変期間の経過によって不適法とされる訴訟行為が適法である旨の主張であって、独立の申立ではない。

この追完の有効性は当該訴訟行為の適法性の要件となるので、裁判所は、追完の要件が認められなければ、その上訴等の訴訟行為を却下する。逆に追完の要件が認められる場合には、不変期間の遵守があったものとして審理を進めることになる。

【138】	控訴期間経過後に相手方により控訴の提起がなされたところ、裁判所が控訴期間が経過したことに「責めに帰することができない事由」があったとして相手方の訴訟行為の追完を認めた。	97条１項

結　　論　上告で争う。

上告の趣旨　原判決を破棄し、さらに相当の裁判を求める。

上告受理申立の趣旨　本件上告を受理する。原判決を破棄し、さらに相当の裁判を求める。

解　　説　裁判所は、追完の主張を理由があるものと認めても、追完の主張それ自体は独立の申立ではないので、独立の裁判で応答する必要はない。裁判所は、当該訴訟行為の適法性及び当否について審理し、裁判することになる。したがって、その裁判に対する不服申立手続において追完の有効性を争うことになる。

上告で争う場合には、上告の提起と上告受理の申立がある。

【139】	控訴期間経過後に、「責めに帰することができない事由」があったとして控訴の提起をした。しかし、第一審裁判所は当該事由は認められないとして訴訟行為の追完を認めず、控訴を却下する決定をした。	287条１項

結　　論　即時抗告ができる（287条２項）。

抗告の趣旨　１　原決定を取り消す。

２　控訴人の本件控訴は適法と認める。

解　　説　【279】の解説を参照。

なお、第一審裁判所の控訴却下決定に対する即時抗告を認容した裁判例として、水戸地決平10・６・30判時1688-157がある（書留郵便による判決正本の送達が違法に実施されたから、控訴期間は経過していないとした）。

【140】	控訴期間経過後に、「責めに帰することができない事由」があったとして控訴の提起をした。しかし、控訴裁判所は当該事由は認められないとして訴訟行為の追完を認めず、口頭弁論を経ないで控訴を却下する判決をした。	97条１項

結　　論　上告で争う。

上告の趣旨　原判決を破棄し、さらに相当の裁判を求める。

上告受理申立の趣旨　本件上告を受理する。原判決を破棄し、さらに相当の裁判を求める。

解　　説　【138】の解説を参照。

第４節　送　　達

民事訴訟においては、訴状、判決書等の重要書類は、あらかじめ当事者にこれを送達して内容について了知させた上で手続を進める建前になっている。したがって、名宛人を誤った送達や受領権限のない者に対する送達、あるいは方式が適法でない送達は無効であって、例えば、それが期日呼出状の送達であれば期日を開くことができないし、判決書の送達であれば上訴期間は進行しない。

しかしながら、そのような送達であったとしても、正当な送達名宛人がその受領を追認すれば有効となるし（34条２項、59条）、異議なく訴訟を追行すれば責問権を喪失したものとされて送達の瑕疵が治癒されることがある（90条）。

また、送達名宛人（当事者、法定代理人等）以外の者（同居人、使用人等）が書類を受領すること（「補充送達」）や、裁判所の掲示場に掲示する方法の送達（「公示送達」）が認められている現行法下では、これらの制度が悪用され、被告が訴訟提起の事実すら知らないまま敗訴判決を受ける場合もある。

【141】	被告欠席のまま原告勝訴の判決がなされていた。しかし、訴状及び判決正本の送達は補充送達受領資格者（同居人、使用人等）以外の者になされたものだったので、被告は、訴訟係属の事実や判決がなされたことを知らなかった。	106条

結　　論　　控訴で争う。
控訴の趣旨　１　原判決を取り消す。
　　　　　　　２　本件を○○地方裁判所に差し戻す。
解　　説　　送達受領資格を欠く者に対する補充送達は無効である。過去の裁判例においても、同居人ではない者を同居人として行った補充送達を無効であると判断したものがある（長崎地判平４・３・９判タ792-222）。

したがって、外形上は控訴期間経過後であっても、控訴期間は進行しないから、控訴できる。

ただし、後日、正当な名宛人が書類を受領し、異議なく訴訟を追行した場合には責問権の放棄・喪失によって、その時から送達が有効とされる場合もある（最判昭28・12・24集民11-595、札幌高判昭31・12・14高民集９-10-640）。

【142】	被告が訴訟係属の事実を知らないまま原告が勝訴し、その判決正本が有効に補充送達された。そして、被告が控訴期間内に控訴提起をしなかったため判決が確定した。	106条

結　　論　　再審で争う。
再審の趣旨　１　原確定判決を取り消す。
　　　　　　　２　再審被告の請求を棄却する。
　　　　　　　３　本案及び再審の訴訟費用は再審被告の負担とする。

解　　説　判決書の送達が有効であったとしても、当事者に保障されるべき手続関与の機会が与えられていない場合には338条１項３号の再審事由が認められる。

まず、判決書の補充送達が有効になされて（被告の妻が受領した）、控訴期間も経過したが、それに先立つ訴状の補充送達が無効であった（事理弁識能力を欠く幼児が受領していた）場合について、手続保障が与えられなかったから、代理権欠缺の場合と別異に扱う理由がないとして再審事由があるとした最高裁判例がある（最判平４・９・10民集46−６−553）。

のみならず、近時、最高裁は、事実上の利害対立関係のある同居人に対して交付した訴状の補充送達を有効としつつも、当該同居人と受送達者との間に事実上の利害関係の対立があるため、同居人から受送達者に対して訴訟関係書類が速やかに交付されることを期待することができない場合において、実際にもその交付がされなかったときについても、代理権欠缺の場合と別異に扱う理由がないとして再審事由があると判断した（最決平19・３・20裁判集未登載）。

【143】	原告が公示送達の申立を行ったが、裁判所書記官は、公示送達の要件についての証明がないとして却下した。	110条

結　　論　異議申立ができる（121条）。

異議の趣旨　本件事件において、公示送達の申立を却下するとの処分がなされたが、不当であるので異議を申し立てる。

解　　説　当事者が公示送達を申し立てるときには、公示送達の要件の存在について、疎明ではなく証明を要する。

この証明がなされていないと判断した場合、裁判所書記官は、当該申立を却下する。この却下は裁判所書記官の処分であり、これに対する異議申立ができる。

異議申立に対する裁判所の決定に対しては通常抗告ができる（【147】参照）。

【144】	被告は、原告の公示送達の申立が認められて自分に対する公示送達がなされたことについて争いたい。	110条、111条

結　　論　不服申立はできない。

解　　説　公示送達の申立が認められた場合については、121条の異議申立はできないものと解されている。なお、公示送達が裁判長の許可（又は裁判所の決定）に基づいてなされていた旧法下においても、この裁判に対しては抗告ができないものと解されていた。

この場合の被告としては、裁判所書記官が保管している送達書類を受領するとともに住所その他の送達場所を届け出て、以後は通常の送達によるべきことを求めることになる。

【145】	原告が被告の送達すべき場所を知りながら不実の申立をしたことによって訴状が公示送達された。そして、被告が訴訟係属の事実を知らないまま原告勝訴の判決が公示送達され、控訴期間が経過した。	110条、111条

結　　論　控訴で争う。

控訴の趣旨　１　原判決を取り消す。

２　本件を〇〇地方裁判所に差し戻す。

解　　説　　旧法下では、公示送達は裁判長の許可（又は裁判所の決定）に基づいてなされていたことから、原告の不実の申立によって公示送達がなされた（すなわち公示送達の要件を欠いていた）ことが後になって判明しても送達は有効と解されていた。そのため、不当に主張立証の機会を奪われた被告の救済は、主として訴訟行為の追完によって（最判昭36・５・26民集15－５－1425、最判昭42・２・24民集21－１－209、最判平４・４・28判時1455－92など）、場合によっては再審の訴えによって（長野地判昭39・８・25判時390－42、札幌地判昭41・２・25判タ189－140）救済されてきた。

しかし、現行法下では、当事者の申立による公示送達については、裁判長の許可を要しないものとして他の送達方法と同様に裁判所書記官の権限に改められたことから、このような要件を欠く公示送達は他の送達方法の場合と同じく無効になると解されている（ただし、訴訟の遅滞を避けるための職権による公示送達の場合は、旧法下と同様の解釈になると思われる）。

そこで、控訴期間は進行せず、外形上は控訴期間経過後であっても控訴できるという解釈も成り立ちうる。裁判例の集積が待たれる。

第５節　裁　　判

本節においては、訴訟指揮に関する決定、命令が取り消された場合（120条）、及び裁判所書記官の処分に対する異議の申立について、裁判所書記官の所属する裁判所が異議の申立を却下した場合（121条）における不服申立の方法を取り上げる。なお、訴訟指揮に関する決定及び命令に属するものとしては、期日の指定（93条１項）、期間の伸縮（96条１項）、釈明権の行使（149条）、口頭弁論の制限・分離・併合（152条１項）、口頭弁論の再開（153条）、弁論準備手続に付する旨の決定（168条）、証拠決定、弁論の終結などがある。

訴訟指揮に関する決定、命令が取り消された場合については、控訴によりその当否を争うこととなると考えられる。

裁判所書記官の処分に対する異議の申立を裁判所書記官の所属する裁判所が却下した場合、地裁の決定に対しては通常抗告、高裁の決定に対しては特別抗告又は許可抗告が認められる。

【146】	いったん証拠決定がなされたが、裁判所がその決定を取り消した。	120条

結　　論　　控訴で争う。

解　　説　　終局判決に対する控訴申立において、訴訟指揮に関する決定、命令の取消に対する不服を主張し、控訴裁判所の判断を受けることができると考えられる（283条、中野貞一郎他編「新民事訴訟法講義（第２版補訂版）」577頁）。

【147】	裁判所書記官の処分に対する異議の申立について、裁判所書記官の所属する裁判所が異議の申立を却下した。	121条

結　　論　　通常抗告ができる（328条１項）。

抗告の趣旨　　原決定を取り消す。

本件を○○裁判所に差し戻す。

解　　説　対象となる裁判所書記官の処分としては、訴訟記録の閲覧、謄写、正本等の交付、訴訟に関する事項の証明書交付（91条）、確定証明書交付（民訴規48条）などがある。

第６節　訴訟手続の中断及び中止

訴訟係属中に、一定の事由の発生により、法律上、その手続が進行しなくなることを訴訟手続の停止という。訴訟手続の停止には、当事者が交代すべき事情を生じた場合の中断と、裁判所・当事者に障害があるなどの場合の中止がある。

第１　訴訟手続の中断と受継

中断とは、訴訟手続の係属中、当事者に訴訟追行することができない事由（124条）が生じた場合に、新たに訴訟手続を追行すべき者が、現に訴訟に関与することができるようになるまでの間、当該訴訟手続を停止し、その当事者の利益を保護する制度である。中断された訴訟は、受継申立又は続行命令の裁判によって、再び続行される（126条、128条）。その手続の概略は図のとおりである。

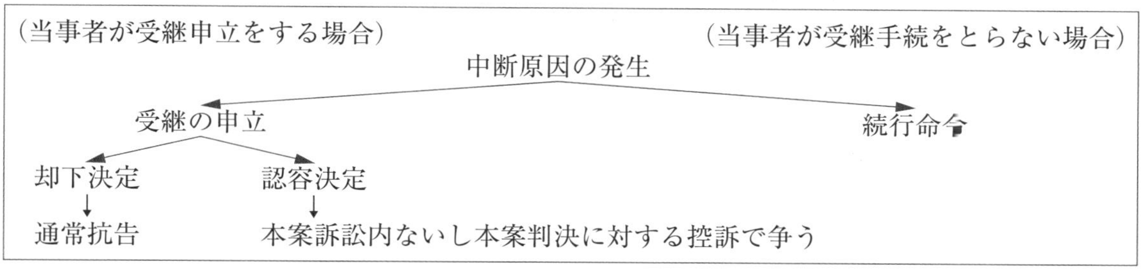

【148】	一方当事者が訴訟係属中に死亡し、訴訟が中断した。	124条１項

結　　論　訴訟手続受継申立ができる（124条１項）。

解　　説　受継申立をなすのは、新追行者（124条参照）であるが、中断事由が生じた当事者の相手方も申立ができる（126条）。

なお、相続人の熟慮期間（民法915条１項）は、相続人は訴訟手続を受継できない（124条３項）。相続人が相続を放棄すれば、初めから相続人でなかったことになり、熟慮期間は不確定な状態といえるからである。相手方から受継を申し立てることも同様にできないといわれている。裁判所が誤って受継を許してしまった場合に、その受継をした者が相続放棄をしないまま、熟慮期間が経過すれば、その後は受継決定の効力が確定したことになる（大判昭15・２・17民集19-413）。なお、それまでになされた訴訟行為の効力については、熟慮期間の経過をもって、遡及的に受継申立が有効になるとするのが裁判例である（前記判例）。

【149】	当事者が訴訟係属中に死亡し、その相続人が受継申立をしたが、裁判	124条、126

	所が申立却下決定をした。	条、128条

結　　論　通常抗告ができる（328条1項）。
抗告の趣旨　原決定を取り消す。抗告人は原告（被告）の訴訟手続を受継したものとする。

【150】	当事者が訴訟係属中に死亡し、その相続人が受継申立をし、裁判所が申立認容決定をした。	124条、126条、128条

結　　論　本案訴訟内ないし控訴で争う。
解　　説　裁判所が受継申立に理由があると判断した場合、実務上は、決定書を作成せず、受継申立に理由があることを前提として期日を指定して訴訟手続を進行させることにより、暗黙に受継を許可する裁判をしている（注解Ⅱ639頁）。

いずれにせよ、この裁判は訴訟指揮に関する裁判であるから、独立して不服申立はできない。

ただし、裁判所を拘束するものではなく（120条）、その後に新たな訴訟追行者に受継資格がないことが判明したときは、その者を訴訟手続の関与から排除するために、新たに受継の裁判を取り消す旨の裁判がなされる。したがって、受継資格を争う相手方当事者としては、終局判決前は、訴訟手続において受継資格がないことを証明して、裁判所による受継決定取消裁判を求めていくことになる（注解Ⅱ638頁）。

一方、終局判決がなされた場合は、終局判決に対する上訴によって受継資格を争っていくことになる。その結果、受継決定が不当と判断された場合には、中断は解消されないことになるから、それにもかかわらずなされた本案判決は取り消されることになる。

【151】	裁判所が続行命令を出したが、誤った無資格者に対する続行命令であることを理由にして、その続行命令の取消を求めたい。	129条

結　　論　本案訴訟内ないし控訴で争う。
解　　説　法は、職権進行主義を徹底させるため、中断した訴訟手続について当事者から受継申立がされない場合には、裁判所が続行命令を発することを認めている（129条）。

独立に不服申立をする方法は認められていないが、裁判所はいつでも続行命令を取り消せるので（120条）、続行命令に不服のある当事者は、続行命令を発した裁判所に対し、職権発動を促して続行命令の取消を求めることになる。ただし、職権発動を促したにもかかわらず、続行命令が取り消されず本案判決がなされた場合は、本案判決に対する控訴で争うことになる。その結果、続行命令が不当と判断された場合には、中断は解消されないことになるから、それにもかかわらずなされた本案判決は取り消されることになる。

第2　訴訟手続の中止

中止とは、裁判所又は当事者に、訴訟を続行することができない障害がある場合に、法律上当然に（130条）又は裁判により（131条）、訴訟手続の進行を停止する制度である。中止の原因となった事実が消滅したとき（130条の中止の場合）、又は、中止を取り消す裁判によって、再び訴訟手続が進行する。

【152】	当事者が不定期間の故障により訴訟の続行が困難となった。	131条１項

結　　論　中止決定の申立ができる。

解　　説　当事者に不定期間の故障がある場合、裁判所が裁判によって、訴訟手続を中止することができる（131条１項）ので、当該当事者としては裁判所の裁判を求めて申立をすることになる。ただし、当事者に申立権が認められているかが問題となるが、法律上の規定がないことから、中止決定を求めて職権発動を促すことしかできないであろう（否定説）。

【153】	相手方当事者の故障等を理由に、裁判所が訴訟手続の中止決定をした。	131条１項

結　　論　不服申立はできない。

解　　説　裁判所は、いったん命じた中止を取り消すこともできる（131条２項）。この取消決定について当事者の申立権が認められているかどうか議論があるが、法律上の規定がないことから、取消を求めて職権発動を促すことしかできないとする見解が有力である。

【154】	当事者の故障等を理由とする中止決定について裁判所がこれを取り消す決定をした。	131条２項

結　　論　不服申立はできない。

解　　説　取消決定に対する抗告については、法律上規定がない。

【155】	裁判所が中断の事実を知らずに口頭弁論を終結して、終局判決をした。	132条１項

結　　論　控訴で争う。

解　　説　控訴提起は受継申立とともにすることもできる。

なお、代理権の授与を欠いたまま訴訟行為がなされた場合と同視できるから、上告理由、再審事由にも該当する（注解Ⅱ660頁、最判昭58・５・27判時1082−51）。

第６章　訴えの提起前における証拠収集の処分等

訴えの提起前における証拠収集の処分等の規定は、平成15年の民事訴訟法の改正（平成15年法律108号）により追加されたものである。従来、訴え提起前に当事者が証拠収集に利用できる手続として証拠保全の活用が図られたが、その運用にも限界があった。他方、審理の充実、迅速かつ計画的な進行のためには、訴え提起段階で、当事者が訴訟追行に必要な証拠や情報をすでに取得しており、今後の訴訟進行の見通しを有していることが望ましい。そこで、平成15年改正において、訴え提起前の証拠及び情報収集の拡大のための措置として、提訴予告通知及びそれに伴う提訴前照会、証拠収集処分の手続を規定した。

提訴前照会は、裁判所が関与せずに当事者間で行われるものであるのに対し、提訴前の証拠収集処分は、裁判所を通じて証拠収集をする点に違いがある。

① 訴え提起前の照会について

被予告通知者は、要件が具備していない場合又は免除事由がある場合以外は、一定の方法に従って（民訴規52の4）、予告通知者に対し回答義務を負うことになる。正当な理由がないにもかかわらず、回答に応じない場合には回答義務に違反することとなるが、裁判所を介さない手続であるため、直接の制裁を受けない（ただし、提訴後の自由心証の対象となる）。

② 訴え提起前の証拠収集処分について

法は、①文書の送付嘱託、②調査嘱託、③専門的な知見に基づく意見陳述の嘱託及び④執行官による現況調査の4つを規定している（132条の4、1項本文）。

【156】	1　提訴前証拠収集処分において、裁判所が、文書送付嘱託をしなかった。又は、不相当であるのに嘱託をした。	132条の4 第1項1号
	2　提訴前証拠収集処分において、裁判所が、調査嘱託をしなかった。又は、不相当であるのに嘱託をした。	132条の4 第1項2号
	3　提訴前証拠収集処分において、裁判所が、専門家の意見の陳述を嘱託しなかった。又は、不相当であるのに嘱託した。	132条の4 第1項3号
	4　提訴前証拠収集処分において、裁判所が、執行官に現況調査を命じなかった。又は、不相当であるのに命じた。	132条の4 第1項4号

結　　論　不服申立はできない（132条の8）

解　　説　証拠収集処分の申立についての裁判は、①証拠収集処分申立を却下する裁判、②証拠収集処分申立を棄却する裁判、③証拠収集処分を認めて証拠収集処分をする裁判がある。そのすべてに対して不服申立はできない（132条の8）。

提訴前証拠収集処分の申立が認められなくとも、提訴後本案において証拠調べの申出をする機会があるからである。証拠収集処分の申立を認める決定についても相手方や証拠収集処分の対象者にとってそれほど大きな不利益となるものでなく、抗告を認めて手続を複雑化・長期化することは望ましくないと考えられるので、不服申立はできない。

提訴前証拠収集処分の申立をする際に、申立書の添付書類として提訴予告通知書、返答書の写しが必要になる（民訴規52条の6第1項1号、2号）。そのため、確実に提訴前証拠収集処分を得るためには、裁判所にも処分の必要性が分かるように、提訴予告通知書、返答書を作成する段階から、少なくとも証拠保全の申立書を簡略化した程度のものを念頭において作成すべきであろう。

証拠収集等の手続の利用は、予告通知がなされた日（被通知者に到達したとき）から4か月以内（不変期間）に限定される（132条の2）。この期間内に証拠収集等の手続の申立をしなければならないことから、期間管理にも十分注意する必要がある。ただし、期間経過後も相手方の同意があれば、証拠収集処分の申立はできる（132条の4第2項但書）。

申立が却下されてしまった場合は不服申立ができないため、証拠保全、弁護士法23条の2による照会、実体法上の情報請求権（例えば、委任者の報告請求権（受任者の報告義務（民法645）、株主の帳簿閲覧請求権（会社法433）など）の活用などを検討する必要がある。

第７章　訴　　え

第１節　訴状受理後の手続

【157】	訴状の必要的記載事項（133条２項）に不備があり、又は訴え提起の手数料に相当する収入印紙の貼付がないか不足があったことから、裁判長より、補正の促し（民訴規56条）がなされたが、これに応じなかったため、裁判長は相当期間を定めて補正命令を発令した。しかしながら、期間内に補正しなかったため、裁判長は命令で訴状を却下した。	137条

結　　論　　即時抗告ができる（137条３項、332条）。

抗告の趣旨　　原命令を取り消し、本件を○○地方裁判所に差し戻す。

解　　説　　裁判長は、原告が補正命令にしたがって訴状を補正しないときは、その訴状を却下する命令を下さなければならない。

訴状却下命令を発令する裁判長は、発令と同時に、原告に訴状の「原本」を返還しなければならない。

原告は、訴状却下命令に対して、その告知の日から１週間以内（不変期間）に即時抗告することができる（訴状送達前であり、被告は原告の訴えに関して何ら知るところではないので、不服申立をすることはできない）。

この即時抗告の際には、却下された訴状の原本を抗告状に添付する必要があるが、もし却下命令と同時に返還されたものが訴状の副本又は謄本であれば、それを添付すればよいし、却下命令を受けたのみで訴状の返還を受けなかった場合は、何も添付しなくてよい。

抗告決定が出る前に、原告が不備を補正した場合には、訴状却下命令は抗告審で取り消される。抗告審が訴状却下命令を取り消すときは、訴状原本を第一審に差し戻し、第一審はその訴状を受理して通常裁判に入る。

【158】	裁判長の訴状審査が済み、訴状の送達を試みたところ、被告の住所、居所の不正確、転居により送達できなかった。そこで、裁判長は、補正を促し、補正命令を発令したが、期間内に補正しなかったため、裁判長は命令で訴状を却下した。	138条２項、137条

結　　論　　即時抗告ができる（138条２項、137条３項、332条）。

抗告の趣旨　　原命令を取り消し、本件を○○地方裁判所に差し戻す。

解　　説　　補正可能なものについては、137条が準用され、補正の促し、補正命令がなされる。それでも補正しない場合は、訴状却下命令が発せられ、これに対しては、原告は即時抗告ができる（138条２項、137条３項、322条）（【157】の解説参照）。

なお、被告の住所・居所が、調査の結果、不明である場合には、原告は公示送達を申し立てることができる。(110条1項1号)

【159】	訴えが不適法で、その不備を補正することができないため、裁判所が、口頭弁論を経ないで、判決で訴えを却下した。	140条

結　　論　控訴することができる。
控訴の趣旨　原判決を取り消し、本件を○○地方裁判所に差し戻す。
解　　説　本来、判決は口頭弁論に基づいてなされるのが原則であるが、訴えが不適法で、その不備が補正できない場合には、口頭弁論を経ないで、判決で却下することができる。

却下判決であるため、これに対する不服申立は、控訴である。

【160】	裁判所は、当事者に対する期日の呼出に必要な費用の予納を相当期間を定めて原告に命じたが、その予納がなく、被告において、異議がなかったことから、決定で訴えを却下した。	141条1項

結　　論　即時抗告ができる(141条2項、332条)。
抗告の趣旨　原決定を取り消し、本件を○○地方裁判所に差し戻す。
解　　説　原告が訴えを提起しながら、当事者の期日に呼び出すために必要な費用の予納をしない場合、裁判所は決定で、訴えを却下することができる(141条1項)。

訴え却下の決定に対しては、即時抗告することができる(141条2項、322条)。(【157】の解説参照)

第2節　訴えの変更

原告は請求の基礎に変更がない限り、口頭弁論の終結に至るまで、請求又は請求の原因を変更することができる(143条1項本文)。ただし、これにより著しく訴訟手続を遅滞させることとなるときはこの限りではない(同条項但書)。

訴えの変更について、裁判所は、請求又は請求の原因の変更を不当であると認めるときは、申立により又は職権で、その変更を許さない旨の決定をしなければならない(143条4項)。

訴えの変更の有無又は許否について疑いがあるときは、裁判所は職権で調査する。訴えの変更を適法と認めれば審理を続行してよいが、被告がそれを争うときは，裁判所は決定又は終局判決の理由中で、訴えの変更が適法である旨を判断する。

【161】	裁判所が訴えの変更を許さない旨の決定をした。	143条4項

結　　論　控訴で争う。
控訴の趣旨　原判決を取り消す(新請求の趣旨を書く)。
解　　説　訴えの変更を許さない場合には、その旨の決定をしなければならない(本条4項)。決定は終局判決の理由中でなされてもさしつかえなく(最判43・10・15判時541-35)、実務ではよく行われるところである。

終局判決前のこの決定の性質について、通説は、当該審級において旧請求のみを審理することを一応宣言しておく一種の訴訟指揮上の中間的裁判であると解している。

訴え変更不許の決定を、中間的裁判とすれば、これに対して、独立の上訴はできないが、終局判決に対する上訴においてその不適法を主張しうる（283条）。

控訴審が訴えの変更の不許を不当と認めれば、明示的又は黙示的に原決定を取り消して新請求について審理するか、原判決を取り消して事件を第一審に差し戻す。

【162】	裁判所が訴えの変更を許す旨の決定をした。	143条４項

結　　　論　　控訴で争う。

控訴の趣旨　　原判決を取り消す。被控訴人の請求を棄却する。

解　　　説　　被告が訴えの変更を不適法として争うときは、裁判所は決定により（本条４項準用。東京高決昭39・３・９高民17−２−95）、あるいは終局判決の理由の中で訴えの変更が適法である旨を判断する。実務では終局判決中でする場合が多い。

訴えの変更を許す決定に対しては独立の抗告はできない（判例通説、大判昭８・６・30民集12−1682）。ただし、判例は終局判決に対する控訴で争うことを認めている（最判31・７・20民集10−1090）

第３節　選定者に係る請求の追加

【163】	裁判所が選定者に係る請求の追加を許さない旨の決定をした。	144条３項、143条４項

結　　　論　　控訴で争う。

控訴の趣旨　　原判決を取り消す（追加後の請求の趣旨を書く）。

解　　　説　　原告又は被告と30条１項にいう共同の利益を有する第三者は、原告・被告間の訴訟の係属中、その原告又は被告を自己のためにも選定当事者に選定することができる（30条３項）。

選定原告は、口頭弁論の終結に至るまで、その選定者のために請求を追加することができる（144条１項）。また、被告が選定当事者に選定された場合には、原告は、選定者に係る請求を追加することができる（同条２項）。

選定者に係る請求の追加がなされた場合、訴えの追加的変更と同様の状況が生じるため、144条３項は、訴えの変更に関する規定の一部（143条１項但書及び第２項から第４項）を準用した。したがって、独立の抗告はできない（【161】の解説参照）。

第４節　中間確認の訴え

中間確認の訴えとは、訴訟係属中に本来の請求の当否の判断に対し先決関係にある法律関係の存否について、原告又は被告が追加的に提起する確認の訴えである。中間確認の訴えは、独立の訴えであり、原告が提起する場合には訴えの追加的変更の特別類型であり、被告が提起する場合には反訴の特別類型である。

【164】	中間確認の訴えを提起したが、終局判決において、本訴請求が棄却されるとともに、中間確認の訴えについては、訴えの要件ないし中間確認の訴えの特別要件を欠くとして、却下された。	145条

結　　論　控訴ができる。

控訴の趣旨　原判決を取り消す。

本案請求の趣旨

中間確認の訴えにかかる請求の趣旨

解　　説　中間確認の訴えは、訴訟中の訴えとして、単なる攻撃防御方法の提出ではなく、反訴などと同様の訴え提起上の特殊性を有する1個独立の訴えである。

したがって、中間確認の訴えに対しては、判決がなされるのであって、これに対する不服申立は、控訴である。

また、中間確認の訴えの訴訟要件は、以下のとおりであり、訴訟要件を欠く場合には、却下判決がなされ、判決による却下である以上、不服申立は控訴である。

1　中間確認の訴えの要件

①　本来の請求の判断にとり先決関係にある権利・法律関係について当事者間に争いがあること。

②　確認請求であること。

③　複数請求訴訟の一般要件を具備すること（訴訟要件、併合要件）。

④　この確認請求に専属管轄の定めがないこと、したがって、一般の訴えと同様に、訴訟要件を必要とするとともに、併合訴訟としての要件を必要とする。

2　中間確認の訴えの特別要件

ア　先決性

イ　係争性

ウ　確認の利益

中間確認の訴えについてまず一部判決をすると，本訴についての残部判決と確定が別々になり，判断の統一も図れないことから、中間確認の訴えについては、本来の請求と併合（単純併合形態）して審理し，一個の全部判決によって同時に裁判される。

第5節　反　　訴

【165】	反訴を提起したが、併合要件は同時に反訴提起の訴訟要件であるから、この要件を欠く反訴は不適法であるとして、終局判決をもって却下された。	146条

結　　論　　控訴ができる。

控訴の趣旨　　原判決を取り消し、本件を○○地方裁判所に差し戻す。

解　　説　　実務上は、反訴が併合要件を欠く場合には、別訴として扱う例が多い（東高判平４・11・30判時1445−148）。しかしながら、最判昭41・11・10日民集20−９−1733は、「反訴は訴訟係属中の新訴の提起であり、その併合要件は同時に反訴提起の訴訟要件であるから、この要件を欠く反訴は不適法であり、終局判決をもって却下すべきものであるとする」としていることから、注意が必要。

第８章　計画審理

平成15年改正において、「計画審理」の章が設けられ、裁判所及び当事者は適正かつ迅速な審理の実現のため、訴訟手続の計画的な進行を図らねばならない旨規定された（147条の２）。そして、裁判所は、審理すべき事項が多数であり又は錯そうしているなど事件が複雑であることその他の事情により適正かつ迅速な審理を行うため必要があると認められるときは、当事者双方と協議し、その結果を踏まえて審理の計画を定めなければならないとされた（147条の３、１項）。

【166】	裁判所が、審理すべき事項が多数あるなど計画審理が相当と認められた事案において、当事者双方と協議をしたものの、協議が整わないにもかかわらず、審理の計画を定めた。	147条の３ 第１項

結　　論　　不服申立はできない。

解　　説　　裁判所の定めた審理計画に対し事後的な不服申立権は認められていないが、その代わり、裁判所が審理計画を策定するにあたっては、当事者双方と協議をし、その結果を踏まえることとされており、かかる事前の協議を通じて当事者双方の意思が審理計画に反映される建前となっている。

なお、審理計画の策定にあたっては、前述のとおり、当事者の協議が必要であり、裁判所が当事者双方に対し、全く協議を働きかけることなく、一方的に審理計画を策定することは、許されない。当事者双方と協議なく、裁判所が審理計画を定めた場合、責問権の行使としての異議を述べることができると解される（90条）。

【167】	審理の計画が定められている時、その計画の進行上必要があると認めて、裁判長が特定の事項についての攻撃防御方法を提出すべき期間を定めた。	156条の２

結　　論　　異議を述べることができる（150条）。

解　　説　　裁判長が特定の事項についての攻撃防御方法の提出期間を定めるということは、訴訟指揮の一場面であることから、150条に基づき異議を述べることができると解される（**第１章第３節「訴訟指揮等に対する不服申立**」の解説参照）。

なお、特定の事項についての攻撃防御方法の提出期間が定められた場合（147条の３第３項、

156条の2）の攻撃防御方法の却下について、157条の2は、当事者が提出すべき期間経過後に提出した攻撃防御方法は、これにより審理計画に従った訴訟手続の進行に著しい支障を生ずるおそれがあると認めたときは、裁判所は、申立又は職権で、却下の決定をすることができる。ただし、その当事者が期間内に当該攻撃又は防御方法を提出できなかったことについて相当の理由があることを疎明したときは、この限りではないとした。いわゆる失権効の強化である。

第9章　口頭弁論及びその準備

第1節　口頭弁論

第1　訴訟指揮

訴訟指揮等に対する不服申立の概要については、**第1章第3節**参照。

【168】	裁判長が発言を許し、又はその命令に従わない者の発言を禁じた。	148条2項

結　　論　　異議を述べることができる（150条）。

解　　説　　異議が認められるのは合議体の場合だけである（150条）。単独体の場合には不服申立は上訴によるしかない。ただし、訴訟指揮に関する命令はいつでも取り消しうるので（120条）、命令の取消を促すことは試みるべきである。

方式は書面でも口頭でもできる（民訴規1条1項の一般原則）。理由を付する必要がないとも言われるが、判断の変更を求めるならば理由は必須である。

異議に対する決定は認容でも却下でも独立して抗告はできない（328条1項）。

【169】	裁判長が、口頭弁論の期日又は期日外において、訴訟関係を明瞭にするため、事実上及び法律上の事項に関し、当事者に対して問いを発し、又は立証を促した。	149条1項

結　　論　　異議を述べることができる（150条）。

解　　説　　釈明権の行使の場面である。釈明権とは当事者の申立・主張・立証に不明瞭・矛盾・不正確・不十分な点があるときに、訴訟関係を明瞭にするために、事実上・法律上の事項について質問等する裁判所の権能ないし義務であり、訴訟指揮の一作用と位置づけられている。釈明権は合議体においては裁判長が行使する（149条1項）。陪席裁判官も、裁判長に告げてこれを行使することができる（同条2項）。

【170】	当事者の主張・立証に不明瞭な点や矛盾がある場合に、裁判所がそれを是正するよう釈明しないまま、その当事者に不利な判決が出された。	149条1項

結　　論　（地裁の場合）控訴審で争う。
（高裁の場合）上告する（判決理由不備・食い違い）。
上告受理の申立をする。

解　　説　いわゆる釈明義務違反の場合である。一審段階での釈明義務違反は、控訴審で主張・立証を補正することが可能であり、問題はそれほど深刻ではない。

これに対して、控訴審での消極的釈明義務違反は、上告審が法律審であることから深刻な問題となるが、上記のような設例においては、釈明義務違反による理由不備・食い違いを理由として上告し、破棄差戻しを求めるとともに、上告受理申立をするのが通常である。

上告受理制度が採用された後に、最高裁が釈明義務違反を認めて破棄差戻しを認めたものとしては、次のものがある（なおこの判例では、理由不備・食い違いを理由とする上告については、その実質は単なる法令違反を主張するものとして上告理由に該当しないとしたが、上告受理申立理由について判断した）。

被上告人の上告人に対する売掛代金請求訴訟の控訴審（原審）で、上告人の抗弁である一審判決後に差押債権者に対して全額弁済したとの主張に関して、証拠として提出されていた債権差押通知書が遅延損害金に対するものであり、実際は元本部分の弁済の事実に対応する書証を欠いていたところ、原審が元本に対する差押えの事実を否認し上告人の弁済の主張を排斥して判断した事案において、上告人が全額弁済の主張をしている以上、本件代金債権のすべてが差し押えられた旨の記載があるものと誤解していたことは明らかであるから、原審は、当然に上告人に対し元本債権に対する差押えについての主張の補正及び立証をするか否かにつき釈明権を行使すべきであったのに、それをなさずに同差押えの事実を否認して弁済の主張を排斥したのは釈明権の行使を怠った違法があるとして、原判決中上告人敗訴部分を破棄し、原審に差し戻した（最判平17・７・14判時1911-102）。

【171】	当事者の請求や抗弁が一応なされてその成否が争点になっていたところ、裁判長が突如としてそれとは別の請求理由、抗弁理由を示唆した。	149条１項

結　　論　異議を述べることができる（90条）。

解　　説　いわゆる釈明権の濫用の場合である。この場合、そのような釈明権の行使が著しく不公平であり違法だと主張してその取消が認められても、それに応じてなされた当事者の訴訟行為の効力には影響を及ぼさないと解されている。

そこで、相手方当事者としては、裁判所の釈明権の行使に応じてなした主張・立証に対して、時機に遅れた攻撃防御方法であると主張することが考えられよう（【180】参照）。併せて、そのような主張が認められなかった場合に備えて、裁判所に対し相手方当事者の主張に関して十分な反論・反証の機会を与えるよう求めていくのが実践的であろう。

【172】	相手方の主張に不明な点があったので、当事者としてその趣旨を確認したい。	149条３項

結　　論　裁判長に対し必要な発問を求める（149条３項）。

解　　説　当事者は直接相手方に対して発問することはできないが、裁判長に対して釈明権を行使するよう求めることができる。これを発問権と呼んでいる。

【173】	当事者が裁判長に対して必要な発問を求めたが、裁判長は発問をしなかった。	149条３項

結　　論　　異議を述べることができる（150条）。

解　　説　　当事者が裁判長に対して必要な発問を求めたが、裁判長が発問をしなかった場合の規定はない。しかしながら、150条は、訴訟指揮権の発動を求める申立権を認めたもので、裁判所は裁判によってその諾否を示さなければならないとされている。裁判長が釈明を行えば、【169】と同様になり、裁判所が釈明をしなかった場合も同様に、150条前段に該当すると解される。

【174】	裁判長又は陪席裁判官が、口頭弁論の期日外において、攻撃又は防御の方法に重要な変更を生じ得る事項について、当事者に対して問いを発し、又は立証を促す処置をしたにもかかわらず、その内容を相手方に通知しなかった。	149条４項

結　　論　　異議を述べることができる（90条）

解　　説　　149条４項は期日外の釈明をした場合に、相手方に通知しなければならない旨規定している。150条における異議については、同条は、149条４項の場合に触れていないので異議を述べることができるのか問題となる。

この点、149条４項は、同条１項の期日外釈明における具体的方式を定めたものであり、前記の場合は、その手続である通知を欠缺した、法令違反にあたると解することができることから、90条による異議を述べることができると考えられる。

釈明内容を相手方に通知しなかった場合には、相手方に十分な準備の機会を与えるべきであり直ちに弁論を終結することは許されない。なお、通知の欠缺は当然には上訴理由にはならないであろうとされている（新堂幸司「新民事訴訟法」（弘文堂・初版１刷）394頁）

【175】	裁判所が、訴訟関係を明瞭にするため、次に掲げる処分（釈明処分）をした。 １　当事者本人又はその法定代理人に対し、口頭弁論の期日に出頭することを命ずること。 ２　口頭弁論の期日において、当事者のため事務を処理し、又は補助する者で裁判所が相当と認めるものに陳述をさせること。 ３　訴訟書類又は訴訟において引用した文書その他の物件で当事者の所持するものを提出させること。 ４　当事者又は第三者の提出した文書その他の物件を裁判所に留め置くこと。 ５　検証をし、又は鑑定を命ずること。	151条１項

	6　調査を嘱託すること。	

結　　論　不服申立はできない。

解　　説　訴訟関係を明瞭にするために、裁判所は149条所定の釈明権行使を行うことができるが、釈明権行使のみでは当事者の主張等を明らかにすることができない場合があり、そこで、151条は、釈明権の行使を補充するために裁判所が釈明処分を行えることを定めた（職権による決定）。

なお、釈明処分として、検証、鑑定及び調査嘱託を定めているが、釈明処分は、争点整理のものであるから、検証等の釈明処分の結果は、証拠資料とはならない。

コラム６　「釈明」の意味

149条の法文自体には「釈明」という言葉は出てこない。しかし、実務上も講学上も149条で書かれている内容を「釈明権」として理解している。また、新民事訴訟法では原文に見出しが付けられるようになったが、149条の見出しも「釈明権」と明記している。

「釈明」とは、国語辞典的には「弁明する」という意味で使用される。そこでは、問われた者が説明する意味になっている。

しかし、実際の裁判では、裁判長が一方当事者に対して「…の点について釈明します。」と言ったり、それを受けて、聞かれた当事者が「…の点について釈明します。」と言ったりしている。また、当事者が他方当事者に対する釈明を求めて、裁判所に「求釈明の申立」をするということもよくある。こうしてみると、実務上は、裁判長がするのも釈明であり、当事者がするのも釈明という慣用があると言っていいだろう。弁護士になったころ法廷で戸惑ったのは、「釈明」自体は説明、弁解することと漠然と分かるが、誰が誰に釈明するのか、あるいは誰の行為を指しているのかよく分からなかったことである。今思えば、裁判所の行為も当事者の行為もどちらも釈明と呼んでいたのであるから、それも当然であった。

講学上も、「釈明権」は、当事者の申立や陳述に不明瞭な点などがある時に訴訟関係を明瞭にするために当事者に対して問いを発したり立証を促す裁判所の権限という意味で使われている。善意で解すれば「釈明を求める権限」の意味ともとれるが、やはり「釈明する権限」ととるのが素直であろう。実際、教科書などでは、それに続く説明で、裁判所が当事者に対して説明を求めることを「釈明」と書いていたりする。

これに対して、裁判所職員総合研修所監修「民事訴訟法講義案（改訂版）」129頁では、「『釈明』という用語は、正しくは、裁判所がするのが「求釈明」で、求釈明に応じて当事者が明らかにすることを『釈明』という（したがって、『当事者に釈明を促す』『当事者に釈明を求める』『当事者に釈明させる』などというのが正しい用例である）」としている。

日本語としては誠にもっともであるが、裁判所の権能としての「釈明権」という言葉が長年使用され（さらには正式に条文の見出しにもなっており）、実務上も混用してきたのであるから、２つの意味が併用されることはやむを得ないだろう。

どうしてもすっきりさせたいのであれば、149条の見出しを「求釈明権」などと変える必要があろう。ただそうすると一方当事者が裁判所の「求釈明」を求めることが「求求釈明」になってしまい、新たな混乱が生ずる。そう考えると、適宜使い分けている現在の用法もあながち捨てたものではないなどと考えるのは、論理性を旨とする弁護士にあるまじき態度であろうか。

第２　口頭弁論の併合等

【176】	原告が通常共同訴訟として提起したところ、裁判所が口頭弁論の分離	152条１項

	を命じた。	

結　　論　　不服申立はできない。
解　　説　　口頭弁論の制限、分離、併合は、裁判所の訴訟指揮の一環であり、当事者に申立権はない。

当事者は、裁判所に対して職権発動を促すことはできるが、これが容れられなかった場合も、不服申立ができない。

必要的共同訴訟については**第３章第２節**参照。

第３　口頭弁論の再開

【177】	当事者が口頭弁論の再開を申し立てたが、裁判所は口頭弁論の再開を命じなかった。	153条

結　　論　　控訴で争う。
控訴の趣旨　　原判決を取り消し、本件を○○地方裁判所へ差し戻す。
解　　説　　弁論の再開は、裁判所の専権的な裁量事項とされる。したがって、当事者の再開申請は再開の必要があるかどうかにつき裁判所に考慮の機会を与えるということが事実上ありうるというにとどまり、単に職権発動を促すだけのものである。弁論を再開するか否かについての裁判所の裁量権も絶対無制限のものではなく、弁論を再開して当事者にさらに攻撃防御方法を提出する機会を与えることが明らかに手続的正義の要求するところであると認められる特段の事情があるときは、弁論を再開すべきである。（最判昭56・９・24民集35－６－1088）

第４　弁論能力を欠く者に対する措置

【178】	裁判所が、訴訟関係を明瞭にするために必要な陳述をすることができない当事者、代理人又は補佐人の陳述を禁じ、口頭弁論の続行のため新たな期日を定めた。	155条１項

結　　論　　控訴で争う。
解　　説　　陳述禁止の決定については独立の不服申立はできないと解されている。

本条による陳述禁止の効果は、当該期日のみでなく、その審級におけるその後の全部の期日に及ぶ。

【179】	上記場合において、必要があるとして、裁判所が、弁護士の付添いを命じた。	155条２項

結　　論　　控訴で争う。
解　　説　　【178】解説参照。

第５　時機に後れた攻撃防御方法の却下等

【180】	相手方当事者が故意又は重大な過失により時機に後れて攻撃防御方法を提出した。	157条１項

結　　論　当該攻撃防御方法の却下を求める。
解　　説　時機に後れた攻撃防御方法の却下の要件
イ　攻撃防御方法の提出が時機に後れたこと。
ロ　時期に後れたことが当事者の故意又は重大な過失に基づくこと。
ハ　いまさら取り上げて審理するとそのためだけで訴訟の完結を遅延させる場合であること。

【181】	裁判所が当事者の上記攻撃防御方法の却下を求めるとの申立を認めなかった。	157条１項

結　　論　控訴で争う。
解　　説　却下されなかった攻撃防御方法は、終局判決の基礎とされる。当事者は、終局判決に対する上訴の際に、原決定に対する不服を申し立てることとなる。(283条)。

【182】	当事者が故意又は重大な過失により時機に後れて提出した攻撃防御方法について、裁判所が、訴訟の完結を遅延させることになると認めて、却下の決定をした。	157条１項

結　　論　控訴で争う。
控訴の趣旨　原判決を取り消す。
本案請求の趣旨
解　　説　却下の裁判は、独立の決定によるか、終局判決の理由中で行われるが、いずれにしても法的審尋請求権の保障との兼ね合いから、提出者に弁明の機会を与える必要があり、却下要件の審理は口頭弁論で行う。

しかし、却下の裁判については独立して不服申立はできず、終局判決とともに上級審の判断を受けるのみである（283条）。

上訴審が攻撃防御方法を却下した原審の裁判を不当と認めて取り消した場合には、再度の提出を待たずして、改めてその攻撃防御方法について審理する。却下の申立がいれられなかった相手方が上訴とともに不服を申し立てた場合、上訴審が申立却下の裁判を不当と認めれば、これを取り消して攻撃防御方法を却下すべきであり、この場合には却下された攻撃防御方法は判決において斟酌できない。

なお、集中証拠調べの終了した後に初めてされた主張について、今後審理するとすれば相当の期間にわたる審理を要するとされる場合には、故意又は重過失により時機に後れて提出された攻撃防御方法に該当するとして、却下した裁判例もあるので、紹介する（東京高判平12・

３・14判タ1028-295、金商1092-７頁）。

【183】	攻撃防御方法の趣旨が明瞭でないものについて当事者が必要な釈明をせず、又は釈明をすべき期日に出頭しないので、裁判所がその攻撃防御方法を却下した。	157条２項

結　　論　控訴で争う。
控訴の趣旨　原判決を取り消す。
本案請求の趣旨
解　　説　【182】の解説に同じ。

【184】	審理の計画を定めた事案において、特定の事項についての攻撃又は防御の方法を提出すべき期間が定められていたが、攻撃又は防御の方法についての提出が、その期間を経過したため、裁判所が、審理の計画に従った訴訟手続の進行に著しい支障を生ずるおそれがあるとして、却下の決定をした。	157条の２

結　　論　控訴で争う。
控訴の趣旨　原判決を取り消す。
本案請求の趣旨
解　　説　【182】の解説に同じ。

第６　口頭弁論調書等の記載

口頭弁論調書は、当該口頭弁論期日に立ち会った裁判所書記官が作成するものであり、期日を主宰する裁判長又は裁判官には調書を作成し、又は、直接加筆、訂正する権限はない。

裁判所書記官が作成した口頭弁論調書の記載について、当事者その他関係人が異議を述べることができ、その場合には、裁判所書記官は調書にその旨の記載をしなければならない（160条２項）。

【185】	裁判所書記官が作成した口頭弁論調書の記載に誤りがあった。	160条２項

結　　論　異議を述べることができる（160条２項）。
解　　説　異議を述べる相手は裁判所書記官である。

書記官が自ら記載に誤りがあると判断した場合は、自ら訂正する。

また、審理を担当した裁判官が、誤りがあると判断した場合、書記官に訂正を命じることができる（裁判所法60条４項）。

【186】	裁判所書記官が作成した口頭弁論調書の記載に誤りがあったと思われたことから、異議を述べたが、異議を理由なしとして、調書の訂正をし	160条２項

	なかった。	

結　　論　不服申立できない（ただし、異議の申立のあったことを調書に記載しなければならない。160条２項）。

解　　説　調書の作成権限は裁判所書記官にあるから、異議の当否の判断は裁判所書記官が行う。

調書の記載が訂正されず、異議の趣旨が記載された場合、そのいずれが正しいかは裁判官が判断し、異議を正当と認めれば、裁判所書記官に記載の変更を命ずる。しかし、この場合も裁判所書記官は裁判官の命令が正当でないと認めるときは、自己の意見を当該調書に付記することができる（裁判所法60条５項）。この場合、裁判長の命令に従ってなされた記載の本文が調書の記載としての効力をもつが、当事者としては証人の再尋問その他の証拠申出を検討する必要も生じうる。

異議に基づき調書が訂正されずにその趣旨のみが記載された場合、異議の記載は調書自体の形式的効力には影響がないから、口頭弁論の方式に関する規定の遵守の有無についての調書の証明力（160条３項）は、異議があっても排斥されない。したがって、この点については実際に訂正されない限り、異議は意味がないということになる。しかし、その他の記載事項については、調書は一応の証明力をもちうるから、その信憑性の判断につき影響を与える意味はもちうることになる。

異議の申立があったのに、その旨を記載しなかった場合は違法であるが、その違法は当然調書を無効ならしめるものではなく、責問権の放棄・喪失によって瑕疵は治癒される。しかし、和解・取下げ等調書が独自の意味をもつ場合には、それらの瑕疵は調書を無効にすると解すべきである（注解）。

第２節　準備書面等

【187】	裁判長が、特定の事項に関する主張を記載した準備書面の提出、又は、特定事項に関する証拠の申出につき、不相当な期間を定めた。	162条

結　　論　異議を述べることができる（150条）。

解　　説　裁判長が特定の事項についての攻撃防御方法の提出期間が定めるということは、訴訟指揮の一場面である。

したがって、裁判所が合議体の場合のみ、150条に基づき異議を述べることができると解される（**第１章第３節**参照）。

なお、特定の事項についての攻撃防御方法の提出期間が定められた場合において、正当な理由がないのに、この指示に従わない場合、準備的口頭弁論（166条）、弁論準備手続（170条５項）が終結されたり、場合によっては、口頭弁論が終結されるおそれもある。また、後に提出された主張又は証拠申出が時機に後れた攻撃防御方法であるとして却下されることがありうる。したがって、攻撃防御方法の却下は、訴訟の帰趨に重大な影響を与えるものであるから、一方的に裁判長が特定の事項についての攻撃防御方法の提出期間を定める場合には、異議を述べる必要がある。

第3節　争点及び証拠の整理手続

第3節ではいわゆる争点整理手続のメニューが規定されている。裁判所が、準備的口頭弁論、弁論準備手続、書面による準備手続の各争点整理メニューを選択する行為は「決定」であると解されている（172条。法務省民事局参事官室編「一問一答新民事訴訟法」176頁、206頁、210頁）。基本的には、これらの決定に対して即時抗告、抗告は認められていないが、争点整理手続選択に関しては当事者の意見を聴くことを決定の際の要件にしたり（168条、175条）、弁論準備手続に付する決定に対して、当事者からの取消申立を認める（172条）など、裁判所の決定に対する対抗手段を定めているとも言える。その他、裁判所の手続選択の裁量が著しく不相当であり違法の余地も認められるような場合には、一般的な手続違反監視としての責問権（90条）に基づく異議申立が考えられる。

【188】	裁判所が、相当でないにもかかわらず、準備的口頭弁論に付した。	164条

結　　論　不服申立はできない。
解　　説　準備的口頭弁論は、口頭弁論を争点と証拠の整理の目的のために特化して利用するものである。口頭弁論の諸原則が妥当する。弁論準備手続や書面による準備手続と異なり、準備的口頭弁論では電話会議ができない等において実務上重要な差異が生じるが、不服申立はできない。

【189】	裁判長が、準備的口頭弁論を終了するにあたり、相当な理由がないのに、当事者に争点及び証拠の整理の結果を要約した書面の提出を求めた。	165条2項

結　　論　異議を述べることができる（150条）。
解　　説　準備的口頭弁論も口頭弁論の一種であり、要約した書面の提出を求めることも裁判長の訴訟指揮の一場面であることから、150条に基づき異議を述べることができると解される。

裁判所が合議体の場合のみ適用があることに注意（**第1章第3節**参照）。

【190】	裁判所が、期間内に準備書面や証拠の申出がないとして、準備的口頭弁論を終了させた。	166条

結　　論　不服申立はできない。

【191】	裁判所が、必要でないのに、あるいは当事者の意見を聴かず、弁論準備手続に付した。	168条

結　　論　取消の申立ができる（172条）。

申立の趣旨　本件を弁論準備手続に付する旨の決定を取り消す。

解　　説　弁論準備手続は、口頭弁論の厳格な規制を外して、当事者に自由に争点及び証拠の整理を行わせることを目的とした手続であり、その最大の特徴は、非公開を原則とすることである。弁論準備手続に付する決定に対し、即時抗告や抗告は認められないが、172条に基づく取消の申立が可能である。特に、両当事者とも弁論準備手続に反対し、取消の申立をすれば、必要的に弁論準備手続に付する決定は取り消されることになる（172条但書）。当事者が弁論準備手続に反対する事情としては、弁論準備手続上は、合議事件において受命裁判官による争点整理がなされうるという点と、公開制限がなされうるなどの点が考えられる。たとえば、マスコミ関係者の傍聴や、多くの事件関係者の傍聴が予想される事案において、裁判所が、あえて弁論準備手続に付することによって傍聴を制限することが可能になる。

なお、168条は、当事者の意見を聴くことを要件としているから、裁判所が、当事者の意見を聴かないまま弁論準備手続に付する決定をしたときは同条の規定に違反するとして責問権（90条）に基づく異議を述べることも可能である。

【192】	裁判所が弁論準備手続に付する決定を取り消した。	172条

結　　論　不服申立はできない。

解　　説　弁論準備手続の開始自体に当事者の申立権が認められていないので、その係属に係る当事者の利益も保護の対象にならない。

したがって、弁論準備手続に付する決定の取消に対しては不服申立することはできない。

【193】	弁論準備手続に付する決定の取消を申し立てたが、裁判所が却下した。	172条

結　　論　通常抗告ができる（328条１項）。

抗告の趣旨　原決定を取り消す。

本件を弁論準備手続に付する旨の決定を取り消す。

解　　説　172条は、当事者に対して、弁論準備手続に付する裁判に対する取消の申立権を認めたと解されており、この申立を却下する決定に対しては、通常抗告が可能になると解されている。

【194】	裁判所が、弁論準備手続において、当事者が申し出た関係者の傍聴を拒否した。	169条２項但書

結　　論　通常抗告ができる（328条１項）。

抗告の趣旨　原決定を取り消す下記の者の傍聴を許可する（下記において住所、氏名で傍聴人を特定する）

解　　説　169条２項本文によれば、弁論準備手続において、裁判所（受命裁判官：171条２項）は相当と認める者の傍聴を許すことができる旨規定されているにとどまるが、同条項但書にあるとおり、当事者が申し出た者については原則として傍聴を許さなければならない。このような規定の差異から、本文にある裁量的傍聴許可に関しては当事者に不服申立は認められないが、但書にあるように、当事者がある者の傍聴を申し出たにもかかわらず、これを不許可とする決定に対しては、通常抗告できると解されている（基本法コンメンタール「新民事訴訟法２」113頁）。

なお、受命裁判官のした同様の命令に対しては329条による異議申立ができる。

【195】	裁判所が、弁論準備手続又は書面による弁論準備手続を電話会議の方法によることを拒否した。	170条３項、176条３項

結　　論　不服申立はできない。

解　　説　電話会議の採否は裁判所の裁量に委ねられており、当事者の不服申立は認められていない。

【196】	裁判所が、書面による準備手続に付した。	175条

結　　論　不服申立はできない。

解　　説　書面による準備手続は、当事者が遠隔の地に居住しているとき等に、当事者の出頭なしに準備書面の提出等により争点及び証拠の整理をする手続である。この書面による準備手続に付する決定に対しては、弁論準備手続に付する決定の取消申立を認めた172条と同様の規定がないので、不服申立はできない。ただし、書面による準備手続に付する際には、当事者の意見を聴くことが要件とされているので、裁判所が当事者の意見を聴くことなく書面による準備手続に付する決定をしたときには、責問権（90条）に基づき異議を述べることが可能である。なお、書面による準備手続に付する決定をしないことに対しては、当事者に書面による準備手続開始の申立権もなく、裁判所の裁量に委ねられているので不服申立できない。

第10章　証　　拠

第１節　総　　則

証拠調べの必要性があるかどうかは、受訴裁判所が当該事案の内容、訴訟の進行程度等諸般の事情を勘案して専断的に決定すべきものとされている。よって、裁判所の証拠決定に対しては原則として抗告などの独立の不服申立はできない。終局判決に対する上訴で、審理不尽等の理由になるにすぎない。例外的に文書提出命令の申立に関する決定についてのみ独立の不服申立が認められている（223条７項）。

【197】	裁判所が当事者申立の証拠について必要性なしとして取調べしなかった。	181条

結　　論　控訴で争う。

解　　説　　裁判所の証拠決定は裁判所の裁量に委ねられているので、独立の不服申立は認められない。しかし、かかる裁量権を有する裁判所においても、唯一の証拠方法には拘束される。すなわち、当事者の申し出た証拠が争点につき唯一の場合は特段の事情のない限りこれを取り調べなければならない（最判昭53・３・23判時885-118）。ただし、裁判所は証拠申立が不適式あるいは不適法な場合は、唯一の証拠であっても取り調べることを要しない。不適式な証拠申立として、①証すべき事実の表示が不明な場合（民訴規99条１項）、②証人を指定しない場合（民訴規106条）などがある。不適法な証拠申立としては、①不定期間の障害がある場合（181条２項）、②時機に後れた攻撃防御の場合（最大判昭30・４・27民集９-５-582）、③適法な呼出を受けながら当事者が理由もなく期日に出頭しない場合（最判昭29・11・５民集８-11-2007、最判昭39・４・３民集18-４-513）などがある。

【198】	当事者が出頭していない期日に裁判所が証拠調べをした。	183条

結　　論　　不服申立はできない。

解　　説　　裁判所は、証拠調べ手続を実施するにあたっては、あらかじめ期日を指定して当事者を呼び出すことを要する。

ただし、当事者の出頭は証拠調べの要件ではなく、出頭の機会を与えれば足りるから、呼出があったのに当事者が出頭しなかった場合、当事者不出頭のまま証拠調べ手続を実施しても、手続に違法はない（183条）。

よって、この場合、出頭しなかった当事者は、不服申立ができないということになる。

【199】	裁判所が、相当でないのにもかかわらず、裁判所外で証拠調べを行った。	185条

結　　論　　不服申立はできない。

解　　説　　証拠調べは受訴裁判所の公開法廷で行うのが原則であるが、裁判所が相当と認めるときは、受訴裁判所外での証拠調べも可能である。

仮に不相当な場合であっても証拠調べ手続に違法はないと解されている。

当事者としては公開法廷で調べられた証拠でないことを理由に証拠の証明力を争うほかない。

【200】	裁判所が、相当な場合でないのにもかかわらず、受命・受託裁判官に裁判所外で証拠調べをさせる旨の決定をした。	185条

結　　論　　不服申立はできない。

解　　説　　受命裁判官又は受託裁判官に裁判所外で証拠調べをさせる旨の決定は、公開主義、直接主義の例外である。

仮に不相当な場合であっても証拠調べ手続に違法はないと解されている。

当事者としては公開法廷で直接調べられた証拠でないことを理由に証拠の証明力を争うほかない。

【201】	裁判所外において証拠調べを行う受託裁判官が、相当な場合でないのに、他の地方裁判所又は簡易裁判所に証拠調べの嘱託をした。	185条

結　　論　不服申立はできない。
解　　説　【200】の解説参照。

【202】	裁判所が、調査嘱託の決定をしなかった。又は決定をすべきでないのに嘱託決定した。	186条

結　　論　控訴で争う。
解　　説　証拠の採否は裁判所の裁量であるから、これに不服があっても独立の不服申立はできない。

第２節　証人尋問

【203】	証人が正当な理由なく出頭しなかったとして、裁判所が、当該証人に対して訴訟費用の負担を命じる決定をした。	192条１項

結　　論　即時抗告ができる（192条２項）。
抗告の趣旨　原決定を取り消す。
解　　説　我が国の裁判権に服する者は、公法上の一般的義務として出頭、宣誓、供述の義務を負うため、裁判所は、正当な理由なく出頭しない証人に対して、これによって生じた訴訟費用の負担を命じ、かつ、10万円以下の過料に処することができる（192条１項）。

【204】	裁判所が、受命裁判官又は受託裁判官に裁判所外で証人尋問をさせる旨の決定をした。	195条

結　　論　不服申立はできない。
解　　説　機動的に証人尋問を実施するため、裁判所は、195条各号該当する場合に限り、受命・受託裁判官に裁判所外での証人尋問をさせることができる。この決定に対しては、独立の不服申立はできない。裁判所外の証人尋問では不十分であった場合は、裁判所での証人尋問が必要であるとしてその実施を求めていくことになろう。

なお、195条各号該当しない場合に、裁判外の証人尋問をした場合、証拠調べ手続は違法であり、上訴理由になるが、当事者が遅滞なく異議を述べないと責問権喪失（90条）により瑕疵は治癒される（最判昭50・１・17判時769-45）。

【205】	裁判所が、証言拒絶には理由がない（理由がある）と決定した。	199条１項

結　　論　即時抗告ができる（199条２項）。

抗告の趣旨　原決定を取り消す。証人○○の証言拒絶には理由がある（理由がない）。

解　　説　我が国の裁判権に服する者は、公法上の一般的義務として出頭、宣誓、供述の義務を負うが、①証言が、証人又は196条各号に掲げる者が刑事上の訴追又は有罪判決を受けるおそれのある事項に関するとき（196条）、②証人の職務上の秘密に関する事項について尋問を受ける場合で、黙秘義務が免除されないとき（197条）には、証言を拒絶することができる。証言拒絶をする場合、証人はその理由を疎明しなければならない（198条）。

証人が証言を拒絶した場合、裁判所は、197条１項１号の場合を除き、当事者を審尋して、証言拒絶の当否について決定で裁判する。

なお、証言拒絶の当否は端的に196条、197条所定の要件の存否によって判断されるものであり、尋問内容の関連性・必要性等は、抗告審の審査対象とならない（東京高決昭59・７・３、高民集37-２-136）。

コラム７　「取材源の秘匿を理由とする証言拒否が許されるか」

最高裁は、平成18年10月３日、報道関係者の取材源に係る証言拒絶が認容される基準について、次のとおり初めての判断を示した（事件名：証拠調べ共助事件における証人の証言拒絶についての決定に対する抗告棄却決定に対する許可抗告事件、裁判内容：抗告棄却＝証言拒絶には正当な理由がある。掲載文献：判タ1228-114）。

まず、本決定は「民事事件において証人となった報道関係者が、民訴法197条１項３号（「職業の秘密」）に基づいて、当該取材源に係る証言を拒絶することができるかどうかは、当該報道の内容、性質、その持つ社会的な意義・価値、当該取材の態様、将来における同種の取材活動が妨げられることによって生ずる不利益の内容、程度等と、当該民事事件の内容、性質、その持つ社会的な意義・価値、当該民事事件において当該証言を必要とする程度、代替証拠の有無等の諸事情を比較衡量して決すべきである」と、取材源の秘匿を理由とする証言拒絶の許否は、諸事情の比較衡量により決せられるとの判断基準を示した（本決定までは、証言拒絶の許否は、当該秘密の重大性のみを理由に判断すれば足り、それ以上に比較衡量によって判断する必要はないとする説も有力に唱えられていた）。

さらに本決定は、具体的な比較衡量の仕方にまで踏み込み、「民事事件において証人となった報道関係者は、当該報道が公共の利益に関するものであって、その取材の手段、方法が一般の刑罰法令に触れるとか、取材源となった者が取材源の秘密の開示を承諾しているなどの事情がなく、しかも、当該民事事件が社会的意義や影響のある重大な民事事件であるため、当該取材源の秘密の社会的価値を考慮してもなお公正な裁判を実現すべき必要性が高く、そのために当該証言を得ることが必要不可欠であるといった事情が認められない場合には、民訴法197条１項３号（「職業の秘密」）に基づき、原則として、当該取材源に係る証言を拒絶することができる」とし、取材源の秘匿を理由とする証言拒絶の許否について具体的な基準を示した。

本決定が、証言拒絶を認めない事情のひとつとして挙げた「社会的意義や影響のある重大な民事事件」が具体的にいかなる事件を含むかなど、今後の裁判例の集積に委ねられた点もあるが、「重大な民事事件で証言が必要不可欠という事情がない限り、取材源の秘匿を理由に証言を拒絶できる」と、最高裁が報道の自由を重視する立場を明確に示したことは実務に与える影響が極めて大きいと言える。

【206】	証人が正当な理由なく証言を拒絶したとして、裁判所が、当該証人に対し、訴訟費用の負担を命じる決定をした。	200条、192条１項

結　　論　即時抗告できる（200条、192条２項）。
抗告の趣旨　原決定を取り消す。
解　　説　我が国の裁判権に服する者は、公法上の一般的義務として出頭、宣誓、供述の義務を負うため、証言拒絶に理由がないとする裁判が確定した後に証人が正当な理由なく証言を拒絶した場合、裁判所はこれによって生じた訴訟費用の負担を命じ、かつ、10万円以下の過料に処することができる（200条、192条１項）。

【207】	裁判所が、宣誓拒絶には理由がない（理由がある）と決定した。	201条５項、199条１項

結　　論　即時抗告できる（201条５項、199条２項）。
抗告の趣旨　原決定を取り消す。証人○○の宣誓拒絶には理由がある（理由がない）。
解　　説　我が国の裁判権に服する者は、公法上の一般的義務として出頭、宣誓、供述の義務を負うが、自己又は196条各号所定の者に著しい利害関係のある事項について尋問を受けるときは、宣誓を拒むことができる（201条５項）。宣誓を拒む場合、証人はその理由を疎明しなければならない（201条５項、198条）。

証人が宣誓を拒んだ場合、裁判所は、当事者を審尋して、証言拒絶の当否を裁判する。

【208】	証人が正当な理由なく宣誓を拒絶したとして、裁判所が、当該証人に対し、訴訟費用の負担を命じる決定をした。	201条５項、192条１項

結　　論　即時抗告できる（201条５項、192条２項）。
抗告の趣旨　原決定を取り消す。
解　　説　我が国の裁判権に服する者は、公法上の一般的義務として出頭、宣誓、供述の義務を負うので、宣誓拒絶に理由がないとする裁判が確定した後に証人が正当な理由なく証言を拒絶した場合、裁判所はこれによって生じた訴訟費用の負担を命じ、かつ、10万円以下の過料に処することができる（201条、192条１項）。

【209】	裁判長が、主尋問、反対尋問、補充尋問の順序を変更する旨の命令をした。	202条２項

結　　論　異議を述べることができる（民訴規117条１項）。
解　　説　証人尋問は原則として交互尋問の方法で行うが（202条１項）、本人訴訟など適切な尋問を期待できない場合もあるため、裁判長は、当事者の意見を聞いて、尋問の順序を変更することができる（202条２項）。

変更について当事者は異議を述べることができ、異議が述べられた場合、裁判所が直ちに決定で判断する（民訴規117条２項）。

【210】	相手方当事者が、証人に対し、立証事項に関連しない質問をした。	民訴規114

		条１項

結　　論　　質問制限の申立ができる（民訴規114条２項）。
解　　説　　民事訴訟規則114条１項は、尋問できる内容について規定しており、同条２項において、それ以外の事項に関連するものであって裁判長が相当でないと認めるときは、職権又は申立により質問を制限することができるとしている。

【211】	相手方当事者が、証人に対し、証人を侮辱する質問をした。	民訴規115条２項

結　　論　　質問制限の申立ができる（民訴規115条３項）。
解　　説　　民事訴訟規則115条１項は、以下の事由による質問を制限している（ただし、②～⑥については、正当な理由がある場合には制限されない。）。

① 証人を侮辱し又は困惑させる質問
② 誘導尋問
③ 重複質問
④ 争点に関係のない質問
⑤ 意見の陳述を求める質問
⑥ 証人が直接経験しなかった事実について陳述を求める質問

そして、同条２項において、これに違反するときは裁判長が職権又は申立により質問を制限することができるとしている。

【212】	裁判長が、【210】【211】の申立を認めて、質問事項を制限する命令をした。又は、申立を却下した。	民訴規114条２項、115条３項

結　　論　　異議を述べることができる（民訴規117条１項）。
解　　説　　裁判長の質問の制限に対して質問者は異議を述べることができ、また、申立の却下に対しても、申立当事者はさらに異議を述べることができる。異議が述べられた場合、裁判所が直ちに決定で判断する（民訴規117条２項）。

【213】	裁判長が、証人に対し、書類に基づく陳述を許可した（許可しなかった）。	203条

結　　論　　不服申立はできない。
解　　説　　証人の陳述は口頭によることを原則とするが、裁判長は書類に基づいて陳述を許可することができる（203条）。

【214】	裁判所が、映像等の送受信による通話の方法によって証人尋問を行う	204条

	旨を決定した。	

結　　論　　不服申立はできない。
解　　説　　証人が遠隔地に居住する場合、裁判所は、いわゆるテレビ会議の方法により尋問をすることができる（204条）。
　テレビ会議は、裁判所の合目的的な裁量として行われるので、不服申立はできないと解されている。

【215】	裁判所が、証人尋問に代えて書面尋問の提案をした。	205条

結　　論　　異議を述べることができる（205条）。
解　　説　　証人の陳述は口頭によることを原則とするが、裁判所は、相当と認める場合において、証人尋問に代えて書面の提出をさせることができる（205条）。
　ただし、当事者に異議がないことが要件とされているので、当事者が異議を述べると、裁判所は、書面尋問をすることができない。
　なお、簡裁手続の特則では、当事者に異議があっても、裁判所が、相当と認める場合には、書面尋問をすることが許されている（278条）。

第３節　当事者尋問

【216】	裁判所が、当事者尋問の申立を却下した。	207条１項

結　　論　　控訴で争う。
解　　説　　当事者尋問は申立又は職権で行う。当事者尋問の申立を裁判所が却下した場合、証拠の採否は裁判所の専権であるため、独立の不服申立はできない。

【217】	裁判所が、証人尋問に先立って当事者尋問を行う旨の決定をした。	207条２項

結　　論　　不服申立はできない。
解　　説　　証人及び当事者を尋問する場合には、先に証人尋問をする（207条２項本文）。旧民事訴訟法では、係争事実について他の証拠によって心証が得られない場合に限って当事者尋問ができる旨を規定していたが（補充性）、これを緩和したものである。
　もっとも、裁判所は適当と認める場合には、当事者の意見を聞いて、当事者尋問を先に行うこともできる（207条２項但書）。
　当事者尋問を先に行う旨の決定については、独立の不服申立はできない。

【218】	裁判所が、当事者の不出頭（宣誓拒絶、陳述拒絶）には正当な理由がないとして、相手方の主張を真実と認めた。	208条

結　　論　控訴で争う。

解　　説　当事者が正当な理由なく出頭せず、又は宣誓若しくは陳述を拒んだ場合、裁判所は、尋問事項に対する相手方の主張を真実と認めることができる（208条）。これに不服がある者は、判決に対する上訴によって争うことになる。

【219】	裁判所が、宣誓をした当事者が虚偽の陳述をしたとして過料の制裁を科す旨の決定をした。	209条１項

結　　論　即時抗告できる（209条２項）。

抗告の趣旨　原決定を取り消す。

解　　説　当事者は証人と同様に出頭義務、宣誓義務、陳述義務を負う。宣誓については任意である点で証人とは異なるが（207条１項後段）、宣誓をした上で虚偽の陳述をした場合、裁判所は決定で10万円以下の過料に処することができる（209条１項）。

なお、虚偽の陳述をした当事者が訴訟係続中に陳述が虚偽であることを認めた場合、裁判所は、過料の決定を取り消すことができる（209条３項）。

【220】	裁判所が、受命裁判官又は受託裁判官に裁判所外で当事者尋問をさせる旨の決定をした。	210条、195条

結　　論　不服申立はできない。

解　　説　証人尋問と同様、当事者尋問についても受命・受託裁判官に裁判外で行わせることができる（210条、195条）。【204】の解説参照。

【221】	裁判長が、主尋問、反対尋問、補充尋問の順序を変更する旨の命令をした。	210条、202条２項

結　　論　異議を述べることができる（民訴規127条、117条）。

解　　説　証人尋問と同様、当事者尋問も原則として交互尋問の方法で行うが（210条、202条１項）、裁判長は、当事者の意見を聞いて、尋問の順序を変更することができる（210条、202条２項）。

【209】の解説参照。

【222】	一方当事者が、相手方当事者に対し、立証事項に関連しない質問をした。	民訴規127条、114条１項

結　　論　質問制限の申立ができる（民訴規127条、114条２項）。

解　　説　【210】の解説参照。

【223】	一方当事者が、相手方当事者に対し、相手方当事者を侮辱する質問を	民訴規127

	した。	条、115条2項

結　　論　　質問制限の申立ができる（民訴規127条、115条3項）。
解　　説　　【211】の解説参照。

【224】	裁判長が、【222】【223】の申立を認めて、質問事項を制限する命令をした。又は申立を却下した。	民訴規127条、114条2項、115条3項

結　　論　　異議を述べることができる（民訴規127条、117条1項）。
解　　説　　【212】の解説参照。

【225】	裁判長が、当事者に対し書類に基づく陳述を許可した（許可しなかった）。	210条、203条

結　　論　　不服申立はできない。
解　　説　　【213】の解説参照。

【226】	裁判所が、映像等の送受信による通話の方法によって当事者尋問を行う旨の決定をした。	210条、204条

結　　論　　不服申立はできない。
解　　説　　【214】の解説参照。

第4節　鑑　　定

【227】	裁判所が指定した鑑定人について、誠実に鑑定することを妨げる事情がある。	213条

結　　論　　忌避の申立ができる（214条1項、2項）。
解　　説　　誠実に鑑定をすることを妨げるべき事情とは、裁判官の除斥原因として民事訴訟法23条1項1号ないし3号、5号に規定されているのと同様の事情のほか、当該事件について当事者の一方から依頼されて私的鑑定をしたこと、他の事件について当事者の一方から依頼されて私的鑑定をしたこと、当事者の一方と親密な関係にあること、鑑定に際し、当事者の一方のみから資料の提供を受け、他方にはその機会を与えないことなど、不誠実な鑑定をするであろうとの疑いを当事者に抱かせるに足りる客観的な事情をいう。

前審や証拠保全において鑑定をした鑑定人が指定された場合、指定された鑑定人の鑑定結果が公表論文等から予測できる場合、鑑定人が鑑定に必要な学識経験を有しないと考えられる場合などの場合は忌避事由にはあたらない（「民事証拠法大系第５巻」15頁）。

【228】	鑑定人についての忌避申立に対し、裁判所が、忌避を理由があるとする決定をした。	214条３項

結　　論　不服申立はできない（214条３項）。

【229】	鑑定人についての忌避申立に対し、裁判所が、忌避を理由がないとする決定をした。	214条４項

結　　論　即時抗告ができる（214条４項）。
抗告の趣旨　原決定を取り消す。鑑定人○○の忌避には理由がある。

【230】	裁判長が、鑑定人に対する質問の順序を変更する命令をした。	215条の２第３項

結　　論　異議を述べることができる（民訴規133条の２第１項）。
解　　説　鑑定手続が裁判所の判断に必要な専門的知見を補うという性質を有することを重視して、鑑定人に対する質問は、鑑定人が口頭で意見を述べた後、原則として、裁判長、その鑑定の申出をした当事者、他の当事者の順序で行うと規定されている（215条の２第２項）。

一方で裁判長が適当と認めるときは、当事者の意見を聴いて、質問の順序を変更することができると規定されている。

この順序の変更に対して、当事者は異議を述べることができ、裁判所は、決定でその異議について決定する。

【231】	相手方当事者が、鑑定人に対し、鑑定人を侮辱する質問をした。	民訴規132条の４第３項

結　　論　質問制限の申立ができる（民訴規132条の４第４項）。
解　　説　鑑定人についても、民事訴訟規則132条の４第３項は、以下の事由による質問を制限している（ただし、②③については、正当な理由がある場合には制限されない）。

①　鑑定人を侮辱し又は困惑させる質問
②　誘導尋問
③　重複質問
④　第１項に規定する事項（意見の内容を明瞭にし、又は根拠を確認するために必要な事項）に関係のない質問

そして、同条４項において、これに違反するときは裁判長が職権又は申立により質問を制限することができるとしている。

【232】	裁判長が、【231】の申立を認めて、質問事項を制限する命令をした。又は、申立を却下した。	民訴規132条の４第４項

結　　論　　異議を述べることができる（民訴規133条の２）。

解　　説　　裁判長の質問の制限に対して質問者は異議を述べることができ、また、申立の却下に対しても、申立当事者はさらに異議を述べることができる。異議が述べられた場合、裁判所が直ちに決定で判断する（民訴規133条の２第２項）。

第５節　書　　証

【233】	挙証責任を負う当事者が、他人の所持する文書を書証として裁判所に取り調べてもらいたい。	219条

結　　論　　文書提出命令の申立ができる（219条、220条）。

解　　説　　挙証責任を負う当事者は、自己が所有していない文書について、提出義務を負う所持者（相手方当事者又は第三者）にその提出を命ずることを裁判所に申し立てることができる（219条、220条）。この制度は、ある文書の証拠調べを立証者が求めたくても、他人が所持しているためにそれができないという場合に、立証者の利益を守り、その他人の利益も不当に侵されない限度で、公正な裁判をすすめる見地から認められたものである。

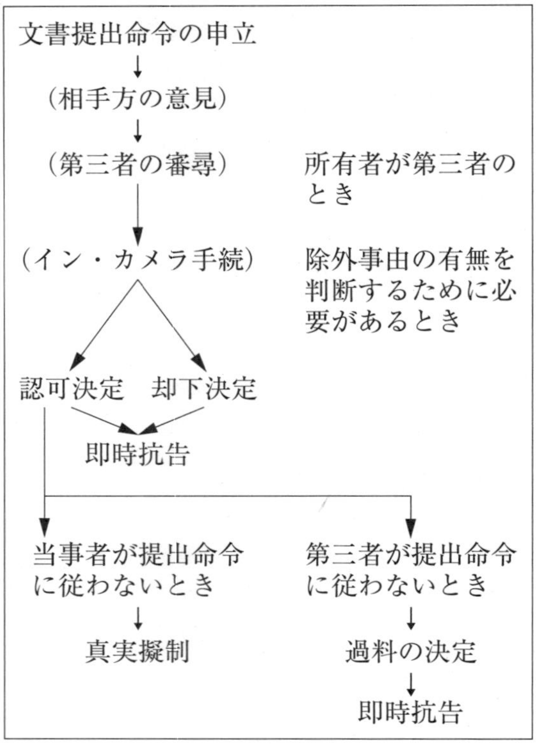

旧民事訴訟法では、文書提出命令の対象となる文書は限定されていたため、薬害訴訟や環境・公害訴訟などのいわゆる現代型訴訟において、原告が必要な文書を入手できないという問題が指摘され、新民事訴訟法は220条４号に列挙される除外文書以外のすべての文書について文書提出命令の対象となるとした。

文書提出命令は、①文書の表示と趣旨、②文書の所持者、③証明すべき事実、④文書提出義務の原因を明らかにして裁判所に書面で申し立てなければならない（221条１項、規140条１項）。申立を受けた裁判所は、文書を取り調べる必要があると認めた場合には文書の提出を命ずることができる（223条１項）。なお、文書提出命令の手続の流れを示せば、図のとおりである。

【234】	一方当事者から文書提出命令の申立がなされたが、相手方当事者としては提出義務を負う文書ではないと反論したい。	219条、220条

結　　論　意見書の提出ができる（民訴規140条２項）。

解　　説　文書提出命令の申立については、相手方にとっても重大な関心事であるから、意見書を裁判所に提出することが認められている。

その中で、相手方としては、220条１号～４号の該当性を争うことになる。

220条１～３号文書は、当事者と文書の間に特別の関係等があり、積極的に文書提出義務がある場合を規定したものであるのに対し、４号文書はそのような特別の関係が認められない文書一般につき、４号のイ～ホに該当しない限り提出義務を認めたものである。

①４号イ及びハは、もし文書の所持者が証人尋問を受けたとすれば証言拒絶権を行使できるような事項が記載されている文書であり、②４号ニは、専ら文書の所持者の利益に供するための文書（自己使用文書）であり、③４号ロ及びホは公務秘密文書・刑事事件関係書類等である。

①に関しては、破綻した保険会社の保険管理人によって設置された弁護士及び公認会計士を委員とする調査員会が作成した調査報告書について、「黙秘すべきもの」に該当しないとした（最決平16・11・26判時1880−50）。

②に関しては、金融機関の貸出稟議書について「特段の事情のない限り」自己使用文書に該当する（最決平11・11・12民集54−８−1787ほか）。

もっとも、同じ稟議書でも特段の事情があるとした判例もあり（最決平13・12・７民集55−７−1411）、一律に除外されるわけではない。

③に関しては、公務秘密文書に該当して提出義務がない文書について、３号文書（利益・法律関係文書）として提出義務を負うかが問題となるが、公務秘密文書に該当する以上、たとえ利益・法律関係文書に該当したとしても提出義務を負わないとするのが判例である（最決平16・２・20判時1862−154ほか）。

【235】	文書提出命令の申立に対し、裁判所が、文書提示命令の決定をした。	223条６項

結　　論　不服申立はできない。

解　　説　提出を申し立てられた文書が、220条４号イ～ニに該当するか否かの判断のため必要なときは、裁判所は文書所持者に当該文書を提示させることができる（223条６項）。ただし、これは、裁判所の判断のための手続であるから、文書の内容等が裁判所外にもれないようにせねばならないし、何人も開示を求め得ない。

文書提示命令の決定に対する不服申立については、それを認める規定がないので、不服申立はできない。

【236】	文書提出命令の申立につき、裁判所が、提出義務を負う文書ではないとの理由で却下した。	223条１項前段

結　　　論　　即時抗告ができる（223条７項）。

【237】	裁判所が、文書提出命令の必要性がないとして申立を却下した（すでに任意提出された文書と文書提出命令申立に係る文書が同一であることを理由として）。	223条１項前段

結　　　論　　控訴で争う。

解　　　説　　証拠採否の判断は、受訴裁判所の専権に属するため。必要性なしを理由とする却下決定に対して即時抗告することはできない（最決平12・３・10民集54−３−1073）。控訴審で再度申立をするしかない。

【238】	裁判所が文書提出命令の申立を口頭で却下し、直ちに口頭弁論を終結した。	223条１項前段

結　　　論　　控訴で争う。

解　　　説　　即時抗告は、裁判の告知を受けてから１週間の不変期間内に行うことができる（332条）。しかし、そもそも上記事例では口頭弁論がすでに終結しており、申立に係る文書を当該審級において証拠調べする余地がない。そのために、不変期間内であっても、即時抗告することができないのである（最判平13・４・26判タ1061−70）。控訴審で再度申立をするしかない。

【239】	裁判所が、当事者に対し、文書の提出を命じる旨の決定をした。	223条１項前段

結　　　論　　即時抗告が認められる（223条７項）。

抗告の趣旨　　原決定を取り消す。

【240】	裁判所が、第三者に対し、文書の提出を命じる旨の決定をした。	223条１項前段

結　　　論　　当該第三者：即時抗告ができる（223条７項）。
　　　　　　　本案事件の当事者（申立外）：できない。

解　　　説　　即時抗告権者の範囲について223条７項は、申立人と命令の名宛人である所持人との間で文書提出義務の存否について争う機会を付与したものであるため、本案事件の当事者には、抗告の利益がない（最決平12・12・14判時1737−34）。同決定では、文書提出命令が証拠決定の性質を併せ持つが証拠調べの必要性がないことを理由として抗告ができない（最決平12・３・10判時1708−115）ことも理由として挙げている。

【241】	文書全体につきなした文書提出命令の申立に対し、裁判所が、一部提	223条１項

	出命令の決定をした。	前段

結　　論　即時抗告ができる（223条７項）。
抗告の趣旨　原決定を取り消す。
解　　説　一部提出命令は、申立の一部認容・一部却下にあたる。よって、申立人、相手方（文書の所持者）双方とも即時抗告ができる。

【242】	第三者が文書提出命令に従わなかったため、裁判所が、過料に処する旨の決定をした。	225条１項

結　　論　即時抗告ができる（225条２項）。
抗告の趣旨　原決定を取り消す。

【243】	当事者又はその代理人が故意又は重過失により真実に反して文書の成立の真正を争ったとして、裁判所が、過料に処する旨の決定をした。	230条１項

結　　論　即時抗告ができる（230条２項）。
抗告の趣旨　原決定を取り消す。

第６節　検　　証

【244】	裁判所が、当事者の検証の申出を却下した。	232条１項、219条

結　　論　控訴で争う。
解　　説　証拠の採否の判断は、裁判所の専権とされているので、独立の不服申立はできない。

【245】	当事者の検証申出に対し、裁判所が検証に代わる現地における進行協議期日を指定した。	民訴規97条

結　　論　不服申立はできない。
解　　説　進行協議期日の指定は、裁判所の専権とされているので、これに対する当事者の不服申立は認められていない。

コラム８　現地における進行協議期日についての一考察

１　現地における進行協議期日が行われる背景

近年、裁判所に対して検証を申し立てると、書記官の検証調書作成の事務作業の手間を理由に裁判所が採用に難色を示すことが散見される。この場合、裁判所から検証に代えて現地における進行協議期日を提案されることが多い。現地における進行協議期日はメリット・デメリットがある。
2　現地における進行協議期日のメリットとデメリット
現地における進行協議期日のメリットは、検証調書作成不要であるので、裁判所は検証に比べて実施に積極的であることと、期日に参加した裁判官については検証と同様の心証形成が期待できることである。
デメリットは、検証調書を作成しないので、期日参加者以外の人間（裁判官、当事者、代理人）には実施した効果を引き継ぐことはできないことである。
3　参考事例
水戸地方裁判所に係属した産業廃棄物処分場建設差止請求事件では、裁判所が検証を渋り現地における進行協議期日を行った。
その後、裁判官が交代し弁論更新がなされたが、検証調書がないため現地における進行協議期日を追体験することができず、現地における進行協議期日に参加した裁判官と参加していない裁判官とで心証形成に齟齬が生じてしまい、改めて進行協議期日と同一内容の検証を行ったという事例がある。

【246】	裁判所が、検証物の所持者に対し、検証物提示（検証受忍）を命じる決定をした。	232条1項、223条1項

結　　論　即時抗告ができる（232条1項、223条7項）。
抗告の趣旨　原決定を取り消す。
解　　説　ただし、検証物の所持者が第三者である場合、申立人の相手方当事者が即時抗告することができるか否かが問題となる。
この点、「文書提出命令の申立についての決定に対しては、文書の提出を命じられた所持者及び申立を却下された申立人以外の者は、抗告の利益を有せず、本案事件の当事者であっても、即時抗告することができない」（最判平12・12・14判時1737−34）との考え方によれば、申立人の相手方当事者は、即時抗告することはできないと思われる。

【247】	裁判所が、検証物提示（検証受忍）申立を却下する決定をした。	232条1項、223条1項

結　　論　即時抗告ができる（232条1項、223条7項）。
ただし、必要性なしとの理由による却下決定の場合は、控訴で争う。
抗告の趣旨　原決定を取り消す。
相手方は、別紙目録記載の物件を提示せよ。
（相手方は、別紙目録記載の物件に関して検証を行うことを受忍せよ）
解　　説　証拠採否の必要性の判断は、受訴裁判所の専権に属するため、必要性なしとの理由による却下決定に対して即時抗告することはできない。この場合は、控訴審で再度申立をするしかない。

【248】	第三者が正当な理由なく検証物提示等の命令に従わなかったので、裁判所が、過料に処する旨の決定をした。	232条2項

結　　論　即時抗告ができる（232条3項）。

第7節　証拠保全

【249】	裁判所が、証拠保全の申立を却下する決定をした。	234条

結　　論　通常抗告ができる（328条1項）。
抗告の趣旨　原決定を取り消す。
　相手方の住所に臨み、相手方が所持する別紙物件目録記載の物件について検証する。
　相手方は、上記検証物を証拠調べの期日において提示せよ。
解　　説　抗告審の審理中は、証拠保全の手続を進めることができないため、申立人としては、証拠調べが緊急に行われる必要性があることを考慮して、抗告をせずに、疎明資料等を補充して再度証拠保全の申立をすることも検討した方がよい場合もあると思われる。

【250】	裁判所が、証拠保全申立を認める決定をした。	234条

結　　論　不服申立はできない（238条）。
解　　説　238条の規定は、証拠保全の申立を認める決定に対し、相手方の不服申立を許さないとするものである。同条の趣旨は、不服申立を許して証拠保全決定の当否を慎重に審理することと、証拠保全の緊急性とは相容れない面があり、証拠保全の申立に対する不服申立は禁ずべきこと、証拠保全としての証拠調べがなされても、相手方にそれほど不利益を与えないと考えられ、不服申立を認めなくても問題ないというものである。

【251】	裁判所が、職権による証拠保全を決定した。	237条

結　　論　不服申立はできない（238条）。
解　　説　【250】の解説参照。

【252】	急速を要する場合ではないのに、裁判所が、申立人又は相手方を呼び出さずに証拠調べを行った。	240条

結　　論　異議を述べることができる（90条）。
解　　説　急速を要する場合でないのに（240条但書参照）、呼出をしないで証拠調べをすることは違法であり、取り調べられた証拠は、証拠とできないが（東京地判昭35・9・27判時238-26）、証拠調べの結果が本訴訟に上程された時に遅滞なく異議を述べなければ責問権の放棄・喪失によって瑕疵が治癒される（大判昭13・5・24民集17-1070）。

第11章　判　　決

【253】	判決に誤記その他これに類する明白な誤りが見つかった。	257条１項

結　　論　　更正の申立ができる（257条１項）。
解　　説　　裁判所は上訴提起後でも判決確定後でも更正でき、事件が上訴審に係属中はその上訴裁判所も更正できる（大判大12・４・７民集２-218、最判昭32・７・２民集11-７-1186）。

【254】	判決について裁判所が更正決定をした。	257条１項

結　　論　　即時抗告ができる（257条２項）。
申立の趣旨　　原決定を取り消す。
解　　説　　判決に対し適法な控訴があった場合は、更正決定の当否も控訴審の審理の際に判断を受けることになるので、独立の即時抗告はできない（257条２項但書）。

【255】	裁判所が、更正の申立を不適法として却下する決定をした。	257条１項

結　　論　　通常抗告ができる（328条１項）。
申立の趣旨　　原決定を取り消し、原判決中の○○とあるのを△△に更正する。

【256】	裁判所が、更正の申立を理由なしとして却下する決定をした。	257条１項

結　　論　　控訴で争う（281条１項）。
解　　説　　この場合判例（大決昭13・11・19民集17-2238）は即時抗告を認めていないので、不服があれば控訴で争うしかない。ただし、和解・調停調書、放棄・認諾調書の場合、即時抗告以外の不服申立がないことを理由に、即時抗告を肯定する見解がある。

【257】	判決の脱漏があった。	258条１項

結　　論　　期日指定の申立ができる（追加判決を促す）（93条１項、258条１項）。
解　　説　　脱漏があることが判明した場合には、当該請求部分が係属中ということになるので、当事者としては期日指定の申立をし、裁判所に追加判決を求めることになる（当事者からの追加判決の申立は、職権発動を促す意味を持つにとどまる）。

【258】	判決中、訴訟費用負担につき脱漏が見つかった。	258条２項

結　　論　訴訟費用の追加決定の申立ができる（258条２項）。
申立の趣旨　訴訟費用は○○の負担とする。

【259】	判決中、訴訟費用負担につき脱漏があり、申立又は職権で裁判所が訴訟費用の負担の決定をした。	258条２項

結　　論　即時抗告ができる（258条３項）。
申立の趣旨　原決定を取り消し、訴訟費用は○○の負担とする。
解　　説　本案判決が確定する前に訴訟費用の追加決定がなされたが、本案の裁判に対して控訴がなされた場合には、訴訟費用の裁判も確定せず、控訴審での本案の裁判と併せて判断するのが適当であることから、訴訟費用の負担の裁判は失効し、控訴審で訴訟の総費用についてその負担の裁判をする（258条４項）。

【260】	裁判所が仮執行宣言の申立について裁判をしなかった。又は職権で仮執行宣言を付するべきところ、同宣言を付さなかった。	259条５項前段

結　　論　補充決定の申立ができる（259条５項）。

【261】	補充決定の申立をしたところ、裁判所が仮執行宣言を付した。	259条５項前段

結　　論　不服申立はできない。
解　　説　そのままでは強制執行されてしまう危険があるので、強制執行を止めたい場合は、執行停止（403条１項）を申し立てる必要がある。

【262】	裁判所が、仮執行宣言を求める補充決定の申立を却下する決定をした。	259条５項前段

結　　論　通常抗告ができる（328条１項）。
申立の趣旨　原決定を取り消す。この判決は仮に執行することができる。

【263】	裁判所が全部認容判決をしたが、判決の理由中で仮執行宣言を付さないことを明示した上で、仮執行宣言を付さなかった。	259条１項

結　　論　不服申立はできない。
解　　説　仮執行宣言付与の要件が裁量的であること、派生的紛争の拡大を避けるべきであることから、独立して控訴することはできないが、附帯控訴は許されるとする見解が有力である。

【264】	裁判所が、仮執行免脱宣言の申立について裁判をしなかった。	259条５項

		後段

結　　論　補充決定の申立ができる（259条5項後段）。

解　　説　そのままでは強制執行されてしまう危険があるので、強制執行を止めたい場合は、執行停止（403条1項）を申し立てる必要がある。

【265】	補充決定の申立をしたところ、裁判所が仮執行免脱宣言を付した。	259条5項後段

結　　論　不服申立はできない。

【266】	裁判所が、仮執行免脱宣言を求める補充決定の申立を却下する決定をした。	259条5項後段

結　　論　通常抗告ができる（328条1項）。

申立の趣旨　原決定を取り消す。被告は担保○○円を立てて仮執行を免れることができる。

解　　説　そのままでは強制執行されてしまう危険があるので、強制執行を止めたい場合は、執行停止（403条1項）を申し立てる必要がある。

第12章　裁判によらない訴訟の完結

【267】	訴えを取り下げたが、それは詐欺・強迫等によるものであったので、取下げの効力を争いたい。	261条1項

結　　論　期日指定の申立ができる（93条1項）。

解　　説　訴え取下げに関する争いについては、裁判所は必ず期日を指定し、口頭弁論を開いて審理すべきで、期日指定の申立を却下することは許されない（大決昭8・7・11民集12-2040）。審理の結果、取下げを有効と認めたときは、裁判所は、訴訟が取下げにより終了した旨を宣言する判決をする。

【268】	終局判決後に訴えを取り下げたが、取下げの効力を争いたい。	261条1項

結　　論　控訴で争う。

解　　説　この場合、控訴を提起し、取下げの不存在又は無効を主張すべきであるとするか、原裁判所に対して不存在・無効を主張できるとするかは、争いがある。また、控訴できるとした場合でも、勝訴当事者が取下げの無効を主張して控訴できるかどうかについても争いがある。

【269】	放棄・認諾調書又は和解調書に計算違い、誤記、その他これに類する明白な誤りがあった。	257条１項

結　　論　更正の申立ができる（257条１項準用）。
解　　説　規定はないが、257条を準用し、更正を認めるのが通説である。

【270】	放棄・認諾調書又は和解調書について、裁判所が更正決定をした。	257条１項

結　　論　即時抗告ができる（257条２項）。
抗告の趣旨　原決定を取り消す。
解　　説　規定はないが、更正について257条１項を準用するのが通説なので、257条２項も準用されると解される。

【271】	裁判所が、放棄・認諾調書又は和解調書についての更正申立を不適法として却下する決定をした。	257条１項

結　　論　通常抗告ができる（328条１項）。
抗告の趣旨　原決定を取り消す。○○調書中△△とあるのを□□に更正する。
解　　説　判決の更正の規定の準用を認めるのが通説なので、申立が不適法として却下された場合には、通常抗告ができると解される。

【272】	裁判所が、放棄・認諾調書又は和解調書についての更正申立を、理由なしとして却下した。	257条１項

結　　論　不服申立はできない。
解　　説　【246】の解説参照。

第13章　大規模訴訟等に関する特則

【273】	大規模訴訟において、裁判所が、当事者に異議がないか確認せずに、受命裁判官に裁判所内で証人又は当事者本人尋問をさせようとした。	268条

結　　論　異議を述べることができる（268条）。
解　　説　大規模訴訟においては、尋問すべき証人又は当事者が多数であることが多いため、裁判所は、当事者に異議がないときは、受命裁判官に裁判所内で証人又は当事者本人の尋問をさせることができると規定されている（268条）。したがって、これを望まない当事者は異議を述べれば足りる。

第14章　簡易裁判所の訴訟手続に関する特則

簡易裁判所においては、少額事件を簡易迅速に処理するため、270条以下でさまざまな特則が設けられ、手続が簡略化されている。さらには、司法委員を手続に関与させることにより、一般市民の良識を裁判に反映し、社会実情に沿った解決を図ろうとしている。

【274】	簡易裁判所において、被告（反訴原告）が地方裁判所の管轄に属する反訴請求をしたため、原告（反訴被告）の申立により、裁判所が、本訴及び反訴を地方裁判所に移送する旨の決定をした。	274条１項

結　　論　不服申立はできない（274条２項）。

解　　説　反訴原告は、反訴の事物管轄が本来地裁にあることを認識しており、一方、反訴被告は、本来事物管轄のある地裁において裁判を受ける権利を有しているのであるから、反訴被告が地裁に対して移送の申立をした場合は、必要的移送とし、かつ不服申立を許さないとしたものである。

【275】	簡易裁判所において、被告（反訴原告）が地方裁判所の管轄に属する反訴請求をしたので、原告（反訴被告）が地方裁判所に移送する旨の申立をしたところ裁判所が移送を却下する決定をした。	274条１項

結　　論　即時抗告ができる（21条類推）。

抗告の趣旨　原決定を取り消す。本件を○○地方裁判所に移送するとの裁判を求める。

解　　説　本件抗告の性質については、通常抗告説、即時抗告説の両説があるが、移送の条文である21条が類推されると考えられる。

【276】	簡易裁判所における金銭の支払の請求を目的とする訴えについて、被告が口頭弁論において原告の主張した事実を争わず、その他何らの防御の方法をも提出しない場合に、裁判所が、原告の意見を聞いて和解に代わる決定をした。	275条の２

結　　論　異議の申立ができる（275条の２第３項）。

解　　説　異議の申立がなされると、決定は効力を失い、従前の訴訟手続が続けられ、判決がなされる。異議がない場合は、決定は、裁判上の和解と同一の効力を有する。

【277】	簡易裁判所において、裁判所が、証人・当事者尋問又は鑑定人の意見の陳述に代え、書面の提出をさせた。	278条

結　　論　不服申立はできない。

解　　説　簡易迅速という目的達成のためとはいえ、当事者本人についての書面尋問を行うについての相当性判断は慎重に検討されるべきであり、実務上は相手方当事者の意見を聞くべきである。さらに、尋問の結果、相手方の反対尋問の必要性が認められる場合は、その機会を与えられるべきであるから、意見を求められない場合でも、積極的にその必要性を主張すべきである。

判決がなされた場合は控訴して、証人尋問等の申請を再度すべきである。

【278】	簡易裁判所において、裁判所が、和解を試みるについて司法委員に補助をさせ、又は審理に立ち会わせた。	279条１項

結　　論　不服申立はできない（司法委員の指定を取り消す旨の職権発動をうながす）。

解　　説　偏頗な立場の司法委員が和解を試みる場面に立ち会った場合、公正な裁判を受ける権利を侵害されたとして、特別抗告をすることが考えられる。

また、司法委員規則１条によれば、司法委員の資格基準として「良識のある者その他適当と認められる者」とされていることから、裁判官にその旨主張をして、選任取消を促すことも考えられる。

第15章　控訴・上告

第１節　控訴裁判所の決定・命令に対する不服申立

控訴裁判所の決定・命令に対する不服申立の可否及び方法については、控訴裁判所が、高等裁判所か地方裁判所かによって大きく異なる。

控訴裁判所が、高等裁判所である場合は、最高裁判所の負担を軽減するため、不服申立の方法が特別抗告又は許可抗告に限られている（336条、337条、裁判所法７条）。

したがって、明文で即時抗告が認められている場合でも（289条、295条）、実際上は控訴裁判所が地方裁判所である場合に限り用いられる。

これに対し、控訴裁判所が地方裁判所である場合は、第一審の訴訟手続に関する規定を準用するので（297条）、第一審手続における不服申立と同様に考えればよい。

【279】	第一審裁判所が控訴を却下する旨の決定をした。	287条１項

結　　論　即時抗告ができる（287条２項）。
抗告の趣旨　原決定を取り消す。控訴人の本件控訴は適法と認める。
解　　説　第一審裁判所は、控訴が不適法でその不備が補正される可能性がない場合には、決定をもって控訴を却下しなければならない（287条１項）。この決定に不服がある場合には、即時抗告が認められている（287条２項）。

不備の補正が不可能な例としては、以下のものが挙げられる。

①　控訴期間経過後に提起された控訴
②　控訴適格を持たない判決（中間判決、手形判決等）に対する控訴
③　控訴権放棄後に提起された控訴

【280】	控訴裁判所の裁判長が控訴状を却下する旨の命令をした。	288条、137条２項、289条、138条２項

結　　論　即時抗告ができる（法288条、137条３項）。
ただし、控訴裁判所が地裁の場合のみ。
抗告の趣旨　原命令を取り消す。本件を○○地方裁判所に差し戻す。
解　　説　控訴裁判所の裁判長は、控訴状記載事項（286条２項）及び控訴手数料を審査し、それらの点につき不備が認められる場合には、相当の期間を定めて不備の補正を命じなければならないとされている（288条、137条１項）。

控訴状の送達ができない場合（控訴状の送達に必要な費用を予納しない場合も含む）も同様

である（289条、138条２項）。

控訴人が不備を補正しない場合には、裁判長は、命令で控訴を却下しなければならない（288条、137条２項）。

この命令に不服がある場合には、即時抗告ができる（288条、137条３項）。

ただし、控訴裁判所が高等裁判所である場合は、不服申立方法が特別抗告又は許可抗告に限られている（336条、337条、裁判所法７条）ため、本条に基づく即時抗告ができるのは、控訴裁判所が地裁である場合に限られることになる。

【281】	控訴裁判所が、控訴が不適法でその不備を補正することができないとして、口頭弁論を経ないで控訴を却下する旨の判決をした。	290条

結　　論　上告ができる（311条１項）。
上告の趣旨　原判決を破棄し、本件を○○高等裁判所に差し戻す。

【282】	呼出費用の予納がないとして、控訴裁判所が控訴を却下する旨の決定をした。	291条１項

結　　論　即時抗告ができる（291条２項）。
ただし、控訴裁判所が地裁の場合のみ。
抗告の趣旨　原決定を取り消す。本件を○○地方裁判所に差し戻す。
解　　説　控訴裁判所が控訴人に対して呼出費用の予納を相当の期間を定めて命じた場合において、その予納がないときは、控訴裁判所は、決定で控訴を却下することができる（291条１項）。

この決定に不服がある場合には、即時抗告が認められている（同条２項）。

ただし、控訴裁判所が高等裁判所である場合は、不服申立方法が特別抗告又は許可抗告に限られている（336条、337条、裁判所法７条）ため、本条に基づく即時抗告ができるのは、控訴裁判所が地方裁判所である場合に限られる。

【283】	控訴裁判所が、判決に仮執行宣言を付した。	297条、259条１項

結　　論　不服申立はできない（295条本文）。
解　　説　仮執行宣言は、上訴審の本案を変更する判決の言渡しにより、変更の限度においてその効力を失うとされているように（260条１項）、本案判決に付従する性質をもつ。そして、上告審は最終審であるから、その判断は最終的なものである。したがって、上告審が本案の判断を示せば足り、仮執行に関する裁判について独立にその当否を判断する必要はない。

【284】	控訴裁判所が、判決に仮執行宣言を付さなかった。	297条、259条１項

結　　論　不服申立はできない（295条本文）。
解　　説　【283】の解説参照

【285】	控訴裁判所が、294条に基づく申立を認め、仮執行の宣言をする旨の決定をした。	294条

結　　論　不服申立はできない（295条本文）。
解　　説　294条は、「控訴裁判所は第一審判決について不服の申立がない部分に限り申立により決定で仮執行の宣言をすることができる」と定めている。

不服申立が認められないのは、第一審判決について争いのない部分に限っての仮執行の宣言なので当事者に不服がないと考えられるからである。

【286】	控訴裁判所が、294条に基づく申立を却下する決定をした。	294条

結　　論　即時抗告ができる（295条但書）。
ただし、控訴裁判所が地裁の場合のみ。
抗告の趣旨　原決定を取り消す。第一審判決中、第○項について、仮に執行することができる。
解　　説　294条は、「控訴裁判所は第一審判決について不服の申立がない部分に限り申立により決定で仮執行の宣言をすることができる」と定めている。この申立が却下された場合には、即時抗告をすることができる（295条但書）。

ただし、控訴裁判所が高等裁判所である場合は、不服申立方法が特別抗告又は許可抗告に限られている（336条、337条、裁判所法７条）ため、本条に基づく即時抗告ができるのは、控訴裁判所が地方裁判所である場合に限られる。

【287】	控訴裁判所の裁判長が攻撃防御方法の提出期間を定めた。	301条

結　　論　異議を述べることができる（297条、150条）。
解　　説　裁判長による攻撃防御方法の提出期間の定めは、口頭弁論の指揮に関する裁判長の命令であると解されるから、これに対して異議を述べることができる（297条、150条）。

【288】	控訴裁判所が、控訴人に対し、控訴権濫用の制裁として、金銭の納付を命じた。	303条

結　　論　上告で争う（303条３項、４項、311条１項）。
解　　説　金銭納付の裁判は、裁判所が職権で行い、判決主文に記載される（303条２項）。その性質は決定である。この裁判は付随的裁判であるから、これだけに対して独立に上告することはできず、本案判決に対する上告の中で争うことになる。本案判決を変更する判決があれば、この裁判は効力を失う（同条３項）。また、上告裁判所は、上告を棄却する場合でも、この裁判を変更することができる（同条４項）。

【289】	東京高等裁判所が、特許権等に関する訴えに係る控訴事件において、５人の裁判官の合議体で審理及び裁判をする旨の決定をした。	310条の２

結　　論　不服申立はできない。

第２節　上告裁判所の決定命令に対する不服申立

上告裁判所が最高裁判所である場合は、最高裁判所が最上級の裁判所である以上、その決定・命令に対する不服申立手段はない。

上告裁判所が高等裁判所である場合も、最高裁判所の負担を軽減するため、不服申立の方法は特別抗告又は許可抗告に制限されている（336条、337条、裁判所法７条）

【290】	上告が不適法で不備を補正することができない等として、控訴裁判所が上告を却下する旨の決定をした。	316条

結　　論　即時抗告をすることができる（316条２項）。
ただし、控訴裁判所が地裁の場合のみ。

抗告の趣旨　原決定を取り消す。上告人の本件上告は適法と認める。

解　　説　控訴裁判所が高等裁判所である場合は、不服申立方法が特別抗告又は許可抗告に限られている（336条、337条、裁判所法７条）ため、即時抗告が認められるのは、控訴裁判所が地方裁判所である場合に限られる。

第16章　手形訴訟及び小切手訴訟に関する特則

流通証券たる手形・小切手について、速やかに債務名義を与え債権者に満足を与えるべき要請から簡易迅速な特別手続として制度が設計されているが、それが不服申立の制度についても影響を及ぼしている。

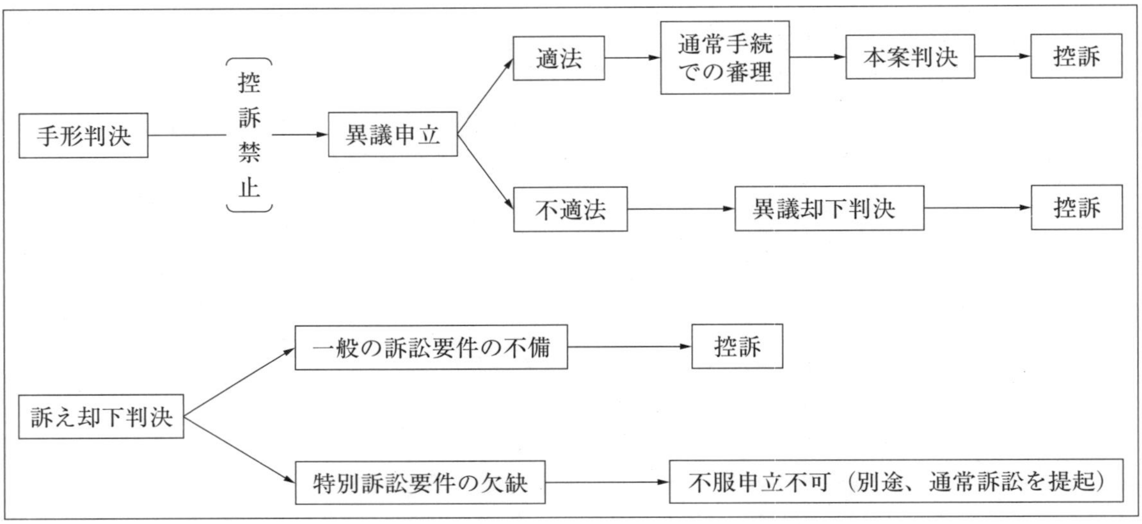

【291】	裁判所が、手形・小切手訴訟において終局判決(訴え却下判決を除く)を言い渡した。	350条

結　　論　　異議申立ができる（357条）。

解　　説　　手形訴訟の終局判決に対しては控訴をすることができず（356条本文）、異議の申立しかできない。異議審において不利益変更禁止の原則の適用はない（304条が準用されていない）。

被告が、原告勝訴の手形判決に対し異議を申し立て、又は原告勝訴の異議後の判決に対し控訴を申し立てても、判決に必ず仮執行宣言がついているので、そのままでは強制執行されてしまう。これを防ぐためには、原判決の取消又は変更の原因となるべき事情について疎明をして、裁判所から強制執行停止決定をもらわなければならない（403条１項４号、５号）。

【292】	裁判所が、手形・小切手訴訟において、一般訴訟要件の欠缺を理由に、訴えを却下する判決を言い渡した。	350条

結　　論　　控訴ができる（356条但書、281条12項本文）。

解　　説　　訴訟要件の審理は、手形訴訟においても証拠制限に服しないので、終局判決に対して控訴を禁止している356条の例外として控訴が認められている。控訴審において一般訴訟要件は具備していると判断した場合は、原判決を破棄して第一審に差し戻す（307条）。

これに対し、控訴審において、一般訴訟要件の欠缺を理由に訴え却下判決をした原判決につき、一般訴訟要件は具備しているが、特別訴訟要件は欠けていると判断した場合には、それを理由に原判決を取り消し、訴え却下の自判をする。

【293】	裁判所が、手形・小切手訴訟において、請求の全部又は一部が手形・小切手訴訟による審理及び裁判をすることができないことを理由に、訴えを却下する判決を言い渡した。	355条１項

結　　論　不服申立はできない（356条但書）。

解　　説　控訴を認めると、上訴審においても通常手続に移行する途を認める必要が生じ、手形訴訟を第一審だけの略式手続としたことと矛盾することになり、かつ、手形訴訟の請求の一部が不適格なときは、不服申立方法が控訴と異議との二途となる難点があること、このような事案はわずかであり、異議、不服申立を認めなくても実質的に弊害はないことから、不服申立が制限されている。

ただし、原告は判決書の送達を受けた日から２週間以内に通常の手続により同一の訴えを提起したときは、時効の中断、期間遵守の効力については、前の訴えの提起のときにしたものとみなされる（355条２項）。また、前の訴えのときに納めた手数料の額に相当する額は、納めたものとみなされる（民訴費５条１項）。

実務的には、裁判所の指摘等を契機として原告が通常移行の申述をし（353条１項）、以後通常訴訟として審理する（353条２項）ことが少なくない。

【294】	裁判所が、手形・小切手判決に対して申し立てられた異議を不適法として却下する判決を下した。	359条

結　　論　控訴ができる（281条１項本文）。

解　　説　異議が法所定の要件を欠くと、不適法却下される。要件を欠く場合として、①異議申立期間の徒過、②異議申立権を放棄した当事者が異議を申し立てた場合、③異議を申し立てない旨の合意があるにもかかわらず異議を申し立てた場合、④全部勝訴した当事者が異議を申し立てた場合、⑤印紙の貼用がない場合などが挙げられる。

359条による異議却下の判決は手形訴訟ではなく、通常の手続による第一審の終局判決であるから、これに対しては、控訴を申し立てることができる。

【295】	手形・小切手判決に不服があるので異議を申し立てたところ、裁判所が手形・小切手判決を認可する判決又は取り消す判決を言い渡した。	362条

結　　論　控訴ができる（281条１項本文）。

第17章　少額訴訟に関する特則

少額訴訟は、一般市民が訴額に見合った経済的負担で、迅速かつ効果的な解決を裁判所に求めることができるようにすることを目的とした制度であり、原告の利益を優先して設計されている。このような制度の特質が、不服申立方法についても反映されている。

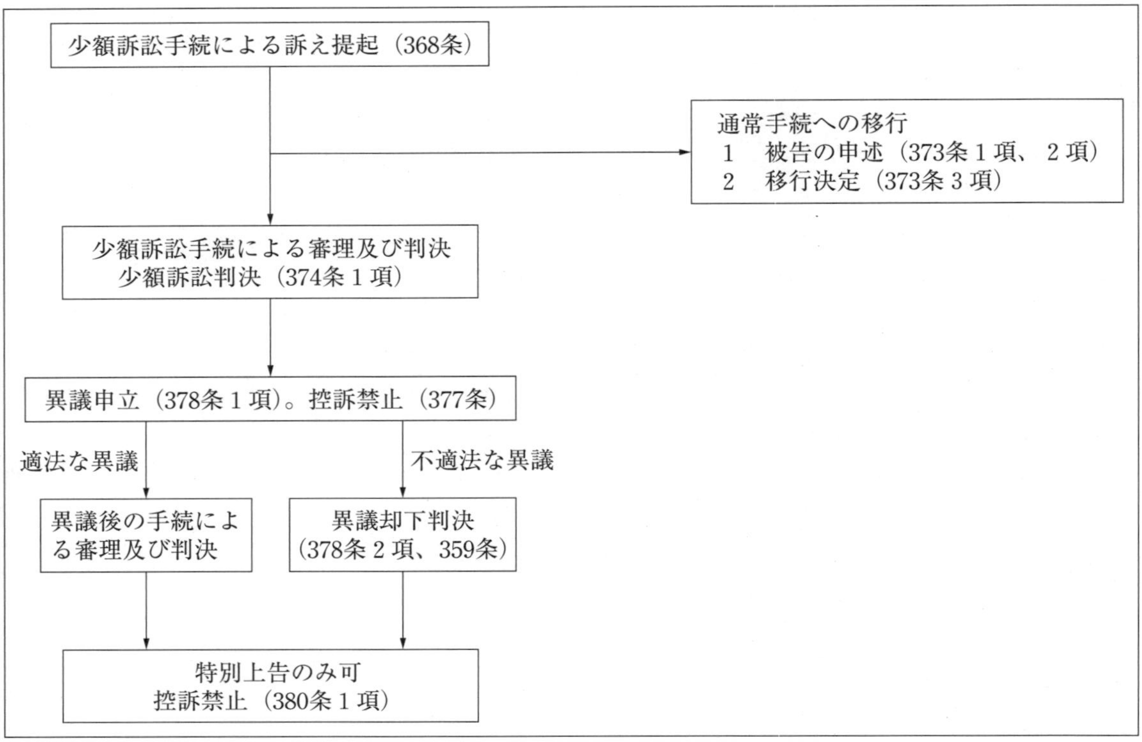

【296】	少額訴訟が提起されたが、被告としては通常訴訟で争いたい。	368条１項

結　　論　訴訟を通常の手続に移行させる旨の申述ができる（373条１項）。

解　　説　原告に手続の選択権を認めた以上、当事者の衡平の見地から、被告にも手続の選択権を認めたものである。ただし、被告が最初にすべき口頭弁論期日において弁論をし、又は、その期日が終了した後は、通常訴訟への移行の申述はできない（373条１項但書）。

上記の申述があったときは、通常の手続に移行する（373条２項）。

【297】	裁判所が、373条３項１号ないし４号の場合に該当するとして、少額訴訟を通常の手続により審理及び裁判をする旨の決定をした。	373条３項

結　　論　不服申立はできない（373条４項）。

【298】	裁判所が少額訴訟について終局判決を言い渡した。	374条

結　　論　異議申立ができる（378条１項）。
解　　説　適法な異議が申し立てられると、訴訟は口頭弁論終結前の状態に戻り、通常の手続により異議審の審理が続けられる（379条１項）。異議後の判決には、不利益変更禁止の原則の適用はない（同条２項において304条が準用されていない）。

原告勝訴の少額訴訟判決に対し異議を申し立てても、仮執行宣言がついているので、そのままでは強制執行されてしまう。これを防ぐためには、原判決の取消又は変更の原因となるべき事情について疎明をして、裁判所から強制執行停止決定をもらわなければならない（403条１項５号）。

ファクシミリによる異議申立書の提出はできない（民訴規３条１項１号、民訴費別表第一17項イ）。

【299】	少額訴訟において、裁判所が請求を認容する判決で、支払猶予等の定めをした。	375条１項、２項

結　　論　不服申立はできない（375条３項）。
解　　説　少額訴訟において、裁判所は、認容する請求に係る金銭の支払について、その時期の定め若しくは分割払の定めをし、又はこれと併せて、その時期の定めに従い支払をしたとき、若しくはその分割払の定めによる期限の利益を失うことなく支払をしたときは訴え提起後の遅延損害金の支払義務を免除する旨の定めができる（375条１項）。

条文ではこれに対して不服申立はできないとされているが、少額訴訟判決の支払猶予又は分割払の定めが375条１項、２項に違反しているとき（例えば、判決言渡日から３年を超えて期限の猶予をしている場合や、訴え提起前の遅延損害金についてまで免除する旨の定めをしている場合）は、そのことを主張し異議を申し立てることができるとの見解がある。

【300】	少額訴訟の終局判決に対し異議が申し立てられた後、裁判所が、異議審において判決を言い渡した。	379条１項

結　　論　不服申立はできない（380条１項）。
解　　説　少額訴訟制度においては、380条１項が異議後の訴訟の判決（少額異議判決）に対して控訴をすることができないとして不服申立制限を規定している。この規定が憲法32条に違反しないかが争点となった事案で、最高裁判所は以下のように判示した。すなわち、憲法32条は、何人も裁判所において裁判を受ける権利があることを規定するにすぎず、審級制度をどのように定めるかは、憲法81条の規定するところを除き、立法政策の問題であるから、380条１項は、憲法32条に違反しない（最判平12・３・17判時1708-119）。

【301】	少額訴訟の終局判決に対し異議が申し立てられた後、裁判所が、異議審の請求認容判決で、支払猶予の定めをした。	379条2項・375条1項、2項

結　　論　不服申立はできない（379条２項、375条３項）。

解　　説　異議前の少額訴訟判決においても、前記【299】のとおり、支払猶予等の定めに対しては不服申立できないとされているが（375条３項）、異議審の裁判においてもこれが準用される（379条２項）。

【299】の解説に記載したとおり、少額訴訟判決の支払猶予又は分割払の定めが375条１項２項に違反しているときは異議を認める見解もあるが、前記【300】の解説のとおり少額異議判決については不服申立はできないので、この見解をもってしても、不服申立事由とならず不服申立はできないと考えられる。

【302】	少額訴訟による審理及び裁判を求めた回数について虚偽の届出をしたことを理由に、裁判所が、原告に対し、過料に処する旨の決定をした。	381条１項

結　　論　即時抗告ができる（381条２項）。

申立の趣旨　原決定を取り消す。

第18章　督促手続

支払督促手続は、新法により裁判所書記官の権限となったことから、不服申立の方法は、書記官の処分に対する異議という形をとる。

督促手続に関して問題が生じる場合として、中心的なものは督促異議である。そのほか、支払督促の申立の却下処分が出された場合の不服申立や、更正処分に対する異議申立等の問題がある。

なお、支払督促については、平成10年１月１日から電子情報処理組織を利用して手続をすることができるようになり（附則１条（平成９年政令332））、平成16年改正により別章立てとなった。

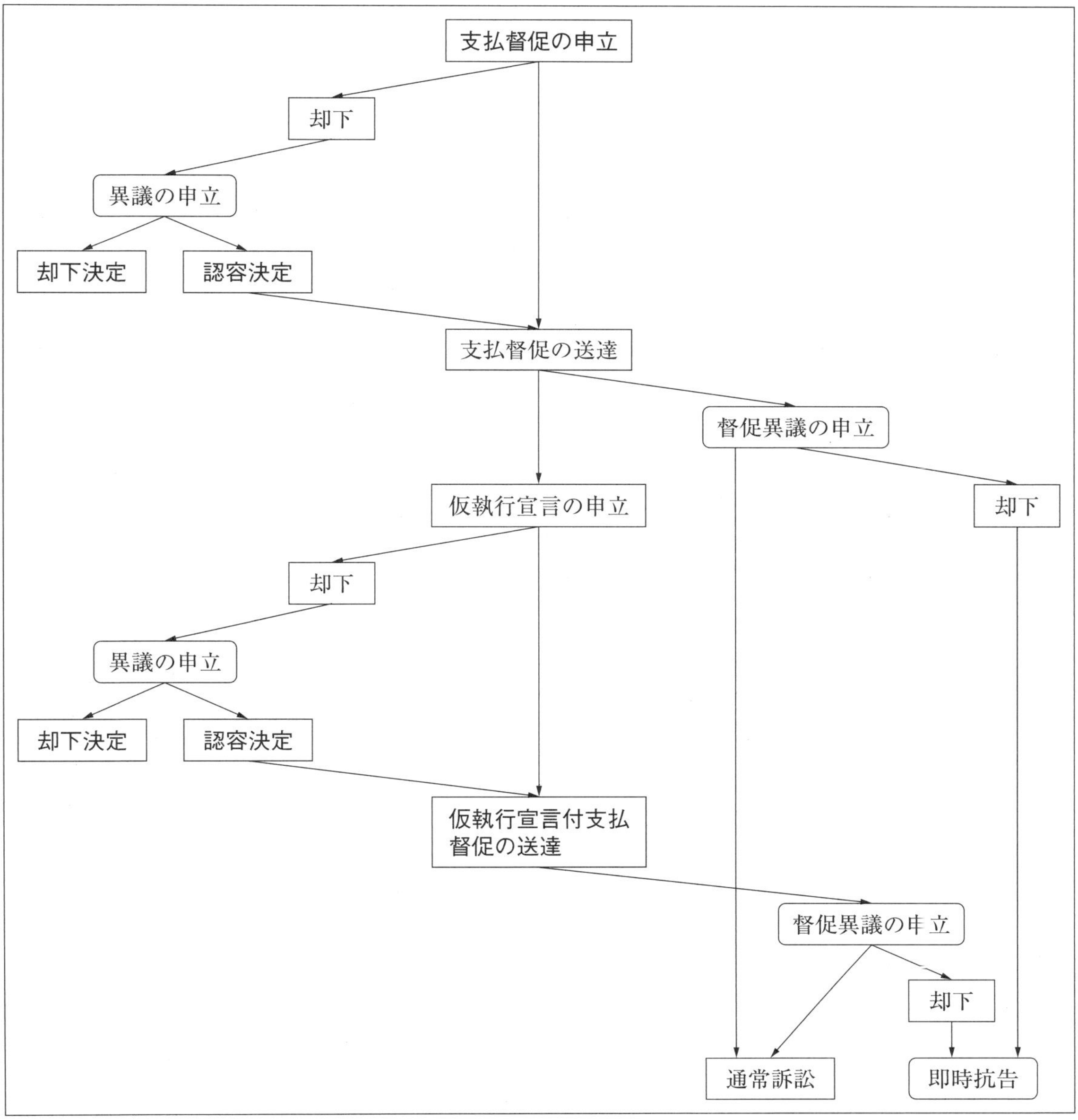

しかし、その内容は、申立書を機械に読み込ませる処理（OCR処理）等や電子メール等の方法による申立を認めているだけであって、不服申立との関係では、通常の申立と大差なく、固有の問題は生じない。

【303】	債権者の支払督促申立により、裁判所書記官が債務者に対し支払督促を送達した。	388条１項

結　　論　督促異議申立ができる（386条２項）。

解　　説　仮執行宣言前の支払督促に対する督促異議の申立期限は、原則として２週間以内である（391条１項本文）、ただし例外的に、債務者に支払督促が送達されてから支払督促失効（392条）までの期間内、又はそれ以前に仮執行宣言の発布がなされたときまでの期間内とされる場合もある（391条１項但書）。

適法な督促異議があると、通常訴訟へ移行する（395条）。

【304】	裁判所書記官が、債権者の支払督促の申立を却下した。	383条、385条１項

結　　論　異議申立ができる（385条３項）。

解　　説　申立却下処分がなされる前に、通常補正の勧告（事実上のもの）ないし補正処分が先行するのが通常であるが、場合によっては、何らの勧告も補正処分もなく、突然、却下処分がなされることもありうる。

却下理由として考えられるものは以下のとおりである。

①　民事訴訟法383条に定められた管轄裁判所の書記官に対する申立ではない。
②　請求の趣旨及び請求の原因の記載から、請求に理由がないことが明らかである。
③　金銭その他の代替物又は有価証券以外のものについての請求である。
④　申立書に記載すべき事項の記載がないかそれが不明確である。
⑤　申立手数料が不足している。

【305】	裁判所書記官の支払督促申立却下処分に対して債権者が異議を申し立てたが、裁判所が、異議に理由がないとして、申立を却下する旨の決定をした。	385条３項

結　　論　不服申立はできない（385条４項）。

解　　説　異議の申立についての裁判に対しては不服を申し立てることができない（385条４項）。支払命令の申立制度は、もともと簡易迅速を旨とする制度である上、支払命令の申立を却下した決定に対し不服申立を認め、かつ、その結果、裁判所が支払命令を発しても、債務者からの異議の申立があれば、支払命令は当然失効して通常訴訟の手続に移行し、かつ、その場合には、第一審裁判所は、不服申立に対する抗告裁判所の裁判に拘束されないのであるから、支払命令の申立を却下した決定に対して不服申立を認める実益に乏しいといえるし、また、支払命令の申立を却下されても、前記却下決定には、既判力のような効果はなく、債権者は、同一の請求について訴えを提起することを妨げないから、却下決定に対する不服申立を認めなくとも、債権者の権利・利益を不当に害することにはならないからである。

支払命令申立書を訴状却下に準じて却下した命令に対しても、385条４項が準用され不服の申立は許されない（高松高決昭50・５・27・下民集26-５～８-436）。

【306】	裁判所書記官の支払督促申立却下処分に対して、債権者が異議を申し立てたところ、裁判所が異議を認め、裁判所書記官が支払督促を送達した。	385条３項

結　　論　　督促異議申立ができる（386条２項）。

解　　説　　【303】の解説参照。

【307】	債権者が仮執行宣言の申立をし、裁判所書記官がこれを認容して、債務者に対し、仮執行宣言付支払督促を送達した。	391条１項、２項

結　　論　　督促異議申立ができる（386条２項、393条）。

解　　説　　仮執行宣言後の支払督促に対する督促異議の申立時期は、仮執行宣言を付した支払督促の送達を受けた日から２週間以内（不変期間）である（393条）。

仮執行宣言が付されていた場合、督促異議を申し立てても、執行は停止しないので、執行停止（403条１項３号４号）も申し立てる必要がある。

【308】	債権者が仮執行宣言の申立をしたところ、裁判所書記官がこの申立を却下した。	391条１項

結　　論　　異議申立ができる（391条３項、385条３項）。

解　　説　　この異議の申立についての裁判に対してはさらに即時抗告ができる（391条４項）。

【309】	【303】【306】【307】の場合に、債務者が督促異議申立をしたが、裁判所が督促異議の申立が不適法という理由で却下する決定をした。	394条１項

結　　論　　即時抗告ができる（394条２項）。

申立の趣旨　　原決定を取り消す。

解　　説　　督促異議が不適法却下される場合としては、以下のようなものが考えられる。

①　訴訟行為としての要件を欠いている場合

②　督促異議の申立が393条の期間経過後になされた場合

③　392条による支払督促の失効後に申立がなされた場合

④　会社の代表権のない者へ送達がなされ、その者が督促異議を申し立てた場合

【310】	仮執行宣言後、督促異議申立前に、発付された支払督促に計算違い誤記その他これに類する明白な誤りを発見した。	391条１項

結　　論　更正処分の申立ができる（389条１項、74条１項）。

【311】	仮執行宣言後、督促異議申立前に、書記官が支払督促の更正処分をした。	389条１項、74条１項

結　　論　異議申立ができる（389条１項、74条２項、71条４項）。

【312】	仮執行宣言後、督促異議申立前に、更正処分の申立をしたところ、書記官が申立を却下した。	389条１項、74条１項

結　　論　異議申立ができる（389条１項、74条２項、71条４項）。

【313】	仮執行宣言、督促異議申立後に、書記官が、支払督促の更正処分をした。	389条１項、74条１項

結　　論　不服申立はできない（389条２項）。
解　　説　仮執行宣言、適法な督促異議が申し立てられた後に書記官が更正処分した場合、これに対する異議はできないとされている（389条２項）。

もっとも、督促異議により請求は通常訴訟に移行し（395条）、計算違い等の明白な誤りは訴訟手続内で考慮される以上、異議を申し立てることができないとしても、何らの不都合もない。

第19章　執行停止

執行力の生じた裁判に対して不服申立がなされた場合に、その不服申立の審理中に執行が完了してしまうことにより不服申立が無意味になることを防止するために、一定の要件のもと、執行の停止が認められている。執行停止は、本案について判決が下されるまでの仮の措置であり、その裁判の当否について上級審の再審査を許すのは適当でないことから、不服申立が禁じられている（403条２項）。

【314】	裁判所が、執行停止等の申立を認容する決定をした。	403条１項

結　　論　不服申立はできない（403条２項）。

【315】	裁判所が、執行停止等の申立を理由なしとして却下する旨の決定をした。	403条１項

結　　論　不服申立はできない（403条２項）。

章	節	項	番号	不服申立の対象となる行為ないし事実	参照条文	不服申立方法
第2章 裁判所	第1節 管轄	第1 指定管轄	1	管轄裁判所が法律上又は事実上裁判権を行うことができないため、原告が直近上級の裁判所に管轄裁判所を定めるよう申立をしたところ、直近上級の裁判所が管轄裁判所を定める決定をした。	10条１項	×
			2	管轄裁判所が法律上又は事実上裁判権を行うことができないため、原告が直近上級の裁判所に管轄裁判所を定めるよう申立をしたところ、直近上級の裁判所が却下決定した。	10条１項	地裁の決定—通常抗告 高裁の決定—特別抗告 高裁の決定—許可抗告 最高裁の決定—×
			3	管轄区域が明確でないため、原告が関係のある裁判所に共通する直近上級の裁判所に管轄裁判所を定めるよう申立をしたところ、直近上級の裁判所が管轄裁判所を定める決定をした。	10条２項	×
			4	管轄区域が明確でないため、原告が関係のある裁判所に共通する直近上級の裁判所に管轄裁判所を定めるよう申立をしたところ、直近上級の裁判所が却下決定した。	10条２項	地裁の決定—通常抗告 高裁の決定—特別抗告 高裁の決定—許可抗告 最高裁の決定—×
		第3 移送	5	業者の普通取引約款で業者の本店所在地を管轄する裁判所を管轄裁判所とする定めがなされていたところ、業者が消費者に対してその合意管轄裁判所に訴えを提起した。	11条	移送申立
			6	原告が裁判所に訴えを提起したが、管轄違いであった。	16条	移送申立
			7	原告がある裁判所に訴えを提起したところ、受訴裁判所が職権で、又は被告の申立により、管轄違いに基づく移送決定をした。	16条１項	即時抗告
			8	原告がある裁判所に訴えを提起したところ、被告が管轄違いを理由として移送の申立をしたが、受訴裁判所が却下決定をした。	16条１項	即時抗告
			9	原告が、ある地方裁判所に訴えを提起したところ、その訴訟が、簡易裁判所の管轄に属する場合であったが、地方裁判所が相当と認め、16条１項の規定にかかわらず、申立により又は職権で、訴訟の全部又は一部につき自ら審理及び裁判をする決定をした。	16条２項	×

例一覧表

根拠条文	不服を審理する機関	不服申立期間	方　式　等	再度の不服申立
10条３項	—	—	—	—
328条１項	高裁	特になし	原裁判所に抗告状を提出	特別抗告、許可抗告
336条１項	最高裁	５日	原裁判所に特別抗告状を提出	×
337条１項	最高裁	５日	原裁判所に許可抗告申立書を提出	×
—	—	—	—	—
10条３項	—	—	—	—
328条１項	高裁	特になし	原裁判所に抗告状を提出	特別抗告、許可抗告
336条１項	最高裁	５日	原裁判所に特別抗告状を提出	×
337条１項	最高裁	５日	原裁判所に許可抗告申立書を提出	×
—	—	—	—	—
17条	受訴裁判所	特になし	受訴裁判所に対し、期日においては口頭で申し立てることもできるが、それ以外は書面で申し立てる（民訴規７条）。	→【12】、【13】参照
16条	受訴裁判所	応訴するまで	受訴裁判所に対し、期日においては口頭で申し立てることもできるが、それ以外は書面で申し立てる（民訴規７条）。	→【７】、【８】参照
21条	直近上級裁判所	１週間	原裁判所に抗告状を提出	抗告裁判所が地方裁判所—再抗告／抗告裁判所が高等裁判所—特別抗告、許可抗告
21条	直近上級裁判所	１週間	原裁判所に抗告状を提出	抗告裁判所が地方裁判所—再抗告／抗告裁判所が高等裁判所—特別抗告、許可抗告
—	—	—	—	—

章	節	項	番号	不服申立の対象となる行為ないし事実	参照条文	不服申立方法
第2章 裁判所	第1節 管轄	第3 移送	10	原告が、ある地方裁判所に訴えを提起したところ、その訴訟が、簡易裁判所の管轄に属する場合であったが、当事者が、地方裁判所で審理・裁判するのが相当な場合であるとして、訴訟の全部又は一部につき当該地方裁判所が自ら審理及び裁判をするよう申し立てたが、同裁判所が却下決定をして、簡易裁判所へ移送した。	16条２項	即時抗告
			11	原告がその管轄に属する裁判所に訴えを提起したが、被告としては、当事者及び尋問を受けるべき証人の住所、使用すべき検証物の所在地その他の事情を考慮すると、訴訟の著しい遅滞を避け、又は当事者間の衡平を図るため、別の裁判所で審理してもらう必要があった。	17条	移送申立
			12	原告がその管轄に属する裁判所に訴えを提起したが、当事者及び尋問を受けるべき証人の住所、使用すべき検証物の所在地その他の事情を考慮して、訴訟の著しい遅滞を避け、又は当事者間の衡平を図るため必要があるとして、申立により又は職権で、受訴裁判所が移送決定した。	17条	即時抗告
			13	原告がその管轄に属する裁判所に訴えを提起したところ、被告が、当事者及び尋問を受けるべき証人の住所、使用すべき検証物の所在地その他の事情を考慮して、訴訟の著しい遅滞を避け、又は当事者間の衡平を図るため必要があるとして移送の申立をしたが、受訴裁判所が却下決定した。	17条	即時抗告
			14	原告が簡易裁判所に訴えを提起したが、事案が複雑であり、地方裁判所で審理するのが相当であると思われた。	18条	移送申立
			15	原告が簡易裁判所に訴えを提起したところ、事案が複雑であるなど相当の理由があるとして、当該簡易裁判所が、職権で又は被告の申立により、同裁判所の所在地を管轄する地方裁判所への移送決定をした。	18条	即時抗告
			16	原告が簡易裁判所に訴えを提起したところ、被告が、事案が複雑であることを理由として18条により移送を申し立てたが、簡易裁判所が相当と認めず却下決定した。	18条	即時抗告
			17	当事者の移送申立及び相手方の同意があるにもかかわらず、受訴裁判所が19条１項但書の事由の存在を理由として却下決定した。	19条１項	即時抗告
			18	原告が簡易裁判所に訴えを提起したが、不動産訴訟であった。	19条２項	移送申立
			19	簡易裁判所の管轄に属する不動産訴訟につき、被告が本案の弁論をする前に地方裁判所への移送を申し立てたところ、簡易裁判所が却下決定した。	19条２項	即時抗告
			20	法定専属管轄に属するにもかかわらず、管轄裁判所が移送決定をした。	20条	即時抗告
		第4 回付	21	集団訴訟を地裁本庁に提訴したところ、原告の住所地が各支部にまたがっていたため、地裁本庁が各支部に回付した。		×

根拠条文	不服を審理する機関	不服申立期間	方　式　等	再度の不服申立
21条	直近上級裁判所	１週間	原裁判所に抗告状を提出	特別抗告、許可抗告
17条	受訴裁判所	特になし	受訴裁判所に対し、期日においては口頭で申し立てることもできるが、それ以外は書面で申し立てる（民訴規７条）	→【12】、【13】参照
21条	直近上級裁判所	１週間	原裁判所に抗告状を提出	抗告裁判所が地方裁判所―再抗告／抗告裁判所が高等裁判所―特別抗告、許可抗告
21条	直近上級裁判所	１週間	原裁判所に抗告状を提出	抗告裁判所が地方裁判所―再抗告／抗告裁判所が高等裁判所―特別抗告、許可抗告
18条	受訴裁判所	特になし	受訴裁判所に対し、期日においては口頭で申し立てることもできるが、それ以外は書面で申し立てる（民訴規７条）。	→【15】、【16】参照
21条	直近上級裁判所	１週間	原裁判所に抗告状を提出	再抗告
21条	直近上級裁判所	１週間	原裁判所に抗告状を提出	再抗告
21条	直近上級裁判所	１週間	原裁判所に抗告状を提出	抗告裁判所が地方裁判所―再抗告／抗告裁判所が高等裁判所―特別抗告、許可抗告
19条２項	受訴裁判所	応訴するまで	受訴裁判所に対し、期日においては口頭で申し立てることもできるが、それ以外は書面で申し立てる（民訴規７条）。	→【19】参照
21条	直近上級裁判所	１週間	原裁判所に抗告状を提出	再抗告
21条	直近上級裁判所	１週間	原裁判所に抗告状を提出	抗告裁判所が地方裁判所―再抗告／抗告裁判所が高等裁判所―特別抗告、許可抗告
―	―	―	―	―

章	節	項	番号	不服申立の対象となる行為ないし事実	参照条文	不服申立方法
第２章　裁判所	第２節　裁判所職員の除斥及び忌避		22	裁判官に以下のような事情があった。 ①　裁判官又はその配偶者若しくは配偶者であった者が事件の当事者であるとき、又は事件について当事者と共同権利者、共同義務者若しくは償還義務者の関係にあるとき。 ②　裁判官が当事者の４親等内の血族、３親等内の姻族若しくは同居の親族であるとき、又は、あったとき。 ③　裁判官が当事者の後見人、後見監督人、保佐人、保佐監督人、補助人又は補助監督人であるとき。 ④　裁判官が事件について証人又は鑑定人となったとき。 ⑤　裁判官が事件の当事者の代理人又は補佐人であるとき、又は、あったとき。 ⑥　裁判官が事件について仲裁判断に関与し、又は不服を申し立てられた前審の裁判に関与したとき。	23条１項１～６号	除斥の申立
			23	裁判官について裁判の公正を妨げる事情がある。	24条	忌避の申立
			24	裁判所が、除斥又は忌避を理由があるとする決定をした。	25条４項	×
			25	裁判所が、除斥又は忌避を理由がないとする決定をした。	25条５項	即時抗告
			26	除斥又は忌避を申し立てたが、明らかに訴訟の引き延ばしを目的としているとして、除斥又は忌避を申し立てられた裁判官自身が、除斥又は忌避に理由がないとする決定をした。	25条５項	即時抗告
			27	当事者が申し立てたある行為が26条但書の「急速を要する行為」であったのに、除斥又は忌避を申し立てられた裁判官が「急速を要しない行為」であるとして、その申立を却下した。	26条但書	本来その申立についての裁判に許されている不服申立の方法により、不服申立ができる（例…証拠保全却下に対しては通常抗告）。

根拠条文	不服を審理する機関	不服申立期間	方　式　等	再度の不服申立
23条	当該裁判官の所属する裁判所（ただし、簡易裁判所の裁判官についてはその裁判所の所在地を管轄する地方裁判所が裁判する）。なお、地方裁判所における裁判は、合議体でする（25条１項、２項）。	特になし	当該裁判官の所属する裁判所に対し、期日においては口頭で申し立てることもできるが、それ以外は書面を提出する。３日以内に除斥原因の疎明をしなければならない（民訴規10条）。	→【25】参照
24条	当該裁判官の所属する裁判所（ただし、簡易裁判所の裁判官についてはその裁判所の所在地を管轄する地方裁判所が裁判する）。なお、地方裁判所における裁判は、合議体でする（25条１項、２項）。	弁論、又は弁論準備手続における申述前。ただし、忌避の原因を知らなかったとき、又は忌避の原因がその後に生じたときは、この限りでない（24条２項）。	当該裁判官の所属する裁判所に対し、期日においては口頭で申し立てることもできるが、それ以外は書面を提出する。申し立てた日から３日以内に忌避原因の疎明をしなければならない（民訴規10条）。	→【25】参照
25条４項	—	—	—	—
25条５項	直近上級裁判所	１週間	原裁判所に抗告状を提出	特別抗告、許可抗告
25条５項	直近上級裁判所	１週間	原裁判所に抗告状を提出	特別抗告、許可抗告
各決定に関する不服申立についての根拠条文参照				

章	節	項	番号	不服申立の対象となる行為ないし事実	参照条文	不服申立方法
第２章　裁判所	第２節　裁判所職員の除斥及び忌避		28	当事者が申し立てたある行為が「急速を要しない行為」であるのに、除斥又は忌避を申し立てられた裁判官が26条但書の「急速を要する行為」であるとして、その申立を認容する決定をした。	26条但書	相手方当事者は、その決定に本来法律が認めている方法で不服申立ができる（例…仮差押え・仮処分を命ずる決定に対しては、保全異議）。
			29	裁判所書記官について、23条１項各号の除斥事由（ただし、６号は除く）がある。	27条、23条	除斥の申立
			30	裁判所書記官について､裁判の公正を妨げる事情がある。	27条、24条	忌避の申立
			31	裁判所書記官について、裁判所書記官の所属する裁判所が、除斥又は忌避を理由があるとする決定をした。	27条、25条４項	×
			32	裁判所書記官について、裁判所書記官の所属する裁判所が、除斥又は忌避を理由がないとする決定をした。	27条、25条５項	即時抗告
第３章　当事者	第１節　当事者能力及び訴訟能力	第１　当事者能力	33	法人格なき社団や民法上の組合と認められるだけの実体を備えていないのに、裁判所がこれを看過し、当事者能力のあることを前提に訴訟を係属させた。	29条	×
			34	法人格なき社団や民法上の組合と認められるだけの実体を備えていないのに、裁判所がこれを看過して当事者能力を認め、判決をした。	29条	控訴
		第２　訴訟能力	35	裁判所が、原告の訴え提起に対し、原告の訴訟能力等が欠けるのではないかとして、補正を命じていたが、原告が補正に応じなかったため、口頭弁論を経ずに、訴え却下判決をした。	34条１項 140条	控訴
			36	裁判所が、原告の訴え提起に対し、訴状の記載自体から被告の訴訟能力等が欠けるのではないかとして、補正を命じていたが、原告が補正に応じなかったため、裁判長が訴状却下命令を発した。	28条、133条２項１号、137条１項・２項	即時抗告
			37	訴え提起前すでに被告が訴訟能力等を欠いていたことを看過して、裁判所が本案の終局判決をした。	28条	控訴
			38	受訴裁判所の裁判長に対して特別代理人の選任を求めたが、裁判長が「遅滞のため損害を受けるおそれがある場合」にあたらないとして、却下命令をした。	35条１項	通常抗告

根拠条文	不服を審理する機関	不服申立期間	方　式　等	再度の不服申立
各決定に関する不服申立についての根拠条文参照				
27条（23条）	裁判所書記官の所属する裁判所	特になし	裁判所書記官の所属する裁判所に対し、期日においては口頭で申し立てることもできるが、それ以外は書面で申し立てる。申立後３日以内に除斥原因の疎明をしなければならない（民訴規13条、10条）。	→【32】参照
27条（24条）	裁判所書記官の所属する裁判所	弁論、又は弁論準備手続における申述前。ただし、忌避の原因を知らなかったとき、又は忌避の原因がその後に生じたときは、この限りでない。	裁判所書記官の所属する裁判所に対し、期日においては口頭で申し立てることもできるが、それ以外は書面で申し立てる。申立後３日以内に忌避原因の疎明をしなければならない（民訴規13条、10条）。	→【32】参照
27条（25条４項）	—	—	—	—
27条（25条５項）	直近上級裁判所	１週間	原裁判所に抗告状を提出	抗告裁判所が地方裁判所—再抗告／抗告裁判所が高等裁判所—特別抗告、許可抗告
—	—	—	—	—
281条１項	直近上級裁判所	２週間	原裁判所に控訴状を提出	上告
281条１項	直近上級裁判所	２週間	原裁判所に控訴状を提出	上告
137条３項、332条	直近上級裁判所	１週間	原裁判所に抗告状を提出	抗告裁判所が地方裁判所—再抗告／抗告裁判所が高等裁判所—特別抗告、許可抗告
281条１項	直近上級裁判所	２週間	原裁判所に控訴状を提出	上告 再審
328条１項	直近上級裁判所	特になし	原裁判所に抗告状を提出	抗告裁判所が地方裁判所—再抗告／抗告裁判所が高等裁判所—特別抗告、許可抗告

章	節	項	番号	不服申立の対象となる行為ないし事実	参照条文	不服申立方法
第3章 当事者	第1節 当事者能力及び訴訟能力	第2 訴訟能力	39	受訴裁判所の裁判長が特別代理人の選任命令をしたところ、別に法定代理人のいることが判明した。	35条１項	×
			40	受訴裁判所の裁判長が特別代理人の選任命令をしたところ、その後、実体法上の法定代理人を生じた。	35条１項	×
			41	受訴裁判所の裁判長が特別代理人の選任命令をしたところ、その後、特別代理人が交通事故に遭い、裁判所に出頭することができなくなった。	35条１項	改任の申立
	第2節 共同訴訟	第1 通常共同訴訟	42	38条の要件を満たさない共同訴訟が提起された。	38条	異議
			43	裁判所が、【42】の異議を認めず、38条の要件が欠如しているのに、弁論を分離せず、そのまま併合審理し、判決した。	38条	×
		第2 必要的共同訴訟	44	裁判所が、必要的共同訴訟について、弁論を分離した。	40条	異議
			45	裁判所が、必要的共同訴訟について、弁論を分離して別々に判決した。	40条	控訴
			46	裁判所が、固有必要的共同訴訟について、当事者の一部の脱落を看過して判決した。	40条	控訴
		第3 同時審判	47	同時審判の申出による共同訴訟の要件を満たす事件につき、原告が同時審判の申出をしたにもかかわらず、裁判所が弁論を分離した。	41条	異議
			48	同時審判申出事件で、裁判所が弁論を分離した後、原告が適時に異議を述べたにもかかわらず裁判所は弁論を併合せず判決した。	41条	控訴
	第3節 訴訟参加	第1 補助参加	49	補助参加の要件たる「訴訟の結果について利害関係」を有しないと思われる第三者が、裁判所に対して補助参加の申出をした。	43条１項	異議
			50	補助参加の申出に対し、異議を述べたところ、裁判所が参加を許可する決定をした。	44条１項	即時抗告
			51	補助参加の申出をしたところ、当事者が異議を述べ、裁判所が参加申出の却下決定をした。	44条１項	即時抗告
		第2 独立当時者参加	52	独立当事者参加の要件を満たさないと思われる第三者が裁判所に対して独立当事者参加の申出をした。	47条	答弁書等で参加申出の却下を求める。
			53	独立当事者参加の申出をしたところ、裁判所が参加要件を欠くとして申出を却下する判決を下した。	47条	控訴
			54	独立当事者参加の要件を満たさないにもかかわらず、裁判所が申出人の独立当事者参加を認め、その後、請求認容又は請求棄却の判決を下した。	47条	控訴
		第3 訴訟承継	55	訴訟係属中に、その訴訟の目的である権利が原告から第三者に承継されたので、第三者としては訴訟に参加したい。	49条、47条１項	参加承継の申立

根拠条文	不服を審理する機関	不服申立期間	方　式　等	再度の不服申立
—	—	—	—	—
—	—	—	—	—
35条２項	原裁判所	特になし	書面又は口頭	×
90条	受訴裁判所	遅滞なく	書面又は口頭	×
—	—	—	—	—
90条	受訴裁判所	遅滞なく	書面又は口頭	×
281条１項	直近上級裁判所	２週間	原裁判所に控訴状を提出	上告
281条１項	直近上級裁判所	２週間	原裁判所に控訴状を提出	上告
90条	受訴裁判所	遅滞なく	特になし	×
281条１項	直近上級裁判所	２週間	原裁判所に抗告状を提出	上告
44条１項	受訴裁判所	当事者が口頭弁論での弁論又は弁論準備手続での申述をする前に行わなければ異議申立権を喪失する（44条２項）。	受訴裁判所に対し口頭で異議を述べれば足りる	→【50】参照
44条３項	直近上級裁判所	１週間	原裁判所に抗告状を提出	抗告裁判所が地方裁判所—再抗告／抗告裁判所が高等裁判所—特別抗告、許可抗告
44条３項	直近上級裁判所	１週間	原裁判所に抗告状を提出	抗告裁判所が地方裁判所—再抗告／抗告裁判所が高等裁判所—特別抗告、許可抗告
	受訴裁判所			→【53】、【54】参照
281条１項	直近上級裁判所	２週間	原裁判所に控訴状を提出	上告
281条１項	直近上級裁判所	２週間	原裁判所に控訴状を提出	上告
49条、47条１項	受訴裁判所	特になし	書面（47条２項）	→【57】、【58】参照

章	節	項	番号	不服申立の対象となる行為ないし事実	参照条文	不服申立方法
第３章　当事者	第３節　訴訟参加	第３　訴訟承継	56	権利承継人ではない第三者が、権利承継人として訴訟参加の申出をした。	49条、47条１項	答弁書等で参加人の参加申出の却下を求める。
			57	権利承継人として訴訟参加の申出をしたところ、裁判所が参加を認めず却下判決を下した。	49条、47条１項	控訴
			58	権利承継の要件を満たさないにもかかわらず、裁判所が申出人の訴訟参加を認め、その後、請求認容又は請求棄却の判決を下した。	49条	控訴
			59	訴訟係属中に、その訴訟の目的である義務が被告から第三者に承継されたので、第三者としては訴訟に参加したい。	51条前段、47条１項	参加承継の申立
			60	義務承継人ではない第三者が義務承継人であるとして訴訟参加の申出をした。	51条、47条１項	答弁書等で参加人の参加申出の却下を求める。
			61	義務承継人として訴訟参加の申出をしたところ、裁判所が参加を認めず却下判決を下した。	51条、47条１項	控訴
			62	義務承継の要件を満たさないにもかかわらず、裁判所が申出人の訴訟参加を認め、その後、請求認容又は請求棄却の判決を下した。	51条、47条１項	控訴
			63	訴訟係属中に、その訴訟の目的である義務を被告から第三者が承継したので、原告としては第三者に訴訟を引き受けさせたい。	50条１項	引受承継の申立
			64	訴訟係属中の事件につき、義務承継が生じたので、当事者が、訴訟引受けの申立をした。	50条１項	審尋（50条２項）の機会に反対の意見を述べる。
			65	訴訟係属中の事件につき、義務承継が生じたので、当事者が、義務承継人に対する引受申立をしたが、裁判所が却下決定をした。	50条１項	通常抗告
			66	訴訟係属中の事件につき、義務承継が生じたので、当事者が、義務承継人に対する引受申立をしたところ、裁判所が引受けを命じる決定をした。	50条１項	控訴で争う。
			67	訴訟係属中に、その訴訟の目的である権利が原告から第三者に承継されたので、被告としては第三者に訴訟を引き受けさせたい。	51条後段	引受承継の申立
			68	訴訟係属中の事件につき、権利承継が生じたので、当事者が訴訟引受けの申立をした。	51条、50条１項	審尋（50条２項）の機会に反対の意見を述べる。
			69	訴訟係属中の事件につき権利承継が生じたので、当事者が訴訟引受けの申立をしたが、裁判所が却下決定をした。	51条、50条	通常抗告
			70	訴訟係属中の事件につき権利承継が生じたので、当事者が訴訟引受けの申立をしたところ、裁判所が引受けを命じる決定をした。	51条、50条１項	控訴

根拠条文	不服を審理する機関	不服申立期間	方　式　等	再度の不服申立
	係属裁判所			→【57】、【58】参照
281条１項	直近上級裁判所	２週間	原裁判所に控訴状を提出	上告
281条１項	直近上級裁判所	２週間	原裁判所に控訴状を提出	上告
51条前段、47条１項	受訴裁判所	特になし	書面（51条、47条２項）	→【61】、【62】参照
	受訴裁判所			→【61】、【63】参照
281条１項	直近上級裁判所	２週間	原裁判所に控訴状を提出	上告
281条１項	直近上級裁判所	２週間	原裁判所に控訴状を提出	上告
50条１項	受訴裁判所	特になし	期日にする場合を除き書面（民訴規21条）	→【65】、【66】参照
50条２項	受訴裁判所			→【65】、【66】参照
328条１項	直近上級裁判所	特になし	原裁判所に抗告状を提出	抗告裁判所が地方裁判所―再抗告／抗告裁判所が高等裁判所―特別抗告、許可抗告
281条１項	直近上級裁判所	２週間	原裁判所に抗告状を提出	上告
51条後段	受訴裁判所	特になし	書面（51条、47条２項）	→【69】、【70】参照
50条２項	受訴裁判所			→【69】、【70】参照
328条１項	直近上級裁判所	特になし	原裁判所に抗告状を提出	抗告裁判所が地方裁判所―再抗告／抗告裁判所が高等裁判所―特別抗告、許可抗告
281条１項	直近上級裁判所	２週間	原裁判所に控訴状を提出	上告

章	節	項	番号	不服申立の対象となる行為ないし事実	参照条文	不服申立方法
第3章 当事者	第3節 訴訟参加	第3 訴訟承継	71	共同訴訟参加の要件を満たさないにもかかわらず、第三者が共同訴訟参加の申出をした	52条１項	答弁書等で参加人の参加申出の却下を求める。
			72	共同訴訟参加の申出が判決により却下された	52条１項	控訴
			73	共同訴訟参加の要件を満たさないにもかかわらず、裁判所が申出人の訴訟参加を認め、その後、請求認容又は請求棄却の判決を下した。	52条１項	控訴
	第4節 訴訟代理人及び補佐人		74	簡易裁判所において、弁護士でない者を訴訟代理人とする許可の申立をしたところ、簡易裁判所が許可又は不許可をした。	54条１項	×
			75	簡易裁判所が、弁護士でない者を訴訟代理人とすることの許可を取り消す決定をした。	54条１項	×
			76	弁護士が、裁判所に対して訴訟委任状を提出したが、裁判所が訴訟委任状について公証人の認証を受けるよう命じた。	54条１項、民訴規23条２項	×
			77	訴訟委任状について公証人の認証を受けよとの裁判所の命令に従わなかったので、裁判所が不適法な訴えであるとして却下判決を下した。	54条１項	控訴
			78	専門的知見を要する訴訟であるため、補佐人を伴って出頭することを裁判所に請求したところ、許可又は不許可の決定がなされた。	60条１項	×
第4章 訴訟費用	第1節 訴訟費用の負担		79	裁判所が訴訟費用の裁判をした。	61条～67条	本案についての上訴で争う。
			80	裁判所が訴訟費用の裁判をしなかった。	67条	訴訟費用負担の裁判の申立
			81	原告勝訴の判決が言い渡され、訴訟費用全額について被告の負担とさせられたが、原告の訴訟代理人が、正当な理由なく期日の不遵守を繰り返した上、明らかに無意味な法律論に基づく主張を提出するなどしたことによって、無益な訴訟費用が相当額発生した。	69条１項	訴訟費用償還決定の申立
			82	被告の法定代理人又は訴訟代理人として訴訟行為をした者が、その代理権又は訴訟行為をするのに必要な授権があることを証明することができず、その間、無益な訴訟費用が生じたが、原告勝訴の判決が言い渡され、訴訟費用全額について被告の負担とさせられた。	69条２項	訴訟費用償還決定の申立
			83	【81】【82】で訴訟費用償還決定の申立があった場合に、裁判所が費用の償還を命じる決定をした。	69条１項、２項	即時抗告
			84	【81】【82】で訴訟費用償還決定の申立があった場合に、裁判所が、費用償還命令の申立を却下する決定をした。	69条１項、２項	通常抗告
			85	原告代理人として訴えを提起したものの、代理権がなかったり、必要な授権を証明できなかったりしたために、裁判所が訴えそのものを却下する判決をし、訴訟費用については無権代理人の負担とした。	70条	控訴

根拠条文	不服を審理する機関	不服申立期間	方　式　等	再度の不服申立
	受訴裁判所			→【72】、【73】参照
281条１項	直近上級裁判所	２週間	原裁判所に控訴状を提出	上告
281条１項	直近上級裁判所	２週間	原裁判所に控訴状を提出	上告
—	—	—	—	—
—	—	—	—	—
—	—	—	—	—
281条１項	直近上級裁判所	２週間	原裁判所に控訴状を提出	上告
—	—	—	—	—
282条	直近上級裁判所	２週間	原裁判所に書面を提出する	上告
258条２項	原裁判所	特になし	書面（民訴規161条）	—
69条１項	裁判所	—	書面又は口頭	→【83】、【84】参照
69条２項、１項	裁判所	—	書面又は口頭	→【83】、【84】参照
69条３項	直近上級裁判所	１週間	原裁判所に抗告状を提出	抗告裁判所が地方裁判所—再抗告／抗告裁判所が高等裁判所—特別抗告、許可抗告
328条１項	直近上級裁判所	特になし	原裁判所に抗告状を提出	抗告裁判所が地方裁判所—再抗告／抗告裁判所が高等裁判所—特別抗告、許可抗告
281条１項	直近上級裁判所	２週間	原裁判所に控訴状を提出	上告

章	節	項	番号	不服申立の対象となる行為ないし事実	参照条文	不服申立方法
第4章　訴訟費用	第1節　訴訟費用の負担		86	訴訟費用の負担の裁判が執行力を生じた後に、費用償還請求権者の申立により、第一審裁判所の裁判所書記官が負担の額を定めた。	71条１項	異議
			87	訴訟費用の負担の裁判が執行力を生じた後に、費用償還請求権者が訴訟費用額確定の申立をしたところ、第一審裁判所の裁判所書記官がこの申立を却下した。	71条１項	異議
			88	裁判所で和解が成立して訴訟費用の負担を各２分の１とする旨定めたがその額については定めなかった。そこで、当事者が費用額確定の申立をしたが、申立額の一部が認容されなかった。	72条	異議
			89	訴訟が訴えの取下げにより終了した後に、当事者が訴訟費用の負担についての申立をしたところ、第一審裁判所が訴訟費用の負担を命じる決定をした。	73条１項	即時抗告
			90	訴訟が訴えの取下げにより終了した後に、当事者が訴訟費用の負担についての申立をしたところ、第一審裁判所が当該申立を却下した。	73条１項	即時抗告
			91	訴訟が訴えの取下げにより終了した後に、当事者が訴訟費用の負担についての申立をしたところ、第一審裁判所が訴訟費用の負担を命じる決定をし、その決定が執行力を生じた後、当該裁判所の裁判所書記官が負担の額を定めた。	73条１項	異議
			92	訴訟費用負担の裁判がなされた場合に、裁判所書記官が費用額確定処分をしたが、そこには計算違いや誤記があった。	71条１項、72条、73条１項	更正処分の申立
			93	裁判所書記官が、当事者の申立により又は職権で訴訟費用についての更正処分をした。	74条１項	異議
			94	裁判所書記官のした訴訟費用についての更正処分に対する異議申立について、裁判所が異議を認める決定をした。	74条１項	即時抗告
			95	裁判所書記官のした訴訟費用についての更正処分に対する異議申立について、裁判所が異議を却下する決定をした。	74条１項	即時抗告
	第2節　訴訟費用の担保		96	被告は、原告から訴訟を提起されたが、原告は日本に生活上、事業上の本拠を有しないため、勝訴したとしても被告の支出した訴訟費用の償還を原告から受けることが困難になるのではないかとおそれている。	75条１項	訴訟費用担保提供命令の申立
			97	被告の申立により、裁判所が訴訟費用の担保を立てるべきことを原告に命じる決定をした。	75条１項	即時抗告
			98	被告が訴訟費用の担保提供命令の申立をしたのに対し、裁判所が当該申立を却下する決定をした。	75条１項	即時抗告
			99	原告は担保提供命令に従い担保提供をしていたが、担保の事由が消滅した。	79条１項	担保取消決定の申立

根拠条文	不服を審理する機関	不服申立期間	方　式　等	再度の不服申立
71条４項	処分をした裁判所書記官が所属する裁判所	１週間	書面又は口頭	即時抗告
71条４項	処分をした裁判所書記官が所属する裁判所	１週間	書面又は口頭	即時抗告
72条・71条４項	処分をした裁判所書記官が所属する裁判所	１週間	書面又は口頭	即時抗告
73条２項、71条７項	直近上級裁判所	１週間	原裁判所に抗告状を提出	抗告裁判所が地方裁判所—再抗告／抗告裁判所が高等裁判所—特別抗告、許可抗告
73条２項、71条７項	直近上級裁判所	１週間	原裁判所に抗告状を提出	抗告裁判所が地方裁判所—再抗告／抗告裁判所が高等裁判所—特別抗告、許可抗告
73条２項、71条４項	処分をした裁判所書記官が所属する裁判所	１週間	書面又は口頭	即時抗告
73条１項	処分をした裁判所書記官が所属する裁判所	１週間	書面（民訴規28条）	→【93】参照
74条２項、71条４項	処分をした裁判所書記官が所属する裁判所	１週間	書面又は口頭	→【94】、【95】参照
74条２項、71条７項	直近上級裁判所	１週間	原裁判所に抗告状を提出	抗告裁判所が地方裁判所—再抗告／抗告裁判所が高等裁判所—特別抗告、許可抗告
74条２項、71条７項	直近上級裁判所	１週間	原裁判所に抗告状を提出	抗告裁判所が地方裁判所—再抗告／抗告裁判所が高等裁判所—特別抗告、許可抗告
75条１項	受訴裁判所	本案の弁論前又は弁論準手続における申述前	書面又は口頭	→【97】、【98】参照
75条７項	直近上級裁判所	１週間	原裁判所に抗告状を提出	抗告裁判所が地方裁判所—再抗告／抗告裁判所が高等裁判所—特別抗告、許可抗告
75条７項	直近上級裁判所	１週間	原裁判所に抗告状を提出	抗告裁判所が地方裁判所—再抗告／抗告裁判所が高等裁判所—特別抗告、許可抗告
79条１項	受訴裁判所		書面又は口頭	→【101】、【102】参照

章	節	項	番号	不服申立の対象となる行為ないし事実	参照条文	不服申立方法
第4章　訴訟費用	第2節　訴訟費用の担保		100	原告は担保提供命令に従い担保提供をしていたが、担保提供者が担保の取消について担保権利者の同意を得た。	79条2項	担保取消決定の申立
			101	【99】又は【100】の場合に、担保提供者が担保取消決定の申立をしたのに対し、「担保の事由が消滅したこと」又は「同意を得たこと」の証明が不十分なのにもかかわらず、裁判所が担保取消決定をした。	79条1項、2項	即時抗告
			102	【99】又は【100】の場合に、「担保提供者が担保の事由が消滅したこと」又は「同意を得たこと」を証明して担保取消の決定を求めたのに、裁判所がその申立を却下する決定をした。	79条1項、2項	通常抗告
			103	原告は担保提供命令に従い担保提供をしていたところ、裁判所が、原告の請求を棄却し、訴訟費用は原告の負担とする判決を下し、それが確定した。ところが、被告が権利行使をしようとしない。	79条3項	権利行使催告＋担保取消決定の申立
			104	担保提供者の権利行使催告の申立がなされたが、裁判所がこの申立を却下する決定をした。	79条3項	通常抗告
			105	担保提供者の申立により、裁判所が担保権利者に対し一定の期間内にその権利を行使すべき旨を催告したにもかかわらず行使しなかったため、担保取消につき同意があったものとして、裁判所が担保取消決定をした。	79条3項、2項	即時抗告
			106	担保提供者が担保の変換を申し立てたところ、裁判所が変換を命ずる決定をした。	80条	×
			107	担保提供者が担保の変換を申し立てたが、裁判所がこの申立を却下する決定をした。	80条	×
	第3節　訴訟上の救助		108	当事者が訴訟救助付与の申立をしたが、裁判所がこの申立を却下する決定をした。	82条1項	即時抗告
			109	相手方が訴訟救助付与の申立をしたところ、裁判所が訴訟救助付与の決定をした。	82条1項	即時抗告
			110	訴訟救助付与決定を受けた当事者が死亡し、その相続人が訴訟承継をしたところ、裁判所が、猶予していた訴訟費用の支払を命ずる決定をした。	83条3項	即時抗告
			111	裁判所が訴訟救助付与の決定をした後に、当該決定を受けた者が資力を有するに至った場合に、裁判所が、利害関係人の申立により又は職権で、訴訟救助付与の決定を取り消し、猶予した訴訟費用の支払を命ずる決定をした。	84条	即時抗告
			112	裁判所が訴訟救助付与の決定をした後に、当該決定を受けた者が資力を有するに至った場合に、利害関係人が、訴訟救助付与決定を取り消して猶予した訴訟費用の支払を命ずる決定を求める申立をしたところ、裁判所が、この申立を却下する決定をした。	84条	即時抗告
第5章　訴訟手続	第1節　訴訟の審理等	第2　訴訟記録の閲覧	113	訴訟記録の閲覧等の請求を裁判所書記官に申請したが、公開を禁止した口頭弁論に係る記録であるとして閲覧等を拒否した。	91条2項	異議

根拠条文	不服を審理する機関	不服申立期間	方　式　等	再度の不服申立
79条2項	受訴裁判所		書面又は口頭	→【101】、【102】参照
79条4項	直近上級裁判所	1週間	原裁判所に抗告状を提出	抗告裁判所が地方裁判所―再抗告／抗告裁判所が高等裁判所―特別抗告、許可抗告
328条1項	直近上級裁判所	特になし	原裁判所に抗告状を提出	抗告裁判所が地方裁判所―再抗告／抗告裁判所が高等裁判所―特別抗告、許可抗告
79条3項	受訴裁判所		書面又は口頭	→【104】、【105】参照
328条1項	直近上級裁判所	特になし	原裁判所に抗告状を提出	抗告裁判所が地方裁判所―再抗告／抗告裁判所が高等裁判所―特別抗告、許可抗告
79条4項	直近上級裁判所	1週間	原裁判所に抗告状を提出	抗告裁判所が地方裁判所―再抗告／抗告裁判所が高等裁判所―特別抗告、許可抗告
	―	―	―	―
	―	―	―	―
86条	直近上級裁判所	1週間	原裁判所に抗告状を提出	抗告裁判所が地方裁判所―再抗告／抗告裁判所が高等裁判所―特別抗告、許可抗告
86条	直近上級裁判所	1週間	原裁判所に抗告状を提出	抗告裁判所が地方裁判所―再抗告／抗告裁判所が高等裁判所―特別抗告、許可抗告
86条	直近上級裁判所	1週間	原裁判所に抗告状を提出	抗告裁判所が地方裁判所―再抗告／抗告裁判所が高等裁判所―特別抗告、許可抗告
86条	直近上級裁判所	1週間	原裁判所に抗告状を提出	抗告裁判所が地方裁判所―再抗告／抗告裁判所が高等裁判所―特別抗告、許可抗告
86条	直近上級裁判所	1週間	原裁判所に抗告状を提出	抗告裁判所が地方裁判所―再抗告／抗告裁判所が高等裁判所―特別抗告、許可抗告
121条	訴訟記録の存在する裁判所		書面又は口頭	通常抗告

章	節	項	番号	不服申立の対象となる行為ないし事実	参照条文	不服申立方法
第5章　訴訟手続	第1節　訴訟の審理等	第2　訴訟記録の閲覧	114	訴訟記録の閲覧等の請求を裁判所書記官に申請したが、記録の保存又は裁判所の執務に支障があるとして、閲覧等を拒否した。	91条５項	異議
			115	裁判所書記官に訴訟記録の閲覧を請求したが、拒否された。そこで、当該処分について異議申立をしたが却下された。	91条２項、５項、121条	通常抗告
			116	訴訟記録中に私生活の秘密又は営業秘密にかかわる部分があった。	92条１項	訴訟記録閲覧等制限申立
			117	訴訟記録中に私生活の秘密又は営業秘密にかかわる部分があるので、当該部分についての閲覧等制限の申立をしたところ、裁判所が閲覧等制限決定をした。	92条１項	(当事者は)×
			118	訴訟記録中に私生活の秘密又は営業秘密にかかわる部分があるので、当該部分についての閲覧制限の申立をしたが、裁判所が申立却下決定をした。	92条１項	即時抗告
			119	第三者が訴訟記録の閲覧を請求したところ、閲覧制限の決定がなされていたため閲覧を拒否された。しかし、当該訴訟記録に記載されている事実には元々秘密性がないか、又は報道等により秘密性は喪失していた。	92条１項	閲覧等制限決定取消の申立
			120	第三者が訴訟記録閲覧等制限の取消の申立をし、裁判所が訴訟記録閲覧等制限の取消決定をした。	92条３項	即時抗告
			121	第三者が訴訟記録閲覧等制限の取消の申立をしたが、裁判所が申立却下決定をした。	92条３項	即時抗告
	第2節　専門委員等	第1　専門委員	122	裁判所が専門委員を手続に関与させる決定をした。	92条の２	取消の申立
			123	専門委員の関与の取消を求める申立を理由がないとして、裁判所が却下する旨の決定をした。	92条の４	通常抗告
			124	裁判所が専門委員を関与させたが、当該専門委員又は専門委員の配偶者若しくは配偶者であった者が事件の当事者であった等の除斥事由があった。	92条の２	除斥の申立

根拠条文	不服を審理する機関	不服申立期間	方　式　等	再度の不服申立
121条	訴訟記録の存在する裁判所		書面又は口頭	通常抗告
328条１項	直近上級裁判所	特になし	原裁判所に抗告状を提出	抗告裁判所が地方裁判所—再抗告／抗告裁判所が高等裁判所—特別抗告、許可抗告
92条１項	受訴裁判所		書面又は口頭	→【118】参照
	—	—	—	—
92条４項	直近上級裁判所	１週間	原裁判所に抗告状を提出	抗告裁判所が地方裁判所—再抗告／抗告裁判所が高等裁判所—特別抗告、許可抗告
92条３項	訴訟記録の存在する裁判所		書面又は口頭	→【120】、【121】参照
92条４項	直近上級裁判所	１週間	原裁判所に抗告状を提出	抗告裁判所が地方裁判所—再抗告／抗告裁判所が高等裁判所—特別抗告、許可抗告
92条４項	直近上級裁判所	１週間	原裁判所に抗告状を提出	抗告裁判所が地方裁判所—再抗告／抗告裁判所が高等裁判所—特別抗告、許可抗告
92条の４本文	関与の決定をした裁判所（92条の４）		関与の決定をした裁判所に対し、期日においては口頭で申し立てることもできるが、それ以外は書面で申し立てる。当事者双方が同時にする場合を除き、理由を明らかにしなければならない（民訴規34条の８）。	→【123】参照
328条１項	直近上級裁判所	特になし	原裁判所に抗告状を提出	特別抗告、許可抗告
92条の６第１項、23条１項１号	当該専門委員の所属する裁判所（ただし、地方裁判所については合議で裁判する）（92条の６第１項、25条１、２項）		当該専門委員の所属する裁判所に対し、期日においては口頭で申し立てることもできるが、それ以外は書面で申し立てる。申立後３日以内に除斥原因の疎明をしなければならない（民訴規34条の９、10条）。	→【126】、【127】参照

章	節	項	番号	不服申立の対象となる行為ないし事実	参照条文	不服申立方法
第5章　訴訟手続	第2節　専門委員等	第1　専門委員	125	裁判所が専門委員を選任したが、当該専門委員について裁判の公正を妨げる事情がある。	92条の２	忌避の申立
			126	裁判所が、専門委員を除斥又は忌避する旨の決定をした。	92条の６第１項、25条１項	×
			127	当事者が、専門委員の除斥（忌避）の申立を行ったが、裁判所が、理由なしとして却下する決定をした。	92条の６第１項、25条１項	即時抗告
		第2　知的財産に関する事件における裁判所調査官	128	裁判所が、知的財産に関する事件において、裁判所調査官を関与させたが、当該裁判所調査官又は裁判所調査官の配偶者若しくは配偶者であった者が事件の当事者であった等の除斥事由がある。	92条の８	除斥の申立
			129	裁判所が、知的財産に関する事件において裁判所調査官を手続に関与させたが、当該裁判所調査官について裁判の公正を妨げる事情がある。	92条の８	忌避の申立
			130	裁判所が、知的財産に関する事件において裁判所調査官を除斥又は忌避する旨の決定をした。	92条の９第１項、25条１項	×
			131	当事者が、知的財産に関する事件において裁判所調査官の除斥（忌避）の申立を行ったが、裁判所が、理由なしとして却下する決定をした。	92条の９第１項、25条１項	地裁の決定—即時抗告 高裁の決定—特別抗告、許可抗告
	第3節　期日及び期間	第1　期日の指定とその変更	132	当事者が期日指定の申立をしたところ、裁判所が当該申立には理由がないとして却下した。	93条１項	通常抗告
			133	裁判長の指定した期日が当事者にとって不都合であった。	93条１項	期日変更の申立
			134	期日変更の申立を行ったところ、裁判所が却下決定をした。	93条３項	×

根拠条文	不服を審理する機関	不服申立期間	方　式　等	再度の不服申立
92条の６第１項、24条１項	当該専門委員の所属する裁判所(ただし、地方裁判所については合議で裁判する)（92条の６第１項、25条１、２項）	弁論、又は弁論準備手続における申述前。ただし、忌避の原因を知らなかったとき、又は忌避の原因がその後に生じたときは、この限りではない（92条の６、24条２項）。	当該専門委員の所属する裁判所に対し、期日においては口頭で申し立てることもできるが、それ以外は書面で申し立てる。申立後３日以内に除斥原因の疎明をしなければならない（民訴規34条の９、10条）。	→【126】、【127】参照
92条の６第１項、25条４項	—	—	—	—
92条の６第１項、25条５項	直近上級裁判所	１週間	原裁判所に抗告状を提出	特別抗告、許可抗告
92条の９第１項、23条１項１号	当該調査官の所属する裁判所（ただし、地方裁判所については合議で裁判する）（92条の９第１項、25条１、２項）		当該調査官の所属する裁判所に対し、期日においては口頭で申し立てることもできるが、それ以外は書面を提出する。申立後３日以内に除斥原因の疎明をしなければならない(民訴規34条の11、10条)。	→【130】、【131】参照
92条の９第１項、24条１項	当該調査官の所属する裁判所（ただし、地方裁判所については合議で裁判する）（92条の９第１項、25条１、２項）	弁論、又は弁論準備手続における申述前。ただし、忌避の原因を知らなかったとき、又は忌避の原因がその後に生じたときは、この限りではない（92条の９、24条２項）。	当該調査官の所属する裁判所に対し、期日においては口頭で申し立てることもできるが、それ以外は書面を提出する。申立後３日以内に除斥原因の疎明をしなければならない(民訴規34条の11、10条)。	→【130】、【131】参照
92条の９第１項、25条４項	—	—	—	—
92条の９第１項、25条５項	高裁（裁16条２号）	１週間	原裁判所に抗告状を提出する。	特別抗告、許可抗告
336条１項、337条１項	最高裁	５日	原裁判所に特別抗告状、許可抗告状を提出する。	×
328条１項	直近上級裁判所	特になし	原裁判所に抗告状を提出	抗告裁判所が地方裁判所―再抗告／抗告裁判所が高等裁判所―特別抗告、許可抗告
93条３項	受訴裁判所		書面又は口頭。期日の変更を必要とする事由を明らかにしてしなければならない（民訴規36条）。	→【134】参照
—	—	—	—	—

章	節	項	番号	不服申立の対象となる行為ないし事実	参照条文	不服申立方法
第5章 訴訟手続	第3節 期日及び期間	第1 期日の指定とその変更	135	一方当事者の反対にもかかわらず、「顕著な事由」があるとの相手方の主張が容れられ、裁判所が期日を変更した。	93条３項	×
		第2 付加期間	136	裁判所が、不相当な付加期間を相手方に対して付与した。	96条２項	×
			137	遠隔地に居住していることを理由に、付加期間の付与を求めたが、付与されなかった。	96条２項	×
		第3 訴訟行為の追完	138	控訴期間経過後に相手方により控訴の提起がなされたところ、裁判所が控訴期間が経過したことに「責めに帰することができない事由」があったとして相手方の訴訟行為の追完を認めた。	97条１項	上告
			139	控訴期間経過後に、「責めに帰することができない事由」があったとして控訴の提起をした。しかし、第一審裁判所は当該事由は認められないとして訴訟行為の追完を認めず、控訴を却下する決定をした。	287条１項	即時抗告
			140	控訴期間経過後に、「責めに帰することができない事由」があったとして控訴の提起をした。しかし、控訴裁判所は当該事由は認められないとして訴訟行為の追完を認めず、口頭弁論を経ないで控訴を却下する判決をした。	97条１項	上告
	第4節 送達		141	被告欠席のまま原告勝訴の判決がなされていた。しかし、訴状及び判決正本の送達は補充送達受領資格者（同居人、使用人等）以外の者になされたものだったので、被告は、訴訟係属の事実や判決がなされたことを知らなかった。	106条	控訴
			142	被告が訴訟係属の事実を知らないまま原告が勝訴し、その判決正本が有効に補充送達された。そして、被告が控訴期間内に控訴提起をしなかったため判決が確定した。	106条	再審
			143	原告が公示送達の申立を行ったが、裁判所書記官は、公示送達の要件についての証明がないとして却下した。	110条	異議
			144	被告は、原告の公示送達の申立が認められて自分に対する公示送達がなされたことについて争いたい。	110条、111条	×
			145	原告が被告の送達すべき場所を知りながら不実の申立をしたことによって訴状が公示送達された。そして、被告が訴訟係属の事実を知らないまま原告勝訴の欠席判決が公示送達され、控訴期間が経過した。	110条、111条	控訴
	第5節 裁判		146	いったん証拠決定がなされたが、裁判所がその決定を取り消した。	120条	控訴
			147	裁判所書記官の処分に対する異議の申立について、裁判所書記官の所属する裁判所が異議の申立を却下した。	121条	通常抗告
	第6節 訴訟手続の中断及び中止		148	一方当事者が訴訟係属中に死亡し、訴訟が中断した。	124条１項	訴訟手続受継申立
			149	当事者が訴訟係属中に死亡し、その相続人が受継申立をしたが、裁判所が申立却下決定をした。	124条、126条、128条	通常抗告

根拠条文	不服を審理する機関	不服申立期間	方　式　等	再度の不服申立
—	—	—	—	—
—	—	—	—	—
—	—	—	—	—
311条	直近上級裁判所	２週間	原裁判所に上告状を提出	上告審が高裁の場合＝特別上告
287条２項	直近上級裁判所	１週間	原裁判所に抗告状を提出	抗告裁判所が地方裁判所―再抗告／抗告裁判所が高等裁判所―特別抗告、許可抗告
311条	直近上級裁判所	２週間	原裁判所に上告状を提出	上告審が高裁の場合＝特別上告
281条１項	直近上級裁判所		原裁判所に控訴状を提出	上告
338条１項３号	不服申立に係る判決をした裁判所	当事者の判決の確定した後再審の事由を知った日から30日	不服申立に係る判決をした裁判所に再審の訴状の提出（不服申立に係る判決の写しを添付）	即時抗告（347条）
121条	受訴裁判所	—	書面又は口頭	通常抗告
—	—	—	—	—
281条１項	直近上級裁判所		原裁判所に控訴状を提出	上告
283条	直近上級裁判所	２週間	原裁判所に控訴状を提出	上告
328条１項	直近上級裁判所	特になし	原裁判所に抗告状を提出	抗告裁判所が地方裁判所―再抗告／抗告裁判所が高等裁判所―特別抗告、許可抗告
124条１項	受訴裁判所		書面（民訴規51条）	→【149】参照
328条１項	直近上級裁判所	特になし	原裁判所に抗告状を提出	抗告裁判所が地方裁判所―再抗告／抗告裁判所が高等裁判所―特別抗告、許可抗告

章	節	項	番号	不服申立の対象となる行為ないし事実	参照条文	不服申立方法
第5章　訴訟手続	第6節　訴訟手続の中断及び中止		150	当事者が訴訟係属中に死亡し、その相続人が受継申立をし、裁判所が申立認容決定をした。	124条、126条、128条	終局判決前―職権発動を促す。 終局判決後―控訴
			151	裁判所が続行命令を出したが、誤った無資格者に対する続行命令であることを理由にして、その続行命令の取消を求めたい。	129条	終局判決前―職権発動を促す。 終局判決後―控訴
			152	当事者が不定期間の故障により訴訟の続行が困難となった。	131条１項	中止決定申立
			153	相手方当事者の故障等を理由に、裁判所が訴訟手続の中止決定をした。	131条１項	×（職権発動を促すのみ）
			154	当事者の故障等を理由とする中止決定について裁判所がこれを取り消す決定をした。	131条２項	×
			155	裁判所が中断の事実を知らずに口頭弁論を終結して、終局判決をした。	132条１項	判決確定前―控訴 判決確定後―再審
第6章　訴えの提起前における証拠収集の処分等			156	1　提訴前証拠収集処分において、裁判所が、文書送付嘱託をしなっかた。又は、不相当であるのに嘱託をした。	132条の４第１項１号	×
				2　提訴前証拠収集処分において、裁判所が、調査委託をしなかった。又は、不相当であるのに嘱託をした。	132条の４第１項２号	
				3　提訴前証拠収集処分において、裁判所が、専門家の意見の陳述を嘱託しなかった。又は、不相当であるのに嘱託した。	132条の４第１項３号	
				4　提訴前証拠収集処分において、裁判所が、執行官に現況調査を命じなかった。又は、不相当であるのに命じた。	132条の４第１項４号	
第7章　訴え	第1節　訴状受理後の手続		157	訴状の必要的記載事項（133条２項）に不備があり、又は訴え提起の手数料に相当する収入印紙の貼付がないか不足があったことから、裁判長より、補正の促し（民訴規56条）がなされたが、これに応じなかったため、裁判長は相当期間を定めて補正命令を発令した。しかしながら、期間内に補正しなかったため、裁判長は命令で訴状を却下した。	137条	即時抗告
			158	裁判長の訴状審査が済み、訴状の送達を試みたところ、被告の住所、居所の不正確、転居により送達できなかった。そこで、裁判長は補正を促し、補正命令を発令したが、期間内に補正しなかったため、裁判長は命令で訴状を却下した。	138条２項、137条	即時抗告
			159	訴えが不適法で、その不備を補正することができないため、裁判所が口頭弁論を経ないで、判決で訴えを却下した。	140条	控訴
			160	裁判所は、当事者に対する期日の呼出に必要な費用の予納を相当期間を定めて原告に命じたが、その予納がなく、被告において、異議がなかったことから、決定で訴えを却下した。	141条１項	即時抗告

根拠条文	不服を審理する機関	不服申立期間	方　式　等	再度の不服申立
120条	受訴裁判所		書面又は口頭	終局判決後は控訴
283条	直近上級裁判所	２週間	原裁判所に控訴状を提出	上告
120条	受訴裁判所		書面又は口頭	終局判決後は控訴
283条	直近上級裁判所	２週間	原裁判所に控訴状を提出	上告
131条１項	受訴裁判所		書面又は口頭	—
（131条２項）	—	—	—	—
—	—	—	—	—
281条１項	直近上級裁判所	２週間	原裁判所に控訴状を提出	上告
338条１項４号	不服申立に係る判決をした裁判所	当事者が判決の確定した後、再審の事由を知った日から30日	不服申立に係る判決をした裁判所に再審の訴状の提出（不服申立に係る判決の写しを添付）	即時抗告
132条の８	—	—	—	—
137条３項、332条	直近上級裁判所	１週間	原裁判所に抗告状を提出	抗告裁判所が地方裁判所—再抗告／抗告裁判所が高等裁判所—特別抗告、許可抗告
138条２項、137条３項、332条	直近上級裁判所	１週間	原裁判所に抗告状を提出	抗告裁判所が地方裁判所—再抗告／抗告裁判所が高等裁判所—特別抗告、許可抗告
281条１項	直近上級裁判所	２週間	原裁判所に控訴状を提出	上告
141条２項、332条	直近上級裁判所	１週間	原裁判所に抗告状を提出	抗告裁判所が地方裁判所—再抗告／抗告裁判所が高等裁判所—特別抗告、許可抗告

章	節	項	番号	不服申立の対象となる行為ないし事実	参照条文	不服申立方法
第7章　訴え	第2節　訴えの変更		161	裁判所が訴えの変更を許さない旨の決定をした。	143条４項	控訴
			162	裁判所が訴えの変更を許す旨の決定をした。	143条４項 準用	控訴
	第3節　選定者に係る請求の追加		163	裁判所が選定者に係る請求の追加を許さない旨の決定をした。	144条３項、143条４項	控訴
	第4節　中間確認の訴え		164	中間確認の訴えを提起したが、終局判決において、本訴請求が棄却されるとともに、中間確認の訴えについては、訴えの要件ないし中間確認の訴えの特別要件を欠くとして、却下された。	145条	控訴
	第5節　反訴		165	反訴を提起したが、併合要件は同時に反訴提起の訴訟要件であるから、この要件を欠く反訴は不適法であるとして、終局判決をもって却下された。	146条	控訴
第8章　計画審理			166	裁判所が、審理すべき事項が多数あるなど計画審理が相当と認められた事案において、当事者双方と協議をしたものの、協議が整わないにもかかわらず、審理の計画を定めた。	147条 の３、第１項	×
			167	審理の計画が定められている時、その計画の進行上必要があると認めて、裁判長が特定の事項についての攻撃防御方法を提出すべき期間を定めた。	156条の２	異議
第9章　口頭弁論及びその準備	第1節　口頭弁論	第1　訴訟指揮	168	裁判長が発言を許し、又はその命令に従わない者の発言を禁じた。	148条２項	異議
			169	裁判長が、口頭弁論の期日又は期日外において、訴訟関係を明瞭にするため、事実上及び法律上の事項に関し、当事者に対して問いを発し、又は立証を促した。	149条１項	異議
			170	当事者の主張・立証に不明瞭な点や矛盾がある場合に、裁判所がそれを是正するよう釈明しないまま、その当事者に不利な判決が出された。	149条１項	地裁の場合、控訴 高裁の場合、上告、上告受理の申立
			171	当事者の請求や抗弁が一応なされてその成否が争点になっていたところ、裁判長が突如としてそれとは別の請求理由、抗弁理由を示唆した。	149条１項	異議
			172	相手方の主張に不明な点があったので、当事者としてその趣旨を確認したい。	149条３項	裁判長に対し必要な発問を求める。
			173	当事者が裁判長に対して必要な発問を求めたが、裁判長は発問をしなかった。	149条３項	異議
			174	裁判長又は陪席裁判官が、口頭弁論の期日外において、攻撃又は防御の方法に重要な変更を生じ得る事項について、当事者に対して問いを発し、又は立証を促す処置をしたにもかかわらず、その内容を相手方に通知しなかった。	149条４項	異議

根拠条文	不服を審理する機関	不服申立期間	方　式　等	再度の不服申立
283条	直近上級裁判所	２週間	原裁判所に控訴状を提出	上告
283条	直近上級裁判所	２週間	原裁判所に控訴状を提出	上告
283条	直近上級裁判所	２週間	原裁判所に控訴状を提出	上告
281条１項	直近上級裁判所	２週間	原裁判所に控訴状を提出	上告
281条１項	直近上級裁判所	２週間	原裁判所に控訴状を提出	上告
—	—	—	—	—
150条	合議体としての受訴裁判所		書面又は口頭	控訴・上告
150条	合議体としての受訴裁判所		書面又は口頭	控訴・上告
150条	合議体としての受訴裁判所		書面又は口頭	控訴・上告
283条	高等裁判所	２週間	原裁判所に控訴状を提出	上告
318条、312条２項６号	高等裁判所	２週間	原裁判所に上告状、上告受理申立書を提出	—
90条	受訴裁判所	遅滞なく	書面又は口頭	—
149条３項	受訴裁判所の裁判長	—	書面または口頭	—
150条	合議体としての受訴裁判所	—	書面又は口頭	控訴・上告
90条	受訴裁判所	遅滞なく	書面又は口頭	—

章	節	項	番号	不服申立の対象となる行為ないし事実	参照条文	不服申立方法
第9章 口頭弁論及びその準備	第1節 口頭弁論	第1 訴訟指揮	175	裁判所が、訴訟関係を明瞭にするため、次に掲げる処分（釈明処分）をした。 1　当事者本人又はその法定代理人に対し、口頭弁論の期日に出頭することを命ずること。 2　口頭弁論の期日において、当事者のため事務を処理し、又は補助する者で裁判所が相当と認めるものに陳述をさせること。 3　訴訟書類又は訴訟において引用した文書その他の物件で当事者の所持するものを提出させること。 4　当事者又は第三者の提出した文書その他の物件を裁判所に留め置くこと。 5　検証をし、又は鑑定を命ずること。 6　調査を嘱託すること。	151条1項	×
		第2 口頭弁論の併合	176	原告が通常共同訴訟として提起したところ、裁判所が口頭弁論の分離を命じた。	152条1項	×
		第3 口頭弁論の再開	177	当事者が弁論の再開を申し立てたが、裁判所は口頭弁論の再開を命じなかった。	153条	控訴
		第4 弁論能力を欠く者に対する措置	178	裁判所が、訴訟関係を明瞭にするために必要な陳述をすることができない当事者、代理人又は補佐人の陳述を禁じ、口頭弁論の続行のため新たな期日を定めた。	155条1項	控訴
			179	上記場合において、必要があるとして、裁判所が、弁護士の付添いを命じた。	155条2項	控訴
		第5 時機に後れた攻撃防御方法の却下等	180	相手方当事者が故意又は重大な過失により時機に後れて攻撃防御方法を提出した	157条1項	攻撃防御方法の却下の申立
			181	裁判所が当事者の上記攻撃防御方法の却下を求めるとの申立を認めなかった。	157条1項	控訴
			182	当事者が故意又は重大な過失により時機に後れて提出した攻撃防御方法について、裁判所が訴訟の完結を遅延させることになると認めて、却下の決定をした。	157条1項	控訴
			183	攻撃防御方法の趣旨が明瞭でないものについて当事者が必要な釈明をせず、又は釈明をすべき期日に出頭しないので、裁判所がその攻撃防御方法を却下した。	157条2項	控訴
			184	審理の計画を定めた事案において、特定の事項についての攻撃又は防御の方法を提出すべき期間が定められていたが、攻撃又は防御の方法についての提出が、その期間を経過したため、裁判所が、審理の計画に従った訴訟手続の進行に著しい支障を生ずるおそれがあるとして、却下の決定をした。	157条の2	控訴
		第6 口頭弁論調書等の記載	185	裁判所書記官が作成した口頭弁論調書の記載に誤りがあった。	160条2項	異議を述べる
			186	裁判所書記官が作成した口頭弁論調書の記載に誤りがあったと思われたことから、異議を述べたが、異議を理由なしとして、調書の訂正をしなかった。	160条2項	×（ただし、異議の申立のあったことを調書に記載しなければならない（160条2項））
	第2節 準備書面等		187	裁判長が、特定の事項に関する主張を記載した準備書面の提出、又は、特定事項に関する証拠の申出につき、不相当な期間を定めた。	162条	異議

根拠条文	不服を審理する機関	不服申立期間	方　式　等	再度の不服申立
—	—	—	—	—
—	—	—	—	—
283条	直近上級裁判所	２週間	原裁判所に控訴状を提出	上告
283条	直近上級裁判所	２週間	原裁判所に控訴状を提出	上告
283条	直近上級裁判所	２週間	原裁判所に控訴状を提出	上告
157条１項	受訴裁判所	—	書面又は口頭	→【181】参照
283条	直近上級裁判所	２週間	原裁判所に控訴状を提出	上告
283条	直近上級裁判所	２週間	原裁判所に控訴状を提出	上告
283条	直近上級裁判所	２週間	原裁判所に控訴状を提出	上告
283条	直近上級裁判所	２週間	原裁判所に控訴状を提出	上告
160条２項	書記官	その後の期日まで	書面又は口頭	—
—	—	—	—	—
150条	合議体としての受訴裁判所		書面又は口頭	控訴・上告

章	節	項	番号	不服申立の対象となる行為ないし事実	参照条文	不服申立方法
第9章　口頭弁論及びその準備	第3節　争点及び証拠の整理手続		188	裁判所が、相当でないにもかかわらず、準備的口頭弁論に付した。	164条	×
			189	裁判長が、準備的口頭弁論を終了するにあたり、相当な理由がないのに、当事者に争点及び証拠の整理の結果を要約した書面の提出を求めてきた。	165条2項	異議
			190	裁判所が、期間内に準備書面や証拠の申出がないとして、準備的口頭弁論を終了させた。	166条	×
			191	裁判所が、必要でないのに、あるいは当事者の意見を聴かず、弁論準備手続に付した。	168条	取消の申立
			192	裁判所が弁論準備手続に付する決定を取り消した。	172条	×
			193	弁論準備手続に付する決定の取消を申し立てたが、裁判所が却下した。	172条	通常抗告
			194	裁判所が、弁論準備手続において、当事者が申し出た関係者の傍聴を拒否した。	169条2項 但書	通常抗告
			195	裁判所が、弁論準備手続又は書面による弁論準備手続を電話会議の方法によることを拒否した。	170条3項、176条3項	×
			196	裁判所が、書面による準備手続に付した。	175条	×
第10章　証拠	第1節　総則		197	裁判所が当事者申立の証拠について必要性なしとして取り調べなかった。	181条	控訴
			198	当事者が出頭していない期日に裁判所が証拠調べをした。	183条	×
			199	裁判所が、相当でないのにもかかわらず、裁判所外で証拠調べを行った。	185条	×
			200	裁判所が、相当でないのにもかかわらず、受命・受託裁判官に裁判所外で証拠調べをさせる旨の決定をした。	185条	×
			201	裁判所外において証拠調べを行う受託裁判官が、相当な場合でないのに、他の地方裁判所又は簡易裁判所に証拠調べの嘱託をした。	185条	×
			202	裁判所が調査嘱託の決定をしなかった。又は決定をすべきでないのに嘱託決定した。	186条	控訴
	第2節　証人尋問		203	証人が正当な理由なく出頭しなかったとして、裁判所が当該証人に対し訴訟費用の負担を命じる決定をした。	192条1項	即時抗告
			204	裁判所が、受命裁判官又は受託裁判官に裁判所外で証人尋問をさせる旨の決定をした。	195条	×
			205	裁判所が、証言拒絶には理由がない（理由がある）と決定した。	199条1項	即時抗告
			206	証人が正当な理由なく証言を拒絶したとして、裁判所が、当該証人に対し、訴訟費用の負担を命じる決定をした。	200条、192条1項	即時抗告
			207	裁判所が、宣誓拒絶には理由がない（理由がある）と決定した。	201条5項、199条1項	即時抗告

根拠条文	不服を審理する機関	不服申立期間	方　式　等	再度の不服申立
—	—	—	—	—
150条	合議体としての受訴裁判所		書面又は口頭	控訴・上告
	—	—	—	—
172条	受訴裁判所		書面又は口頭	—
—	—	—	—	—
328条１項	直近上級裁判所	特になし	原裁判所に抗告状を提出	抗告裁判所が地方裁判所—再抗告／抗告裁判所が高等裁判所—特別抗告、許可抗告
328条１項	直近上級裁判所	特になし	原裁判所に抗告状を提出	抗告裁判所が地方裁判所—再抗告／抗告裁判所が高等裁判所—特別抗告、許可抗告
—	—	—	—	—
—	—	—	—	—
281条１項	直近上級裁判所	２週間	原裁判所に控訴状を提出	上告
—	—	—	—	—
—	—	—	—	—
—	—	—	—	—
—	—	—	—	—
281条１項	直近上級裁判所	—	原裁判所に控訴状を提出	上告
192条２項	直近上級裁判所	１週間	原裁判所に抗告状を提出	抗告裁判所が地方裁判所—再抗告／抗告裁判所が高等裁判所—特別抗告、許可抗告
—	—	—	—	—
199条２項	直近上級裁判所	１週間	原裁判所に抗告状を提出	抗告裁判所が地方裁判所—再抗告／抗告裁判所が高等裁判所—特別抗告、許可抗告
200条 192条２項	直近上級裁判所	１週間	原裁判所に抗告状を提出	抗告裁判所が地方裁判所—再抗告／抗告裁判所が高等裁判所—特別抗告、許可抗告
201条５項 199条２項	直近上級裁判所	１週間	原裁判所に抗告状を提出	抗告裁判所が地方裁判所—再抗告／抗告裁判所が高等裁判所—特別抗告、許可抗告

章	節	項	番号	不服申立の対象となる行為ないし事実	参照条文	不服申立方法
第10章　証拠	第２節　証人尋問		208	証人が正当な理由なく宣誓を拒絶したとして、裁判所が、当該証人に対し、訴訟費用の負担を命じる決定をした。	201条５項、192条１項	即時抗告
			209	裁判長が、主尋問、反対尋問、補充尋問の順序を変更する命令をした。	202条２項	異議
			210	相手方当事者が、証人に対し、立証事項に関連しない質問をした。	民訴規114条１項	質問制限の申立
			211	相手方当事者が、証人に対し、証人を侮辱する質問をした。	民訴規115条２項	質問制限の申立
			212	裁判長が、【210】【211】の申立を認めて、質問事項を制限する命令をした。又は、申立を却下した。	民訴規114条２項、民訴規115条３項	異議
			213	裁判長が、証人に対し書類に基づく陳述を許可した（許可しなかった）。	203条	×
			214	裁判所が、映像等の送受信による通話の方法によって尋問を行う旨の決定をした。	204条	×
			215	裁判所が、証人尋問に代えて書面尋問を提案した。	205条	異議
	第３節　当事者尋問		216	裁判所が、当事者尋問の申立を却下した。	207条１項	控訴
			217	裁判所が、証人尋問に先立って当事者尋問を行う旨の決定をした。	207条２項	×
			218	裁判所が、当事者の不出頭（宣誓拒絶・陳述拒絶）には正当な理由がないとして、相手方の主張を真実と認めた。	208条	控訴
			219	裁判所が、宣誓をした当事者が虚偽の陳述をしたとして過料の制裁を課す旨の決定をした。	209条１項	即時抗告
			220	裁判所が、受命裁判官又は受託裁判官に裁判所外で当事者尋問をさせる旨の決定をした。	210条、195条	×
			221	裁判長が、主尋問、反対尋問、補充尋問の順序を変更する旨の命令をした。	210条、202条２項	異議
			222	一方当事者が、相手方当事者に対し、立証事項に関連しない質問をした。	民訴規127条、114条２項	質問制限の申立
			223	一方当事者が、相手方当事者に対し、相手方当事者を侮辱する質問をした。	民訴規127条、115条３項	質問制限の申立
			224	裁判長が、【222】【223】の申立を認めて、質問事項を制限する命令をした。又は申立を却下した。	民訴規127条、114条２項	異議
			225	裁判長が、当事者に対し書類に基づく陳述を許可した（許可しなかった）。	210条、203条	×

根拠条文	不服を審理する機関	不服申立期間	方　式　等	再度の不服申立
201条５項 192条２項	直近上級裁判所	１週間	原裁判所に抗告状を提出	抗告裁判所が地方裁判所—再抗告／抗告裁判所が高等裁判所—特別抗告、許可抗告
民訴規117条１項	受訴裁判所		書面又は口頭	—
民訴規114条２項	受訴裁判所		書面又は口頭	—
民訴規115条３項	受訴裁判所		書面又は口頭	—
民訴規117条１項	受訴裁判所		書面又は口頭	—
—	—	—	—	—
—	—	—	—	—
205条	受訴裁判所		書面又は口頭	—
281条１項	直近上級裁判所	２週間	原裁判所に控訴状を提出	上告
—	—	—	—	—
281条１項	直近上級裁判所	２週間	原裁判所に控訴状を提出	上告
201条５項、192条２項	直近上級裁判所	１週間	原裁判所に抗告状を提出	抗告裁判所が地方裁判所—再抗告／抗告裁判所が高等裁判所—特別抗告、許可抗告
—	—	—	—	—
民訴規127条、民訴規117条１項	受訴裁判所		書面又は口頭	—
民訴規127条、114条１項	受訴裁判所		書面又は口頭	—
民訴規127条、115条２項	受訴裁判所		書面又は口頭	—
民訴規127条、114条２項、115条３項	受訴裁判所		書面又は口頭	—
—	—	—	—	—

章	節	項	番号	不服申立の対象となる行為ないし事実	参照条文	不服申立方法
第10章 証拠	第3節 当事者尋問		226	裁判所が、映像等の送受信による通話の方法によって当事者尋問を行う旨の決定をした。	210条、204条	×
	第4節 鑑定		227	裁判所が指定した鑑定人について、誠実に鑑定することを妨げる事情がある。	213条	忌避の申立
			228	鑑定人についての忌避申立に対し、裁判所が、忌避を理由があるとする決定をした。	214条3項	×
			229	鑑定人についての忌避申立に対し、裁判所が、忌避を理由がないとする決定をした。	214条4項	即時抗告
			230	裁判長が、鑑定人に対する質問の順序を変更する命令をした。	215条の2第3項	異議
			231	相手方当事者が、鑑定人に対し、鑑定人を侮辱する質問をした。	民訴規132条の4第4項	質問制限の申立
			232	裁判長が、【231】の申立を認めて、質問事項を制限する命令をした。又は、申立を却下した。	民訴規132条の4第4項	異議
	第5節 書証		233	挙証責任を負う当事者が、他人の所持する文書を書証として裁判所に取り調べてもらいたい。	219条	文書提出命令の申立
			234	一方当事者から文書提出命令の申立がなされたが、相手方当事者としては提出義務を負う文書ではないと反論したい。	219条、220条	意見書の提出
			235	文書提出命令の申立に対し、裁判所が、文書提示命令の決定をした。	223条6項	×
			236	文書提出命令の申立につき、裁判所が、提出義務を負う文書ではないとの理由で却下した。	223条1項前段	即時抗告
			237	裁判所が、文書提出命令の必要性がないとして申立を却下した（すでに任意提出された文書と文書提出命令申立に係る文書が同一であることを理由として）。	223条1項前段	控訴
			238	裁判所が、文書提出命令の申立を口頭で却下し、直ちに口頭弁論を終結した。	223条1項前段	控訴
			239	裁判所が、当事者に対し、文書の提出を命じる旨の決定をした。	223条1項前段	即時抗告
			240	裁判所が、第三者に対し、文書の提出を命じる旨の決定をした。	223条1項前段	当該第三者―即時抗告 本案事件の当事者（申立外）―×

根拠条文	不服を審理する機関	不服申立期間	方　式　等	再度の不服申立
—	—	—	—	—
214条１項、２項	受訴裁判所	鑑定人が鑑定事項について陳述をする前。陳述後に忌避の原因が生じ、又は陳述後に当事者が忌避の原因を知ったときは陳述後であっても可	期日にする場合を除き、書面による（民訴規130条１項）。忌避の原因は疎明しなければならない（民訴規130条２項）。	→【229】参照
214条３項	—	—	—	—
214条４項	直近上級裁判所	１週間	原裁判所に抗告状を提出	抗告裁判所が地方裁判所—再抗告／抗告裁判所が高等裁判所—特別抗告、許可抗告
民訴規133条の２第１項	受訴裁判所		書面又は口頭	—
民訴規132条の４第４項	受訴裁判所		書面又は口頭	—
民訴規133条の２	受訴裁判所		書面又は口頭	—
219条、220条	受訴裁判所		書面（民訴規140条１項）	—
民訴規140条２項	受訴裁判所		書面（民訴規140条２項）	—
—	—	—	—	—
223条７項	直近上級裁判所	１週間	原裁判所に抗告状を提出	抗告裁判所が地方裁判所—再抗告／抗告裁判所が高等裁判所—特別抗告、許可抗告
281条１項	直近上級裁判所	２週間	原裁判所に控訴状を提出	上告
281条１項	直近上級裁判所	２週間	原裁判所に控訴状を提出	上告
223条７項	直近上級裁判所	１週間	原裁判所に抗告状を提出	抗告裁判所が地方裁判所—再抗告／抗告裁判所が高等裁判所—特別抗告、許可抗告
223条７項	直近上級裁判所	１週間	原裁判所に抗告状を提出	抗告裁判所が地方裁判所—再抗告／抗告裁判所が高等裁判所—特別抗告、許可抗告
—	—	—	—	—

章	節	項	番号	不服申立の対象となる行為ないし事実	参照条文	不服申立方法
第10章 証拠	第5節 書証		241	文書全体につきなした文書提出命令の申立に対し、裁判所が、一部提出命令の決定をした。	223条１項 後段	即時抗告
			242	第三者が文書提出命令に従わなかったため、裁判所が過料に処する旨の決定をした。	225条１項	即時抗告
			243	当事者又はその代理人が故意又は重過失により真実に反して文書の成立の真正を争ったとして、裁判所が、過料に処する旨の決定をした。	230条１項	即時抗告
	第6節 検証		244	裁判所が、当事者の検証の申出を却下した。	232条１項、219条	控訴
			245	当事者の検証申出に対し、裁判所が検証に代わる現地における進行協議期日を指定した。	民訴規97条	×
			246	裁判所が、検証物の所持者に対し、検証物提示（検証受忍）を命じる決定をした。	232条１項、223条１項	即時抗告
			247	裁判所が、検証物提示（検証受忍）申立を却下する決定をした。	232条１項、223条１項	即時抗告 検証の必要性なしとの理由の場合は、控訴で争う。
			248	第三者が正当な理由なく検証物提示等の命令に従わなかったので、裁判所は、過料に処する旨の決定をした。	232条２項	即時抗告
	第7節 証拠保全		249	裁判所が証拠保全の申立を却下する決定をした。	234条	通常抗告
			250	裁判所が証拠保全の申立を認める決定をした。	234条	×
			251	裁判所が、職権による証拠保全を決定した。	237条	×
			252	急速を要する場合ではないのに、裁判所が、申立人又は相手方を呼び出さずに証拠調べを行った。	240条	異議
第11章 判決			253	判決に誤記その他これに類する明白な誤りが見つかった。	257条１項	更正申立

根拠条文	不服を審理する機関	不服申立期間	方　式　等	再度の不服申立
223条７項	直近上級裁判所	１週間	原裁判所に抗告状を提出	抗告裁判所が地方裁判所―再抗告／抗告裁判所が高等裁判所―特別抗告、許可抗告
225条２項	直近上級裁判所	１週間	原裁判所に抗告状を提出	抗告裁判所が地方裁判所―再抗告／抗告裁判所が高等裁判所―特別抗告、許可抗告
230条２項	直近上級裁判所	１週間	原裁判所に抗告状を提出	抗告裁判所が地方裁判所―再抗告／抗告裁判所が高等裁判所―特別抗告、許可抗告
281条１項	直近上級裁判所	２週間	原裁判所に控訴状を提出	上告
―	―	―	―	―
232条１項、223条７項	直近上級裁判所	１週間	原裁判所に抗告状を提出	抗告裁判所が地方裁判所―再抗告／抗告裁判所が高等裁判所―特別抗告、許可抗告
232条１項、223条７項	直近上級裁判所	１週間	原裁判所に抗告状を提出 相手方は、 ・検証物の所持者が当事者であれば、この者 ・検証物の所持者が第三者である場合、 第三者に対して審尋手続が行われている場合は、この者 そうでない場合には、所持者を相手方とすることはできないが、即時抗告することはできる。	抗告裁判所が地方裁判所―再抗告／抗告裁判所が高等裁判所―特別抗告、許可抗告
281条１項	直近上級裁判所	２週間	原裁判所に控訴状を提出	上告
232条３項	直近上級裁判所	１週間	原裁判所に抗告状を提出	抗告裁判所が地方裁判所―再抗告／抗告裁判所が高等裁判所―特別抗告、許可抗告
328条１項	直近上級裁判所	特になし	原裁判所に抗告状を提出	抗告裁判所が地方裁判所―再抗告／抗告裁判所が高等裁判所―特別抗告、許可抗告
238条	―	―	―	―
238条	―	―	―	―
90条	受訴裁判所	遅滞なく	口頭又は書面	―
257条１項	判決裁判所（事件が上訴審に係属中は、上訴裁判所でも可）	特になし（判決確定後も可）	書面又は口頭	→【254】から【256】参照

章	節	項	番号	不服申立の対象となる行為ないし事実	参照条文	不服申立方法
第11章 判決			254	判決について裁判所が更正決定をした。	257条1項	即時抗告
			255	裁判所が、更正の申立を不適法として却下する決定をした。	257条1項	通常抗告
			256	裁判所が、更正の申立を理由なしとして却下する決定をした。	257条1項	控訴
			257	判決の脱漏があった。	258条1項	期日指定の申立（追加判決を促す）
			258	判決中、訴訟費用負担につき脱漏が見つかった。	258条2項	訴訟費用の追加決定の申立
			259	判決中、訴訟費用負担につき脱漏があり、申立又は職権で裁判所が訴訟費用の負担の決定をした。	258条2項	即時抗告
			260	裁判所が仮執行宣言の申立について、裁判をしなかった。又は職権で仮執行宣言を付するべきところ、同宣言を付さなかった。	259条5項前段	補充決定の申立
			261	補充決定の申立をしたところ、裁判所が仮執行宣言を付した。	259条5項前段	×
			262	裁判所が、仮執行宣言を求める補充決定の申立を却下する決定をした。	259条5項前段	通常抗告
			263	裁判所が全部認容判決をしたが、判決の理由中で仮執行宣言を付さないことを明示した上で、仮執行宣言を付さなかった。	259条1項	×
			264	裁判所が、仮執行免脱宣言の申立について、裁判をしなかった。	259条5項後段	補充決定の申立
			265	補充決定の申立をしたところ、裁判所が仮執行免脱宣言を付した。	259条5項後段	×
			266	裁判所が、仮執行免脱宣言を求める補充決定の申立を却下する決定をした。	259条5項後段	通常抗告
第12章 裁判によらない訴訟の完結			267	訴えを取り下げたが、それは詐欺・強迫等によるものであったので、取下げの効力を争いたい	261条1項	期日指定の申立
			268	終局判決後に訴えを取り下げたが、取下げの効力を争いたい。	261条1項	控訴
			269	放棄・認諾調書又は和解調書に計算違い、誤記、その他これに類する明白な誤りがあった。	257条1項	更正申立
			270	放棄・認諾調書又は和解調書について裁判所が更正決定をした。	257条1項	即時抗告
			271	裁判所が、放棄・認諾調書又は和解調書についての更正申立を不適法として却下する決定をした。	257条1項	通常抗告

根拠条文	不服を審理する機関	不服申立期間	方　式　等	再度の不服申立
257条２項	直近上級裁判所	１週間	原裁判所に抗告状を提出	抗告裁判所が地方裁判所—再抗告／抗告裁判所が高等裁判所—特別抗告、許可抗告
328条１項	直近上級裁判所	特になし	原裁判所に抗告状を提出	抗告裁判所が地方裁判所—再抗告／抗告裁判所が高等裁判所—特別抗告、許可抗告
281条１項	直近上級裁判所	２週間	原裁判所に控訴状を提出	上告
258条１項、93条１項	判決裁判所	特になし	書面又は口頭	—
258条２項	判決裁判所	特になし	書面又は口頭	→【259】参照
258条３項	直近上級裁判所	１週間	原裁判所に抗告状を提出	抗告裁判所が地方裁判所—再抗告／抗告裁判所が高等裁判所—特別抗告、許可抗告
259条５項	判決裁判所	特になし	書面又は口頭	→【262】参照
—	—	—	—	—
328条１項	直近上級裁判所	特になし	原裁判所に抗告状を提出	抗告裁判所が地方裁判所—再抗告／抗告裁判所が高等裁判所—特別抗告、許可抗告
—	—	—	—	—
259条５項後段	判決裁判所	特になし	書面又は口頭	→【266】参照
—	—	—	—	—
328条１項	直近上級裁判所	特になし	原裁判所に抗告状を提出	抗告裁判所が地方裁判所—再抗告／抗告裁判所が高等裁判所—特別抗告、許可抗告
93条１項	原裁判所	特になし	書面又は口頭	—
281条１項	直近上級裁判所	２週間	原裁判所に控訴状を提出	上告
257条１項（準用）	原裁判所	特になし	書面又は口頭	—
257条２項	直近上級裁判所	１週間	原裁判所に抗告状を提出	抗告裁判所が地方裁判所—再抗告／抗告裁判所が高等裁判所—特別抗告、許可抗告
328条１項	直近上級裁判所	特になし	原裁判所に抗告状を提出	抗告裁判所が地方裁判所—再抗告／抗告裁判所が高等裁判所—特別抗告、許可抗告

章	節	項	番号	不服申立の対象となる行為ないし事実	参照条文	不服申立方法
第12章　裁判によらない訴訟の完結			272	裁判所が、放棄・認諾調書又は和解調書についての更正申立を、理由なしとして却下した。	257条１項	×
第13章　大規模訴訟等に関する特則			273	大規模訴訟において、裁判所が、当事者に異議がないか確認せずに、受命裁判官に裁判所内で証人又は当事者本人尋問をさせようとした。	268条	異議
第14章　簡易裁判所の訴訟手続に関する特則			274	簡易裁判所において、被告（反訴原告）が地方裁判所の管轄に属する反訴請求をしたため、原告（反訴被告）の申立により、裁判所が、本訴及び反訴を地方裁判所に移送する旨の決定をした。	274条１項	×
			275	簡易裁判所において、被告（反訴原告）が地方裁判所の管轄に属する反訴請求をしたので、原告（反訴被告）が地方裁判所に移送する旨の申立をしたところ裁判所が移送を却下する決定をした。	274条１項	即時抗告
			276	簡易裁判所における金銭の支払の請求を目的とする訴えについて、被告が口頭弁論において原告の主張した事実を争わず、その他何らの防御の方法をも提出しない場合に、裁判所が、原告の意見を聞いて和解に代わる決定をした。	275条の２	異議
			277	簡易裁判所において、裁判所が証人・当事者尋問又は鑑定人の意見の陳述に代え、書面の提出をさせた。	278条	×
			278	簡易裁判所において、裁判所が、和解を試みるに際し、司法委員に補助をさせ、又は審理に立ち会わせた。	279条１項	×（司法委員の指定取消の職権発動を促す）
第15章　控訴・上告	第１節　控訴裁判所の決定・命令に対する不服申立		279	第一審裁判所が控訴を却下する旨の決定をした。	287条１項	即時抗告
			280	控訴裁判所の裁判長が控訴状を却下する旨の命令をした。	288条、137条２項、289条、138条２項	即時抗告
			281	控訴裁判所が、控訴が不適法でその不備を補正することができないとして、口頭弁論を経ないで控訴を却下する旨の判決をした。	290条	上告
			282	呼出費用の予納がないとして、控訴裁判所が控訴を却下する旨の決定をした。	291条１項	即時抗告
			283	控訴裁判所が、判決に仮執行宣言を付した。	297条、259条１項	×
			284	控訴裁判所が、判決に仮執行宣言を付さなかった。	297条、259条１項	×
			285	控訴裁判所が、294条に基づく申立を認め、仮執行の宣言をする旨の決定をした。	294条	×
			286	控訴裁判所が、294条に基づく申立を却下する決定をした。	294条	即時抗告
			287	控訴裁判所の裁判長が攻撃防御方法の提出期間を定めた。	301条	異議
			288	控訴裁判所が、控訴人に対し控訴権濫用の制裁として金銭の納付を命じた。	303条	上告

根拠条文	不服を審理する機関	不服申立期間	方　式　等	再度の不服申立
—	—	—	—	—
268条	受訴原裁判所		書面又は口頭	—
274条２項	—	—	—	—
21条類推	地方裁判所	１週間	原裁判所に抗告状を提出	再抗告
275条の２第３項	原裁判所	２週間	書面又は口頭	—
—	—	—	—	—
—	—	—	—	—
287条２項	直近上級裁判所	１週間	原裁判所に抗告状を提出	抗告裁判所が地方裁判所—再抗告／抗告裁判所が高等裁判所—特別抗告、許可抗告
288条 137条３項	直近上級裁判所	１週間	原裁判所に抗告状を提出	特別抗告、許可抗告
311条１項	上告裁判所	２週間	原裁判所に上告状を提出	
291条２項	直近上級裁判所	１週間	原裁判所に抗告状を提出	特別抗告、許可抗告
295条本文	—	—	—	—
295条本文	—	—	—	—
295条本文	—	—	—	—
295条但書	直近上級裁判所	１週間	原裁判所に抗告状を提出	特別抗告・許可抗告
297条、150条	控訴裁判所		口頭又は書面	—
303条、３項、４項、311条１項	上告裁判所	２週間	原裁判所に上告状を提出	—

章	節	項	番号	不服申立の対象となる行為ないし事実	参照条文	不服申立方法
第15章　控訴・上告	第1節　控訴裁判所の決定・命令に対する不服申立		289	東京高等裁判所が、特許権等に関する訴えに係る控訴事件において、５人の裁判官の合議体で審理及び裁判をする旨の決定をした。	310条の２	×
	第2節　上告裁判所の決定・命令に対する不服申立		290	上告が不適法で不備を補正することができない等として、控訴裁判所が上告を却下する旨の決定をした。	316条	即時抗告
第16章　手形・小切手訴訟			291	裁判所が、手形・小切手訴訟において終局判決（訴え却下判決を除く）を言い渡した。	350条	異議
			292	裁判所が、手形・小切手訴訟において、一般訴訟要件の欠缺を理由に、訴えを却下する判決を言い渡した。	350条	控訴
			293	裁判所が、手形・小切手訴訟において、請求の全部又は一部が手形・小切手訴訟による審理及び裁判をすることができないことを理由に、訴えを却下する判決を言い渡した。	355条１項	×
			294	裁判所が、手形・小切手判決に対して申し立てられた異議を不適法として却下する判決を下した。	359条	控訴
			295	手形・小切手判決に不服があるので異議を申し立てたところ、裁判所が手形・小切手判決を認可する判決又は取り消す判決を言い渡した。	362条１項	控訴
第17章　少額訴訟			296	少額訴訟が提起されたが、被告としては通常訴訟で争いたい。	368条１項	通常手続に移行させる旨の申述
			297	裁判所が、373条３項１号ないし４号の場合に該当するとして、少額訴訟を通常の手続により審理及び裁判をする旨の決定をした。	373条３項	×
			298	裁判所が少額訴訟について終局判決を言い渡した。	374条	異議
			299	少額訴訟において、裁判所が請求を認容する判決で、支払猶予等の定めをした。	375条１項、２項	×
			300	少額訴訟の終局判決に対し異議が申し立てられた後、裁判所が、異議審において判決を言い渡した。	379条１項	×
			301	少額訴訟の終局判決に対し異議が申し立てられた後、裁判所が、異議審の請求認容判決で、支払猶予の定めをした。	379条２項、375条１項、２項	×
			302	少額訴訟による審理及び裁判を求めた回数について虚偽の届出をしたことを理由に、裁判所が、原告に対し、過料に処する旨の決定をした。	381条１項	即時抗告
第18章　督促手続			303	債権者の支払督促申立により、裁判所書記官が債務者に対し支払督促を送達した。	388条１項	督促異議申立
			304	裁判所書記官が、債権者の支払督促の申立を却下した。	383条、385条１項	異議

根拠条文	不服を審理する機関	不服申立期間	方　式　等	再度の不服申立
—	—	—	—	—
316条２項	直近上級裁判所	１週間	原裁判所に抗告状を提出	特別抗告・許可抗告
357条	原裁判所	２週間	書面	控訴
356条但書、281条１項本文	直近上級裁判所	２週間	原裁判所に控訴状を提出	上告
356条	—	—	—	—
281条１項本文	直近上級裁判所	２週間	原裁判所に控訴状を提出	上告
281条１項本文	直近上級裁判所	２週間	原裁判所に控訴状を提出	上告
373条１項	受訴裁判所	最初にすべき口頭弁論の期日の終了前。終了前に弁論するときは、弁論するまで。	期日でする場合を除き書面（民訴規228条１項）	—
373条４項	—	—	—	—
378条１項	原裁判所	２週間	書面（民訴規230条、217条）	特別上告
375条３項	—	—	—	—
380条１項	—	—	—	—
379条２項、375条３項	—	—	—	—
381条２項	地方裁判所	１週間	原裁判所に抗告状を提出	再抗告
386条２項	支払督促を発した書記官が所属する簡易裁判所又は記録が送付される地方裁判所	２週間（391条１項）、ただし、391条１項但書、392条の例外あり	書面又は口頭	→【309】参照
385条３項	却下処分をした書記官が所属する簡易裁判所	１週間	書面又は口頭	→【305】、【306】参照

章	節	項	番号	不服申立の対象となる行為ないし事実	参照条文	不服申立方法
第18章 督促手続			305	裁判所書記官の支払督促申立却下処分に対して債権者が異議を申し立てたが、裁判所が、異議に理由がないとして、申立を却下する旨の決定をした。	385条3項	×
			306	裁判所書記官の支払督促申立却下処分に対して、債権者が異議を申し立てたところ、裁判所が異議を認め、裁判所書記官が支払督促を送達した。	385条3項	督促異議申立
			307	債権者が仮執行宣言の申立をし、裁判所書記官がこれを認容して、債務者に対し、仮執行宣言付支払督促を送達した。	391条1項、2項	督促異議申立
			308	債権者が仮執行宣言の申立をしたところ、裁判所書記官がこの申立を却下した。	391条1項	異議
			309	【303】【306】【307】の場合に、債務者が督促異議申立をしたが、裁判所が督促異議の申立が不適法という理由で却下する決定をした。	394条1項	即時抗告
			310	仮執行宣言後、督促異議申立前に、発付された支払督促に計算違い誤記その他これに類する明白な誤りを発見した。	391条1項	更正処分の申立
			311	仮執行宣言後、督促異議申立前に、書記官が支払督促の更正処分をした。	389条1項、74条1項	異議
			312	仮執行宣言後、督促異議申立前に、更正処分の申立をしたところ、書記官が申立を却下した。	389条1項、74条1項	異議
			313	仮執行宣言、督促異議申立後に、書記官が、支払督促の更正処分をした	389条1項、74条1項	×
第19章 執行停止			314	裁判所が、執行停止等の申立を認容する決定をした。	403条1項	×
			315	裁判所が、執行停止等の申立を理由なしとして却下する旨の決定をした。	403条1項	×

根拠条文	不服を審理する機関	不服申立期間	方　式　等	再度の不服申立
385条４項	—	—	—	—
386条２項	支払督促を発した書記官が所属する簡易裁判所又は記録が送付される地方裁判所	２週間(391条１項)、ただし、391条１項但書、392条の例外あり	書面又は口頭	→【309】参照
386条２項、393条	支払督促を発した書記官が所属する簡易裁判所又は記録が送付される地方裁判所	２週間	書面又は口頭	→【309】参照
391条３項、385条３項	申立てを却下した書記官が所属する裁判所	１週間	書面又は口頭	即時抗告
394条２項	地方裁判所	１週間	原裁判所に抗告状を提出	再抗告（即時抗告）
389条１項、74条１項	支払督促を発布した書記官	１週間	書面又は口頭	→【311】、【312】参照
389条１項、74条２項、71条４項	更正処分をした書記官が所属する簡易裁判所	１週間	書面(389条１項、74条１項、民訴規28条)	即時抗告
389条１項、74条２項、71条４項	更正処分をした書記官が所属する簡易裁判所	１週間	書面(389条１項、74条１項、民訴規28条)	即時抗告
389条２項	—	—	—	—
403条２項	—	—	—	—
403条２項	—	—	—	—

第2編

民事執行

第１章　民事執行手続における不服申立総論

第１　民事執行手続における不服申立の概要

1　民事執行法は、判決等で確認された実体法上の権利の実現についての手続を規律する法律である。

権利の実現の場面であることから、実際いくら回収できるかや、価値の下落を最小限に抑えなければならないなど迅速性が要求される場面や、又は、債務者の自宅等に直接出向いて強制的に占有を排除しなければならない場面など、利害対立が現実的かつ先鋭化しており、執行裁判所や執行官に対し、不服を述べるに際しても迅速かつ適切にしなければ権利の確保ができないという点では、民事訴訟手続よりもシビアである。

民事執行手続は、大きく分けて、強制執行手続（22条ないし174条）、担保権の実行手続（180条ないし195条）、財産開示手続（196条ないし203条）の３種類の手続がある。このなかで民事執行法上の中心的な手続は強制執行手続であり、本書は、かかる点を中心に論じていくことにする。

強制執行手続は、債務名義の存在を前提に、執行文付与の申立によって執行文が付与され、次に強制執行の申立がなされると一連の執行手続が進行する。したがって、不服申立手段もその進行する手続の各段階で用意されている。これをあらかじめ示せば次頁のようになる。

ここから分かるように、強制執行手続のなかの様々な場面で、①執行抗告と②執行異議が問題となる。そこで、本章において、執行手続上の違法に対する不服申立方法である、①執行抗告と②執行異議について、一般的な解説を加えることにする（その上で、第２章において各執行手続のフローチャートにより、どの場面でこれらの不服を申し立てることができるかを示す）。続いて、執行文付与の段階での不服申立（③～⑤）、不当執行に対する不服申立（⑥⑦）、配当の段階での不服申立（⑧⑨）について説明し、最後に強制執行手続以外の手続について説明することとする。

2　ところで、民事執行法上の不服申立手段により不服申立をしても、それだけでは執行手続は停止、取消とはならない。すなわち、いくら執行抗告や、執行異議を申し立てても、手続が進行してしまい、不服申立の実効性が確保できない。

そこで予め、このように不服申立だけでは停止しない執行手続を停止させるための不服申立手段について検討しておく。

⑴　執行手続を停止、取消させるには、不服申立をするほかに、仮の処分の職権発動を促し、又は、執行文の付与に対する異議の訴え、請求異議の訴え、第三者異議の訴えについては、仮の処分を求める申立をして、それにより停止決定、取消決定を得て（39条１項６号、７号）、それを執行機関に提出する必要がある。このような手続をとることにより、初めて、執行手続が停止、取消となり、不服申立の実効性が確保されるのである。

もっとも、仮の処分により停止決定、取消決定を得るには、原則として担保の提供が要求される（10条６項前段、11条２項、32条２項本文、36条１項、38条４項、132条３項、153条３項、167条の８第３項、168条の２第７項）。

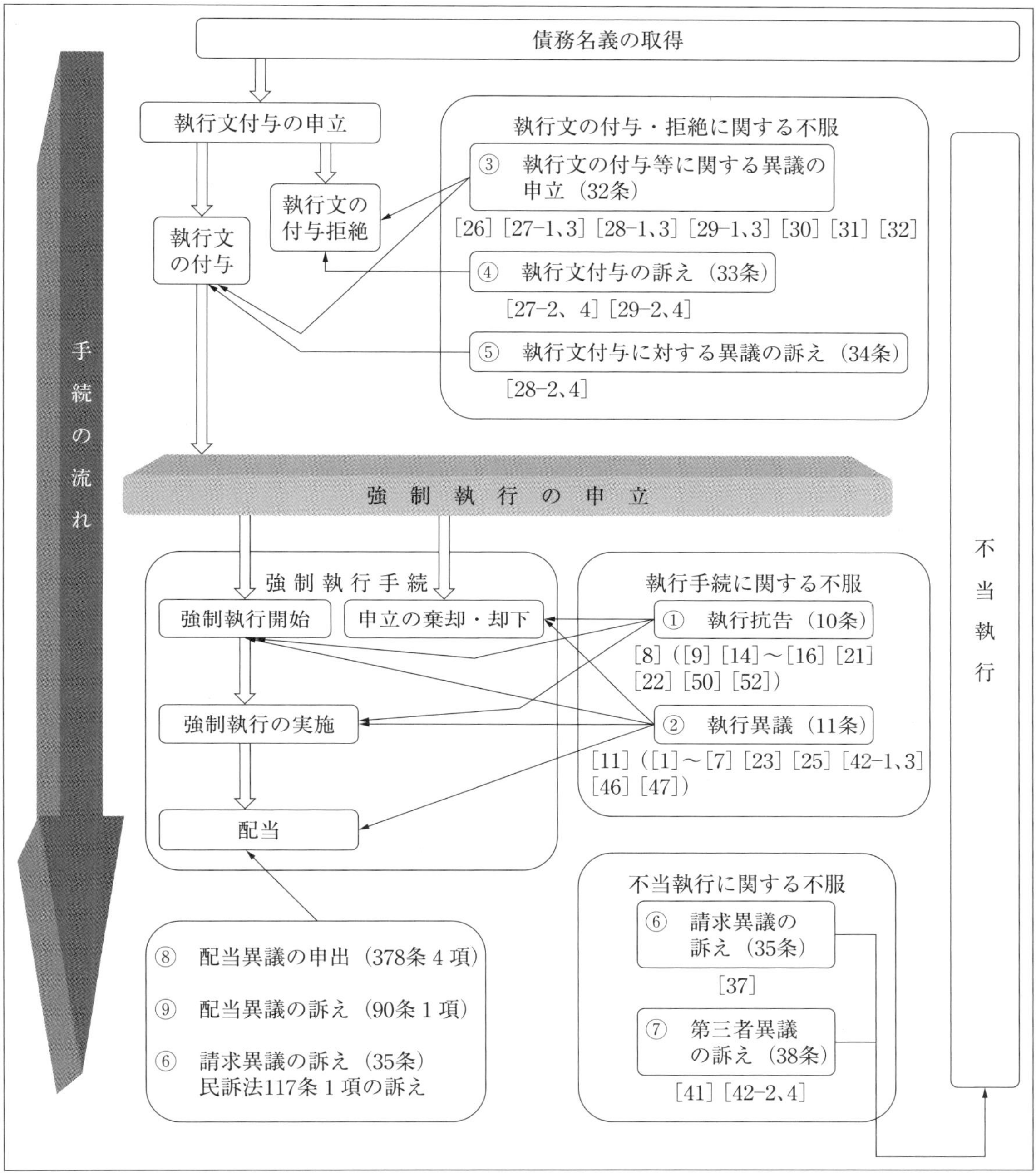

なお、仮の処分の申立についての裁判に対しては、不服を申し立てることができない（10条９項、11条２項、32条４項、36条５項、38条５項、132条５項、153条５項、167条の８第３項、168条の２第７項）。

(2)　不服申立手段に対応する仮の処分の内容

①　執行抗告（10条６項前段）

A　原裁判の執行の停止

B　民事執行の手続の全部若しくは一部の停止

② 執行異議（11条２項、10条６項前段）
　A 執行処分の執行の停止
　B 民事執行の手続の全部若しくは一部の停止
③ 執行文の付与に対する異議
　強制執行の停止
④ 執行文の付与に対する異議の訴え（36条１項）
　A 強制執行の停止
　B 既にした執行処分の取消
⑤ 請求異議の訴え（36条１項）
　A 強制執行の停止
　B 既にした執行処分の取消
⑥ 第三者異議の訴え（38条４項、36条１項）
　A 強制執行の停止
　B 既にした執行処分の取消
⑦ 強制執行不許を求める訴え（168条の２第７項、36条１項）
　A 強制執行の停止
　B 既にした執行処分の取消

第２　執行抗告及び執行異議

１ 総　　論

(1) 民事執行の手続に関する執行機関の行為につき、その手続規定の違背を主張して救済を求める手段としては、執行抗告（10条）と執行異議（11条）とがある。

ところで、違法執行とは執行機関の執行行為がその手続規定に違背し、執行法上違法である執行のことであり、不当執行とは、執行手続法上は適法であるが、執行を認める実体上の根拠を欠く執行のことである。

執行抗告及び執行異議は、違法執行に対する不服申立方法として共通するものである。

もっとも、民事執行法上、この２つの不服申立手段が規定されているのは、執行裁判所と執行官による執行機関の二元的構成に対応するとともに、執行裁判所の行為のなかに執行手続上の意義なり効果の点で多種多様なものがあることから、それぞれについて執行手続の適正の保障と迅速な手続進行の確保という相反する要請の調整内容を異別にする必要があるからである（中野貞一郎「民事執行・保全法概説」（有斐閣双書・第３版））。

(2) 執行抗告・執行異議の適用範囲は、原則として形式的・手続的な瑕疵に限るが、担保執行については、例外的に、実体的な瑕疵についての異議を許容しているものがある（例外については、後述）。

２ 執行抗告（10条）

(1) 執行抗告の意義

執行抗告は、違法な執行手続のうち、上級審の審理・判断に服せしめることが適当な執行裁判所の処分（決定）を個別的に選び出して、法律上限定的に列挙したものである。

すべての手続違法について抗告を許すとすれば、手続の引き伸ばしのために利用される等の弊害が生じるからである。

上記のとおり、執行抗告による不服申立を行える場面は、法定されている場面に限られているが、具体的に如何なる場合に執行抗告ができるかについては、一覧表で示すこととする（典型的には一覧表【８】を参照。その他、【９】【15】【16】【17】【21】【22】【50】【52】参照)。

⑵　執行抗告の手続

執行抗告は、抗告状を原裁判所に提出してする（10条２項)。抗告理由の明示を必要とし、抗告状に抗告理由の記載がない場合は、抗告人は、抗告状を提出した日から一週間以内に抗告理由書を原裁判所に提出しなければならない（10条３項)。

理由の記載は、原裁判の取消・変更を求める事由を具体的に摘示してすることを要する（10条４項、民執規６条)。

⑶　執行抗告の申立権者

原則として法律で規定された執行抗告ができる裁判の申立人及び相手方であるが、その裁判によって不利益を受ける者であれば、誰でも執行抗告を申し立てることができる。

たとえば、売却により消滅する賃借権を有する賃借人は、売却許可決定に対して、執行抗告ができる（仙台高決平１・10・12判時1333−107)。

⑷　執行抗告と執行停止の関係

執行抗告は、原裁判について、原則として執行停止の効力をもたない。例外的に執行抗告ができる各個の裁判について、確定しなければ効力を生じない旨の規定が置かれている。

この場合は、担保を積むなどして執行抗告についての裁判が確定するまで、執行の停止等を申し立てる必要がある。

⑸　執行抗告の手数料

①　代替執行、間接強制、扶養義務等に係る金銭債権についての間接強制、財産開示手続実施の決定に対する執行抗告

3,000円

代替執行又は間接強制の執行の申立手数料2,000円（民訴費３条別表第１・11の２）の1.5倍の額（民訴費３条別表第１・18⑴)

②　それ以外の執行抗告

1,000円（民訴費３条別表第１・18⑷)

3　執行異議（11条)（【１】～【７】【23】【25】【42−１、３】【46】【47】)

⑴　執行異議とは、執行抗告ができない裁判所の執行処分及び執行官（及び裁判所書記官、執行共助機関）の執行処分ないしその遅滞に対する不服申立方法である。

執行異議ができる場合については、法律及び規則に規定されているものの他、原則あらゆる場面で、不服申立ができる（例外として、執行停止等の仮の処分等【13】)。

どのような場面で、いかなる執行異議の申立ができるかについては、フローチャート及び設例一覧表を参考にされたい（典型的には【11】参照。その他【１】～【７】【23】【25】【42−１、３】【46】【47】参照)。

⑵　執行異議の適用範囲

異議事由については、規定上明確を欠くが、原則として、執行処分の形式的・手続的な瑕疵に

限られると解されている（例外については後述する）。

⑶　**執行異議の手続**

執行異議の申立は、原則として書面でしなければならないが、期日においては口頭でもすることができる（民執規８条１項）。

執行異議の申立は、異議理由を明示して行わなければならない（民執規８条２項）。

必ずしも口頭弁論を経ることを要しないので（４条）、注意が必要である。

執行異議の裁判は、執行裁判所による一審限りで、これに対する不服申立はできないのが原則である。

しかし、執行異議に応じて執行裁判所が手続を取消す決定をした場合等は、執行抗告により不服を申し立てることができる（12条１項）。

⑷　**執行異議の申立権者**

申立人や相手方だけでなく、広く違法な執行処分や処分の遅滞により直接に不利益を受ける者は、執行異議を申し立てることができる。

⑸　**執行異議の手数料**

500円（民訴費３条別表第１、17ロ（執行裁判所の執行処分の場合）、同ヘ（執行官の執行処分の場合））

第３　執行の準備段階である執行文の付与の場面での不服申立手段

１　総　　論

執行の準備段階における場面として、執行文の付与の段階があるが、民事執行法では、執行文をめぐる不服申立手段として、③執行文の付与等に関する異議の申立、④執行文付与の訴え、⑤執行付与に対する異議の訴えを規定している。

２　執行文の付与等に関する異議の申立（32条）

⑴　**適用場面**

設例一覧表【26】【27−１、３】【28−１、３】【29−１、３】【30】【31】【32】参照。

⑵　**手　　続**

執行文の付与に関する付与機関の処分に不服がある債権者又は債務者は、その処分をした裁判所書記官の所属する裁判所又は公証人の役場の所在地を管轄する地方裁判所に異議の申立をすることができる。

⑶　**異議事由**

異議の事由は、執行文を付与すべきであるのに付与を拒絶し、又は、付与すべきでないのに付与した付与機関の処分の違法である。

⑷　**手 数 料**

500円（民訴費３条別表第１・17ロ）

３　執行文付与の訴え（33条）

⑴　**意　　義**

執行が事実の到来にかかる場合や、債務名義の執行力が当事者以外の者に及ぶ場合には、債権者はこれらの事由を証する文書を提出しなければならない。

この文書を提出できない時には、この執行文付与の訴えを提起し、勝訴判決を得なければ執行文の付与が受けられない。設例一覧表【27－２、４】【29－２、４】参照。

(2) **管　轄**

執行文付与の訴えの管轄は、債務名義の種類により以下のように定められている。

債　務　名　義	管　轄　裁　判　所
確定判決（22条１号）	第１審裁判所（32条２項１号）
仮執行宣言付判決（22条２号）	
抗告によらなければ不服を申し立てることができない裁判（22条３号）	
確定した執行判決のある外国裁判所の判決（22条６号）	
確定した執行決定のある仲裁判断（22条６号の２）	
確定判決と同一の効力を有するもの（22条７号）	
仮執行宣言付支払督促（(22条４号）以下のものを除く))	仮執行の宣言を付した支払督促を発した裁判所書記官の所属する簡易裁判所（同条項２号）
電子情報処理組織を用いて申し立てた仮執行宣言付支払督促（22条４号）	当該支払督促の申立について訴えの提起があったものとみなされる裁判所（同条項３号）
訴訟費用・和解費用の負担の額を定める裁判所書記官の処分（22条４号の２）	処分をした裁判所書記官の所属する裁判所（同条項４号）
執行証書（22条５号）	債務者の普通裁判籍の所在地を管轄する裁判所（同条項５号）
確定判決と同一の効力を有するもののうち、和解又は調停に係るもの（22条７号）	和解又は調停が成立した簡易裁判所、地方裁判所、家庭裁判所（同条項６号）

(3) **訴　額**

債務名義に表示された請求権（本案訴訟の訴額）の価額の２分の１

債務名義に表示された請求権の価額の算定方法は、債務名義表示の給付請求権について本案訴訟を提起する場合の訴額の算定方法と同じである。

（注）　債務名義に表示された請求権の価額によって訴額を算定するとする見解もある。

4　執行文付与に対する異議の訴え（34条）

(1) **意　義**

債務者が執行文付与の際に証明された執行条件の成就や承継その他執行力拡張事由の欠缺を主張して、その執行正本に基づく強制執行の不許を求める訴えである。

適用場面については、設例一覧表【28－２、４】参照。

(2) **異議事由**

異議事由が数個ある場合には、同時に主張しなければならない（34条２項)。

(3) **訴　額**

執行文付与の訴えと同じ。

第４　不当な執行に対する不服申立

１　総　　論

債務名義に示された私法上の請求権は、必ず現存するとは限らない。確定判決であっても後に弁済等により請求権が消滅することもある。

しかし、このような場合であっても債務名義は当然には失効しないし、執行機関は債務名義の内容が実体関係と合致するか調査せずに、債務名義の表示に従って執行する。

そのため、債務者や第三者が実体法上甘受するいわれのない不当な執行を受けるおそれがあり、これに対する不服申立手段が⑦請求異議の訴え及び⑧第三者異議の訴えである。

２　請求異議の訴え（35条）

⑴　請求異議の訴えの意義

債務名義に表示されている請求権の存在又は内容に異議がある場合に、債務者が実体関係に即して法律関係に適合するよう、訴えにより当該債務名義の執行力の排除を求める救済方法である。

適用場面については一覧表【37】参照。

⑵　請求異議の訴えの手続

通常の訴訟手続で行われる。

⑶　訴　　額

執行力の排除を求める債務名義に表示された請求権の価額によって算定する（元本を基準とし、付帯請求は不算入（民訴法９条２項））。

①　債務名義の執行力の永久的な排除を求める場合（例：弁済、錯誤無効、債権譲渡）

債務名義に表示された請求権の価額

＊債務名義に表示された請求権の一部の執行力の排除を求める場合

　排除を求める部分の請求権の価額

②　債務名義の執行力の一時的な停止を求める場合（例：期限の猶予）

下記Ａ、Ｂの額のいずれか低い方の額

　Ａ　債務名義に表示された請求権の価額又は執行の目的である特定物に対する執行が延期される期間中の法定果実の総額

　Ｂ　執行債権額

なお、執行力が停止される期間は、債務名義に表示された本来の期限の翌日を始期とし、延期された期限の末日を終期とする。

また、法定果実の算定は、債務名義に表示された請求権の価額の場合、約定又は法定利息により、執行の目的である特定物の場合、約定又は賃料相当額によることとなる。

③　具体的な執行行為の排除を求める場合

執行の目的物の価額

④　反復・継続的な給付請求権を内容とする債務名義の執行力の排除を求める場合において、給付請求権の不存在又は不発生を事由とする場合

給付請求権の始期から訴え提起までの期間と第一審裁判所の平均審理期間（12か月）を合計し

た期間内の給付額

3　第三者異議の訴え（38条）

⑴　第三者異議の訴えの意義

強制執行の実際では、真実には債務者以外の第三者の財産であるものが差し押さえられる場合が生じるので、これに対する第三者の不服申立方法として第三者異議の訴えが規定されている。

適用場面については設例一覧表【41】【42−２、４】参照。

⑵　異議の原因

異議の原因とは、執行の目的物上に有する第三者の権利が執行によって消滅するか、何らかの形で侵害され、しかもその権利の性質上、第三者が執行債権者との関係で、その侵害を受忍すべき法律上の理由のない場合のことを意味する。

⑶　訴　　額

①　執行の排除を求める目的物が金銭債権の場合

債権額（被差押債権額）と執行債権額（当該強制執行における債権者（被告）の請求債権額）とを比較して低い方の額

②　執行の排除を求める目的物が金銭債権以外（不動産、動産等）の場合

ア　譲渡又は引渡しを妨げる権利が所有権、地上権、永小作権、賃借権の場合

目的物の価額の２分の１と執行債権額（当該強制執行における債権者（被告）の請求債権額）とを比較して低い方の額

イ　譲渡又は引渡しを妨げる権利が占有権の場合

目的物の価額の３分の１と執行債権額（当該強制執行における債権者（被告）の請求債権額）とを比較して低い方の額

（注）　執行された目的物の価額を基礎に、原告の権利に応じ、当該権利の確認の訴えを提起する場合と同様の算定基準に準拠して算定するとする見解もある（例えば、所有権の場合は全額、地役権を除く用益権（賃借権を含む）の対象である場合は２分の１、地役権の対象である場合は３分の１の額と執行債権額とを比較して低い方の額）。

③　執行の排除を求める目的物が有価証券の場合

有価証券の価額と執行債権額（当該強制執行における債権者（被告）の請求債権額）とを比較して低い方の額

第５　配当に関する不服申立

1　総論（配当異議の申出と配当異議の訴え等との関係）

配当に関して不服がある場合には、まず、配当異議の申出をしなければならないが、それだけでは、不服の実効性を確保することはできない。

配当異議を述べた期日から１週間以内に、次の図のとおりに、配当異議の訴え等を提起し、かかる訴えを提起したことの証明、及び、その訴えに係る執行停止の裁判の正本を執行裁判所に提出して初めて、配当に対する不服の実効性が確保できる（そうしないと、配当異議の申出は取り下げられたものとみなされてしまう）。

したがって、配当に異議がある場合には、必ず上記の手続を行う必要がある。

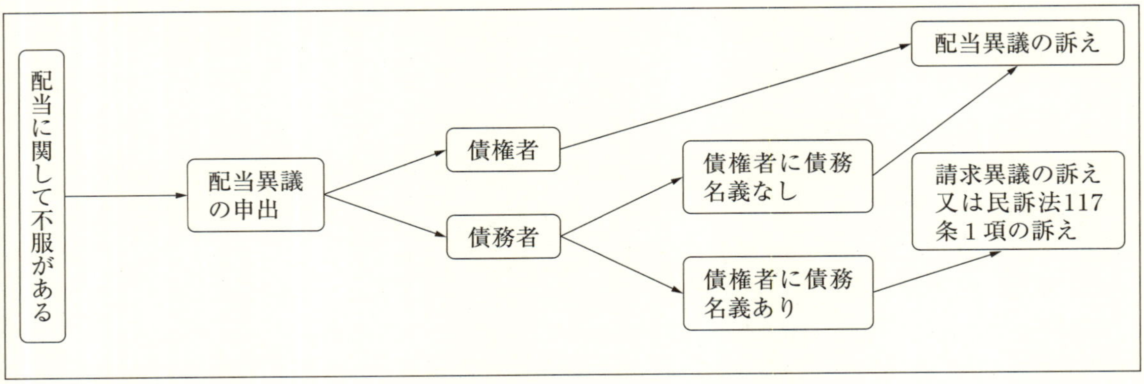

2　配当異議の申出（78条４項）

各債権者及び債務者が配当期日において配当表の記載について異議を述べることにより配当表の記載の瑕疵及び内容に対する不服申立手段である。

申立費用は不要である。

3　配当異議の訴え（90条１項）

⑴　意　　義

前記配当異議の意思を貫徹するために提起しなければならない訴えであり、かかる訴えにより最終的に不服に対する結論がでることとなる。

⑵　訴　　額

配当表の変更によって受ける利益による。

ア　債権者が提起する場合

当該債権者が受領する配当の増加額。

イ　債務者が提起する場合

剰余金が生ずるかどうかに関係なく異議のある債権額。

第６　その他の手続における不服申立の特色

1　担保執行における救済手段の特色

⑴　担保執行では、執行正本が要件とならないので、強制執行と異なり、債務名義ないし執行文付与に関する各救済（請求異議の訴え、執行文付与に関する異議、執行文付与の訴え、執行文付与に対する異議の訴え）の適用はないという特色がある。

また、担保という実体の問題が絡んでくる関係で、執行抗告、執行異議について実体に関わる不服が述べられるような特則が設けられているなど、救済手段に特色がある。

⑵　民事執行法上の担保執行の場面での不服申立の種類

①　執行抗告、執行異議

担保執行手続における、執行抗告・執行異議は、手続上の違法事由だけでなく、実体上の瑕疵についても異議事由とすることができるとの特則がある。

対　　象	条　　文	実体的異議理由
不動産担保執行・準不動産担保執行における競売開始決定に対する執行異議	182条、189条、民執規175条、同176条2項、同177条	担保権の不存在・消滅
担保不動産収益執行の開始決定に対する執行抗告		
動産競売の差押え	191条	担保権の不存在・消滅 一般先取特権の被担保債権の一部の消滅
債権その他の財産権に対する担保権実行の差押命令に対する執行抗告	193条2項、145条5項	担保権の不存在・消滅

②　担保権の存在を争う訴訟、担保権実行禁止仮処分

担保執行につき、その基本たる担保権の不存在・消滅、被担保債権の不成立・消滅・期限猶予等を主張して強制競売手続等を阻止しようとする債務者、所有者は、担保権不存在確認の訴えあるいは担保権設定登記抹消等の訴えを提起することができる。

また、上記訴訟を本案として担保権実行の禁止を命ずる、仮の地位を定める仮の処分を求めることができる（民保法23条2項）。

③　第三者異議の訴え

担保執行の目的とされた財産について所有権その他目的財産の譲渡又は引渡しを妨げる法的地位を有する第三者は、債権者に対し、その担保執行の不許可を求めるために、第三者異議の訴えを提起することができる（194条）。

2　財産開示手続（196条以下）

債務名義を有する債権者が、債務者財産に関する情報を取得するための制度である。

手続自体により最終的な債権の満足に至るものではなく、強制執行等の準備的なものと位置づけられるものである関係で、不服申立も、原則的には、債務名義等の内容等に関するものはなく、違法執行に関するもの（執行抗告、執行異議）のみである。

第２章　各執行手続における不服申立

第１　不動産強制競売

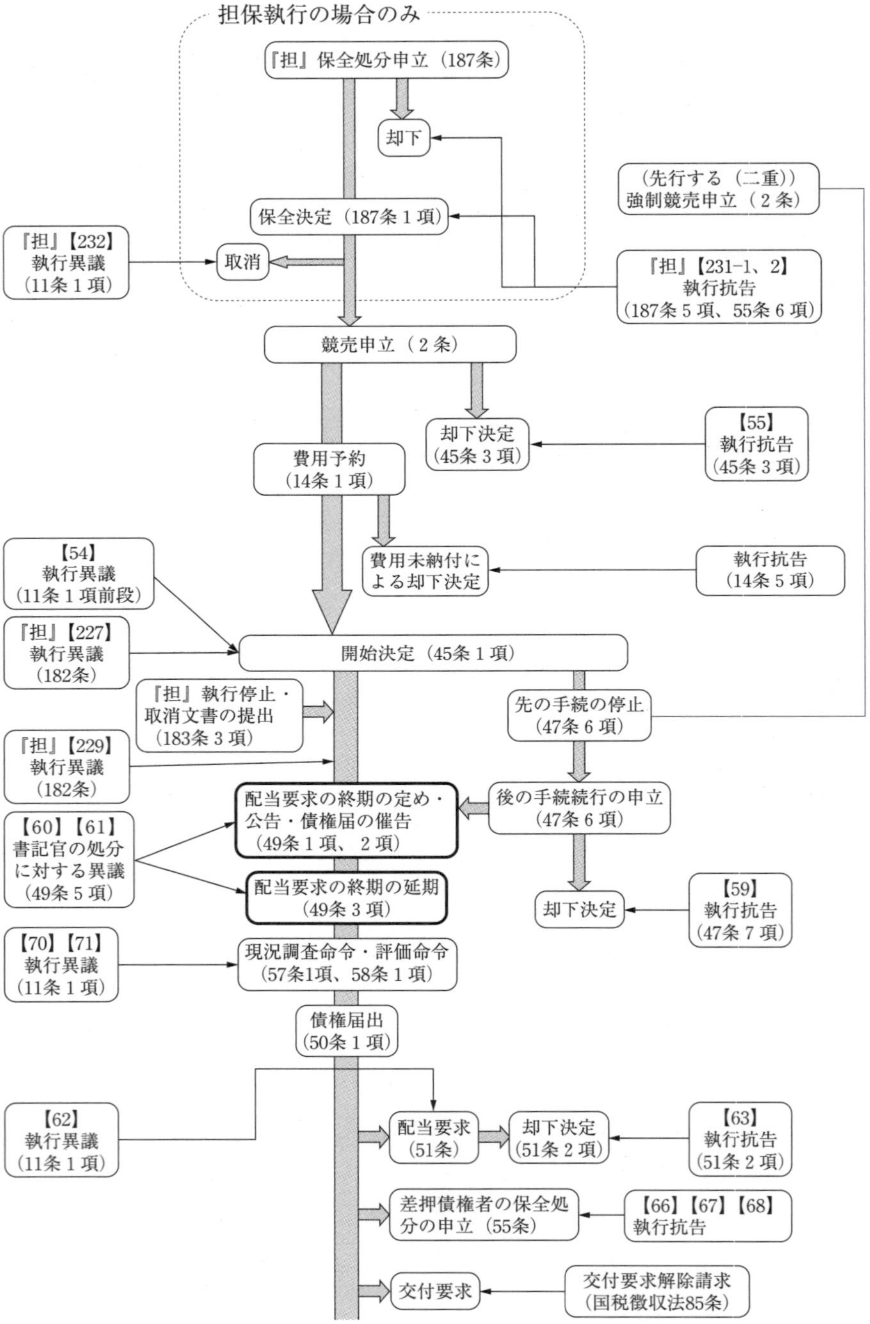
担保執行の場合のみ
『担』保全処分申立（187条）
却下
保全決定（187条１項）
『担』【232】
執行異議
（11条１項）
取消
（先行する（二重））
強制競売申立（２条）
『担』【231-1、2】
執行抗告
（187条５項、55条６項）
競売申立（２条）
却下決定
（45条３項）
【55】
執行抗告
（45条３項）
費用予約
（14条１項）
費用未納付による却下決定
執行抗告
（14条５項）
【54】
執行異議
（11条１項前段）
『担』【227】
執行異議
（182条）
開始決定（45条１項）
『担』執行停止・
取消文書の提出
（183条３項）
先の手続の停止
（47条６項）
『担』【229】
執行異議
（182条）
配当要求の終期の定め・
公告・債権届の催告
（49条１項、２項）
後の手続続行の申立
（47条６項）
【60】【61】
書記官の処分
に対する異議
（49条５項）
配当要求の終期の延期
（49条３項）
却下決定
【59】
執行抗告
（47条７項）
【70】【71】
執行異議
（11条１項）
現況調査命令・評価命令
（57条1項、58条１項）
債権届出
（50条１項）
【62】
執行異議
（11条１項）
配当要求
（51条）
却下決定
（51条２項）
【63】
執行抗告
（51条２項）
差押債権者の保全処分の申立（55条）
【66】【67】【68】
執行抗告
交付要求
交付要求解除請求
（国税徴収法85条）

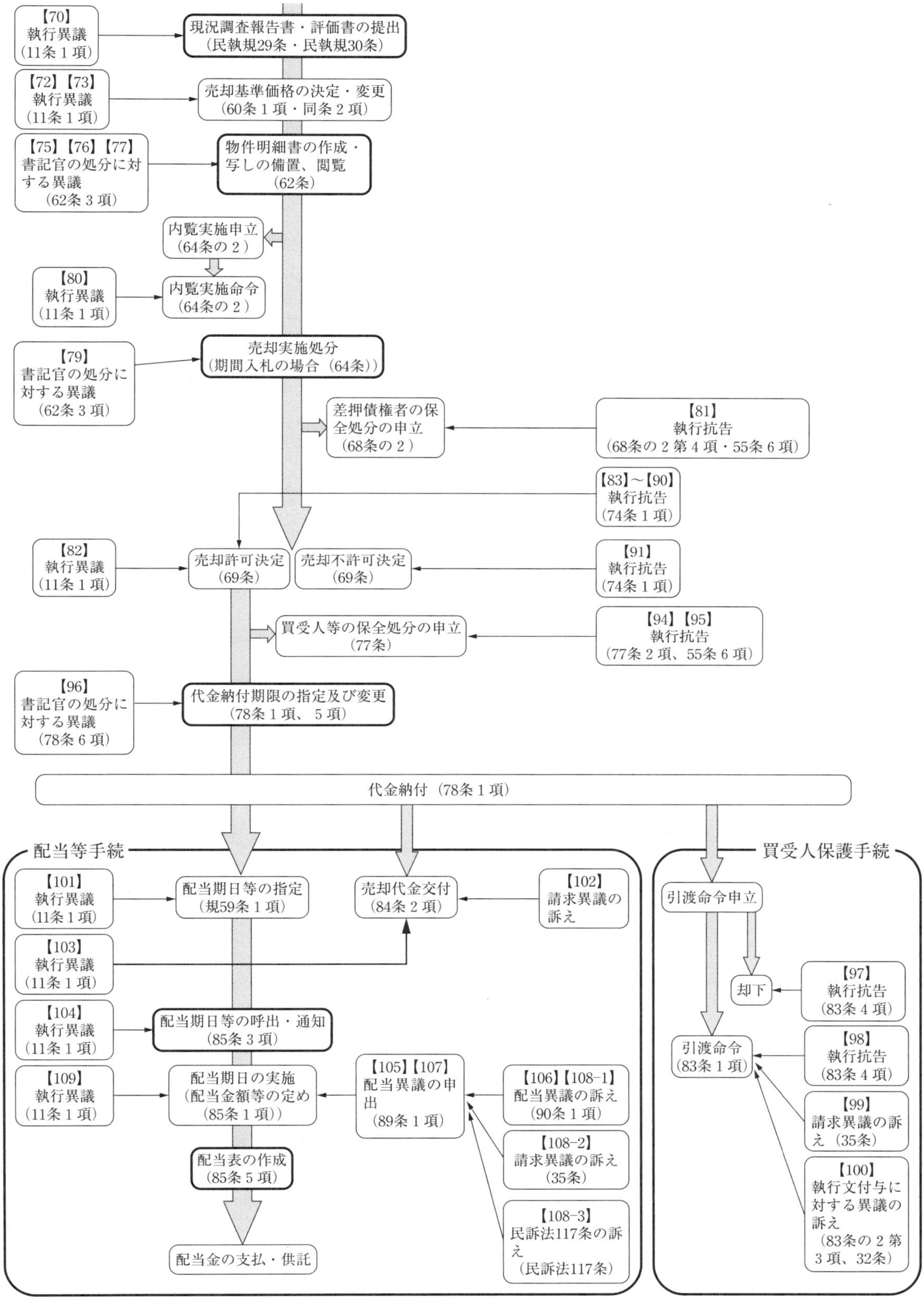

【70】執行異議（11条１項）
現況調査報告書・評価書の提出（民執規29条・民執規30条）
【72】【73】執行異議（11条１項）
売却基準価格の決定・変更（60条１項・同条２項）
【75】【76】【77】書記官の処分に対する異議（62条３項）
物件明細書の作成・写しの備置、閲覧（62条）
内覧実施申立（64条の２）
【80】執行異議（11条１項）
内覧実施命令（64条の２）
【79】書記官の処分に対する異議（62条３項）
売却実施処分（期間入札の場合（64条））
差押債権者の保全処分の申立（68条の２）
【81】執行抗告（68条の２第４項・55条６項）
【83】～【90】執行抗告（74条１項）
【82】執行異議（11条１項）
売却許可決定（69条）
売却不許可決定（69条）
【91】執行抗告（74条１項）
買受人等の保全処分の申立（77条）
【94】【95】執行抗告（77条２項、55条６項）
【96】書記官の処分に対する異議（78条６項）
代金納付期限の指定及び変更（78条１項、５項）
代金納付（78条１項）
配当等手続
【101】執行異議（11条１項）
配当期日等の指定（規59条１項）
売却代金交付（84条２項）
【102】請求異議の訴え
【103】執行異議（11条１項）
【104】執行異議（11条１項）
配当期日等の呼出・通知（85条３項）
【109】執行異議（11条１項）
配当期日の実施（配当金額等の定め（85条１項））
【105】【107】配当異議の申出（89条１項）
【106】【108–1】配当異議の訴え（90条１項）
【108–2】請求異議の訴え（35条）
【108–3】民訴法117条の訴え（民訴法117条）
配当表の作成（85条５項）
配当金の支払・供託
買受人保護手続
引渡命令申立
却下
【97】執行抗告（83条４項）
引渡命令（83条１項）
【98】執行抗告（83条４項）
【99】請求異議の訴え（35条）
【100】執行文付与に対する異議の訴え（83条の２第３項、32条）

第２　不動産強制管理

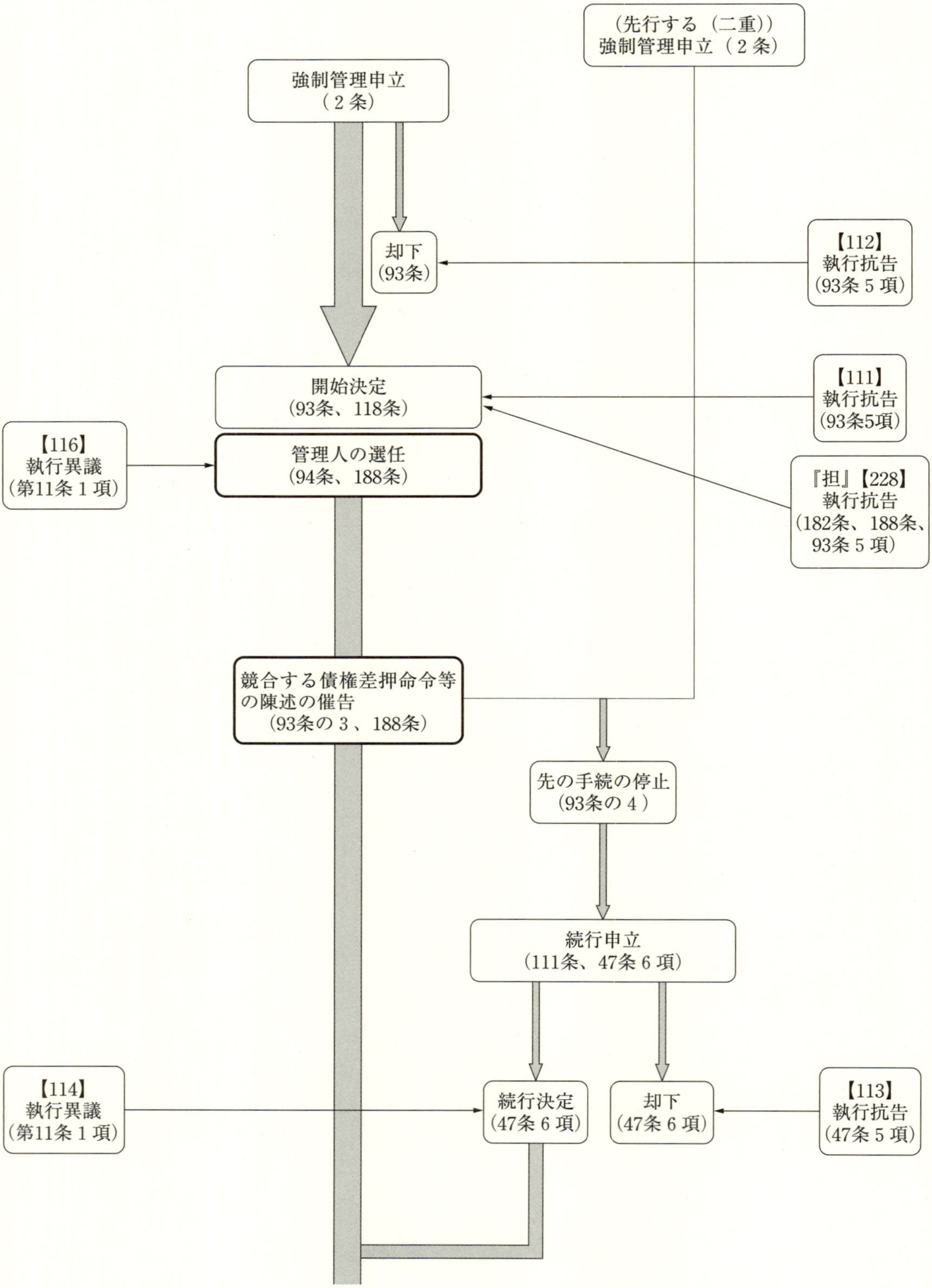
（先行する（二重））
強制管理申立（２条）
強制管理申立
（２条）
却下
(93条)
【112】
執行抗告
(93条５項)
開始決定
(93条、118条)
【111】
執行抗告
(93条5項)
【116】
執行異議
(第11条１項)
管理人の選任
(94条、188条)
『担』【228】
執行抗告
(182条、188条、
93条５項)
競合する債権差押命令等
の陳述の催告
(93条の３、188条)
先の手続の停止
(93条の４)
続行申立
(111条、47条６項)
【114】
執行異議
(第11条１項)
続行決定
(47条６項)
却下
(47条６項)
【113】
執行抗告
(47条５項)

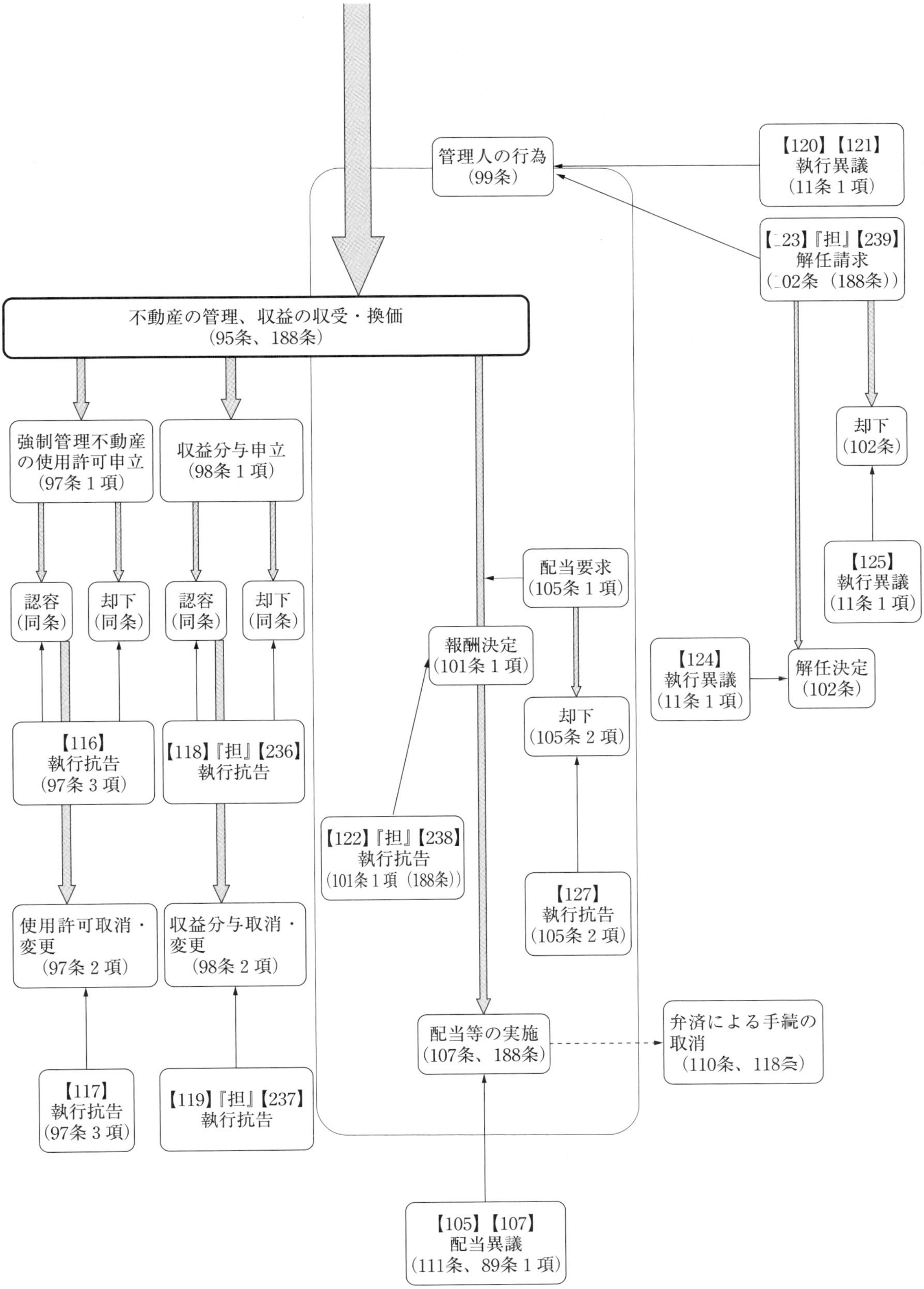
管理人の行為
(99条)
【120】【121】
執行異議
(11条１項)
【123】『担』【239】
解任請求
(102条（188条))
不動産の管理、収益の収受・換価
(95条、188条)
強制管理不動産の使用許可申立
(97条１項)
収益分与申立
(98条１項)
却下
(102条)
【125】
執行異議
(11条１項)
配当要求
(105条１項)
認容
(同条)
却下
(同条)
認容
(同条)
却下
(同条)
報酬決定
(101条１項)
【124】
執行異議
(11条１項)
解任決定
(102条)
却下
(105条２項)
【116】
執行抗告
(97条３項)
【118】『担』【236】
執行抗告
【122】『担』【238】
執行抗告
(101条１項（188条))
【127】
執行抗告
(105条２項)
使用許可取消・変更
(97条２項)
収益分与取消・変更
(98条２項)
配当等の実施
(107条、188条)
弁済による手続の取消
(110条、118条)
【117】
執行抗告
(97条３項)
【119】『担』【237】
執行抗告
【105】【107】
配当異議
(111条、89条１項)

第３　船舶執行

船舶執行（20トン以上（小型船舶は自動車執行にほぼ準ずる））

　登記のできる船舶に対する強制執行、担保競売については、原則として不動産の強制競売、担保競売の規定に準じる。

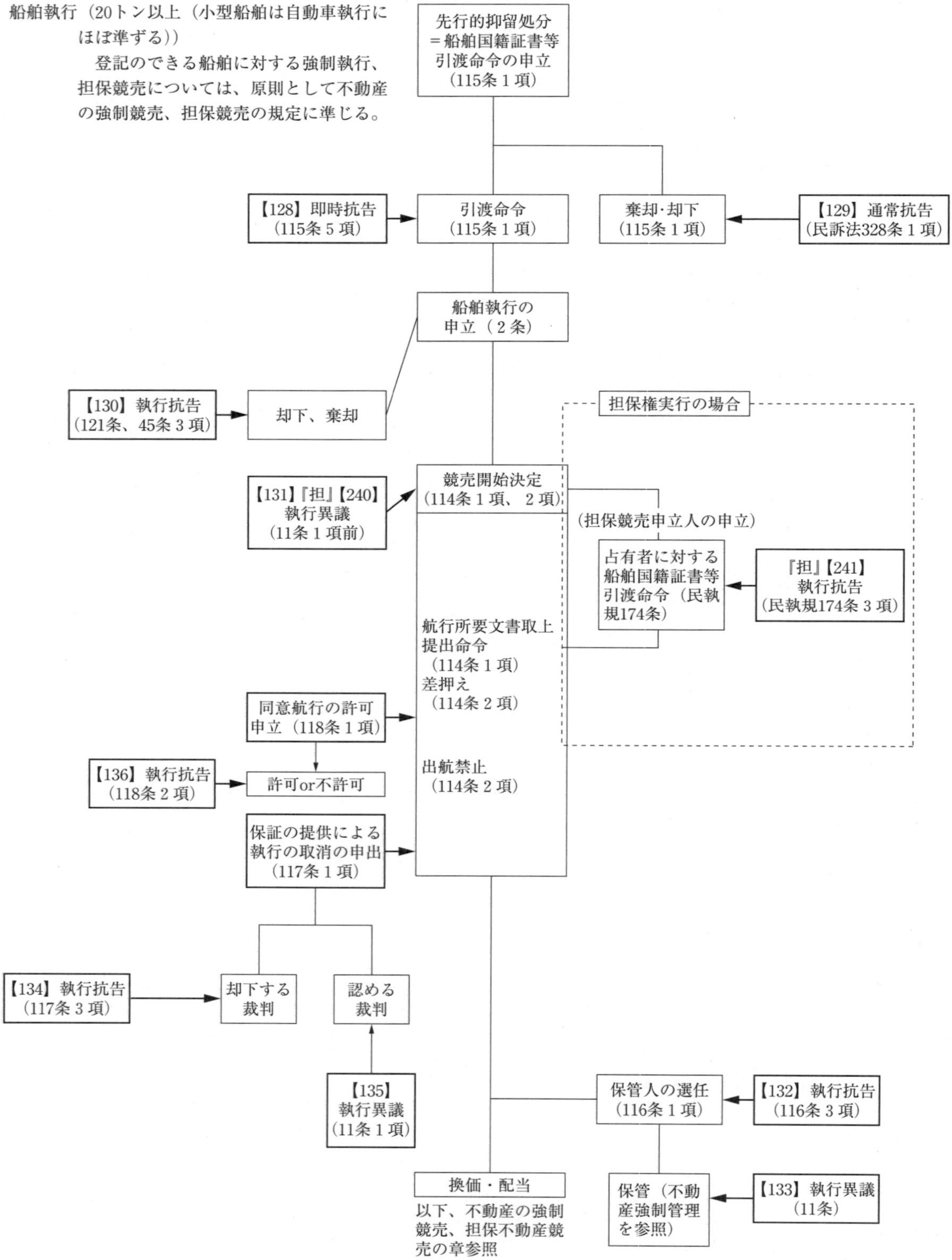

第４　自動車執行

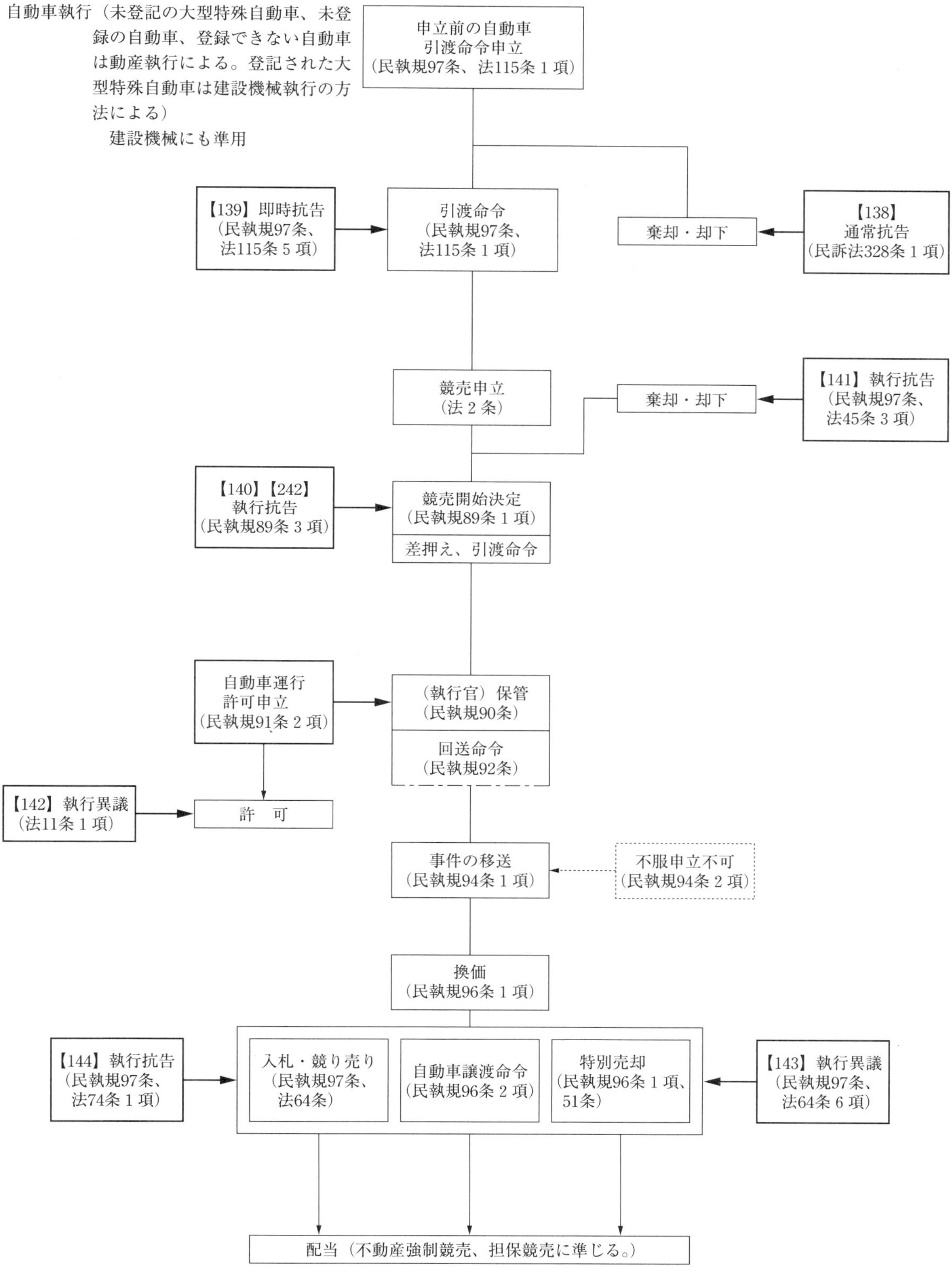

自動車執行（未登記の大型特殊自動車、未登録の自動車、登録できない自動車は動産執行による。登記された大型特殊自動車は建設機械執行の方法による）
建設機械にも準用
申立前の自動車引渡命令申立（民執規97条、法115条１項）
【139】即時抗告（民執規97条、法115条５項）
引渡命令（民執規97条、法115条１項）
棄却・却下
【138】通常抗告（民訴法328条１項）
競売申立（法２条）
棄却・却下
【141】執行抗告（民執規97条、法45条３項）
【140】【242】執行抗告（民執規89条３項）
競売開始決定（民執規89条１項）
差押え、引渡命令
自動車運行許可申立（民執規91条２項）
（執行官）保管（民執規90条）
回送命令（民執規92条）
【142】執行異議（法11条１項）
許　可
事件の移送（民執規94条１項）
不服申立不可（民執規94条２項）
換価（民執規96条１項）
【144】執行抗告（民執規97条、法74条１項）
入札・競り売り（民執規97条、法64条）
自動車譲渡命令（民執規96条２項）
特別売却（民執規96条１項、51条）
【143】執行異議（民執規97条、法64条６項）
配当（不動産強制競売、担保競売に準じる。）

第５　動産執行

司法研修所民事弁護教材「民事執行」のフローチャートを参考に作成
【特色】
動産執行は執行官に申し立てる。

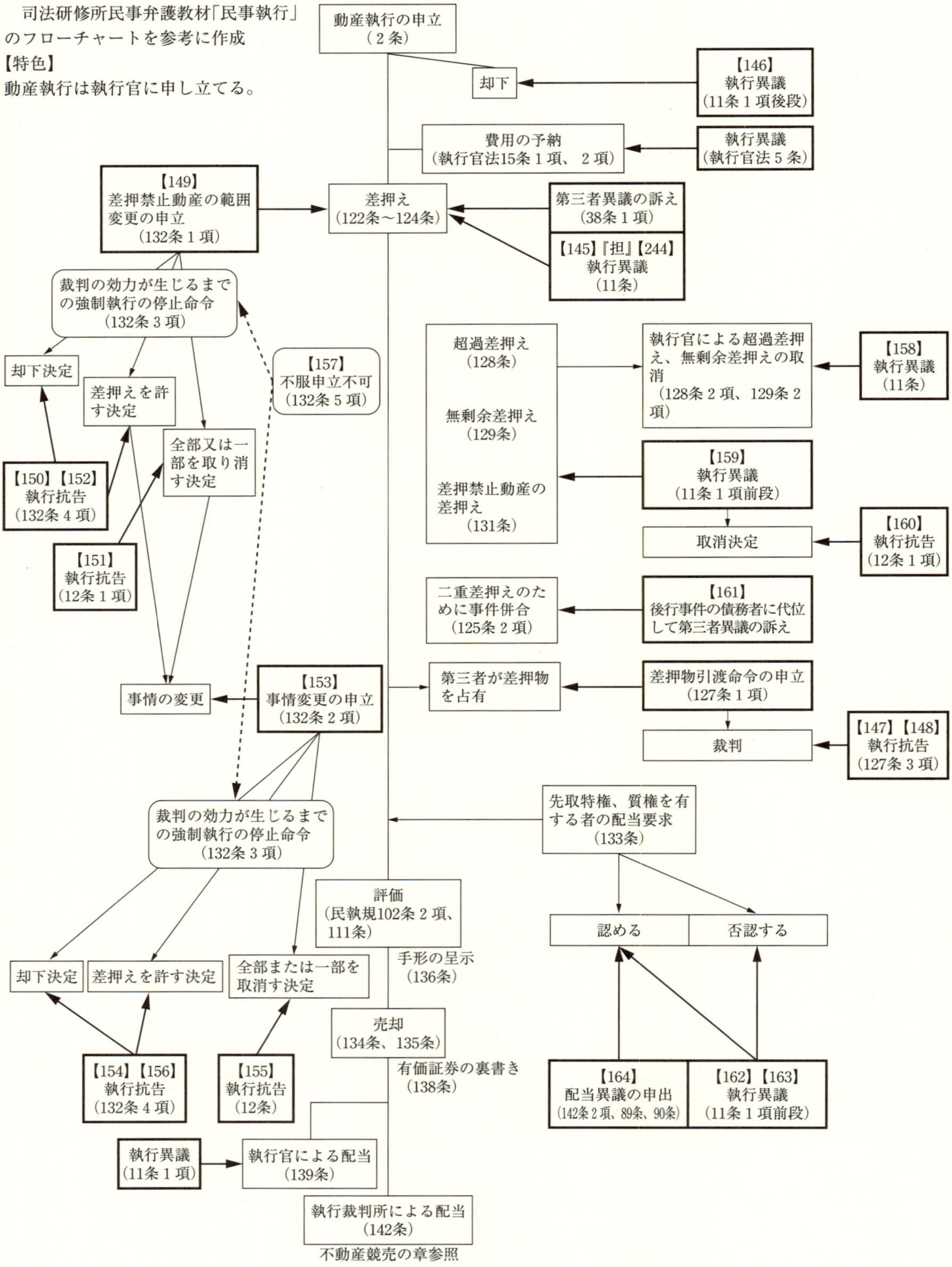
動産執行の申立
（２条）
却下
【146】
執行異議
（11条１項後段）
費用の予納
（執行官法15条１項、２項）
執行異議
（執行官法５条）
【149】
差押禁止動産の範囲変更の申立
（132条１項）
差押え
（122条～124条）
第三者異議の訴え
（38条１項）
【145】『担』【244】
執行異議
（11条）
裁判の効力が生じるまでの強制執行の停止命令
（132条３項）
却下決定
差押えを許す決定
全部又は一部を取り消す決定
【157】
不服申立不可
（132条５項）
【150】【152】
執行抗告
（132条４項）
【151】
執行抗告
（12条１項）
超過差押え
（128条）
無剰余差押え
（129条）
差押禁止動産の差押え
（131条）
執行官による超過差押え、無剰余差押えの取消
（128条２項、129条２項）
【158】
執行異議
（11条）
【159】
執行異議
（11条１項前段）
取消決定
【160】
執行抗告
（12条１項）
二重差押えのために事件併合
（125条２項）
【161】
後行事件の債務者に代位して第三者異議の訴え
事情の変更
【153】
事情変更の申立
（132条２項）
第三者が差押物を占有
差押物引渡命令の申立
（127条１項）
裁判
【147】【148】
執行抗告
（127条３項）
裁判の効力が生じるまでの強制執行の停止命令
（132条３項）
先取特権、質権を有する者の配当要求
（133条）
評価
（民執規102条２項、111条）
手形の呈示
（136条）
認める
否認する
却下決定
差押えを許す決定
全部または一部を取消す決定
売却
（134条、135条）
有価証券の裏書き
（138条）
【154】【156】
執行抗告
（132条４項）
【155】
執行抗告
（12条）
【164】
配当異議の申出
（142条２項、89条、90条）
【162】【163】
執行異議
（11条１項前段）
執行異議
（11条１項）
執行官による配当
（139条）
執行裁判所による配当
（142条）
不動産競売の章参照

第６　債権執行

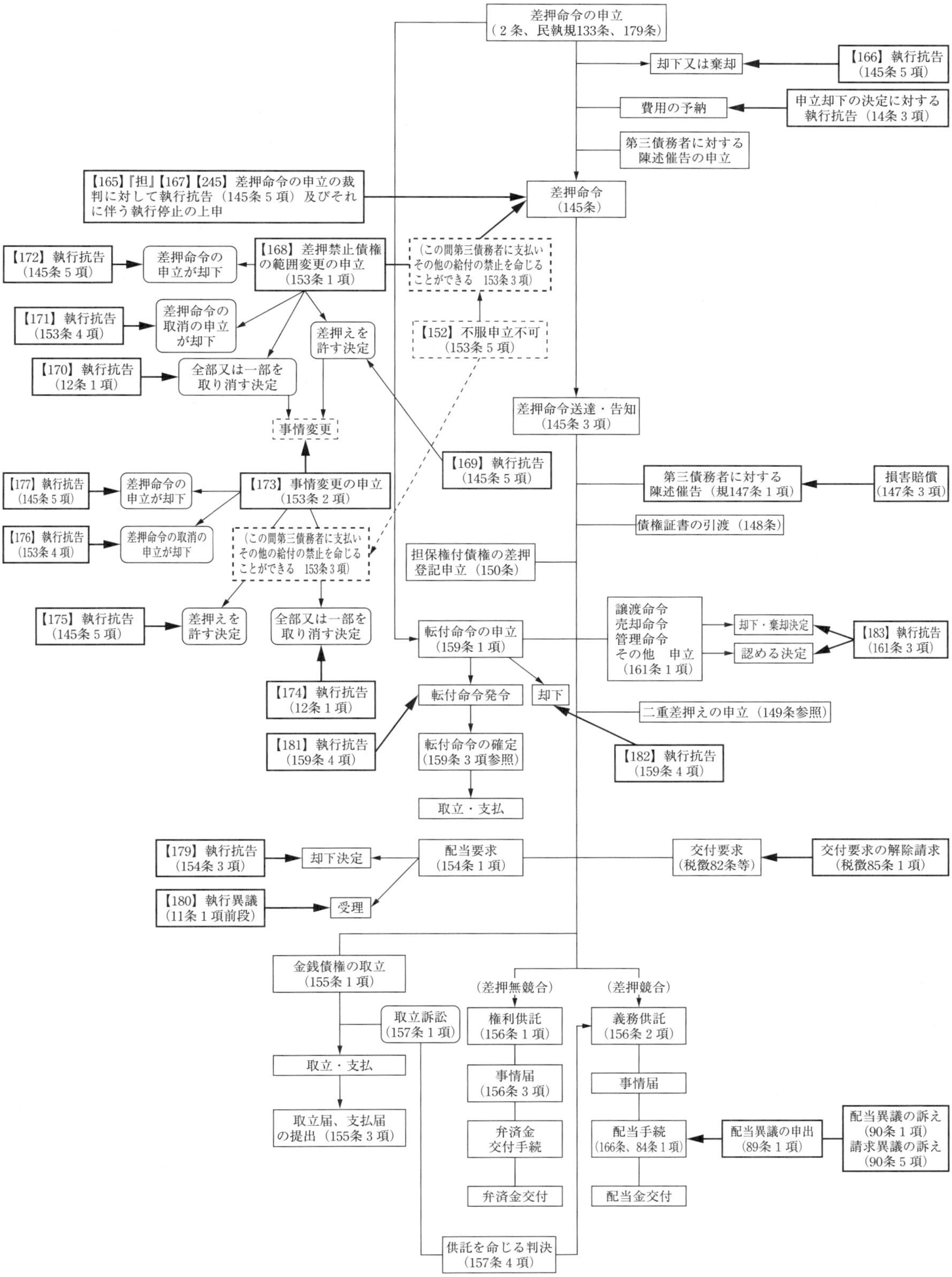
差押命令の申立（２条、民執規133条、179条）
却下又は棄却
【166】執行抗告（145条５項）
費用の予納
申立却下の決定に対する執行抗告（14条３項）
第三債務者に対する陳述催告の申立
【165】『担』【167】【245】差押命令の申立の裁判に対して執行抗告（145条５項）及びそれに伴う執行停止の上申
差押命令（145条）
【172】執行抗告（145条５項）
差押命令の申立が却下
【168】差押禁止債権の範囲変更の申立（153条１項）
（この間第三債務者に支払いその他の給付の禁止を命じることができる　153条３項）
【171】執行抗告（153条４項）
差押命令の取消の申立が却下
差押えを許す決定
【152】不服申立不可（153条５項）
【170】執行抗告（12条１項）
全部又は一部を取り消す決定
事情変更
差押命令送達・告知（145条３項）
【169】執行抗告（145条５項）
【177】執行抗告（145条５項）
差押命令の申立が却下
【173】事情変更の申立（153条２項）
第三債務者に対する陳述催告（規147条１項）
損害賠償（147条３項）
債権証書の引渡（148条）
【176】執行抗告（153条４項）
差押命令の取消の申立が却下
（この間第三債務者に支払いその他の給付の禁止を命じることができる　153条３項）
担保権付債権の差押登記申立（150条）
【175】執行抗告（145条５項）
差押えを許す決定
全部又は一部を取り消す決定
転付命令の申立（159条１項）
譲渡命令
売却命令
管理命令
その他　申立
（161条１項）
却下・棄却決定
認める決定
【183】執行抗告（161条３項）
【174】執行抗告（12条１項）
転付命令発令
却下
二重差押えの申立（149条参照）
【181】執行抗告（159条４項）
転付命令の確定（159条３項参照）
【182】執行抗告（159条４項）
取立・支払
【179】執行抗告（154条３項）
却下決定
配当要求（154条１項）
交付要求（税徴82条等）
交付要求の解除請求（税徴85条１項）
【180】執行異議（11条１項前段）
受理
金銭債権の取立（155条１項）
（差押無競合）
（差押競合）
取立訴訟（157条１項）
権利供託（156条１項）
義務供託（156条２項）
取立・支払
事情届（156条３項）
事情届
取立届、支払届の提出（155条３項）
弁済金交付手続
配当手続（166条、84条１項）
配当異議の申出（89条１項）
配当異議の訴え（90条１項）
請求異議の訴え（90条５項）
弁済金交付
配当金交付
供託を命じる判決（157条４項）

第７　少額訴訟債権執行

【説明】少額訴訟債権執行については、裁判所書記官に申し立てるという特色があり、手続も書記官の処分に対する不服申立という形を多くとる。ただし、複雑困難な法的判断が必要となることも多い転付命令等や配当等のためには、執行裁判所が事件を地方裁判所における一般の債権執行手続に移行させなければならず、また裁量的に手続を地方裁判所の債権執行手続に移行させることも認められている。

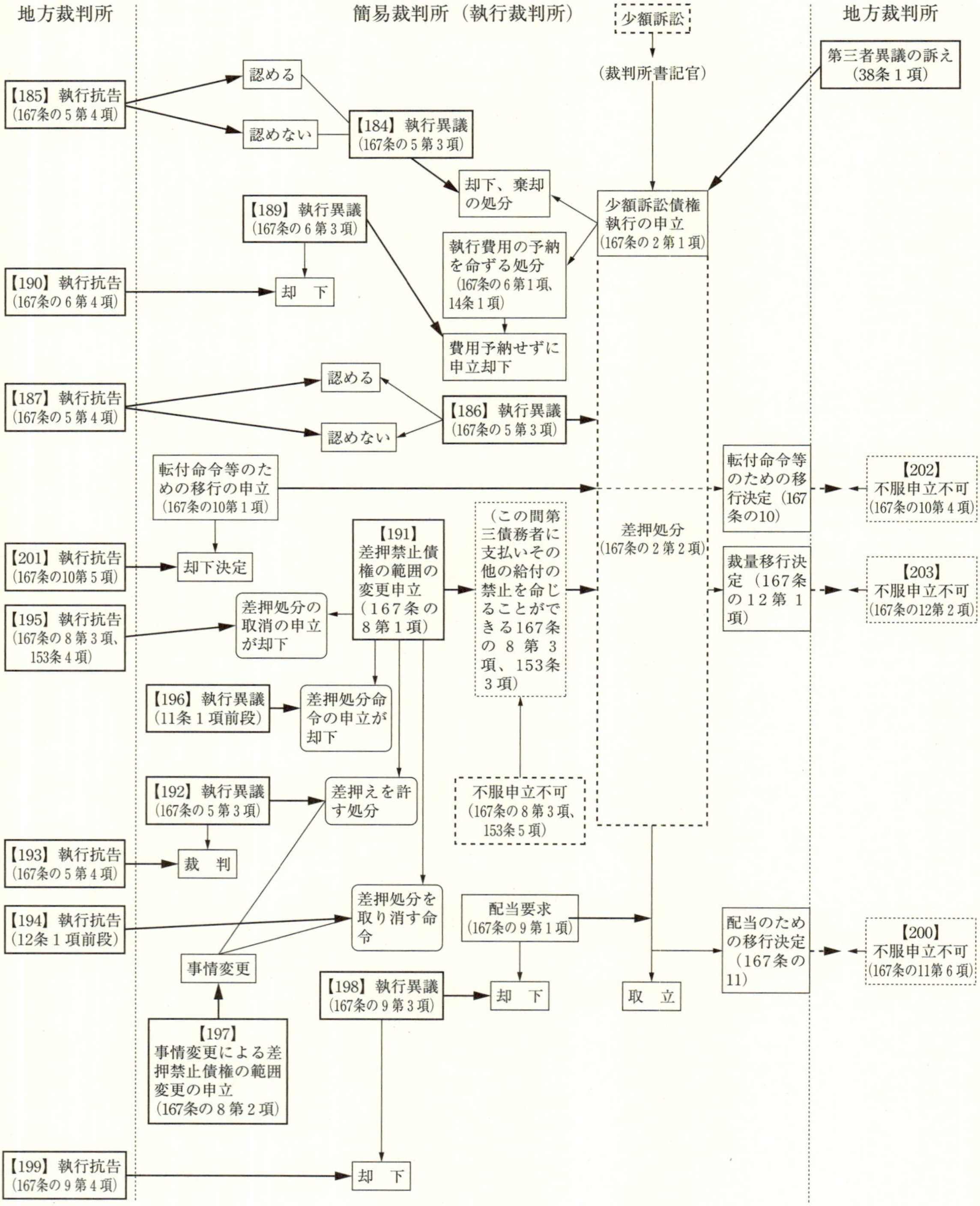

第８　扶養料等債権についての間接強制執行

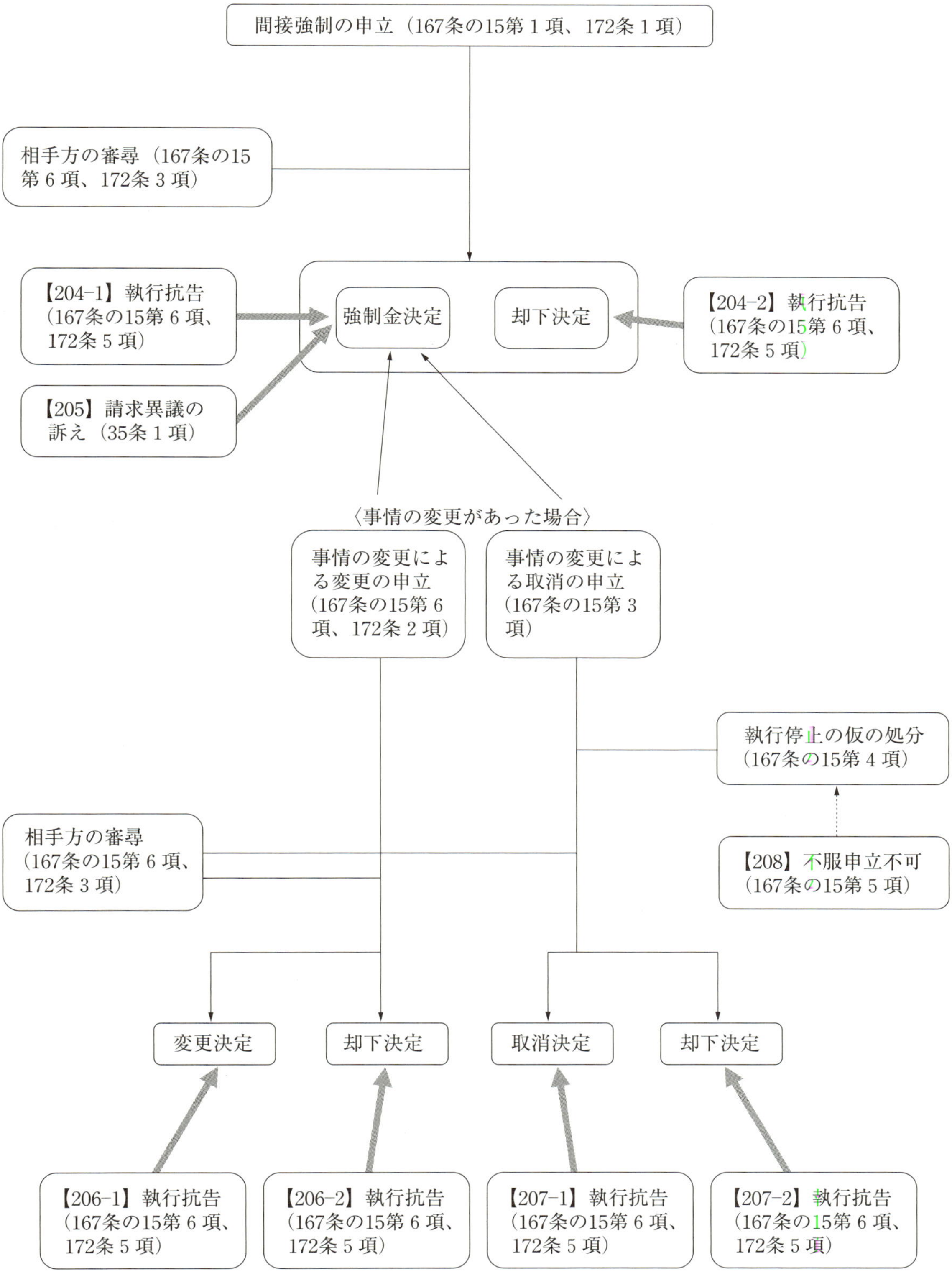

間接強制の申立（167条の15第１項、172条１項）
相手方の審尋（167条の15第６項、172条３項）
【204-1】執行抗告（167条の15第６項、172条５項）
強制金決定
却下決定
【204-2】執行抗告（167条の15第６項、172条５項）
【205】請求異議の訴え（35条１項）
〈事情の変更があった場合〉
事情の変更による変更の申立（167条の15第６項、172条２項）
事情の変更による取消の申立（167条の15第３項）
執行停止の仮の処分（167条の15第４項）
相手方の審尋（167条の15第６項、172条３項）
【208】不服申立不可（167条の15第５項）
変更決定
却下決定
取消決定
却下決定
【206-1】執行抗告（167条の15第６項、172条５項）
【206-2】執行抗告（167条の15第６項、172条５項）
【207-1】執行抗告（167条の15第６項、172条５項）
【207-2】執行抗告（167条の15第６項、172条５項）

第9　不動産の引渡し等の強制執行

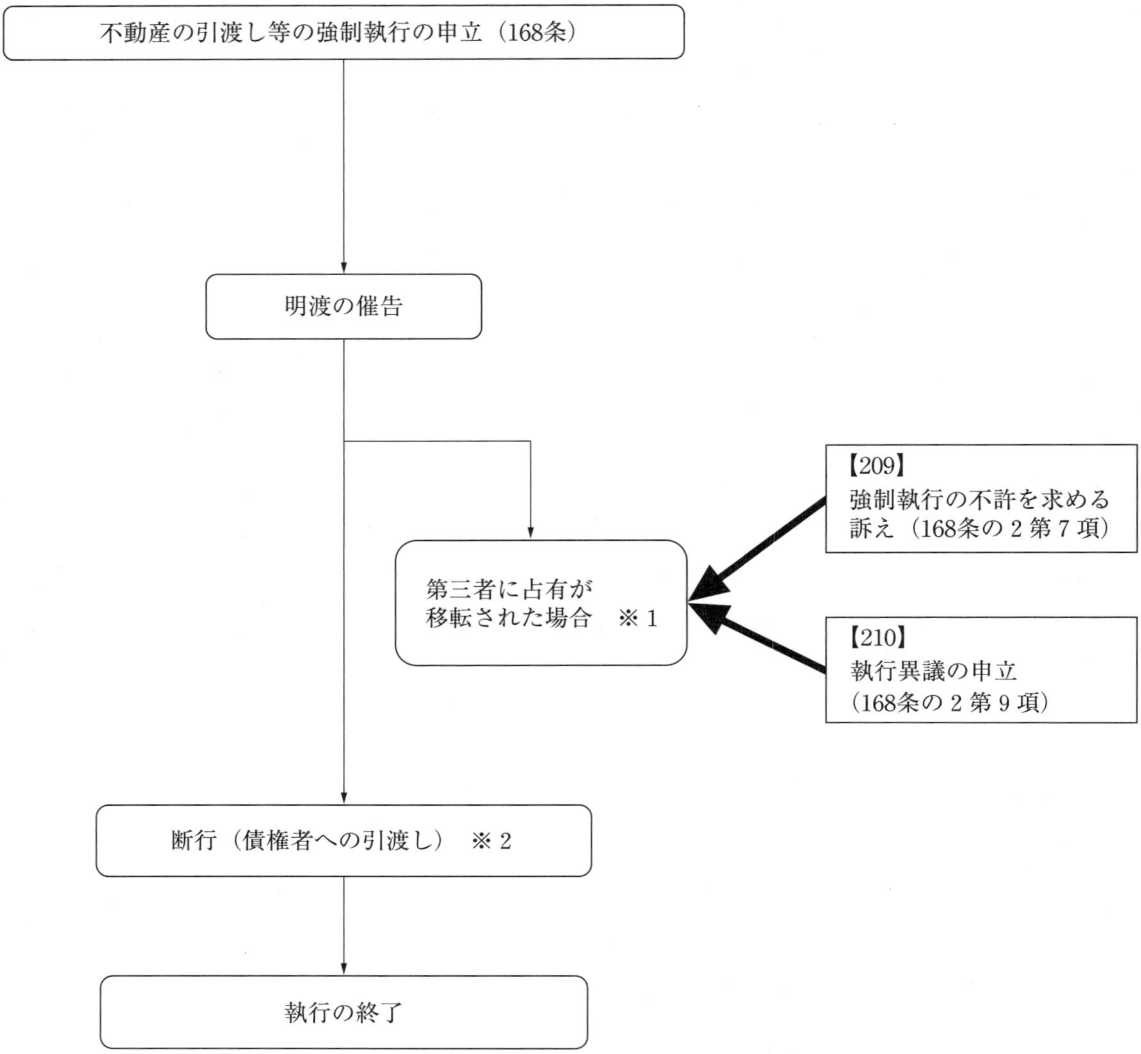

※1　第三者に占有が移転された場合の第三者の不服申立

①　強制執行の不許を求める訴え

明渡しの催告後に不動産を占有した者は、執行文付与に対する異議の訴え（34条）、第三者異議の訴え（38条）ができない代わりに、明渡しの催告があったことにつき善意であり債務者の占有の承継人でないことを理由として、債権者に対して、特別の訴えを提起できる（【209】168条の2第7項、36条、37条、38条3項準用）。

②　執行異議の申立

明渡しの催告後に不動産を占有した者は、執行文付与に対する異議の申立（32条）ができない代わりに、債権者に対抗できる権原により占有していること、又は、明渡しの催告があったことにつき善意であり債務者の占有の承継人ではないことを理由として、執行異議の申立をすることができる（【210】168条の2第9項）。

※2　目的外動産

従来は、目的外動産を債務者等に引き渡すことができない場合に、執行官は、これらを保管しなければならなかったが（旧168条4項後段）、平成15年の改正により、直ちに売却できるようになった（168条5項後段）。

第10　建物収去土地明渡しの強制執行

土地と建物は別個の不動産であるから、土地の引渡し又は明渡しを命ずる債務名義のみでは、債務者がその土地上に所有する建物を収去する強制執行は許されない。
この場合、建物収去の債務名義を得て、代替執行の方法によるものとし、建物収去命令の申立をなし、授権決定を得た上で、建物を収去して、土地明渡しの執行をする。

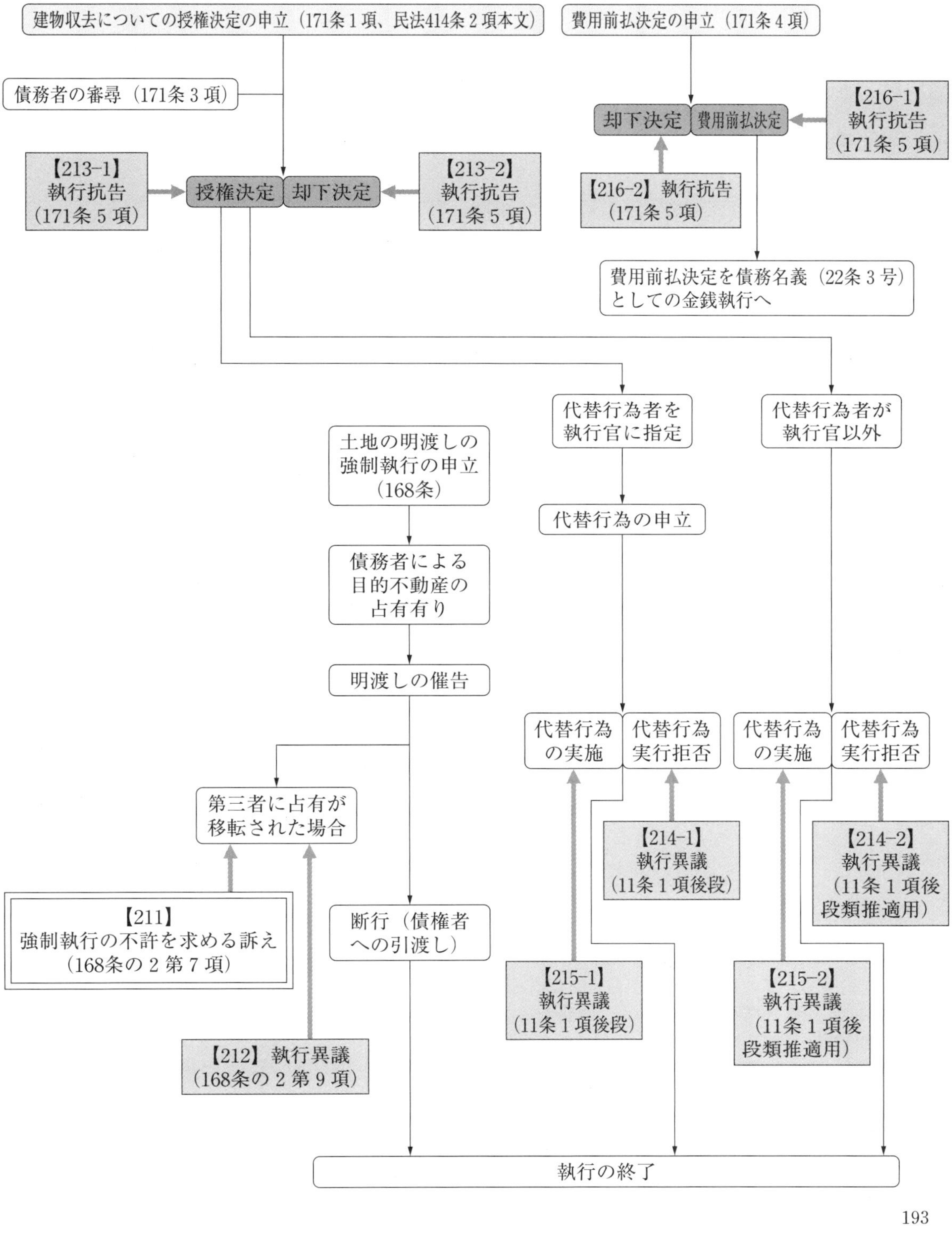

第11　動産の引渡しの強制執行

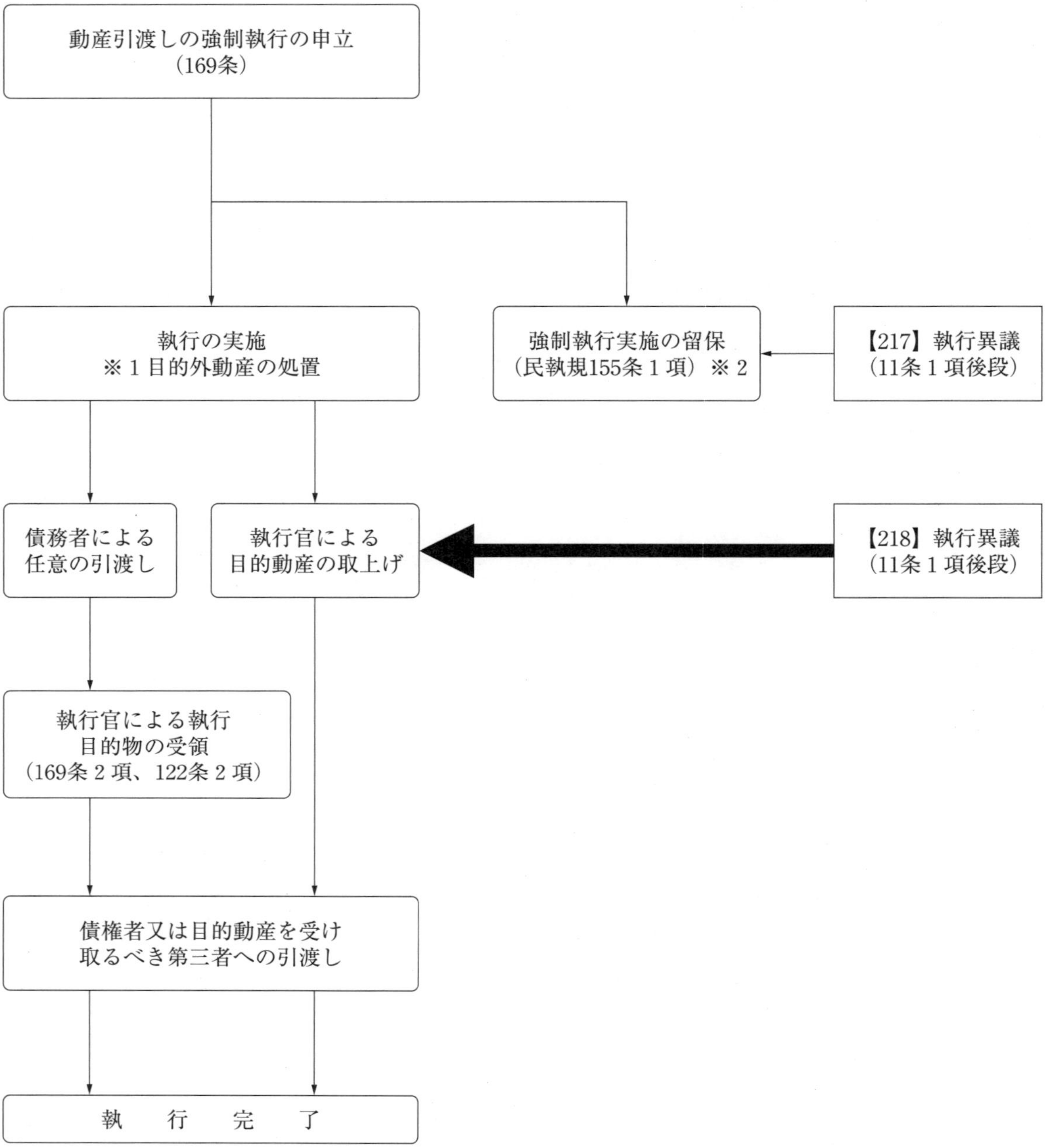

※１　目的動産の中に、目的外動産がある場合は、不動産等の引渡執行の場合に準じて目的外動産の保管、売却、供託等がなされる（169条２項、168条２項から８項）。

※２　強制執行の場所に債権者又はその代理人が出頭しない場合において、当該動産の種類、数量などを考慮してやむを得ないと認めるとき。

第12　第三者占有物の引渡しの強制執行

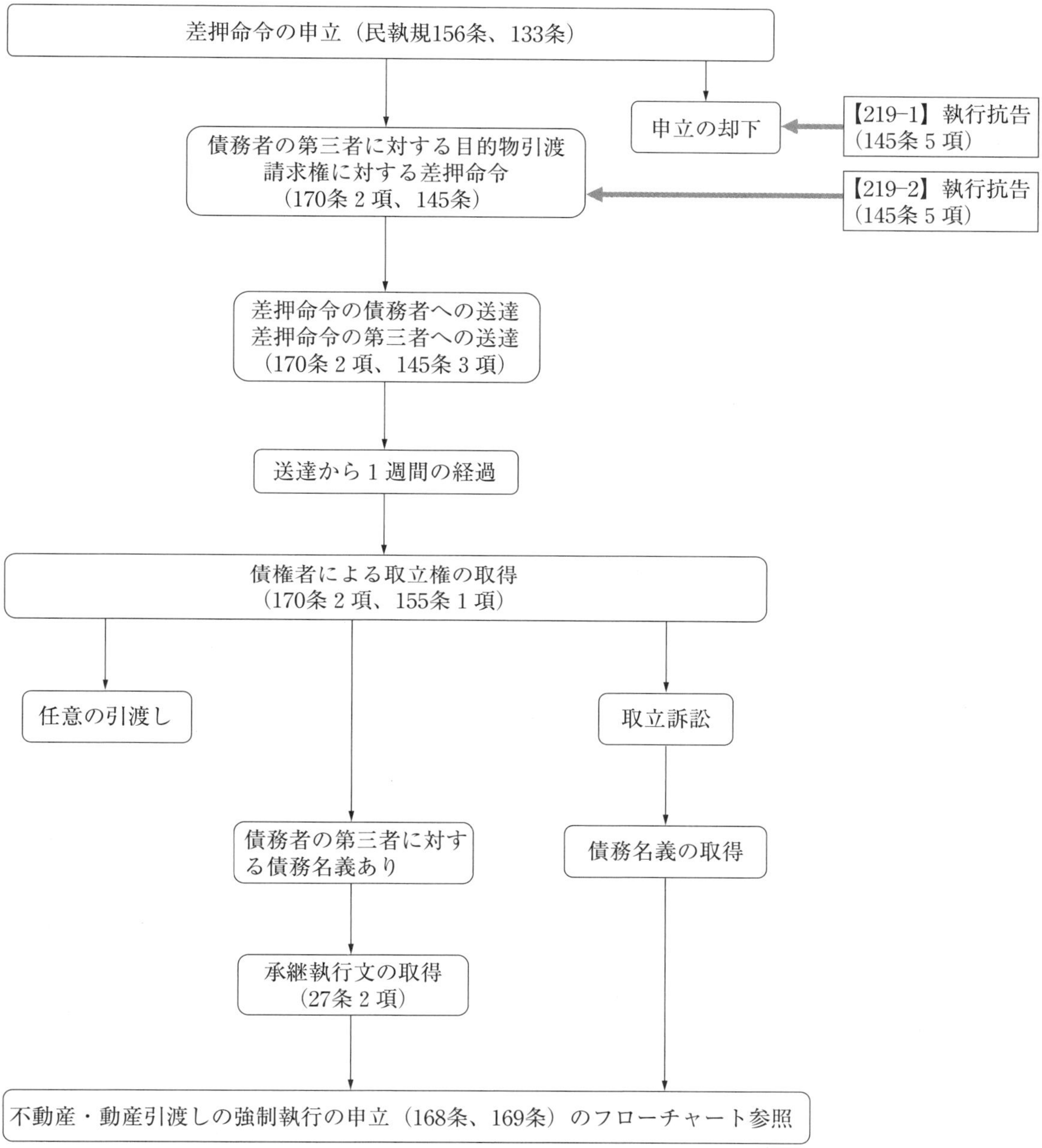
差押命令の申立（民執規156条、133条）
申立の却下
【219-1】執行抗告
（145条５項）
債務者の第三者に対する目的物引渡請求権に対する差押命令
（170条２項、145条）
【219-2】執行抗告
（145条５項）
差押命令の債務者への送達
差押命令の第三者への送達
（170条２項、145条３項）
送達から１週間の経過
債権者による取立権の取得
（170条２項、155条１項）
任意の引渡し
取立訴訟
債務者の第三者に対する債務名義あり
債務名義の取得
承継執行文の取得
（27条２項）
不動産・動産引渡しの強制執行の申立（168条、169条）のフローチャート参照

第13　代替執行

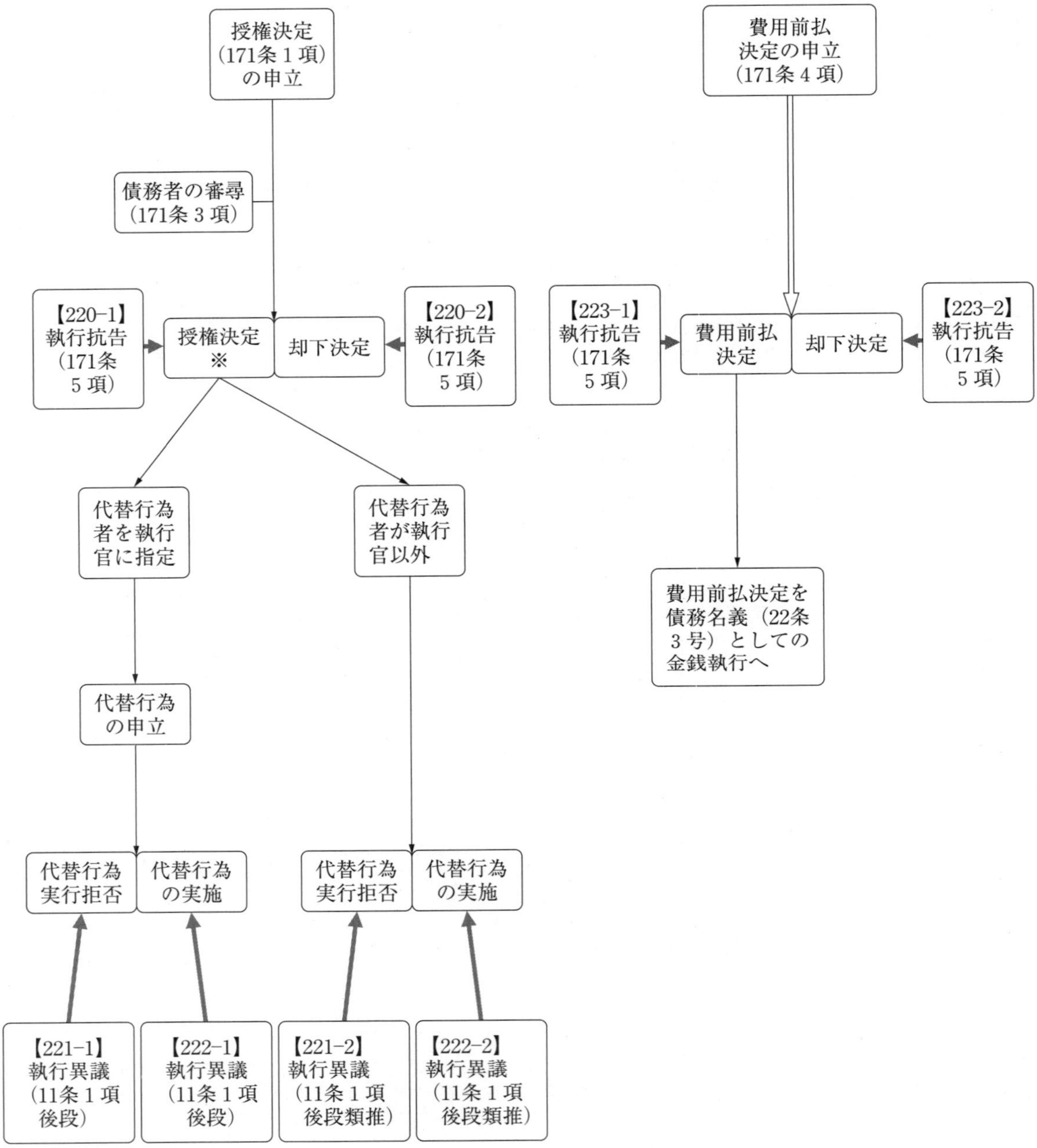

※授権決定に対する請求異議の訴えは、不作為執行の場合に限られる。不作為執行の場合は、代替執行申立の基礎となる債務名義には作為義務の存在が示されておらず、授権決定で初めて作為義務の存在の判断がされるため、作為義務の存否を争うには、授権決定を対象として請求異議の訴えを提起することになるからである。これに対し、作為執行の場合は、代替執行申立の基礎となる債務名義に作為義務の存在が示されており、作為義務の存否を争う場合は、本来の債務名義を対象として、請求異議の訴えをすることになる。

第14　間接強制執行

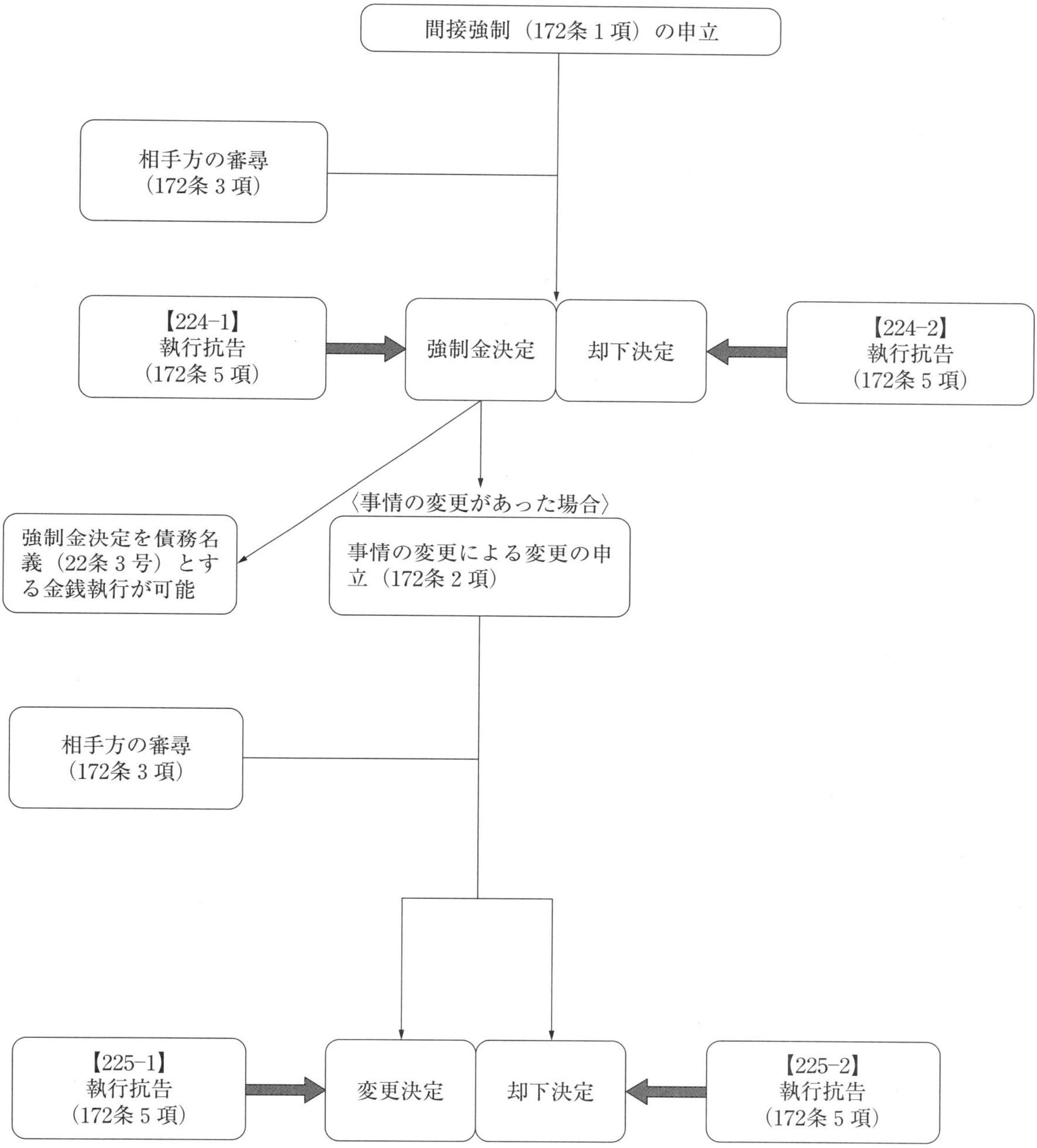

※間接強制決定は基本たる債務名義（原債務名義）に表示された非代替的作為義務等の強制執行の方法として発せられるという一面を有することは否定できない。しかし他面、間接強制決定は、債務者が一定の期間内にその作為義務を履行しないときは債務者は債権者に対し一定の金銭を損害賠償として支払うべき旨、原債務名義には存在しない新たな一定の給付義務を表示した裁判であって、その不履行の場合は、さらに上記決定に対し執行文の付与を受けて通常の金銭執行に移行するのであるから、民事執行法22条３号にいう抗告をもってのみ不服を申し立てることができる裁判として、それ自体別個の債務名義としての性質を有する。したがって、原債務名義に表示された作為義務の消滅などの実体上の事由が生じた場合、それについては原債務名義に対する請求異議の訴えにおいて審理判断されるのが本則であるが、実体上の事由であってもそれが間接強制決定に表示された金銭の給付義務自体の不発生、消滅等の事由として構成できるものである限りは、債務者はこれを異議事由として間接強制決定に対する請求異議の訴えを提起し、同決定に基づく損害賠償金の取立てを免れることができる。

これを判示する裁判例として、大阪高判昭54・７・20判時949-123、判タ404-102。

第15　意思表示の擬制

　債務者が意思表示、準意思表示（例えば、債権譲渡の通知）、第三者に対する意思表示（例えば、行政庁に対する申請）をなすべき債務は、債権者からすれば、債務者に実際にこのような行為をさせることを目的としているわけではなく、このような行為をしたのと同一の法的効果を生ずればその目的を達する。

　そこで、法は、意思表示義務を表示する債務名義の発効時点その他の所定の時点で、債務者がその意思表示をしたものとみなすこととした（民414条2項但書、174条1項本文）。

```
┌─────────────────────┐  ┌─────────────────────────────┐
│意思表示を命ずる判決その他の裁判│  │意思表示を命ずる旨の和解・認諾・調停・労働審判│
│の確定                  │  │に係る債務名義の成立              │
└─────────────────────┘  └─────────────────────────────┘
    │※1           │              │              │
                  ▼              ▼              ▼
         ┌──────────┐ ┌──────────┐ ┌──────────┐
         │債務者の意思表示が│ │債務者の意思表示が│ │債務者の意思表示が│
         │債権者の証明すべき│ │反対給付との引替え│ │債務者の証明すべき│
         │事実の到来に係る場│ │に係る場合      │ │事実のないことに係│
         │合            │ │(174条1項但書、  │ │る場合         │
         │(174条1項但書)  │ │同2項)         │ │(174条1項但書、  │
         │             │ │             │ │同3項)         │
         └──────────┘ └──────────┘ └──────────┘
                  │              │              │
                  ▼              ▼              │
              執行文付与の申立（26条、27条）         │
                  │                             │
         ┌────────┴──────────┐              │
         ▼                    ▼              │
      付与拒絶の処分                         │
      ▲         ▲                          │
      │         │                          │
 ┌─────────┐ ┌─────────┐                    │
 │【226-2、4、6】│ │【226-1、3、5】│                │
 │執行文付与の訴え│ │執行文の付与等に関│                │
 │（33条）     │ │する異議の申立（32条）│             │
 └─────────┘ └─────────┘                    │
      │          │                          │
      ▼          ▼                          │
 ┌─────────┐ ┌─────────┐                    │
 │執行文付与を命ず│ │拒絶処分の取消と │                │
 │る判決の確定   │ │執行文の付与を命 │                │
 │            │ │ずる決定       │                │
 └─────────┘ └─────────┘                    │
      │          │                          │
      │          └──────┐                    │
      │                 ▼                  │
      │              執行文の付与              │
      │                 │ ※2              │
      ▼                 ▼                  ▼
       債務者が意思表示をしたものとみなす
```

※1　〈意思表示の擬制前の不服方法〉
　①　意思表示の擬制の効果が生じた時点で執行は終了しているから、請求異議の訴えによって争う余地はない。
　②　ただし、意思表示の擬制に執行文の付与を要する場合（174条1項但書、同2項、同3項）、債務者は、執行文付与までの間、請求異議の訴え（35条）を提起することができる（174条1項但書、同3項の場合、債務者が不過怠の証明文書を提出できないときは、執行文付与前に請求異議の訴えを提起し執行停止の仮の処分を得て擬制を妨げる必要がある（中野貞一郎「民事執行法（増補新訂五版）」（現代法律学全集23（青林書院）））。また、債務名義が和解等の場合、無効確認の訴え、期日指定の申立等を行うこともできる（注釈7）。

※2　〈執行文付与に対する不服申立〉
　　執行文が付与されて意思表示が擬制された後に、執行文付与に関する異議の申立（32条）や執行文付与に対する異議の訴え（34条）を提起することの可否については争いがある。
　　これを肯定する説もあるが（中野前出書）、執行文が付与されたらすぐに意思表示の擬制がされ、それ以外にその執行などの手続はないのであるから、否定する見解が有力である（注釈7、注釈(5)、民事執行の実務）。
　　否定説によった場合、債務者は不当利得又は登記抹消等の実体的請求によるほかないとされる（田中・解説）。

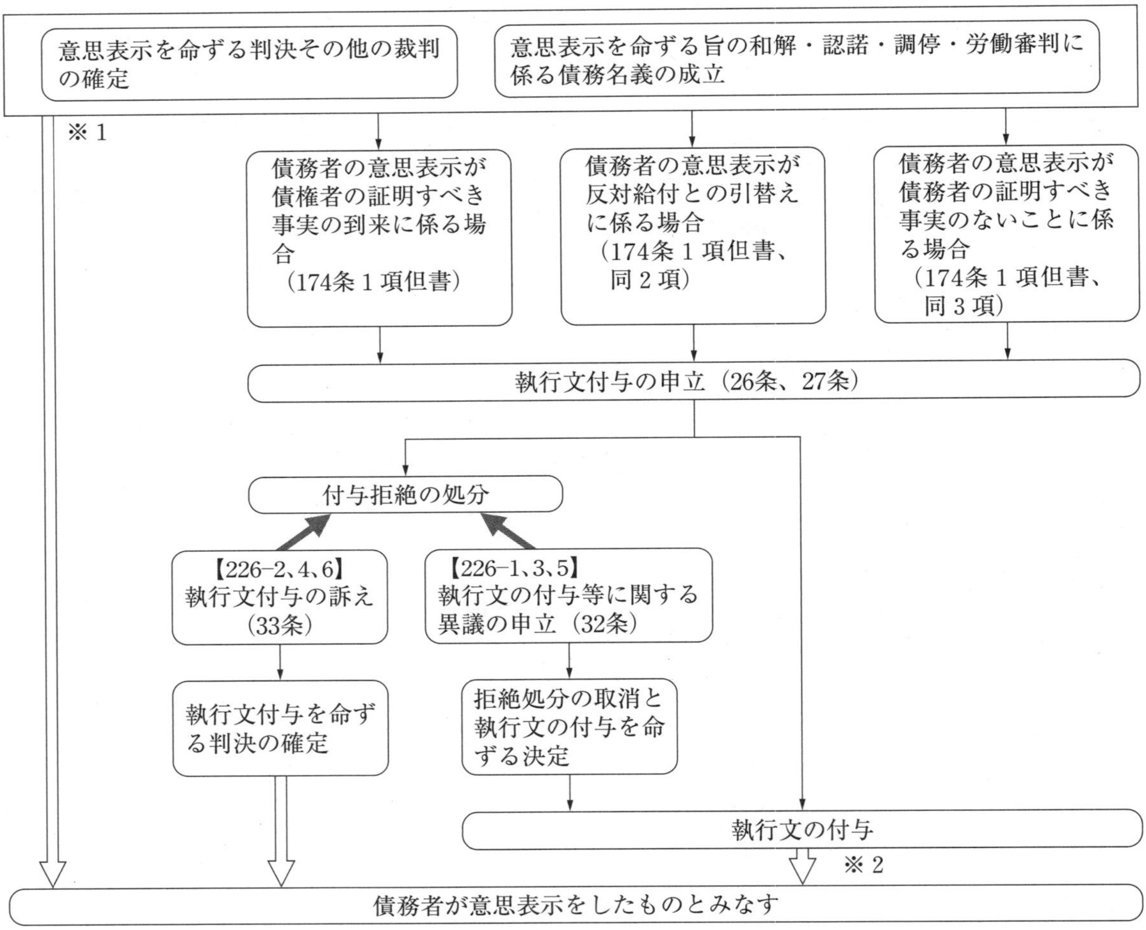

第16　財産開示手続

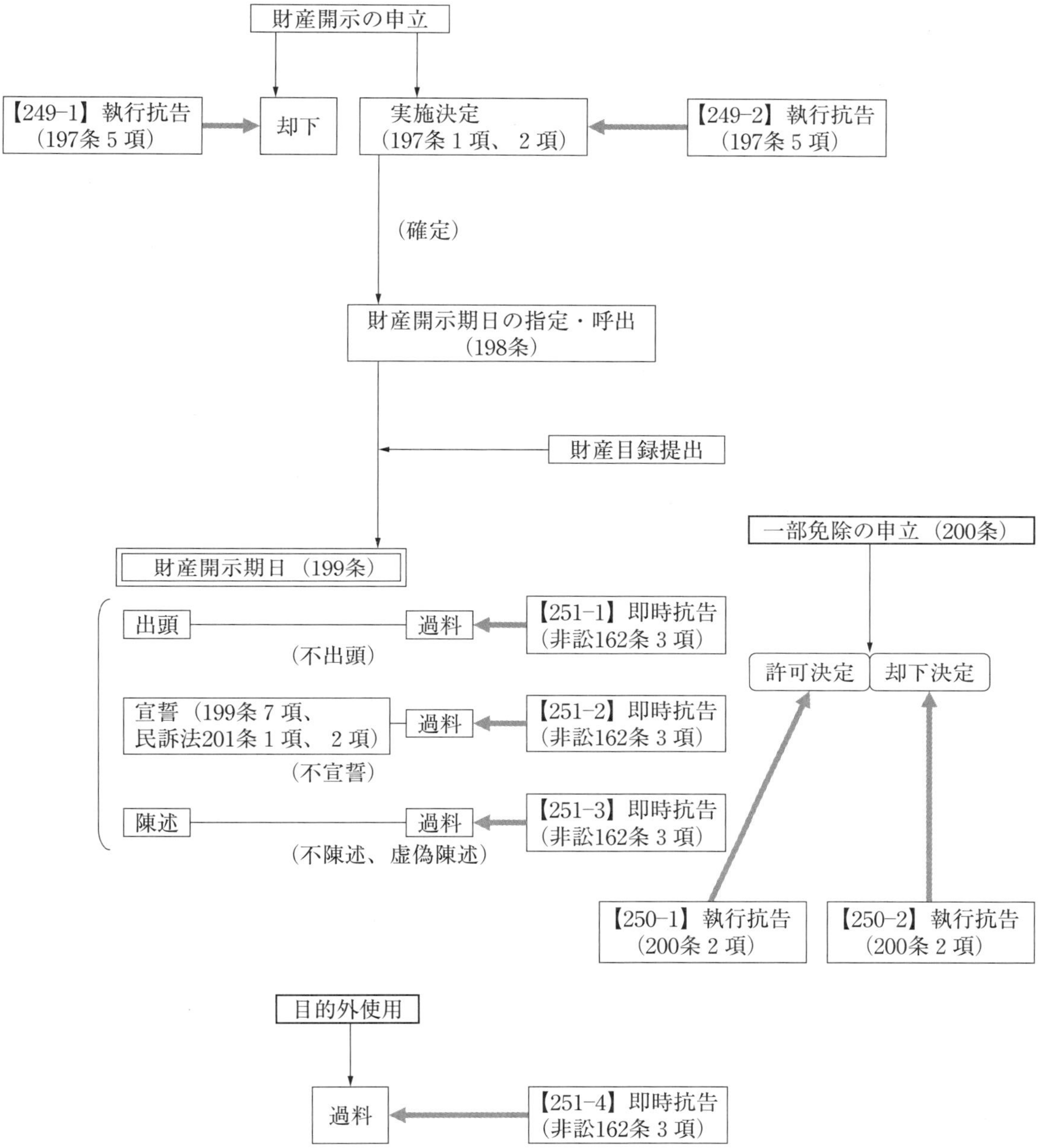
財産開示の申立
【249-1】執行抗告
（197条５項）
却下
実施決定
（197条１項、２項）
【249-2】執行抗告
（197条５項）
（確定）
財産開示期日の指定・呼出
（198条）
財産目録提出
一部免除の申立（200条）
財産開示期日（199条）
出頭
過料
【251-1】即時抗告
（非訟162条３項）
（不出頭）
許可決定
却下決定
宣誓（199条７項、
民訴法201条１項、２項）
過料
【251-2】即時抗告
（非訟162条３項）
（不宣誓）
陳述
過料
【251-3】即時抗告
（非訟162条３項）
（不陳述、虚偽陳述）
【250-1】執行抗告
（200条２項）
【250-2】執行抗告
（200条２項）
目的外使用
過料
【251-4】即時抗告
（非訟162条３項）

第３章　参考書式

収入
印紙

（執行抗告状）【書式１】

執行抗告状

平成　　年　　月　　日

○○高等裁判所　御中

抗告人代理人弁護士　　○　○　○　○　㊞

当事者の表示　　　別紙当事者目録記載のとおり

○○地方裁判所平成○○年（○）第○○号○○○○事件につき、同地方裁判所が平成○○年○○月○○日に言い渡した○○決定に対し、執行抗告をする。

抗告の趣旨

原決定を取り消し、○○とする裁判を求める。

抗告の理由

省略（原裁判の取消又は変更を求める事由（法令違反、事実誤認等）を具体的に記載する）

収入
印紙

（執行異議申立書）【書式２】

執行異議申立書

平成　　年　　月　　日

○○地方裁判所　御中

（異議）申立人代理人弁護士　○　○　○　○　㊞

〒○○○-○○○○　○○市○○区○○町○丁目○番○号

申　　立　　人　○　○　○　○

〒○○○-○○○○　○○市○○区○○町○丁目○番○号

○○法律事務所（送達場所）

上記代理人弁護士　○　○　○　○

電　話　○○―○○○○―○○○○

ＦＡＸ　○○―○○○○―○○○○

御庁平成○○年（○）第○○○号○○○○事件においてされた○○の決定に対し異議を申し立てる。

理　由

省略（執行処分の形式的・手続的な瑕疵があることを記載する。例外：民執法182条、189条、191条、195条）

添付書類

（省　略）

収入
印紙

（執行文付与に対する異議申立書）【書式３】

執行文付与に対する異議申立書

平成　　年　　月　　日

○○地方裁判所民事部　御中

申立人代理人弁護士　○　○　○　○　㊞

当事者の表示　別紙当事者目録記載のとおり

第１　申立の趣旨

１　上記当事者間の○○地方裁判所平成○○年（ワ）第○○○号○○○○事件の判決につき○○地方裁判所書記官○○○○が平成○○年○○月○○日付与した執行文を取り消す

２　上記の執行力のある判決の正本に基づく強制執行を許さない

との裁判を求める。

第２　申立の理由

省略（執行文の付与が、執行文付与の要件を欠くなどして違法であることを記載する。）

第３　添付書類

省略

（執行文付与の訴え）【書式4】

訴　　状

平成　　年　　月　　日

○○地方裁判所民事部　御中

原告訴訟代理人弁護士　○　○　○　○　㊞

〒○○○―○○○○　○○市○○区○○町○丁目○番○号

原　　　　告　○　○　○　○

〒○○○―○○○○　○○市○○区○○町○丁目○番○号

○○法律事務所（送達場所）

上記訴訟代理人弁護士　○　○　○　○

電　話　○○―○○○○―○○○○

ＦＡＸ　○○―○○○○―○○○○

〒○○○―○○○○　○○市○○区○○町○丁目○番○号

被　　　　告　○　○　○　○

執行文付与事件

訴訟物の価額　　○○○万○○○○円

ちょう用印紙額　　　○万○○○○円

第1　請求の趣旨

1　原告と被告間の○○地方裁判所平成○○年（○）第○○○号○○○○事件の判決について○○地方裁判所裁判所書記官は被告に対し強制執行のため原告に執行文を付与すべきことを命ずる

2　訴訟費用は被告の負担とする

との判決を求める。

第2　請求の原因

省略（債務名義に表示されている条件が成就した事実、債務名義上の権利・義務の承継があった事実を記載する。）

証拠方法

（省　略）

添付書類

（省　略）

（執行文付与に対する異議の訴え）【書式5】

訴　　状

平成　　年　　月　　日

○○地方裁判所民事部　御中

原告訴訟代理人弁護士　○　○　○　○　㊞

〒○○○―○○○○　○○市○○区○○町○丁目○番○号

原　　　　告　○　○　○　○

〒○○○―○○○○　○○市○○区○○町○丁目○番○号

○○法律事務所（送達場所）

上記訴訟代理人弁護士　○　○　○　○

電　話　○○―○○○○―○○○○

ＦＡＸ　○○―○○○○―○○○○

〒○○○―○○○○　○○市○○区○○町○丁目○番○号

被　　　　告　○　○　○　○

執行文付与に対する異議事件

訴訟物の価額　　○○○万○○○○円

ちょう用印紙額　　○万○○○○円

第1　請求の趣旨

1　被告から原告に対する○○地方裁判所平成○○年（○）第○○○号○○○○事件の判決について、同裁判所が平成○○年○○月○○日付与した執行文の付された債務名義の正本に基づく強制執行はこれを許さない

2　訴訟費用は被告の負担とする

との裁判を求める。

第2　請求の原因

省略（条件成就の事実が存在しないこと、承継の事実が存在しないことを記載する。）

証拠方法

（省　略）

添付書類

（省　略）

（請求異議の訴え）【書式６】

訴　　状

平成　　年　　月　　日

○○地方裁判所民事部　御中

原告訴訟代理人弁護士　○　○　○　○　㊞

〒○○○―○○○○　○○市○○区○○町○丁目○番○号

原　　　　　　告　○　○　○　○

〒○○○―○○○○　○○市○○区○○町○丁目○番○号

○○法律事務所（送達場所）

上記訴訟代理人弁護士　○　○　○　○

電　話　○○―○○○○―○○○○

ＦＡＸ　○○―○○○○―○○○○

〒○○○―○○○○　○○市○○区○○町○丁目○番○号

被　　　　　　告　○　○　○　○

請求異議の訴え

訴 訟 物 の 価 額　○○○万○○○○円

ちょう用印紙額　　　○万○○○○円

第１　請求の趣旨

１　被告から原告に対する○○地方裁判所平成○○年（ワ）第○○○号○○○○請求事件の判決正本に基づく強制執行はこれを許さない

２　訴訟費用は被告の負担とする

との判決を求める。

第２　請求の原因

省略（債務名義に記載された請求権と実体上の権利関係に不一致があること等を記載する。）

証拠方法

（省　略）

添付書類

（省　略）

（第三者異議の訴え）【書式７】

訴　　状

平成　　年　　月　　日

○○地方裁判所民事部　御中

原告訴訟代理人弁護士　○　○　○　○　㊞

〒○○○―○○○○　○○市○○区○○町○丁目○番○号

原　　　　　　　告　○　○　○　○

〒○○○―○○○○　○○市○○区○○町○丁目○番○号

○○法律事務所（送達場所）

上記訴訟代理人弁護士　○　○　○　○

電　話　○○―○○○○―○○○○

ＦＡＸ　○○―○○○○―○○○○

〒○○○―○○○○　○○市○○区○○町○丁目○番○号

被　　　　　　　告　○　○　○　○

第三者異議の訴え

訴訟物の価額　　○○○万○○○○円

ちょう用印紙額　　　○万○○○○円

第１　請求の趣旨

１　被告より訴外○○に対する○○地方裁判所平成○○年（ワ）第○○○号○○○○請求事件の判決正本に基づき平成○○年○月○日別紙物件目録記載の○○に対してした強制執行は、これを許さない

２　訴訟費用は被告の負担とする

との判決を求める。

第２　請求の原因

省略（強制執行の目的物について所有権その他目的物の譲渡又は引渡しを妨げる権利を有する事実を記載する。）

証拠方法

（省　略）

添付書類

（省　略）

（強制執行停止の申立書）【書式８】

強制執行停止（取消）決定の申立書

平成　　年　　月　　日

○○地方裁判所民事部　御中

申立人代理人弁護士　　○　○　○　○　㊞

当事者の表示　別紙当事者目録記載のとおり

第１　申立ての趣旨

上記当事者間の○○地方裁判所平成○○年（ワ）第○○○○号○○請求事件の執行力のある判決の正本に基づく強制執行は、本案請求異議事件の判決において、この決定に対する裁判があるまで停止する

との決定を求める。

第２　申立の理由

省略（執行文付与に対する異議の訴え又は請求異議の訴えにおいて、異議のため主張した事情が法律上理由があることを記載する。）

第３　添付書類

省略

（配当異議の訴え）【書式９】

訴　　状

平成　　年　　月　　日

○○地方裁判所民事部　御中

原告訴訟代理人弁護士　○　○　○　○　㊞

〒○○○―○○○○　○○市○○区○○町○丁目○番○号

原　　　　　　　　告　○　○　○　○

〒○○○―○○○○　○○市○○区○○町○丁目○番○号

○○法律事務所（送達場所）

上記訴訟代理人弁護士　○　○　○　○

電　話　○○―○○○○―○○○○

ＦＡＸ　○○―○○○○―○○○○

〒○○○―○○○○　○○市○○区○○町○丁目○番○号

被　　　　　　　　告　○　○　○　○

配当異議訴訟事件

訴訟物の価額　　○○○万○○○○円

ちょう用印紙額　　　○万○○○○円

第１　請求の趣旨

１　○○地方裁判所平成○○年（○）第○○号○○事件につき、同裁判所が作成した配当表を変更し、原告に○○円を配当する

２　訴訟費用は被告の負担とする

との判決を求める。

第２　請求の原因

省略（配当表の変更をもたらす理由を記載する。）

証拠方法

（省　略）

添付書類

（省　略）

（差押禁止動産の範囲変更の申立書―債権者）【書式10】

差押禁止動産の範囲変更の申立書

平成　　年　　月　　日

○○地方裁判所民事部　御中

申立人代理人弁護士　　○　○　○　○　㊞

当事者の表示　別紙当事者目録記載のとおり

第1　申立の趣旨

原告○○、被告○○間の○○地方裁判所平成○○年（○）第○○○号○○○○事件の執行力のある判決の正本に基づく平成○○年（○）第○○号動産差押命令申立事件において、別紙物件目録記載の動産の差押えを許す

との裁判を求める。

第2　申立の理由

省略（当該差押禁止動産の差押えを許可することが相当と解される事情を記載する。）

第3　証拠方法

省略

第4　添付書類

省略

（差押禁止動産の範囲変更の申立書─債務者）【書式11】

差押禁止動産の範囲変更の申立書

平成　　年　　月　　日

○○地方裁判所民事部　御中

申立人代理人弁護士　　○　○　○　○　㊞

当事者の表示　別紙当事者目録記載のとおり

第１　申立の趣旨

原告○○、被告○○間の○○地方裁判所平成○○年（○）第○○○号○○○○事件の執行力のある判決の正本に基づき差し押さえた別紙物件目録記載の動産につき、その差押えを取り消す

との裁判を求める。

第２　申立の理由

省略（当該動産の差押えを禁止することが相当と解される事情を記載する。）

第３　証拠方法

省略

第４　添付書類

省略

（事情変更による差押禁止動産の範囲変更の申立書―債権者）【書式12】

事情変更による差押禁止動産の範囲変更の申立書

平成　　年　　月　　日

○○地方裁判所民事部　御中

申立人代理人弁護士　　○　○　○　○　㊞

当事者の表示　別紙当事者目録記載のとおり

第１　申立の趣旨

原告○○、被告○○間の○○地方裁判所平成○○年（○）第○○○号○○○○事件の執行力のある判決の正本に基づく平成○○年（○）第○○号動産差押命令申立事件において、差押えが禁止された別紙物件目録記載の○○の差押えを許す

との裁判を求める。

第２　申立の理由

省略（差押禁止動産の範囲変更申立により、差押えが取り消された動産について、差押えを許可すべき事情の変更が生じたことを記載する。）

第３　証拠方法

省略

第４　添付書類

省略

（事情変更による差押禁止動産の範囲変更の申立書―債務者）【書式13】

事情変更による差押禁止動産の範囲変更の申立書

平成　　年　　月　　日

○○地方裁判所民事部　御中

申立人代理人弁護士　○　○　○　○　㊞

当事者の表示　別紙当事者目録記載のとおり

第１　申立の趣旨

原告○○、被告○○間の○○地方裁判所平成○○年（○）第○○○号○○○○請求事件の執行力のある判決の正本に基づき差し押さえた別紙物件目録記載の動産につき、その差押えを取り消す

との裁判を求める

第２　申立の理由

省略（差押禁止動産の範囲変更申立により、差押えが許された動産について、差押えを禁止すべき事情の変更が生じたことを記載する。）

第３　証拠方法

省略

第４　添付書類

省略

（差押禁止債権の範囲変更の申立書―債権者）【書式14】

差押禁止債権の範囲変更の申立書

平成　　年　　月　　日

○○地方裁判所民事部　御中

申立人代理人弁護士　　○　○　○　○　㊞

当事者の表示　別紙当事者目録記載のとおり

第１　申立の趣旨

原告○○、被告○○間の○○地方裁判所平成○○年（○）第○○○号○○○○事件の執行力のある判決の正本に基づく平成○○年（○）第○○号債権差押命令申立事件において、別紙物件目録記載の債権の差押えを許す

との裁判を求める。

第２　申立の理由

省略（当該差押禁止債権の差押えを許可することが相当と解される事情を記載する。）

第３　証拠方法

省略

第４　添付書類

省略

（差押禁止債権の範囲変更の申立書―債務者）【書式15】

差押禁止債権の範囲変更の申立書

平成　　年　　月　　日

〇〇地方裁判所民事部　御中

申立人代理人弁護士　〇〇〇〇㊞

当事者の表示　別紙当事者目録記載のとおり

第１　申立の趣旨

原告〇〇、被告〇〇間の〇〇地方裁判所平成〇〇年（〇）第〇〇〇号〇〇〇〇事件の執行力のある判決の正本に基づき差し押さえた別紙債権目録記載の債権につき、その差押えを取り消す

との裁判を求める。

第２　申立の理由

省略（当該債権の差押えを禁止することが相当と解される事情を記載する。）

第３　証拠方法

省略

第４　添付書類

省略

（事情変更による差押禁止債権の範囲変更の申立書―債権者）【書式16】

事情変更による差押禁止債権の範囲変更の申立書

平成　　年　　月　　日

○○地方裁判所民事部　御中

申立人代理人弁護士　○　○　○　○　㊞

当事者の表示　別紙当事者目録記載のとおり

第１　申立の趣旨

原告○○、被告○○間の○○地方裁判所平成○○年（○）第○○○号○○○○事件の執行力のある判決の正本に基づく平成○○年（○）第○○○号債権差押命令申立事件において、差押えが禁止された別紙債権目録記載の債権の差押えを許す

との裁判を求める。

第２　申立の理由

省略（差押禁止債権の範囲変更申立により、差押えが禁止され、また債権について、差押えを許可すべき事情の変更が生じたことを記載する。）

第３　証拠方法

省略

第４　添付書類

省略

（事情変更による差押禁止債権の範囲変更の申立書―債務者）【書式17】

事情変更による差押禁止債権の範囲変更の申立書

平成　　年　　月　　日

〇〇地方裁判所民事部　御中

申立人代理人弁護士　〇　〇　〇　〇　㊞

当事者の表示　別紙当事者目録記載のとおり

第1　申立の趣旨

原告〇〇〇〇、被告〇〇〇〇間の〇〇地方裁判所平成〇〇年（ワ）第〇〇号〇〇請求事件の執行力のある判決の正本に基づき差押えが許された別紙債権目録記載の債権につき、その差押えを取り消す

との裁判を求める。

第2　申立の理由

省略（差押禁止債権の範囲変更申立により、差押えが許された債権について、差押えを禁止すべき事情の変更が生じたことを記載する。）

第3　証拠方法

省略

第4　添付書類

省略

（強制執行不許の訴え）【書式18】

訴　　状

平成　　年　　月　　日

○○地方裁判所民事部　御中

原告訴訟代理人弁護士　○　○　○　○　㊞

〒○○○―○○○○　○○市○○区○○町○丁目○番○号

原　　　　　告　○　○　○　○

〒○○○―○○○○　○○市○○区○○町○丁目○番○号

○○法律事務所（送達場所）

上記訴訟代理人弁護士　○　○　○　○

電　話　○○―○○○○―○○○○

ＦＡＸ　○○―○○○○―○○○○

〒○○○―○○○○　○○市○○区○○町○丁目○番○号

被　　　　　告　○　○　○　○

強制執行不許請求事件

訴訟物の価額　　　○○○万○○○○円

ちょう用印紙額　　　○万○○○○円

第１　請求の趣旨

１　被告が、債務者○○○○に対する○○地方裁判所平成○○年（○）第○○号建物明渡請求事件の判決の執行力ある正本に基づく平成○○年（○）第○○号強制執行申立事件の執行は許さない

２　訴訟費用は被告の負担とする

との判決を求める。

第２　請求の原因

省略（原告が明渡し催告のあったことを知らなかったこと、債務者の占有の承継者でないことを主張する。）

第３　証拠方法

省略

第４　添付書類

省略

（即時抗告状）【書式19】

即時抗告状

平成　　年　　月　　日

○○高等裁判所　御中

抗告人代理人弁護士　　○　○　○　○　㊞

〒○○○―○○○○　○○市○○区○○町○丁目○番○号

抗　　告　　人　○　○　○　○

〒○○○―○○○○　○○市○○区○○町○丁目○番○号

○○法律事務所（送達場所）

上記代理人弁護士　○　○　○　○

電　話　○○―○○○○―○○○○

ＦＡＸ　○○―○○○○―○○○○

相手方、抗告人間の平成○○（○）第○○号○○事件において、○○地方裁判所裁判官○○○○が、平成○○年○○月○○日になした○○○○決定（あるいは下記決定、別紙決定等として特定する）について下記のとおり即時抗告する。

第１　抗告の趣旨

原決定を取り消す

との裁判を求める。

第２　抗告の理由

省略

第３　証拠方法

省略

第４　添付書類

省略

第2編設

	番号		書式番号	不服申立の対象となる行為ないし事実	参照条文	行為者	不服申立方法	根拠条文	不服申立の主体
第1章　総則	1		【書式2】【書式8】	執行官から抵抗排除といわれて暴行を受けた。	6条1項	執行官	執行異議	11条1項後段	暴行を受けた人
	2		【書式2】	執行官に「立会人がいない。」といわれて、執行不能とされた。	7条	執行官	執行異議	11条1項後段	債権者
	3		【書式2】	住居主として執行官に会ったのに、執行官に執行に立ち会わせてもらえなかった。	7条	執行官	執行異議	11条1項後段	住居主
	4		【書式2】	債権者が、休日、夜間執行を求め、執行官が、その旨執行裁判所に許可を求めたところ執行裁判所が拒否した。	8条1項	執行裁判所	執行異議	11条1項前段	債権者
	5		【書式2】	執行裁判所の許可がないのに執行官が日曜日や夜間に職務執行として他人の住居に立ち入った。	8条1項	執行官	執行異議	11条1項後段	居住者 債務者
	6		【書式2】【書式8】	執行官が、職務の執行にあたり、夜間・休日執行許可決定書を提示しなかった。	8条2項	執行官	執行異議	11条1項後段	居住者 債務者
	7		【書式2】【書式8】	債務者が、執行の際に執行官に身分証明書の提示を求めたのに、執行官が、身分証明書を提示しなかった。	9条	執行官	執行異議	11条1項後段	債務者
	8		【書式1】【書式8】	民事執行の手続に関して不服のある裁判がなされた。	10条	執行裁判所	執行抗告	10条1項	【各場合による】
	9	1	【書式1】【書式8】	抗告理由を記載しなかったとの理由で執行裁判所が執行抗告を却下した。	10条5項1号	執行裁判所	執行抗告	10条8項	執行抗告を却下された者
		2		抗告理由が最高裁の規則に違反しているという理由で執行抗告が却下された。	10条5項2号				
		3		執行抗告が不適法で補正ができないとの理由で執行抗告が却下された。	10条5項3号				
		4		執行抗告が民事執行の手続を不当に遅らせるとの理由で裁判所により執行抗告が却下された。	10条5項4号				

例一覧表

不服の申立先	不服を審理する機関	不服申立期間	方式等	手数料等	再度の不服申立	確定により効力が生ずるもの	補足説明その他実務に役立つ情報など
執行官所属の地方裁判所	執行官所属の地方裁判所	異議の利益が生じ、かつ存続する間	期日においてする場合を除き、書面	500円	不可	—	執行官の実力行使は、必要限度を超えてはいけない(コンメ民執)。
執行官所属の地方裁判所	執行官所属の地方裁判所	異議の利益が生じ、かつ存続する間	期日においてする場合を除き、書面	500円	不可	—	—
執行官所属の地方裁判所	執行官所属の地方裁判所	異議の利益が生じ、かつ存続する間	期日においてする場合を除き、書面	500円	不可	—	住居主のほかに、同居人などに出会った場合には、立ち合わせなければならない（コンメ民執)。
執行裁判所	執行裁判所	執行手続完結まで（休日・夜間執行が実施されるまで）	期日においてする場合を除き、書面	500円	不可	—	—
執行官所属の地方裁判所	執行官所属の地方裁判所	休日・夜間執行実施中	期日においてする場合を除き、書面	500円	不可	—	—
執行官所属の地方裁判所	執行官所属の地方裁判所	休日・夜間執行実施中	期日においてする場合を除き、書面	500円	不可	—	書記官が作成する証明書の場合も提示しないと執行異議を申し立てることができる。
執行官所属の地方裁判所	執行官所属の地方裁判所	執行処分中	期日においてする場合を除き、書面	500円	不可	—	執行処分により不利益を受ける者は誰でも身分証明書の提示を求めることができる。
原裁判所	原裁判所が簡易裁判所—地方裁判所 原裁判所が地方裁判所—高等裁判所	裁判の告知を受けた日から１週間（不変期間）	書面(抗告状)の提出	1,000円	特別抗告 許可抗告	—	抗告状に理由を記載しなかった場合には、抗告状を提出してから１週間以内に抗告理由書を提出しなければならない（10条３項)。
執行裁判所	抗告裁判所	１週間（不変期間）	書面(抗告状)の提出	1,000円	抗告裁判所が地方裁判所—再執行抗告 抗告裁判所が高等裁判所—特別抗告・許可抗告	—	— — — —

	番号		書式番号	不服申立の対象となる行為ないし事実	参照条文	行為者	不服申立方法	根拠条文	不服申立の主体
第1章 総則	10		—	執行抗告を申し立てたところ、執行抗告裁判所が、抗告の裁判が効力を生じるまで、民事執行の停止又は続行を命じた。	10条６項	抗告裁判所	不可	10条９項	—
	11	1	【書式２】【書式８】	執行抗告ができない執行裁判所の執行処分に不服を申し立てたい。	11条	執行裁判所	執行異議	11条１項	違法な執行処分や処分の遅滞により直接に不利益を受ける者
		2		執行抗告ができない執行官の執行処分に不服を申し立てたい。					
	12	1	—	執行異議を申し立てたところ、執行裁判所が棄却決定を下した。	11条１項	執行裁判所	原則不可（例外【14】、【161】）	10条１項	—
		2	—	執行異議を申し立てたところ、執行裁判所が認容決定を下した。					—
	13		—	執行異議を申し立てたところ、執行裁判所が執行異議の裁判が効力を生じるまで、民事執行の停止又は続行を命じた。	11条２項、10条６項	執行裁判所	不可	11条２項、10条９項	—
	14		【書式１】	執行裁判所が、民事執行の手続を取り消す旨の決定をした。	12条１項前段	執行裁判所	執行抗告	12条１項前段	債権者
	15		【書式１】	執行裁判所が、執行官の執行手続取消処分に対する執行異議申立を却下又は棄却する裁判をした。	12条１項後段	執行裁判所	執行抗告	12条１項後段	債権者
	16		【書式１】	執行裁判所が、執行官に民事執行の手続の取消を命ずる決定をした。	12条１項後段	執行裁判所	執行抗告	12条１項後段	債権者
	17		—	訴え又は執行抗告以外の手続で代理人になろうとしたのに執行裁判所が許可してくれない。	13条１項	執行裁判所	不可	【解釈】	—
	18		—	【17】の許可を取り消された。	13条２項	執行裁判所	不可	【解釈】	—
	19		なし	裁判所書記官から民事執行手続費用の予納を求められた。	14条１項前段	執行裁判所書記官	書記官の処分に対する異議申立	14条２項	申立人

不服の申立先	不服を審理する機関	不服申立期間	方式等	手数料等	再度の不服申立	確定により効力が生ずるもの	補足説明その他実務に役立つ情報など
—	—	—	—	—	—	—	—
執行裁判所	執行裁判所	異議の利益が存在する間	期日においてする場合を除き、書面	500円	不可（(ただし、民事執行手続が停止、取消される場合には執行抗告による再度の不服申立可能（12条１項）【14】参照）	—	—
執行官の属する地方裁判所	地方裁判所					—	—
—	—	—	—	—	—	—	不服申立禁止について、憲法32条に反しないとする判例（最決昭58．７．７）あり。
—	—	—	—	—	—	—	
—	—	—	—	—	—	—	—
執行裁判所	抗告裁判所	１週間（不変期間）	書面（抗告状）の提出	1,000円	抗告裁判所が地方裁判所—再執行抗告 抗告裁判所が高等裁判所—特別抗告・許可抗告	12条２項	—
執行裁判所	抗告裁判所	１週間（不変期間）	書面（抗告状）の提出	1,000円	特別抗告 許可抗告	12条２項	—
執行裁判所	抗告裁判所	１週間（不変期間）	書面（抗告状）の提出	1,000円	特別抗告 許可抗告	12条２項	—
—	—	—	—	—	—	—	—
—	—	—	—	—	—	—	—
執行裁判所	執行裁判所	１週間（不変期間）	期日においてする場合を除き、書面	なし	通常抗告	14条３項	—

		番号		書式番号	不服申立の対象となる行為ないし事実	参照条文	行為者	不服申立方法	根拠条文	不服申立の主体
第1章 総則		20		なし	【19】で求められた費用を予納したが、書記官から費用不足といわれて、さらに予納を命じられた。	14条１項後段	執行裁判所書記官	書記官の処分に対する異議申立	14条２項	申立人
		21		【書式１】	費用を予納しなかったら民事執行の申立を却下された。	14条４項	執行裁判所	執行抗告	14条５項	申立人
		22		【書式１】	手続開始後、費用の不予納又は不足費用の不予納を理由に執行裁判所が、民事執行手続を取り消した。	14条４項	執行裁判所	執行抗告	14条４項、12条１項前段	申立人
		23		【書式２】	執行官から求められた手数料及び費用の概算額を申立人が予納しなかったところ、執行官が申立を却下した。	執行官法15条１項本文、３項	執行官	執行異議	執行官法５条、11条１項後段	申立人
		24		なし	民事執行の事件記録の閲覧を請求したところ、書類の未完成があるといって裁判所書記官に閲覧を拒まれた。	17条	執行裁判所書記官	書記官の処分に対する異議申立	20条、民訴法121条	閲覧を請求した者
		25		【書式２】 【書式８】	執行官が、管轄区域外なのに執行処分として債務者宅に立ち入った。	19条	執行官	執行異議	11条１項後段	債務者
第2章 強制執行	第1節 総則	26	1	【書式３】	裁判所書記官に判決に対する執行文の付与を申し立てたところ、裁判所書記官が付与しない処分を下した。	26条〜28条	事件記録が存する裁判所書記官	執行文付与等に関する異議申立	32条１項	執行文付与を申し立てた者（債権者）
			2		公証人に公正証書に対する執行文の付与を申し立てたところ、公証人が付与しない処分を下した。		執行証書原本を有する公証人			
			3		裁判所書記官に執行文の付与を申立てたところ、付与する処分を下した。		事件記録が存する裁判所書記官			債務者
			4		公証人に執行文の付与を申立てたところ、付与する処分を下した。		執行証書原本を有する公証人			

不服の申立先	不服を審理する機関	不服申立期間	方式等	手数料等	再度の不服申立	確定により効力が生ずるもの	補足説明その他実務に役立つ情報など
執行裁判所	執行裁判所	１週間（不変期間）	期日においてする場合を除き、書面	なし	通常抗告	14条３項	—
執行裁判所	抗告裁判所	１週間（不変期間）	書面（抗告状）の提出	1,000円	抗告裁判所が地方裁判所—再執行抗告 抗告裁判所が高等裁判所—特別抗告・許可抗告	—	—
執行裁判所	抗告裁判所	１週間（不変期間）	書面（抗告状）の提出	1,000円	抗告裁判所が地方裁判所—再執行抗告 抗告裁判所が高等裁判所—特別抗告・許可抗告	12条２項	—
執行官所属の地方裁判所	執行官所属の地方裁判所	特になし	期日においてする場合を除き、書面	500円	不可	—	—
裁判所書記官所属の裁判所	裁判所書記官の所属する裁判所	特になし	期日においてする場合を除き、書面	150円	通常抗告	—	—
執行官所属の地方裁判所	執行官所属の地方裁判所	異議の利益が生じ、かつ存続する間	期日においてする場合を除き、書面	500円	不可	—	—
裁判所書記官が属する裁判所	裁判所書記官が属する裁判所	特になし	期日においてする場合を除き、書面	なし	不可（32条４項）	—	土地収用にかかる損失補償の裁決を債務名義とした執行文付与に関する異議は、収用委員会の所在地を管轄する地方裁判所が不服の申立先となる（土地収用法94条12項）。
公証人が属する地方裁判所	公証人が属する地方裁判所						—
裁判所書記官が属する裁判所	裁判所書記官が属する裁判所	強制執行完結まで	期日においてする場合を除き、書面	なし	不可（32条４項）	—	—
公証人が属する地方裁判所	公証人が属する地方裁判所					—	—

		番号		書式番号	不服申立の対象となる行為ないし事実	参照条文	行為者	不服申立方法	根拠条文	不服申立の主体
第2章　強制執行	第1節　総則	27	1	【書式3】	条件付請求について条件到来を証明するものがないとして裁判所書記官が、執行文の付与をしてくれなかった。	27条1項	債務名義が執行証書以外の場合—事件記録が存する裁判所書記官	執行文付与等に関する異議申立	32条1項	債権者
			2	【書式4】				執行文付与の訴え	33条1項	
			3	【書式3】	条件付請求について条件到来を証明するものがないとして公証人が執行文の付与をしてくれなかった。		債務名義が執行証書の場合—執行証書原本を有する公証人	執行文付与等に関する異議申立	32条1項	
			4	【書式4】				執行文付与の訴え	33条1項	
		28	1	【書式3】	条件付請求について条件到来が証明されたとして裁判所書記官が執行文を付与した。	27条1項	事件記録が存する裁判所書記官	執行文付与等に関する異議申立	33条1項	債務者
			2	【書式5】 【書式8】				執行文付与に対する異議の訴え	34条1項	
			3	【書式3】	条件付請求について条件到来が証明されたとして公証人が執行文を付与した。		執行証書原本を有する公証人	執行文付与等に関する異議申立	33条1項	
			4	【書式5】 【書式8】				執行文付与に対する異議の訴え	34条1項	
		29	1	【書式3】	承継の証拠がなくて、かつ、承継が明白でないとして裁判所書記官が、承継執行文の付与をしてくれなかった。	27条2項	事件記録が存する裁判所書記官	執行文付与等に関する異議申立	32条1項	債権者
			2	【書式4】				執行文付与の訴え	33条1項	
			3	【書式3】	承継の証拠がなくて、かつ、承継が明白でないとして公証人が、承継執行文の付与をしてくれなかった。		執行証書原本を有する公証人	執行文付与等に関する異議申立	32条1項	
			4	【書式4】				執行文付与の訴え	33条1項	

不服の申立先	不服を審理する機関	不服申立期間	方式等	手数料等	再度の不服申立	確定により効力が生ずるもの	補足説明その他実務に役立つ情報など
裁判所書記官が属する裁判所	裁判所書記官が属する裁判所	特になし	期日においてする場合を除き書面	なし	不可（32条4項）	—	執行文付与等に関する異議の申立をせずに、執行文付与の訴えを提起することもできる（逆は不可）。
33条2項所定の裁判所	33条2項所定の裁判所		書面（訴状）	執行文付与を求める請求権の価額の1/2	控訴・上告	—	
公証人が属する地方裁判所	公証人が属する地方裁判所		期日においてする場合を除き書面	なし	不可（32条4項）	—	執行文付与等に関する異議の申立をせずに、執行文付与の訴えを提起することもできる（逆は不可）。
33条2項所定の裁判所	33条2項所定の裁判所		書面（訴状）	執行文付与を求める請求権の価額の1/2	控訴・上告	—	
裁判所書記官が属する裁判所	裁判所書記官が属する裁判所	強制執行完結まで	期日においてする場合を除き書面	なし	不可（32条4項）	—	執行文付与等に関する異議の申立をせずに、執行文付与に対する異議の訴えを提起することもできる（逆は不可）。
33条2項所定の裁判所	33条2項所定の裁判所		書面（訴状）	執行文付与を求める請求権の価額の1/2	控訴・上告	—	
公証人が属する地方裁判所	公証人が属する地方裁判所		期日においてする場合を除き書面	なし	不可（32条4項）	—	執行文付与等に関する異議の申立をせずに、執行文付与に対する異議の訴えを提起することもできる（逆は不可）。
33条2項所定の裁判所	33条2項所定の裁判所		書面（訴状）	執行文付与を求める請求権の価額の1/2	控訴・上告	—	
裁判所書記官が属する裁判所	裁判所書記官が属する裁判所	異議の利益が生じ、かつ存続する間	期日においてする場合を除き書面	なし	不可（32条4項）	—	—
33条2項所定の裁判所	33条2項所定の裁判所		書面（訴状）	承継執行文付与を求める請求権の価額の1/2	控訴・上告	—	—
公証人が属する地方裁判所	公証人が属する地方裁判所		期日においてする場合を除き書面	なし	不可（32条4項）	—	—
33条2項所定の裁判所	33条2項所定の裁判所		書面（訴状）	承継執行文付与を求める請求権の価額の1/2	控訴・上告	—	—

		番号		書式番号	不服申立の対象となる行為ないし事実	参照条文	行為者	不服申立方法	根拠条文	不服申立の主体
第２章　強制執行	第１節　総則	30	1	【書式３】	承継が明白であるとして裁判所書記官が、承継執行文の付与をした。	27条２項	事件記録が存する裁判所書記官	執行文付与等に関する異議申立て	32条１項	債務者
		30	2	【書式３】	承継が明白であるとして裁判所書記官が、承継執行文の付与をした。	27条２項	事件記録が存する裁判所書記官	執行文付与等に関する異議申立て	34条１項	債務者
		30	3	【書式３】	承継が明白であるとして公証人が、承継執行文の付与をした。	27条２項	執行証書原本を有する公証人	執行文付与等に関する異議申立て	32条１項	債務者
		30	4	【書式３】	承継が明白であるとして公証人が、承継執行文の付与をした。	27条２項	執行証書原本を有する公証人	執行文付与等に関する異議申立て	34条１項	債務者
		31	1	【書式３】	執行文の再度付与の要件が備わっているのに、裁判所書記官が、再度付与を拒絶した。	28条１項	事件記録が存する裁判所書記官	執行文付与等に関する異議申立	32条１項	債権者
		31	2	【書式３】	執行文の再度付与の要件が備わっているのに、公証人が、再度付与を拒絶した。	28条１項	執行証書原本を有する公証人	執行文付与等に関する異議申立	32条１項	債権者
		31	3	【書式３】	執行文の再度付与の要件が備わっているとして、裁判所書記官が、執行文を再度付与した。	28条１項	事件記録が存する裁判所書記官	執行文付与等に関する異議申立	32条１項	債務者
		31	4	【書式３】	執行文の再度付与の要件が備わっているとして、公証人が、執行文を再度付与した。	28条１項	執行証書原本を有する公証人	執行文付与等に関する異議申立	32条１項	債務者
		32	1	【書式３】	強制執行のため、少額訴訟の確定判決正本の交付を裁判所書記官に求めたところ、交付されなかった。	28条２項	事件記録が存する裁判所書記官	執行文付与等に関する異議申立	32条１項	債権者
		32	2	【書式３】	少額訴訟の確定判決正本の交付を債権者が求めたところ、交付の要件が備わっていないのに、さらに交付された。	28条２項	事件記録が存する裁判所書記官	執行文付与等に関する異議申立	32条１項	債務者
		33		—	執行文の付与等に関する異議の申立に対し、裁判所が、異議を認容・却下・棄却する裁判を下した。	32条１項	裁判所	不可	32条４項	—
		34		—	執行文の付与に対し、異議の申立があり、異議についての裁判をするまでの間、強制執行の停止が命じられた、又はその続行が命じられた。	32条２項	裁判所（急迫の事情があるときは裁判長も可）	不可	32条４項	債権者 債務者
		35		—	少額訴訟確定判決正本の再交付処分に対して異議を申し立てたところ、異議について簡易裁判所が裁判を下した。	32条５項	裁判所書記官所属の簡易裁判所	不可	32条５項、32条４項	—

不服の申立先	不服を審理する機関	不服申立期間	方式等	手数料等	再度の不服申立	確定により効力が生ずるもの	補足説明その他実務に役立つ情報など
裁判所書記官が属する裁判所	裁判所書記官が属する裁判所	強制執行完結まで	期日においてする場合を除き書面	なし	不可（32条４項）	—	—
33条２項所定の裁判所	33条２項所定の裁判所		書面（訴状）	承継執行文付与を求める請求権の価額の１／２	控訴・上告	—	—
公証人が属する地方裁判所	公証人が属する地方裁判所		期日においてする場合を除き書面	なし	不可（32条４項）	—	—
33条２項所定の裁判所	33条２項所定の裁判所		書面（訴状）	承継執行文付与を求める請求権の価額の１／２	控訴・上告	—	—
裁判所書記官が属する裁判所	裁判所書記官が属する裁判所	異議の利益が生じ、かつ存続する間	期日においてする場合を除き書面	なし	不可（32条４項）	—	—
公証人が属する地方裁判所	公証人が属する地方裁判所	異議の利益が生じ、かつ存続する間	期日においてする場合を除き書面	なし	不可（32条４項）	—	—
裁判所書記官が属する裁判所	裁判所書記官が属する裁判所	異議の利益が生じ、かつ存続する間	期日においてする場合を除き書面	なし	不可（32条４項）	—	—
公証人が属する地方裁判所	公証人が属する地方裁判所	異議の利益が生じ、かつ存続する間	期日においてする場合を除き書面	なし	不可（32条４項）	—	—
裁判所書記官が属する裁判所	裁判所書記官が属する裁判所	異議の利益が生じ、かつ存続する間	期日においてする場合を除き書面	なし	不可（32条４項）	—	—
						—	—
—	—	—	—	—	—	—	執行文付与の訴え、執行文付与に対する異議の訴えによるべき。
—	—	—	—	—	—	—	—
—	—	—	—	—	—	—	—

章	節	番号		書式番号	不服申立の対象となる行為ないし事実	参照条文	行為者	不服申立方法	根拠条文	不服申立の主体
第２章　強制執行	第１節　総則	36		—	【35】の裁判をするまでの間、強制執行の停止が命じられた、又はその続行が命じられた。	32条５項	裁判所書記官所属の簡易裁判所	不可	33条５項、32条４項	—
		37	1	【書式６】【書式８】	債務名義に係る請求権に実体上の瑕疵があるのにもかかわらず、民事執行手続が開始された。	35条１項前段	執行裁判所	請求異議の訴え	35条１項前段	債務者
			2		債務名義に係る請求権について債務者が全額払ったにもかかわらず、民事執行手続が開始された。					
			3		当事者間で執行契約が締結されたにもかかわらず、執行契約に違反して民事執行手続が開始された。					
			4		裁判以外の債務名義の成立について瑕疵がある（騙されて和解し、債務名義が成立した場合等）のに民事執行手続が開始された。	35条１項後段			35条１項後段	
			5		仲裁判断成立後に仲裁判断に従って弁済したにもかかわらず、民事執行手続が開始された。	仲裁法46条１項			35条１項前段	
		38	1	—	執行文付与に対する異議の訴え又は請求異議の訴えの提起があった場合において、債務者の申立により、裁判所が強制執行の停止を命じた。	36条１項	受訴裁判所（急迫の事情があるときは裁判長も可）	不可	36条５項	債務者
			2		【38―１】の申立により、受訴裁判所が強制執行の停止を命じると同時に、債権者に担保を立てさせて強制執行の続行を命じた。					債権者
			3		【38―１】の申立により、受訴裁判所が強制執行の停止を命じると同時に、債務者に担保を立てさせて既にした執行処分の取消を命じた。					債務者
		39	1	—	執行文付与に対する異議の訴え又は請求異議の訴えの提起があった場合において、急迫の事情があるとして債務者が執行停止を申し立てたところ、執行裁判所が強制執行の停止を命じた。	36条３項	執行裁判所	不可	36条５項	債務者

不服の申立先	不服を審理する機関	不服申立期間	方式等	手数料等	再度の不服申立	確定により効力が生ずるもの	補足説明その他実務に役立つ情報など
—	—	—	—	—	—	—	—
33条2項所定の裁判所	33条2項所定の裁判所	債務名義成立後、強制執行完結まで	書面（訴状）	執行力の排除を求める債務名義に表示された請求権の価額	控訴・上告	—	—
						—	—
						—	—
						—	—
						—	仲裁判断成立後の請求権の消滅、変更、期限猶予等の実体上の事由を主張して、債務名義を争う場合である。
—	—	—	—	—	—	—	不適法却下の場合には、通常抗告（20条、民訴法328条）が認められるとする見解がある。
—	—	—	—	—	—	—	
—	—	—	—	—	—	—	
—	—	—	—	—	—	—	不適法却下の場合には、通常抗告（20条、民訴法328条）が認められるとする見解がある。

		番号		書式番号	不服申立の対象となる行為ないし事実	参照条文	行為者	不服申立方法	根拠条文	不服申立の主体
第２章　強制執行	第１節　総則	39	2	—	【39—１】の申立により、執行裁判所が強制執行の停止を命じると同時に、債権者に担保を立てさせて執行裁判所が、強制執行の続行を命じた。	36条３項	執行裁判所	不可	36条５項	債権者
			3		【39—１】の申立により、執行裁判所が強制執行の停止を命じると同時に、債務者に担保を立てさせて既にした執行処分の取消を命じた。					債務者
		40		—	執行文付与に対する異議の訴え又は請求異議の訴えの受訴裁判所が、終局判決をするにあたり、36条１項に規定する処分を命じ、又は既にした同項の規定による裁判を取消し、変更し、若しくは認可した。	37条	受訴裁判所	不可	37条２項	—
		41	1	【書式７】【書式８】	第三者が所有権その他目的物の譲渡又は引渡しを妨げる権利を有する目的物について、裁判所が強制執行の開始決定をした。	45条、他	執行裁判所	第三者異議の訴え	38条１項	強制執行の目的物について所有権その他目的物の譲渡又は引渡しを妨げる権利を有する第三者
			2		第三者が所有権その他目的物の譲渡又は引渡しを妨げる権利を有する目的物について、執行官が強制執行処分を開始した。		執行官			
		42	1	【書式２】【書式８】	債権者の申立により、執行裁判所が、責任制限契約に反する財産まで差し押さえた。	38条１項	執行裁判所	執行異議	11条１項	債務者
			2	【書式７】【書式８】				第三者異議の訴え	38条１項	
			3	【書式２】【書式８】	債権者の申立により、執行官が、責任制限契約に反する財産まで差し押さえた。		執行官	執行異議	11条１項後段	

不服の申立先	不服を審理する機関	不服申立期間	方式等	手数料等	再度の不服申立	確定により効力が生ずるもの	補足説明その他実務に役立つ情報など
—	—	—	—	—	—	—	不適法却下の場合には、通常抗告（20条、民訴法328条）が認められるとする見解がある。
—	—	—	—	—	—	—	
—	—	—	—	—	—	—	適法要件を欠いているのに発令したり、適法要件を満たしているのに不適法却下された場合には、不服申立を認める見解がある。
執行裁判所	執行裁判所	執行開始を待たなければ対象が特定しない一般の財産執行―強制執行開始後から終了まで 特定物引渡し・明渡し請求権の強制執行―執行文の付与ないし執行開始前から強制執行終了まで	書面（訴状）	訴額による	控訴・上告	—	—
						—	—
執行裁判所	執行裁判所	異議の利益が生じ、かつ存続する間	期日においてする場合を除き書面	500円	不可	—	
執行裁判所	執行裁判所	一般の財産執行―強制執行開始後から終了まで 特定物引渡し・明渡し請求権の強制執行―執行文の付与ないし執行開始前から強制執行終了まで	書面（訴状）	訴額による	控訴・上告	—	—
執行官所属の地方裁判所	執行官所属の地方裁判所	異議の利益が生じ、かつ存続する間	期日においてする場合を除き書面	500円	不可	—	—

		番号		書式番号	不服申立の対象となる行為ないし事実	参照条文	行為者	不服申立方法	根拠条文	不服申立の主体
第２章　強制執行	第１節　総則	42	4	【書式７】【書式８】	債権者の申立により、執行官が、責任制限契約に反する財産まで差し押さえた。	38条１項	執行官	第三者異議の訴え	38条１項	債務者
		43	1	—	第三者異議の訴えの提起があった場合において、債務者の申立により、裁判所が強制執行の停止を命じた。	38条４項、36条１項	受訴裁判所（急迫の事情があるときは裁判長も可）	不可	38条４項、36条５項	債務者
			2		【43―１】の申立により、受訴裁判所が強制執行の停止を命じると同時に、債権者に担保を立てさせて強制執行の続行を命じた。					債権者
			3		【43―１】の申立により、受訴裁判所が強制執行の停止を命じると同時に、債務者に担保を立てさせて既にした執行処分の取消を命じた。					債務者
		44	1	—	執行文付与に対する異議の訴え又は請求異議の訴えの提起があった場合において、急迫の事情があるとして債務者が執行停止を申し立てたところ、執行裁判所が強制執行の停止を命じた。	38条４項、36条３項	執行裁判所	不可	38条４項、36条５項	債務者
			2		【44―１】の申立により、執行裁判所が強制執行の停止を命じると同時に、債権者に担保を立てさせて執行裁判所が、強制執行の続行を命じた。					債権者
			3		【44―１】の申立により、執行裁判所が強制執行の停止を命じると同時に、債務者に担保を立てさせて既にした執行処分の取消を命じた。					債務者
		45		—	執行文付与に対する異議の訴え又は請求異議の訴えの受訴裁判所が、終局判決をするにあたり、36条１項に規定する処分を命じ、又は既にした同項の規定による裁判を取り消し、変更し、若しくは認可した。	38条４項、37条	受訴裁判所	不可	38条４項、37条２項	—

不服の申立先	不服を審理する機関	不服申立期間	方式等	手数料等	再度の不服申立	確定により効力が生ずるもの	補足説明その他実務に役立つ情報など
執行裁判所	執行裁判所	一般の財産執行―強制執行開始後から終了まで 特定物引渡し・明渡請求権の強制執行―執行文の付与ないし執行開始前から強制執行終了まで	書面（訴状）	訴額による	控訴・上告	—	—
—	—	—	—	—	—	—	不適法却下の場合には、通常抗告（20条、民訴法328条）が認められるとする見解がある。
—	—	—	—	—	—	—	
—	—	—	—	—	—	—	
—	—	—	—	—	—	—	不適法却下の場合には、通常抗告（20条、民訴法328条）が認められるとする見解がある。
—	—	—	—	—	—	—	
—	—	—	—	—	—	—	
—	—	—	—	—	—	—	適法要件を欠いているのに発令したり、適法要件を満たしているのに不適法却下された場合には、不服申立を認める見解がある。

		番号		書式番号	不服申立の対象となる行為ないし事実	参照条文	行為者	不服申立方法	根拠条文	不服申立の主体
第２章　強制執行	第１節　総則	46	1	【書式２】	適式有効な執行取消・停止文書を提出していないのに裁判所が強制執行を停止した。	39条	執行裁判所	執行異議	11条１項	債権者
			2		適式有効な執行取消・停止文書を提出していないのに、執行官が強制執行を停止した。		執行官		11条１項後段	
			3		適式有効な執行取消・停止文書を提出したのに裁判所が強制執行を停止しない。		執行裁判所		11条１項	
			4		適式有効な執行取消・停止文書を提出したのに執行官が強制執行を停止しない。		執行官		11条１項後段	
			5		執行停止文書を提出しないのに、裁判所が、執行を停止し、執行処分も取り消した。	39条１項各号、８項、40条１項	執行裁判所		11条１項	
			6		執行停止文書を提出しないのに、執行官が、執行を停止し、執行処分も取り消した。		執行官		11条１項後段	
			7	【書式２】【書式８】	執行停止文書を提出したのに、裁判所が、執行を停止も、執行処分の取消もしない。		執行裁判所		11条１項	債務者
			8		執行停止文書を提出したのに、執行官が、執行処分の取消をしない。		執行官		11条１項後段	
		47	1	【書式２】	債権者が、債務名義の成立後に、弁済を受け、又は弁済の猶予を承諾した旨を記載した文書が提出され、強制執行が停止されたが、当該文書は偽造されたものであった。	39条１項８号	執行裁判所	執行異議	11条１項	債権者
			2	【書式２】	債務者が、債権者に弁済をしたとしてその領収証を出したため、執行官が強制執行を停止する処分をしたが、その領収証は債務者が偽造したものだった。	39条１項８号	執行官	執行異議	11条１項後段	債権者
		48	1	—	債務者が執行取消文書を提出した結果、裁判所が、既にした執行処分を取り消した。	40条１項	執行裁判所	不可	40条２項	債権者
			2		債務者が執行取消文書を提出した結果、執行官が、既にした執行処分を取り消した。		執行官			債権者
		49		なし	執行費用の負担について裁判所書記官が不当な処分（負担金額が不相当な場合等）を下した。	42条	執行裁判所書記官	書記官の処分に対する異議申立	42条５項	不当な処分を受けた者

不服の申立先	不服を審理する機関	不服申立期間	方式等	手数料等	再度の不服申立	確定により効力が生ずるもの	補足説明その他実務に役立つ情報など
執行裁判所	執行裁判所	異議の利益が生じ、かつ存続する間	期日においてする場合を除き書面	500円	執行抗告	—	停止文書たる裁判の正本を提出できない第三者は停止文書の存在を理由に、執行異議又は執行抗告を申立て、執行停止を命ずる裁判を得て、その正本を提出できるとする見解がある。
執行官所属の地方裁判所	執行官所属の地方裁判所					—	
執行裁判所	執行裁判所				不可	—	
執行官所属の地方裁判所	執行官所属の地方裁判所				不可	—	
執行裁判所	執行裁判所				執行抗告	—	—
執行官所属の地方裁判所	執行官所属の地方裁判所					—	—
執行裁判所	執行裁判所				不可	—	—
執行官所属の地方裁判所	執行官所属の地方裁判所				不可	—	—
執行裁判所	執行裁判所	異議の利益が生じ、かつ存続する間	期日においてする場合を除き書面	500円	執行抗告	—	—
執行官所属の地方裁判所	執行官所属の地方裁判所			500円	執行抗告	—	—
—	—	—	—	—	—	—	—
—	—	—	—	—	—	—	—
執行裁判所	執行裁判所	１週間（不変期間）	期日においてする場合を除き書面	なし	【50】の執行抗告	42条８項	—

				番号	書式番号	不服申立の対象となる行為ないし事実	参照条文	行為者	不服申立方法	根拠条文	不服申立の主体
第２章　強制執行	第１節　総則			50	【書式１】	【49】の異議に対して、裁判所が不当な決定を下した。	42条５項	執行裁判所	執行抗告	42条７項、10条１項	不利益を受ける者
				51	なし	裁判所書記官が債務者の負担すべき執行費用、債権者が返還すべき金銭の額を定めたが、計算違い、誤記その他これらに類する明白な誤りがあった。	42条４項	裁判所書記官	更正の申立	42条９項、民訴法74条１項	債権者債務者
				52	【書式１】	更正の申立をしたところ、更正決定がされた、又は申立が却下された。	42条５項	執行裁判所	執行抗告	42条９項、42条７項	債権者債務者
	第２節　金銭の支払を目的とする債権についての強制執行	第１款　不動産に対する強制執行	第１目　通則	53	—	不動産強制執行の際、建物が数個の地方裁判所の管轄区域にまたがっているとして、他の管轄裁判所に移送されてしまった。	44条２項、３項	執行裁判所	不可	44条４項	—
			第２目　強制競売	54	【書式２】【書式８】	強制競売を申し立てたところ、開始決定が下された。	45条１項	執行裁判所	執行異議	11条１項	債務者
				55	【書式１】	強制競売を申し立てたところ、裁判所に却下された。	45条１項	執行裁判所	執行抗告	45条３項、10条１項	申立人
				56	【書式２】	二重開始決定がなされたが、先の開始決定にかかる強制競売の申立が取り消されたにもかかわらず、後の強制競売の開始決定に基づいて裁判所が手続を続行しなかった。	47条２項	執行裁判所	執行異議	11条１項	後行申立人
				57	なし	後発の競売申立が所定の配当要求の終期（更新後の終期を含む）後になされたものであるのにもかかわらず、裁判所書記官が新たに配当要求の終期を定めなかった。	47条３項	裁判所書記官	書記官の処分に対する異議申立	47条４項５項、10条６項前段、９項	後行事件の差押債権者
				58	【書式２】【書式８】	先の開始決定にかかる競売の手続が停止されたので、後の強制競売の開始決定に基づく手続続行を申し立てたところ、裁判所が手続続行を認めた。	47条６項	執行裁判所	執行異議	47条６項但書、11条１項	先行申立人

不服の申立先	不服を審理する機関	不服申立期間	方式等	手数料等	再度の不服申立	確定により効力が生ずるもの	補足説明その他実務に役立つ情報など
原裁判所	高等裁判所	１週間（不変期間）	書面(抗告状)の提出	1,000円	抗告裁判所が地方裁判所—再執行抗告 抗告裁判所が高等裁判所—特別抗告・許可抗告	42条８項	—
執行裁判所	執行裁判所	１週間	期日においてする場合を除き書面	なし	執行抗告	42条８項	—
原裁判所	高等裁判所	１週間（不変期間）	書面(抗告状)の提出	1,000円	抗告裁判所が地方裁判所—再執行抗告 抗告裁判所が高等裁判所—特別抗告・許可抗告	42条８項	—
—	—	—	—	—	—	—	—
執行裁判所	執行裁判所	異議の利益が存在する間	執行裁判所の期日の場合は口頭で可・それ以外は書面	500円	不可	—	—
原裁判所	高等裁判所	裁判の告知を受けた日から１週間（不変期間）	書面(抗告状)の提出	1,000円	特別抗告 許可抗告	—	—
執行裁判所	執行裁判所	異議の利益が存在する間	執行裁判所の期日の場合は口頭で可、それ以外は書面	500円	不可	—	—
執行裁判所	執行裁判所	異議の利益が存在する間	執行裁判所の期日の場合は口頭で可、それ以外は書面	500円	不可		—
執行裁判所	執行裁判所	異議の利益が存在する間	執行裁判所の期日の場合は口頭で可、それ以外は書面	500円	不可	—	—

	番号	書式番号	不服申立の対象となる行為ないし事実	参照条文	行為者	不服申立方法	根拠条文	不服申立の主体
第2章 強制執行 第2節 金銭の支払を目的とする債権についての強制執行 第1款 不動産に対する強制執行 第2目 強制競売	59	【書式1】【書式8】	【58】の申立をしたのに裁判所が却下した。	47条7項	執行裁判所	執行抗告	47条7項、10条1項	後行申立人
	60	なし	配当要求の終期が書記官により決定されたが、納得いかない終期が定められていた。	49条1項	執行裁判所書記官	書記官の処分に対する異議申立	49条5項6項	不服ある当事者
	61	なし	配当要求の終期が延長されてしまった。	49条3項	執行裁判所書記官	書記官の処分に対する異議申立	49条5項6項	不服のある当事者
	62	【書式2】【書式8】	不適法な配当要求を執行裁判所が却下しない。	51条1項	執行裁判所	執行異議	11条1項	不服のある当事者
	63	【書式1】【書式8】	配当要求をしたが却下されてしまった。	51条1項	執行裁判所	執行抗告	51条2項、10条1項	債権者
	64	【書式2】【書式8】	不動産の滅失その他売却による不動産の移転を妨げる事情が明らかとなったにもかかわらず、執行裁判所が強制競売手続を取り消さない。	53条	執行裁判所	執行異議	11条1項	債務者その他利害関係人
	65	【書式1】	不動産の滅失その他売却による不動産の移転を妨げる事情が明らかになったとして、執行裁判所が強制競売手続を取り消した。	53条	執行裁判所	執行抗告	12条1項前段	債権者その他利害関係人
	66	【書式1】【書式8】	不動産について、価格減少行為をする恐れがあるとのことで保全処分を受けてしまった。	55条1項	執行裁判所	執行抗告	55条6項、10条1項	保全処分を受けた者
	67	【書式1】	不動産について、価格減少行為をする恐れがあるとのことで保全処分を申し立てたところ、申立が却下された。	55条1項	執行裁判所	執行抗告	55条6項、10条1項	差押債権者
	68	【書式1】	不動産について、価格減少行為をする恐れがあるので保全処分決定をもらっていたが、事情が変更したとして、取り消されてしまった。	55条5項	執行裁判所	執行抗告	55条6項、10条1項	差押債権者
	69	【書式2】【書式8】	地代の代払いが許可されてしまった。	56条1項	執行裁判所	執行異議	11条1項	債務者

不服の申立先	不服を審理する機関	不服申立期間	方式等	手数料等	再度の不服申立	確定により効力が生ずるもの	補足説明その他実務に役立つ情報など
原裁判所	高等裁判所	裁判の告知を受けた日から１週間（不変期間）	書面（抗告状）の提出	1,000円	特別抗告 許可抗告	—	—
執行裁判所	執行裁判所	異議の利益が存在する間	執行裁判所の期日の場合は口頭で可、それ以外は書面	500円	不可	—	—
執行裁判所	執行裁判所	異議の利益が存在する間	執行裁判所の期日の場合は口頭で可、それ以外は書面	500円	不可	—	—
執行裁判所	執行裁判所	異議の利益が存在する間	執行裁判所の期日の場合は口頭で可、それ以外は書面	500円	不可		
原裁判所	高等裁判所	裁判の告知を受けた日から１週間（不変期間）	書面（抗告状）の提出	1,000円	特別抗告 許可抗告	—	—
執行裁判所	執行裁判所	異議の利益が存在する間	執行裁判所の期日の場合は口頭で可、それ以外は書面	500円	不可	—	職権発動を促すこともできる。
原裁判所	高等裁判所	裁判の告知を受けた日から１週間（不変期間）	書面（抗告状）の提出	1,000円	特別抗告 許可抗告	12条２項	—
原裁判所	高等裁判所	裁判の告知を受けた日から１週間（不変期間）	書面（抗告状）の提出	1,000円	特別抗告 許可抗告	—	—
原裁判所	高等裁判所	裁判の告知を受けた日から１週間（不変期間）	書面（抗告状）の提出	1,000円	特別抗告 許可抗告	—	
原裁判所	高等裁判所	裁判の告知を受けた日から１週間（不変期間）	書面（抗告状）の提出	1,000円	特別抗告 許可抗告	55条７項	—
執行裁判所	執行裁判所	異議の利益が存在する間	執行裁判所の期日の場合は口頭で可、それ以外は書面	500円	不可	—	—

第２章　強制執行　第２節　金銭の支払を目的とする債権についての強制執行　第１款　不動産に対する強制執行　第２目　強制競売

番号	書式番号	不服申立の対象となる行為ないし事実	参照条文	行為者	不服申立方法	根拠条文	不服申立の主体
70	【書式２】	執行官が、現況調査を遅怠している。	57条１項	執行官	執行異議	11条１項	利害関係人
71	【書式２】【書式８】	差押え外の不動産に対し現況調査命令が発令されたなど現況調査命令の発令に違法がある。	57条１項	執行裁判所	執行異議	11条１項	利害関係人
72	【書式２】【書式８】	裁判所が内容又は手続において違法な売却基準価額を定めた。	60条１項	執行裁判所	執行異議	11条１項	債務者・債権者・物件所有者など
73	【書式２】【書式８】	裁判所が内容又は手続において違法な売却基準価額に変更してしまった。	60条２項	執行裁判所	執行異議	11条１項	債務者・債権者・物件所有者など
74	【書式２】【書式８】	数個の不動産について、一括売却決定がされた。	61条	執行裁判所	執行異議	11条１項	債務者・債権者
75	なし	物件明細書が誤っている。	62条１項	執行裁判所書記官	書記官の処分に対する異議申立	62条３項	利害関係人
76	なし	裁判所書記官が物件明細書を作成しない。	62条１項	執行裁判所書記官	書記官の処分に対する異議申立	62条３項	利害関係人
77	なし	裁判所書記官が物件明細書を閲覧させない。	62条２項	執行裁判所書記官	書記官の処分に対する異議申立	62条３項	利害関係人
78	【書式２】	執行裁判所が無剰余の通知をしない。	63条１項	執行裁判所	執行異議	11条１項	差押債権者
79	なし	不動産の売却について、裁判所書記官の定めた方法に不服がある。	64条１項	執行裁判所書記官	書記官の処分に対する異議申立	64条６項	利害関係人
80	【書式２】【書式８】	執行裁判所が内覧を命じた。	64条の２第１項	執行裁判所	執行異議	11条１項	占有者
81	【書式１】【書式８】	買受けの申出をした差押債権者のために保全処分が出された。	68条の２第１項	執行裁判所	執行抗告	68条の２第４項、55条６項、10条１項	保全処分を受けた者

不服の申立先	不服を審理する機関	不服申立期間	方式等	手数料等	再度の不服申立	確定により効力が生ずるもの	補足説明その他実務に役立つ情報など
執行裁判所	執行裁判所	異議の利益が存在する間	執行裁判所の期日の場合は口頭で可・それ以外は書面	500円	不可	—	—
執行裁判所	執行裁判所	異議の利益が存在する間	執行裁判所の期日の場合は口頭で可・それ以外は書面	500円	不可	—	—
執行裁判所	執行裁判所	異議の利益が存在する間	執行裁判所の期日の場合は口頭で可・それ以外は書面	500円	不可	—	—
執行裁判所	執行裁判所	異議の利益が存在する間	執行裁判所の期日の場合は口頭で可・それ以外は書面	500円	不可	—	—
執行裁判所	執行裁判所	異議の利益が存在する間	執行裁判所の期日の場合は口頭で可・それ以外は書面	500円	不可	—	—
執行裁判所	執行裁判所	異議の利益が存在する間	執行裁判所の期日の場合は口頭で可・それ以外は書面	500円	不可	—	—
執行裁判所	執行裁判所	異議の利益が存在する間	執行裁判所の期日の場合は口頭で可・それ以外は書面	500円	不可		否定説もある。
執行裁判所	執行裁判所	異議の利益が存在する間	執行裁判所の期日の場合は口頭で可・それ以外は書面	500円	不可		
執行裁判所	執行裁判所	異議の利益が存在する間	執行裁判所の期日の場合は口頭で可・それ以外は書面	500円	不可		否定説もある。
執行裁判所	執行裁判所	異議の利益が存在する間	執行裁判所の期日の場合は口頭で可・それ以外は書面	500円	不可	—	—
執行裁判所	執行裁判所	異議の利益が存在する間	執行裁判所の期日の場合は口頭で可・それ以外は書面	500円	不可	—	—
原裁判所	高等裁判所	裁判の告知を受けた日から１週間（不変期間）	書面（抗告状）の提出	1,000円	特別抗告 許可抗告	—	—

				番号	書式番号	不服申立の対象となる行為ないし事実	参照条文	行為者	不服申立方法	根拠条文	不服申立の主体
第２章　強制執行	第２節　金銭の支払を目的とする債権についての強制執行	第１款　不動産に対する強制執行	第２目　強制競売	82	【書式２】	数個の不動産を売却すると債権額を超過するとのことで一部の不動産についての売却許可決定が留保された。	73条１項	執行裁判所	執行異議	11条１項	申立人
				83	【書式１】【書式８】	売却の許可決定が出た。	74条１項	執行裁判所	執行抗告	74条１項、10条１項	利害関係人
				84	【書式１】【書式８】	現況調査報告書の記載内容に不備・不当があり、売却基準価額・一括売却の決定、物件明細書の作成に重大な誤りが生じたまま、売却許可決定が出た。	57条１項、71条６号	執行裁判所	執行抗告	74条１項、10条１項	利害関係人
				85	【書式１】【書式８】	売却基準価額の決定又は変更が、その内容又は手続において違法なのに、売却許可決定が出た。	60条１項・２項、71条６号	執行裁判所	執行抗告	74条１項、10条１項	利害関係人
				86	【書式１】【書式８】	物件明細書の作成又はその手続に重大な誤りがあるまま売却許可決定が出た。	62条１項、71条６号	執行裁判所	執行抗告	74条１項、10条１項	利害関係人
				87	【書式１】【書式８】	最高価買受申出人の名義が冒用され、又は死者名義であった場合に、被冒用者、死者に対する売却許可決定が出た。	71条２号類推	執行裁判所	執行抗告	74条１項、10条１項	利害関係人
				88	【書式１】【書式８】	75条１項の要件を満たす売却の不許可の申出があったのに、売却許可決定が出た。	71条５号	執行裁判所	執行抗告	74条１項、10条１項	利害関係人
				89	【書式１】【書式８】	最高価買受申出をしたのに、無視された結果、第三者を最高価買受人とする売却許可決定が出た。	71条７号	執行裁判所	執行抗告	74条１項、10条１項	利害関係人
				90	【書式１】【書式８】	売却許可決定が出たが、目的不動産に権利の瑕疵があった。買受人は、売買契約を解除せず代金の減額を請求したい。	71条６号	執行裁判所	執行抗告	74条１項、10条１項	利害関係人
				91	【書式１】	売却の不許可決定が出た。	74条１項	執行裁判所	執行抗告	74条１項、10条１項	利害関係人
				92	【書式１】【書式８】	不動産を買受け申出をしたが、売却許可決定後に、天災で不動産が損傷してしまったので、買受けたくないと思い、売却の許可決定を取り消すように申し立てたところ、同申立を認める（又は認めない）決定が出された。	75条１項	執行裁判所	執行抗告	75条２項、10条１項	利害関係人

不服の申立先	不服を審理する機関	不服申立期間	方式等	手数料等	再度の不服申立	確定により効力が生ずるもの	補足説明その他実務に役立つ情報など
執行裁判所	執行裁判所	異議の利益が存在する間	執行裁判所の期日の場合は口頭で可・それ以外は書面	500円	不可	—	—
原裁判所	高等裁判所	裁判の告知を受けた日から１週間（不変期間）	書面（抗告状）の提出	1,000円	特別抗告許可抗告	74条５項	—
原裁判所	高等裁判所	裁判の告知を受けた日から１週間（不変期間）	書面（抗告状）の提出	1,000円	特別抗告許可抗告	74条５項	—
原裁判所	高等裁判所	裁判の告知を受けた日から１週間（不変期間）	書面（抗告状）の提出	1,000円	特別抗告許可抗告	74条５項	—
原裁判所	高等裁判所	裁判の告知を受けた日から１週間（不変期間）	書面（抗告状）の提出	1,000円	特別抗告許可抗告	74条５項	—
原裁判所	高等裁判所	裁判の告知を受けた日から１週間（不変期間）	書面（抗告状）の提出	1,000円	特別抗告許可抗告	74条５項	—
原裁判所	高等裁判所	裁判の告知を受けた日から１週間（不変期間）	書面（抗告状）の提出	1,000円	特別抗告許可抗告	74条５項	売却許可決定取消の申立もできる（75条１項）
原裁判所	高等裁判所	裁判の告知を受けた日から１週間（不変期間）	書面（抗告状）の提出	1,000円	特別抗告許可抗告	74条５項	否定説あり。
原裁判所	高等裁判所	裁判の告知を受けた日から１週間（不変期間）	書面（抗告状）の提出	1,000円	特別抗告許可抗告	74条５項	—
原裁判所	高等裁判所	裁判の告知を受けた日から１週間（不変期間）	書面（抗告状）の提出	1,000円	特別抗告許可抗告	74条５項	—
原裁判所	高等裁判所	裁判の告知を受けた日から１週間（不変期間）	書面（抗告状）の提出	1,000円	特別抗告許可抗告	75条３項	—

第２章　強制執行
第２節　金銭の支払を目的とする債権についての強制執行
第１款　不動産に対する強制執行
第２目　強制競売

番号	書式番号	不服申立の対象となる行為ないし事実	参照条文	行為者	不服申立方法	根拠条文	不服申立の主体
93	【書式２】	買受けの申出後に強制競売の申立が取り下げられてしまった。	76条１項	執行裁判所	執行異議	11条１項	買受人等
94	【書式１】 【書式８】	最高価買受申出人のために保全処分がなされた、又は申立てが却下された。	77条１項	執行裁判所	執行抗告	77条２項、55条６項、10条１項	最高価買受申出人又は買受人／債務者又は不動産の占有者
95	【書式１】	【94】の保全処分がなされた後、事情が変更したとして、取り消されてしまった。	77条２項、55条２項	執行裁判所	執行抗告	77条２項、55条６項、10条１項	最高価買受申出人又は買受人
96	なし	代金納付期限について不服がある。	78条４項但書	執行裁判所書記官	書記官の処分に対する異議申立	78条６項	買受人
97	【書式１】	引渡命令を申し立てたが却下された。	83条１項	執行裁判所	執行抗告	83条４項、10条１項	買受人
98	【書式１】 【書式８】	裁判所から占有者に対し引渡命令が出された。	83条１項	執行裁判所	執行抗告	83条４項、10条１項	債務者又は占有者
99	【書式６】 【書式８】	引渡命令を受けた占有者において占有権原を主張したい。	83条１項	執行裁判所	請求異議の訴え	35条１項	占有者
100	【書式３】	保全処分及び公示保全処分がなされている物件を占有している者が、他者に対する引渡命令に基づき不動産引渡の強制執行を受けた場合に、拒絶したい。	83条の２	事件の記録の存在する裁判所の書記官	執行文付与等に関する異議申立	83条の２第３項、32条	占有者又は占有承継者
101	【書式２】	代金の納付があったのに、執行裁判所が、配当を実施しようとしない。	84条１項	執行裁判所	執行異議	11条１項	配当要求をした債権者
102　1	【書式６】 【書式８】	裁判所が、実際の債権額を超えた金額を債権者に弁済金として交付した（売却代金交付計算書記載の額が実際の額より高い）。	84条２項	執行裁判所	請求異議の訴え	35条	債務者

不服の申立先	不服を審理する機関	不服申立期間	方式等	手数料等	再度の不服申立	確定により効力が生ずるもの	補足説明その他実務に役立つ情報など
執行裁判所	執行裁判所	異議の利益が存在する間	執行裁判所の期日の場合は口頭で可・それ以外は書面	500円	不可	—	—
原裁判所	高等裁判所	裁判の告知を受けた日から１週間（不変期間）	書面（抗告状）の提出	1,000円	特別抗告 許可抗告	—	—
原裁判所	高等裁判所	裁判の告知を受けた日から１週間（不変期間）	書面（抗告状）の提出	1,000円	特別抗告 許可抗告	77条２項、55条７項	—
執行裁判所	執行裁判所	異議の利益が存在する間	執行裁判所の期日の場合は口頭で可・それ以外は書面	500円	不可	—	—
原裁判所	高等裁判所	裁判の告知を受けた日から１週間（不変期間）	書面（抗告状）の提出	1,000円	特別抗告 許可抗告	—	—
原裁判所	高等裁判所	裁判の告知を受けた日から１週間（不変期間）	書面（抗告状）の提出	1,000円	特別抗告 許可抗告	83条５項	—
33条２項所定の裁判所	33条２項所定の裁判所	引渡命令の執行が終了するまで	書面（訴状）	訴額による	控訴・上告	—	確定した引渡命令は債務名義なので（22条３号）、請求異議の訴えにおける「債務名義」にあたる。
裁判所書記官の所属する裁判所	裁判所書記官の所属する裁判所	異議の利益が存在する間	執行裁判所の期日の場合は口頭で可・それ以外は書面	500円	不可	—	—
執行裁判所	執行裁判所	異議の利益が存在する間	執行裁判所の期日の場合は口頭で可・それ以外は書面	500円	不可	—	—
33条２項所定の裁判所	33条２項所定の裁判所	売却決定期日まで	書面（訴状）	訴額による	控訴・上告	—	左記訴えにかかる執行停止を命ずる裁判（36条１項）を得て、その正本を執行裁判所に提出すれば、差押債権者に対する弁済金の交付を阻止することができる（コンメ）。

	番号		書式番号	不服申立の対象となる行為ないし事実	参照条文	行為者	不服申立方法	根拠条文	不服申立の主体
第2章 強制執行 第2節 金銭の支払を目的とする債権についての強制執行 第1款 不動産に対する強制執行 第2目 強制競売	102	2	【書式6】【書式8】	【102−1】の債権者が執行力のある債務名義の正本により配当要求をしていた場合	84条2項	執行裁判所	請求異議の訴え	35条	債務者
	103		【書式2】	債権者に償還すべき執行費用について不服がある。	84条2項	執行裁判所	執行異議	11条1項	債務者・債権者
	104		【書式2】	配当が実施されるはずなのに、配当期日呼出状が送達されてこなかった。	85条3項	執行裁判所	執行異議	11条1項	呼出状が送達されなかった債権者
	105		なし	配当要求をしたのに、裁判所が定めた配当表に記載された配当の額が想定以上に低い。	89条1項	執行裁判所	配当異議の申出	89条1項	債権者
	106		【書式9】	【105】の配当異議を申し出た債権者は、次に何をすればよいか。	89条2項	執行裁判所	配当異議の訴え	90条1項	配当異議を申し出た債権者
	107		なし	裁判所が作成した配当表にないはずの債権者の債権が記載されている。	89条1項	執行裁判所	配当異議の申出	89条1項	債務者
	108	1	【書式9】	【107】の配当異議を申し出た債務者は、次に何をすればよいか。	89条2項	執行裁判所	配当異議の訴え	90条1項	配当異議の申出をした債務者
	108	2	【書式6】【書式8】	【107】の配当異議の対象となった債権が執行力のある債務名義の正本を有する債権だった場合	89条2項	執行裁判所	請求異議の訴え	90条5項、35条	配当異議の申出をした債務者
	108	3	なし				民訴法117条1項の訴え	90条5項、民訴法117条1項	
	109		【書式2】	配当異議の申出があったところ、配当異議のない部分についても配当が実施されなかった	89条2項	執行裁判所	執行異議	11条1項	配当異議のない部分についての債権の債権者・債務者
	110		【書式2】	配当異議の訴えの判決により、配当表が取り消されたが、新たに配当表が調製されなかった。	90条4項	執行裁判所	執行異議	11条1項	利害関係人

不服の申立先	不服を審理する機関	不服申立期間	方式等	手数料等	再度の不服申立	確定により効力が生ずるもの	補足説明その他実務に役立つ情報など
33条２項所定の裁判所	33条２項所定の裁判所	売却決定期日まで	書面（訴状）	訴額による	控訴・上告	—	左記訴えにかかる執行停止を命ずる旨を記載した裁判の正本（39条１項７号）を弁済金の交付日までに執行裁判所に提出すれば、配当要求債権者に交付すべき弁済金は供託される（コンメ）。
執行裁判所	執行裁判所	異議の利益が存在する間	執行裁判所の期日の場合は口頭で可・それ以外は書面	500円	不可	—	—
執行裁判所	執行裁判所	異議の利益が存在する間	執行裁判所の期日の場合は口頭で可・それ以外は書面	500円	不可	—	—
執行裁判所	執行裁判所	配当期日まで	執行裁判所の期日の場合は口頭で可・それ以外は書面	なし	不可	—	配当異議の訴えを提起しなければならない。
執行裁判所		配当異議期日から１週間以内（不変期間）	書面（訴状）	訴額による	控訴・上告	—	—
執行裁判所	執行裁判所	配当期日まで	執行裁判所の期日の場合は口頭で可・それ以外は書面	なし	不可	—	配当表の記載に不服がある場合である。
執行裁判所	執行裁判所	配当異議期日から１週間以内（不変期間）	書面（訴状）	訴額による	控訴・上告	—	—
33条２項所定の裁判所	33条２項所定の裁判所					—	—
第一審裁判所	第一審裁判所					—	—
執行裁判所	執行裁判所	異議の利益が存在する間	執行裁判所の期日の場合は口頭で可・それ以外は書面	500円	不可	—	—
執行裁判所	執行裁判所	異議の利益が存在する間	執行裁判所の期日の場合は口頭で可・それ以外は書面	500円	不可	—	—

	番号	書式番号	不服申立の対象となる行為ないし事実	参照条文	行為者	不服申立方法	根拠条文	不服申立の主体
第2章 強制執行 第2節 金銭の支払を目的とする債権についての強制執行 第1款 不動産に対する強制執行 第3目 強制管理	111	【書式1】【書式8】	強制管理を申し立てたところ、裁判所が開始決定をした。	93条	執行裁判所	執行抗告	93条5項、10条1項	債務者・給付義務者
	112	【書式1】	強制管理を申し立てたところ、裁判所が却下した。	93条	執行裁判所	執行抗告	93条5項、10条1項	債権者
	113	【書式1】	先行している手続が停止されたとして、裁判所に手続続行の申立をしたところ却下された。	93条の2、111条、47条6項	執行裁判所	執行抗告	111条、47条7項、10条1項	続行を申し立てた者
	114	【書式2】【書式8】	先行している手続が停止されたとして、裁判所に手続続行の申立をしたところ手続の続行決定が出た。	93条の2、111条、47条6項	執行裁判所	執行異議	11条1項	利害関係人
	115	【書式2】【書式8】	裁判所が管理人を選任したが、不適任な者であった。	94条1項	執行裁判所	執行異議	11条1項	利害関係人
	116	【書式1】【書式8】	裁判所が、強制管理をしている不動産を債務者に使用させることを許可した、又は許可しなかった。	97条1項	執行裁判所	執行抗告	97条3項、10条1項	利害関係人
	117	【書式1】【書式8】	建物使用許可決定を取り消し、又は変更した。	97条2項	執行裁判所	執行抗告	97条3項、10条1項	利害関係人
	118	【書式1】【書式8】	債務者の生活が困窮しているとして、管理人に対し、裁判所が債務者に金銭を分配する決定をした又はしなかった。	98条1項	執行裁判所	執行抗告	98条2項、97条3項10条1項	利害関係人
	119	【書式1】【書式8】	【118】の決定が取り消され、又は変更された。	98条2項、97条2項	執行裁判所	執行抗告	97条3項、10条1項	利害関係人
	120	【書式2】【書式8】	管理人の管理行為に不服がある。	99条	管理人	執行異議	11条1項（類推）	利害関係人
	121	【書式2】【書式8】	管理人の管理行為について裁判所の監督に不服がある。	99条	執行裁判所	執行異議	11条1項	利害関係人
	122	【書式1】【書式8】	管理人が、強制執行の報酬と費用の前払を裁判所に請求したが、金額に不服があった。	101条1項	執行裁判所	執行抗告	101条2項、10条1項	差押債権者・債務者・管理人
	123	なし	管理人が収益を横領している。	99条	管理人	解任申立	102条	利害関係人

不服の申立先	不服を審理する機関	不服申立期間	方式等	手数料等	再度の不服申立	確定により効力が生ずるもの	補足説明その他実務に役立つ情報など
原裁判所	高等裁判所	裁判の告知を受けた日から１週間（不変期間）	書面（抗告状）の提出	1,000円	特別抗告 許可抗告	—	—
原裁判所	高等裁判所	裁判の告知を受けた日から１週間（不変期間）	書面（抗告状）の提出	1,000円	特別抗告 許可抗告	—	—
原裁判所	高等裁判所	裁判の告知を受けた日から１週間（不変期間）	書面（抗告状）の提出	1,000円	特別抗告 許可抗告	—	—
執行裁判所	執行裁判所	異議の利益が存在する間	執行裁判所の期日の場合は口頭で可・それ以外は書面	500円	不可	—	—
執行裁判所	執行裁判所	異議の利益が存在する間	執行裁判所の期日の場合は口頭で可・それ以外は書面	500円	不可	—	—
原裁判所	高等裁判所	裁判の告知を受けた日から１週間（不変期間）	書面（抗告状）の提出	1,000円	特別抗告 許可抗告	—	—
原裁判所	高等裁判所	裁判の告知を受けた日から１週間（不変期間）	書面（抗告状）の提出	1,000円	特別抗告 許可抗告	—	—
原裁判所	高等裁判所	裁判の告知を受けた日から１週間（不変期間）	書面（抗告状）の提出	1,000円	特別抗告 許可抗告	—	—
原裁判所	高等裁判所	裁判の告知を受けた日から１週間（不変期間）	書面（抗告状）の提出	1,000円	特別抗告 許可抗告	—	—
執行裁判所	執行裁判所	異議の利益が存在する間	執行裁判所の期日の場合は口頭で可・それ以外は書面	500円	不可	—	争いあり。
執行裁判所	執行裁判所	異議の利益が存在する間	執行裁判所の期日の場合は口頭で可・それ以外は書面	500円	不可	—	争いあり。
原裁判所	高等裁判所	裁判の告知を受けた日から１週間（不変期間）	書面（抗告状）の提出	1,000円	特別抗告 許可抗告	—	—
執行裁判所	執行裁判所	—	書面	—	—	—	—

章	節	款	目	番号	書式番号	不服申立の対象となる行為ないし事実	参照条文	行為者	不服申立方法	根拠条文	不服申立の主体
第2章 強制執行	第2節 金銭の支払を目的とする債権についての強制執行	第1款 不動産に対する強制執行	第3目 強制管理	124	【書式2】	管理人の解任を申し立てたところ裁判所は管理人を解任した。	102条	執行裁判所	執行異議	11条1項	利害関係人
				125	【書式2】 【書式8】	管理人の解任を申し立てたところ裁判所は管理人を解任しなかった。	102条	執行裁判所	執行異議	11条1項	利害関係人
				126	【書式2】	管理人を辞任したい旨裁判所に申し立てたが、辞任を不許可とする決定が出された。	民執規66条1項	執行裁判所	執行異議	11条1項、民執規66条1項	管理人
				127	【書式1】 【書式8】	配当要求をしたが、配当要求を却下された。	105条1項	執行裁判所	執行抗告	105条2項、10条1項	配当要求した債権者
		第2款 船舶に対する強制執行		128	【書式19】	船舶執行の申立前に船舶国籍証書の引渡命令が出された。	115条1項	命令を発した地方裁判所	即時抗告	115条5項	債務者等
				129	なし	船舶執行の申立前に船舶国籍証書引渡命令申立をしたが申立が棄却・却下された。	115条1項	決定をした地方裁判所	通常抗告	民訴法328条1項	申立人
				130	【書式1】	船舶の強制競売申立が却下された。	114条1項	執行裁判所	執行抗告	121条、45条3項	申立人（債権者）
				131	【書式2】 【書式8】	船舶の強制競売申立があり、開始決定がなされた。	114条1項	執行裁判所	執行異議	11条1項前段	債務者、船舶所有者
				132	【書式1】 【書式8】	強制競売の開始決定がなされた船舶について保管人が選任された又はされなかった。	116条1項	執行裁判所	執行抗告	116条3項	債権者、債務者
				133	【書式2】 【書式8】	船舶保管人の職務行為に裁判所の監督に従わないなどの違法がある。	116条1項	船舶保管人	執行異議	11条1項後段類推	利害関係人
				134	【書式1】 【書式8】	保証を提供して、船舶の強制競売手続の取消を申し立てたが、却下された。	117条1項	執行裁判所	執行抗告	117条3項	債務者
				135	【書式2】	債務者が保証を提供して、船舶の強制競売の手続の取消を申し立て、裁判所が強制競売の手続を取り消した。	117条1項	執行裁判所	執行異議	11条1項	債権者
				136	【書式1】 【書式8】	債務者が船舶航行の許可を申し立てたところ、許可された、又はされなかった。	118条1項	執行裁判所	執行抗告	118条2項	債権者、債務者、利害関係人
				137	—	船舶が管轄区域外の地に所在することとなったとして、事件が移送されてしまった。	119条1項	執行裁判所	不可	119条2項	当事者

不服の申立先	不服を審理する機関	不服申立期間	方式等	手数料等	再度の不服申立	確定により効力が生ずるもの	補足説明その他実務に役立つ情報など
執行裁判所	執行裁判所	異議の利益が存在する間	執行裁判所の期日の場合は口頭で可・それ以外は書面	500円	不可	—	—
執行裁判所	執行裁判所	異議の利益が存在する間	執行裁判所の期日の場合は口頭で可・それ以外は書面	500円	不可	—	—
執行裁判所	執行裁判所	異議の利益が存在する間	執行裁判所の期日の場合は口頭で可・それ以外は書面	500円	不可	—	—
原裁判所	高等裁判所	裁判の告知を受けた日から１週間（不変期間）	書面（抗告状）の提出	1,000円	特別抗告 許可抗告	—	—
原裁判所	高等裁判所	１週間（不変期間）	書面（抗告状）の提出	1,000円	特別抗告 許可抗告	—	—
原裁判所	高等裁判所	不服の利益が存在する間	書面（抗告状）の提出	1,000円	特別抗告 許可抗告	—	—
原裁判所	高等裁判所	１週間（不変期間）	書面（抗告状）の提出	1,000円	特別抗告 許可抗告	—	—
執行裁判所	執行裁判所	異議の利益が存在する間	期日においてする場合を除き書面	500円	特別抗告 許可抗告	—	—
原裁判所	高等裁判所	１週間（不変期間）	書面（抗告状）の提出	1,000円	特別抗告 許可抗告	—	—
執行裁判所	執行裁判所	異議の利益が存在する間	期日においてする場合を除き書面	500円	特別抗告 許可抗告	—	—
原裁判所	高等裁判所	１週間（不変期間）	書面（抗告状）の提出	1,000円	特別抗告 許可抗告	—	—
執行裁判所	執行裁判所	異議の利益が存在する間	期日においてする場合を除き書面	500円	特別抗告 許可抗告	—	117条４項により12条は適用されないため、執行抗告はできない。
原裁判所	高等裁判所	１週間（不変期間）	書面（抗告状）の提出	1,000円	特別抗告 許可抗告	118条３項	—
—	—	—	—	—	—	—	—

			番号	書式番号	不服申立の対象となる行為ないし事実	参照条文	行為者	不服申立方法	根拠条文	不服申立の主体
第２章　強制執行	第２節　金銭の支払を目的とする債権についての強制執行	自動車に対する強制執行	138	なし	自動車執行の申立前に自動車引渡命令を申し立てたところ、裁判所に申立を棄却・却下された。	民執規97条、115条１項	決定をした地方裁判所	通常抗告	民訴法328条１項	申立人
			139	【書式19】	自動車執行の申立前に自動車引渡命令を申し立てたところ、申立が認容された。	民執規97条、115条１項	命令を発した地方裁判所	即時抗告	民執規97条、法115条５項	債務者等
			140	【書式１】 【書式８】	自動車競売の申立があり裁判所が開始決定をした。	民執規89１項	執行裁判所	執行抗告	民執規89条３項	債務者
			141	【書式１】	自動車競売を申し立てたが裁判所が申立を却下した。	民執規89１項	執行裁判所	執行抗告	民執規97条、法45条３項	申立人
			142	【書式２】 【書式８】	執行官に対して自動車運行許可の申立があり、許可処分が出された。	民執規91条２項	執行官	執行異議	11条１項後段	利害関係人
			143	なし	裁判所書記官が自動車の売却に関し特別売却の方法を選択した。	民執規96条１項	裁判所書記官	書記官の処分に対する異議申立	民執規97条、法64条６項	債権者、債務者
			144	【書式１】 【書式８】	自動車の売却許可決定又は不許可決定を争いたい。	民執規97条、法69条	執行裁判所	執行抗告	民執規97条、法74条１項	決定により権利が害される者
		第３款　動産に対する強制執行	145	【書式２】 【書式８】	裏書きの禁止されている手形が差し押えられた。	122条１項	執行官	執行異議	11条１項後段	債務者
			146	【書式２】	動産執行の申立が却下された。	２条	執行官	執行異議	11条１項後段	債権者
			147	【書式１】 【書式８】	執行裁判所が、差押物を占有することとなった第三者に対し、差押物を執行官に引渡せと命じた。	127条１項	執行裁判所	執行抗告	127条３項	債務者、第三者
			148	【書式１】	執行裁判所に、差押物を占有することとなった第三者に差押物を執行官に引渡せと命じることを求める申立をしたが、申立が却下された。	127条１項	執行裁判所	執行抗告	127条３項	債権者
			149	【書式10】 【書式11】 【書式８】	債権者あるいは債務者が、生活状況等を考慮してもらい動産の差押えの一部あるいは全部を取り消してもらいたい、あるいは、差押禁止動産についても差押えを許してもらいたい。	122条１項、131条	執行官	差押禁止動産の範囲変更の申立	132条１項	債権者、債務者
			150	【書式１】 【書式８】	【149】の申立が却下された。	132条１項	執行裁判所	執行抗告	132条４項	債権者、債務者

不服の申立先	不服を審理する機関	不服申立期間	方式等	手数料等	再度の不服申立	確定により効力が生ずるもの	補足説明その他実務に役立つ情報など
原裁判所	高等裁判所	—	書面(抗告状)の提出	1,000円	特別抗告 許可抗告	—	—
原裁判所	高等裁判所	１週間（不変期間）	書面(抗告状)の提出	1,000円	特別抗告 許可抗告	—	—
原裁判所	高等裁判所	１週間（不変期間）	書面(抗告状)の提出	1,000円	特別抗告 許可抗告	—	—
原裁判所	高等裁判所	１週間（不変期間）	書面(抗告状)の提出	1,000円	特別抗告 許可抗告	—	—
執行裁判所	執行裁判所	異議の利益が存在する間	期日においてする場合を除き書面	500円	特別抗告 許可抗告	—	—
執行裁判所	執行裁判所	異議の利益が存在する間	期日においてする場合を除き書面	500円	特別抗告 許可抗告	—	—
原裁判所	高等裁判所	１週間（不変期間）	書面(抗告状)の提出	1,000円	特別抗告 許可抗告	民執規97条、民執法74条５項	—
執行裁判所	執行裁判所	異議の利益が存在する間	期日においてする場合を除き書面	500円	特別抗告 許可抗告	—	—
執行裁判所	執行裁判所	異議の利益が存在する間	期日においてする場合を除き書面	500円	特別抗告 許可抗告	—	—
原裁判所	高等裁判所	１週間（不変期間）	書面(抗告状)の提出	1,000円	特別抗告 許可抗告	—	—
原裁判所	高等裁判所	１週間（不変期間）	書面(抗告状)の提出	1,000円	特別抗告 許可抗告	—	—
執行裁判所	執行裁判所	利益の存する間	書面	—	—	—	—
原裁判所	高等裁判所	１週間（不変期間）	書面(抗告状)の提出	1,000円	特別抗告 許可抗告	—	—

章	節	款	番号	書式番号	不服申立の対象となる行為ないし事実	参照条文	行為者	不服申立方法	根拠条文	不服申立の主体
第２章　強制執行	第２節　金銭の支払を目的とする債権についての強制執行	第３款　動産に対する強制執行	151	【書式１】	【149】の申立を認め、裁判所が、差押えの全部又は一部を取り消した。	132条１項	執行裁判所	執行抗告	12条１項	債権者
			152	【書式１】【書式８】	【149】の申立を認め、裁判所が、差押禁止動産の範囲を縮減させて、差押えを許す決定をした。	132条１項	執行裁判所	執行抗告	132条４項	債務者
			153	【書式12】【書式13】	【151】【152】の決定の後、債権者又は債務者の生活状況等に変更が生じた。	132条１項	執行裁判所	事情変更による差押禁止動産の範囲変更の申立	132条２項	債権者、債務者
			154	【書式１】【書式８】	【153】の申立が却下された。	132条２項	執行裁判所	執行抗告	132条４項	債権者、債務者
			155	【書式１】	裁判所が【153】の申立を認め、差押えを取り消した。	132条２項	執行裁判所	執行抗告	12条１項	債権者
			156	【書式１】【書式８】	裁判所が【153】の申立を認め、差押禁止動産の範囲を縮減させ、差押えを許す決定をした。	132条２項	執行裁判所	執行抗告	132条４項	債務者
			157	—	債務者が生活が苦しく、差押禁止動産の範囲を変更して差押えを取り消すよう申立したところ、裁判所がその裁判の効力が生じるまでの間強制執行の停止を命じた。	132条３項	執行裁判所	不可	132条５項	債権者
			158	【書式２】	執行官が、超過差押である、又は、剰余の見込みがないとして、差押えを取り消した。	128条２項、129条２項	執行官	執行異議	11条１項後段	債権者
			159	【書式２】【書式８】	差押え後に超過差押であること、あるいは剰余の見込みがないことが判明したが、執行官が差押えを取り消さない。	128条１項、129条１項	執行官	執行異議	11条１項後段	債務者
			160	【書式１】	【159】の執行異議を認め、執行裁判所が差押えを取り消した。	128条１項、129条１項	執行裁判所	執行抗告	12条１項	債権者
			161	【書式７】	二重差押だとして事件が併合されたが、先行事件での差押物は先行事件の債務者の所有物ではなく、後行事件の債務者の所有物である。	125条２項	執行官	第三者異議の訴えの債権者代位	38条１項、民法423条	後行事件の債権者
			162	【書式２】【書式８】	終期に遅れて先取特権又は質権を有する者が配当要求をし、執行官がそれを認めてしまった。	133条	執行官	執行異議	11条１項後段	差押債権者、債務者
			163	【書式２】	先取特権又は質権を有する者が適法な配当要求をしたが、執行官がそれを認めない。	133条	執行官	執行異議	11条１項後段	配当要求債権者

不服の申立先	不服を審理する機関	不服申立期間	方式等	手数料等	再度の不服申立	確定により効力が生ずるもの	補足説明その他実務に役立つ情報など
原裁判所	高等裁判所	１週間（不変期間）	書面(抗告状)の提出	1,000円	特別抗告 許可抗告	12条２項	—
原裁判所	高等裁判所	１週間（不変期間）	書面(抗告状)の提出	1,000円	特別抗告 許可抗告	—	—
執行裁判所	執行裁判所	利益の存する間	書面	—	—	—	—
原裁判所	高等裁判所	１週間（不変期間）	書面(抗告状)の提出	1,000円	特別抗告 許可抗告	—	—
原裁判所	高等裁判所	１週間（不変期間）	書面(抗告状)の提出	1,000円	特別抗告 許可抗告	12条２項	—
原裁判所	高等裁判所	１週間（不変期間）	書面(抗告状)の提出	1,000円	特別抗告 許可抗告	—	—
—	—	—	—	—	—	—	—
執行裁判所	執行裁判所	異議の利益が存在する間	期日においてする場合を除き書面	500円	執行抗告	—	—
執行裁判所	執行裁判所	異議の利益が存在する間	期日においてする場合を除き書面	500円	特別抗告 許可抗告	—	—
原裁判所	高等裁判所	１週間（不変期間）	書面(抗告状)の提出	1,000円	特別抗告 許可抗告	12条２項	—
執行裁判所	執行裁判所	強制執行完結まで	書面（訴状）	—	控訴・上告	—	—
執行裁判所	執行裁判所	異議の利益が存在する間	期日においてする場合を除き書面	500円	特別抗告 許可抗告	—	—
執行裁判所	執行裁判所	異議の利益が存在する間	期日においてする場合を除き書面	500円	特別抗告 許可抗告	—	—

	番号	書式番号	不服申立の対象となる行為ないし事実	参照条文	行為者	不服申立方法	根拠条文	不服申立の主体
第2章 強制執行 / 第2節 金銭の支払を目的とする債権についての強制執行 / 第3款 動産に対する強制執行	164	なし	先取特権又は質権を有する者が配当要求をし、配当要求をした者の権利が存在しないにもかかわらず、執行官がそれを認め、執行裁判所が配当額を定めた。	133条、142条2項、85条	執行裁判所	配当異議の申出	142条2項、89条、90条	差押債権者、債務者
第4款 債権及びその他の財産権に対する強制執行 / 第1目 債権執行等	165	【書式1】【書式8】	債権の差押命令の申立が適法とされ、差押命令が発せられた。	145条1項	執行裁判所	執行抗告	145条5項	債務者
	166	【書式1】	債権の差押命令の申立が却下された。	145条1項	執行裁判所	執行抗告	145条5項	債権者
	167	【書式1】【書式8】	扶養料等の定期金債権について、債務者が期限到来分について全額弁済しているにもかかわらず、差押命令が発せられた。	151条の2第1項	執行裁判所	執行抗告	145条5項	債務者
	168	【書式14】【書式15】【書式8】	債権者あるいは債務者が生活状況等を考慮してもらい差押命令の一部あるいは全部を取り消してもらいたい、あるいは、差押禁止債権についても差押命令を出してもらいたい。	145条1項、152条	執行裁判所	差押禁止債権の範囲変更の申立	153条1項	債権者、債務者
	169	【書式1】【書式8】	裁判所が、債権者の生活状況を考慮して、差押禁止債権についても差押命令を発した。	153条1項	執行裁判所	執行抗告	145条5項	債務者
	170	【書式1】	裁判所が、債務者の生活状況を考慮して債権の差押の全部又は一部を取り消した。	153条1項	執行裁判所	執行抗告	12条1項	債権者
	171	【書式1】【書式8】	【168】において、差押命令取消の申立が却下された。	153条1項	執行裁判所	執行抗告	153条4項	債務者
	172	【書式1】	【168】において、差押禁止債権についても差押命令を出すように申し立てたが、却下された。	153条1項	執行裁判所	執行抗告	145条5項	債権者
	173	【書式16】【書式17】	【168】の申立が認められ、差押命令が取り消されたり、差押禁止債権についても差押命令が出された後に、債権者あるいは債務者の生活状況に変更が生じた。	153条1項	執行裁判所	事情変更による差押禁止債権の範囲変更の申立	153条2項	債権者、債務者
	174	【書式1】	事情変更による差押禁止債権の範囲変更の申立があり、裁判所が事情の変更があったとして、差押えを取り消した。	153条2項	執行裁判所	執行抗告	12条1項	債権者

不服の申立先	不服を審理する機関	不服申立期間	方式等	手数料等	再度の不服申立	確定により効力が生ずるもの	補足説明その他実務に役立つ情報など
執行裁判所	執行裁判所	配当期日終了まで	期日においてする場合を除き書面	訴額による	控訴・上告		配当異議の申出をした債権者又は債務者は、配当期日から１週間以内に、執行裁判所に対して配当異議の訴えを提起したことを証明しないとき、あるいは、請求異議の訴え等を提起したことの証明及びその訴えに係る執行停止の裁判の正本を提出しないときは、配当異議の申出は取り下げたものとみなされる（90条６項）。
原裁判所	高等裁判所	１週間（不変期間）	書面(抗告状)の提出	1,000円	特別抗告 許可抗告	—	—
原裁判所	高等裁判所	１週間（不変期間）	書面(抗告状)の提出	1,000円	特別抗告 許可抗告	—	—
原裁判所	高等裁判所	１週間（不変期間）	書面(抗告状)の提出	1,000円	特別抗告 許可抗告	—	—
執行裁判所	執行裁判所	利益の存する間	書面	—	—	—	—
原裁判所	高等裁判所	１週間（不変期間）	書面(抗告状)の提出	1,000円	特別抗告 許可抗告	—	—
原裁判所	高等裁判所	１週間（不変期間）	書面(抗告状)の提出	1,000円	特別抗告 許可抗告	12条２項	—
原裁判所	高等裁判所	１週間（不変期間）	書面(抗告状)の提出	1,000円	特別抗告 許可抗告	—	—
原裁判所	高等裁判所	１週間（不変期間）	書面(抗告状)の提出	1,000円	特別抗告 許可抗告	—	—
執行裁判所	執行裁判所	利益の存する間	書面	—	—	—	—
原裁判所	高等裁判所	１週間（不変期間）	書面(抗告状)の提出	1,000円	特別抗告 許可抗告	12条２項	—

章	節	款	目	番号	書式番号	不服申立の対象となる行為ないし事実	参照条文	行為者	不服申立方法	根拠条文	不服申立の主体
第2章 強制執行	第2節 金銭の支払を目的とする債権についての強制執行	第4款 債権及びその他の財産権に対する強制執行	第1目 債権執行等	175	【書式1】 【書式8】	事情変更による差押禁止債権の範囲変更の申立があり、裁判所が事情の変更があったとして、差押命令を出した。	153条2項	執行裁判所	執行抗告	145条5項	債務者
				176	【書式1】 【書式8】	事情変更による差押命令取消の申立が却下された。	153条2項	執行裁判所	執行抗告	153条4項	債務者
				177	【書式1】	事情変更があったとして差押禁止債権についても差押命令を出すように申し立てたが、却下された。	153条2項	執行裁判所	執行抗告	145条5項	債権者
				178	—	債務者が生活が苦しく、差押禁止債権の範囲を変更して差押えを取り消すよう申し立てしたところ、執行裁判所が、その裁判が効力を生ずるまでの間第三債務者に支払の禁止を命じた。	153条3項	執行裁判所	不可	153条5項	債権者
				179	【書式1】	債権執行手続において、債権者が、執行裁判所に配当要求をしたが、配当要求を却下された。	154条1項	執行裁判所	執行抗告	154条3項	配当要求債権者
				180	【書式2】 【書式8】	債権執行手続において、不適法な配当要求を執行裁判所が却下しない。	154条1項	執行裁判所	執行異議	11条1項前段	配当要求債権者以外の債権者、債務者
				181	【書式1】	執行裁判所が転付命令を発した。	159条1項	執行裁判所	執行抗告	159条4項	債務者、第三債務者、他の債権者
				182	【書式1】	転付命令の申立をしたが、却下された。	159条1項	執行裁判所	執行抗告	159条4項	債権者
				183	【書式1】	執行裁判所が、取立が困難であるとして譲渡命令等を発した、又は債権者の譲渡命令等の申立を却下した。	161条1項	執行裁判所	執行抗告	161条3項	債権者、債務者
			第2目 少額訴訟債権執行等	184	【書式2】	少額訴訟債権執行の申立が却下、棄却された。	167条の5第1項	裁判所書記官	執行異議	167条の5第3項	債権者
				185	【書式1】 【書式8】	【184】で申し立てた執行異議の裁判に対して不服がある。	167条の5第3項	執行裁判所	執行抗告	167条の5第4項	債権者、債務者
				186	【書式2】 【書式8】	少額訴訟債権執行手続において、裁判所書記官が差押禁止債権につき差押処分をしたなど、裁判所書記官の差押処分に対して不服がある。	167条の5第1項	裁判所書記官	執行異議	167条の5第3項	債務者
				187	【書式1】 【書式8】	【186】で申し立てた執行異議の裁判に対して不服がある。	167条の5第3項	執行裁判所	執行抗告	167条の5第4項	債権者、債務者

不服の申立先	不服を審理する機関	不服申立期間	方式等	手数料等	再度の不服申立	確定により効力が生ずるもの	補足説明その他実務に役立つ情報など
原裁判所	高等裁判所	１週間（不変期間）	書面(抗告状)の提出	1,000円	特別抗告 許可抗告	—	—
原裁判所	高等裁判所	１週間（不変期間）	書面(抗告状)の提出	1,000円	特別抗告 許可抗告	—	—
原裁判所	高等裁判所	１週間（不変期間）	書面(抗告状)の提出	1,000円	特別抗告 許可抗告	—	—
—	—	—	—	—	—	—	—
原裁判所	高等裁判所	１週間（不変期間）	書面(抗告状)の提出	1,000円	特別抗告 許可抗告	—	—
執行裁判所	執行裁判所	異議の利益が存在する間	期日においてする場合を除き書面	500円	特別抗告 許可抗告	—	—
原裁判所	高等裁判所	１週間（不変期間）	書面(抗告状)の提出	1,000円	特別抗告 許可抗告	159条５項	—
原裁判所	高等裁判所	１週間（不変期間）	書面(抗告状)の提出	1,000円	特別抗告 許可抗告	—	—
原裁判所	高等裁判所	１週間（不変期間）	書面(抗告状)の提出	1,000円	特別抗告 許可抗告	161条４項	—
執行裁判所	執行裁判所	１週間（不変期間）	期日においてする場合を除き書面	500円	執行抗告	—	—
原裁判所	地方裁判所	１週間（不変期間）	書面(抗告状)の提出	1,000円	再抗告	—	—
執行裁判所	執行裁判所	１週間（不変期間）	期日においてする場合を除き書面	500円	執行抗告	—	—
原裁判所	地方裁判所	１週間（不変期間）	書面(抗告状)の提出	1,000円	再抗告	—	—

第２章　強制執行　第２節　金銭の支払を目的とする債権についての強制執行　第４款　債権及びその他の財産権に対する強制執行　第２目　少額訴訟債権執行等

番号	書式番号	不服申立の対象となる行為ないし事実	参照条文	行為者	不服申立方法	根拠条文	不服申立の主体
188	—	少額訴訟債権執行処分の際に裁判所書記官が決めた予納金の額が高く不満がある。	167条の6第１項、14条１項	裁判所書記官	不可	167条の6第２項	債権者
189	【書式２】	少額訴訟債権執行処分の際に裁判所書記官が決めた予納金の額を予納しなかったところ、申立が却下された、又は手続が取り消された。	167条の6第１項、14条１項	裁判所書記官	執行異議	167条の6第３項	債権者
190	【書式１】	【189】で申し立てた執行異議に対して、裁判所が却下をした。	167条の6第３項	執行裁判所	執行抗告	167条の6第４項	債権者
191	【書式14】 【書式15】 【書式８】	少額訴訟債権執行手続において、債権者あるいは債務者が生活状況等を考慮してもらい差押処分の一部あるいは全部を取り消してもらいたい、あるいは、差押禁止債権についても差押処分をしてもらいたい。	167条の5第１項	裁判所書記官	差押禁止債権の範囲変更の申立	167条の8第１項	債務者、債権者
192	【書式２】 【書式８】	少額訴訟債権執行手続において、裁判所が、債権者の生活状況を考慮して、差押禁止債権についても差押処分するよう命じた。	167条の8第１項	執行裁判所	執行異議	167条の5第３項	債務者
193	【書式１】 【書式８】	【192】の執行異議が認められた、又は認められなかった。	167条の5第３項	執行裁判所	執行抗告	167条の5第４項	債権者、債務者
194	【書式１】	少額訴訟債権執行手続において、裁判所が、債務者の生活状況を考慮して差押処分の全部又は一部を取り消した。	167条の8第１項	執行裁判所	執行抗告	12条１項前段	債権者
195	【書式１】 【書式８】	【191】において、差押処分取消の申立が却下された。	167条の8第１項	執行裁判所	執行抗告	167条の8第３項、153条４項	債務者
196	【書式２】	【191】において、差押禁止債権についても差押処分する命令を出すように申し立てたが、却下された。	167条の8第１項	執行裁判所	執行異議	11条１項前段	債権者
197	【書式16】 【書式17】	【191】の申立が認められ、差押処分が取り消され、あるいは差押禁止債権について差押処分がなされた後に、債権者あるいは債務者の生活状況等に変更が生じた。	167条の8第１項	執行裁判所	事情変更による差押禁止債権の範囲変更の申立	167条の8第２項	債権者、債務者
198	【書式２】 【書式８】	少額訴訟債権執行の際に、裁判所書記官に対して配当要求をしたところ、却下する処分を下した。	167条の9第１項	裁判所書記官	執行異議	167条の9第３項	配当要求者

不服の申立先	不服を審理する機関	不　服申立期間	方式等	手数料等	再度の不服申立	確定により効力が生ずるもの	補足説明その他実務に役立つ情報など
—	—	—	—	—		—	—
執行裁判所	執行裁判所	１週間（不変期間）	期日においてする場合を除き、書面	500円	執行抗告	167条の６第５項	—
原裁判所	地方裁判所	１週間（不変期間）	書面(抗告状)の提出	1,000円	再抗告	167条の６第５項	—
執行裁判所	執行裁判所	利益の存する間	書面	—	—	—	—
執行裁判所	執行裁判所	１週間（不変期間）	期日においてする場合を除き、書面	500円	執行抗告	—	—
原裁判所	地方裁判所	１週間（不変期間）	書面(抗告状)の提出	1,000円	再抗告	—	—
原裁判所	地方裁判所	１週間（不変期間）	書面(抗告状)の提出	1,000円	再抗告	12条２項	—
原裁判所	地方裁判所	１週間（不変期間）	書面(抗告状)の提出	1,000円	再抗告	—	—
執行裁判所	執行裁判所	異議の利益が存在する間	期日においてする場合を除き、書面	500円	特別抗告 許可抗告	—	—
執行裁判所	執行裁判所	利益の存する間	書面	—	—	—	その後の不服申立については、【192】から【196】を参照
執行裁判所	執行裁判所	１週間（不変期間）	期日においてする場合を除き、書面	500円	執行抗告	—	—

区分	番号		書式番号	不服申立の対象となる行為ないし事実	参照条文	行為者	不服申立方法	根拠条文	不服申立の主体
第2章 強制執行 第2節 金銭の支払を目的とする債権についての強制執行 第4款 債権及びその他の財産権に対する強制執行 第2目 少額訴訟債権執行等	199		【書式1】 【書式8】	【198】で申し立てた執行異議に対して、裁判所が却下をした。	167条の9第3項	執行裁判所	執行抗告	167条の9第4項	配当要求債権者
	200		—	少額訴訟債権執行の際に、配当のために、執行裁判所が地方裁判所の債権執行手続に事件を移行させた。	167条の11第1、2、4、5項	執行裁判所	不可	167条の11第6項	債権者、債務者
	201		【書式1】	少額訴訟債権執行の際に、転付命令等を執行裁判所に申し立てたところ却下された。	167条の10第1項	執行裁判所	執行抗告	167条の10第5項	債権者
	202		—	少額訴訟債権執行の際、転付命令等の申立があったために、執行裁判所が地方裁判所の債権執行の手続に事件を移行させた。	167条の10第2項	執行裁判所	不可	167条の10第4項	債務者
	203		—	執行裁判所が、少額訴訟債権執行の際、事情を考慮したとして地方裁判所における債権執行の手続に事件を移行（裁量移行）してしまった。	167条の12第1項	執行裁判所	不可	167条の12第2項	債権者 債務者
第5款 扶養義務等に係る金銭執行についての強制執行の特例	204	1	【書式1】 【書式8】	扶養義務等に係る金銭債権についての間接強制の申立に対して、裁判所が強制金決定をした。	167条の15第1項、172条1項	執行裁判所	執行抗告	167条の15第6項、172条5項	債務者
		2	【書式1】	扶養義務等に係る金銭債権についての間接強制の申立に対して、裁判所が申立を却下した。					債権者
	205		【書式6】 【書式8】	扶養義務がないのに、裁判所が強制金の決定をした。	167条の15第1項、172条1項	執行裁判所	請求異議の訴え	35条1項	債務者
	206	1	【書式1】 【書式8】	債務者が、事情変更により、強制金決定の変更の申立をしたところ、裁判所が変更決定をした。	167条の15第6項、172条5項	執行裁判所	執行抗告	167条の15第6項、172条5項	債権者 債務者
		2		債務者が、事情変更により、強制金決定の変更の申立をしたが、裁判所が申立を却下した。					
	207	1	【書式1】	債務者が、事情の変更により、強制金決定の取消の申立をしたところ、裁判所が、取消決定をした。	167条の15第3項、172条5項	執行裁判所	執行抗告	167条の15第6項、172条5項	債権者
		2	【書式1】 【書式8】	債務者が、事情の変更により、強制金決定の取消の申立をしたが、裁判所が、申立を却下した。					債務者
	208		—	債務者が、強制金決定に対して取消の申立をしたところ、執行裁判所が、職権で強制金決定の執行停止を命じた。	167条の15第1項、3項、4項	執行裁判所	不可	167条の15第5項	—

不服の申立先	不服を審理する機関	不服申立期間	方式等	手数料等	再度の不服申立	確定により効力が生ずるもの	補足説明その他実務に役立つ情報など
原裁判所	地方裁判所	１週間（不変期間）	書面(抗告状)の提出	1,000円	再抗告	—	—
—	—	—	—	—	—	—	—
原裁判所	地方裁判所	１週間（不変期間）	書面(抗告状)の提出	1,000円	再抗告		—
—	—	—	—	—	—	—	—
—	—	—	—	—	—	—	—
執行裁判所	抗告裁判所	１週間（不変期間）	書面(抗告状)の提出	3,000円	特別抗告 許可抗告	—	—
33条２項所定の裁判所	同左	債務名義成立後、強制執行完結まで	書面（訴状）	訴額による	控訴・上告	—	—
執行裁判所	抗告裁判所	１週間（不変期間）	書面(抗告状)の提出	1,000円	特別抗告 許可抗告	—	—
執行裁判所	抗告裁判所	１週間（不変期間）	書面(抗告状)の提出	1,000円	特別抗告 許可抗告	12条２項 —	—
—	—	—	—	—	—	—	—

			番号		書式番号	不服申立の対象となる行為ないし事実	参照条文	行為者	不服申立方法	根拠条文	不服申立の主体
第2章 強制執行	第3節 金銭の支払を目的としない請求権についての強制執行	不動産の引渡し	209		【書式18】【書式8】	不動産(居住可能な船舶)を買って引渡しを受けたところ、不動産引渡しの強制執行手続中の物件で、明渡しの催告がされた後だった。	168条の2第1項	執行官	強制執行の不許を求める訴え	168条の2第7項	占有者
			210		【書式2】【書式8】	不動産(居住可能な船舶)を買って引渡しを受けたところ、不動産引渡しの強制執行手続中の物件で、明渡しの催告後がされた後で、引渡期限の経過前に執行官が断行してきた。	168条の2第6項	執行官	執行異議	168条の2第9項	占有者
		建物収去土地明渡し	211		【書式18】【書式8】	土地建物を買って引渡しを受けたところ、建物収去土地明渡しの強制執行手続中の物件で、明渡しの催告がされた後だった。	168条の2第1項	執行官	強制執行の不許を求める訴え	168条の2第7項	占有者
			212		【書式2】【書式8】	土地建物を買って引渡しを受けたところ、建物収去土地明渡しの強制執行手続中の物件で、明渡しの催告がされた後で、引渡期限の経過前に執行官が断行してきた。	168条の2第6項	執行官	執行異議	168条の2第9項	占有者
			213	1	【書式1】【書式8】	建物収去についての授権決定の申立に対し、裁判所が、授権決定をした。	171条1項	執行裁判所	執行抗告	171条5項	債務者
				2	【書式1】	建物収去についての授権決定の申立に対し、裁判所が申立を却下した。					債権者
			214	1	【書式2】	債権者が、行為者と指定された執行官に代替行為の申立をしたのに、執行官が実行しない。	執行官法1条2号	執行官	執行異議	11条1項後段	債権者
				2		代替行為者（執行官以外）が代替執行を実行しない。	—	執行共助機関としての債権者、第三者		11条1項後段類推	
			215	1	【書式2】【書式8】	代替執行の授権決定に基づく執行官の代替的作為の実施に違法があった。	執行官法1条2号	執行共助機関としての執行官	執行異議	11条1項後段	債務者
				2		代替執行の授権決定に基づく債権者・第三者の代替的作為の実施に違法があった。	—	執行共助機関としての債権者、第三者		11条1項後段類推	

不服の申立先	不服を審理する機関	不服申立期間	方式等	手数料等	再度の不服申立	確定により効力が生ずるもの	補足説明その他実務に役立つ情報など
執行裁判所	執行裁判所	引渡期限まで	書面（訴状）	訴額による	控訴・上告	—	債権者に対抗することができる権原により目的物を占有していること、又は明渡しの催告があったことを知らず、かつ、債務者の占有の承継人でないことを理由とすることができる。
執行裁判所	抗告裁判所	異議の利益が存する間	期日においてする場合を除き書面	500円	不可	—	明渡しの催告があったことを知らず、かつ、債務者の占有の承継人でないことを理由とすることができる。
執行裁判所	執行裁判所	引渡期限まで	書面（訴状）	訴額による	控訴・上告	—	債権者に対抗することができる権原により目的物を占有していること、又は明渡しの催告があったことを知らず、かつ、債務者の占有の承継人でないことを理由とすることができる。
執行裁判所	抗告裁判所	異議の利益が存する間	期日においてする場合を除き書面	500円	不可	—	明渡しの催告があったことを知らず、かつ、債務者の占有の承継人でないことを理由とすることができる。
執行裁判所	抗告裁判所	裁判の告知を受けた日から１週間（不変期間）	書面(抗告状)の提出	1,000円	特別抗告 許可抗告	—	— —
執行裁判所	執行裁判所	異議の利益が存する間	期日においてする場合を除き書面	500円	不可	—	— —
執行裁判所	執行裁判所	異議の利益が存する間	期日においてする場合を除き書面	500円	不可	—	— —

			番号		書式番号	不服申立の対象となる行為ないし事実	参照条文	行為者	不服申立方法	根拠条文	不服申立の主体
第２章　強制執行	第３節　金銭の支払を目的としない請求権についての強制執行	建物収去土地明渡し	216	1	【書式１】【書式８】	債権者が建物収去実施の費用を債務者に予め支払うべき旨を命ずる申立をしたところ、費用前払の決定がされた。	171条４項	執行裁判所	執行抗告	171条５項	債務者
				2	【書式１】	債権者が建物収去実施の費用を債務者に予め支払うべき旨を命ずる申立をしたところ、申立が却下された。					債権者
		動産の引渡し	217		【書式２】	執行官が、やむを得ない事由がないのに、動産引渡しの執行の実施を留保した。	民執規155条１項	執行官	執行異議	11条１項後段	債権者
			218		【書式２】	債務者が、執行官のした目的物の種類、数量等に関する認定に不服がある。	169条	執行官	執行異議	11条１項後段	債権者
		第三者占有物の引渡し	219	1	【書式１】	債権者が、債務者の第三者に対する目的物の引渡請求権の差押えを申し立てたが、裁判所が申立を却下した。	170条１項	執行裁判所	執行抗告	145条５項	債権者
				2	【書式１】【書式８】	債権者が、債務者の第三者に対する目的物の引渡請求権の差押えを申し立てたところ、裁判所が、差押えを命じた。					債務者
		代替執行	220	1	【書式１】【書式８】	債権者が、代替執行の申立をしたところ、裁判所が授権決定をした（不作為義務に違反した建築物の除去の申立の場合）。	171条１項	執行裁判所	執行抗告	171条５項	債務者
				2	【書式１】	債権者が、代替執行の申立をしたが、裁判所が申立を却下した（不作為義務に違反した建築物の除去の申立の場合）。					債権者
			221	1	【書式２】	債権者が、行為者と指定された執行官に代替行為の申立をしたのに、執行官が実行しない。	執行官法１条２号	執行官	執行異議	11条１項後段	債権者
				2		代替行為者（執行官以外）が代替執行を実行しない。	—	執行機関としての債権者、第三者		11条１項後段類推	
			222	1	【書式２】【書式８】	代替執行の授権決定に基づく執行官の代替的作為の実施に違法があった。	執行官法１条２号	執行共助機関としての執行官	執行異議	11条１項後段	債務者
				2		代替執行の授権決定に基づく債権者、第三者の代替的作為の実施に違法があった。	—	執行共助機関としての債権者、第三者		11条１項後段類推	
			223	1	【書式１】【書式８】	債権者が代替行為実施の費用を債務者に予め支払うべき旨を命ずる申立をしたところ、費用前払の決定がされた。	171条４項	執行裁判所	執行抗告	171条５項	債務者

不服の申立先	不服を審理する機関	不服申立期間	方式等	手数料等	再度の不服申立	確定により効力が生ずるもの	補足説明その他実務に役立つ情報など
執行裁判所	抗告裁判所	裁判の告知を受けた日から１週間（不変期間）	書面（抗告状）の提出	1,000円	特別抗告 許可抗告	—	—
執行裁判所	執行裁判所	異議の利益が存する間	期日においてする場合を除き書面	500円	不可	—	—
執行裁判所	抗告裁判所	異議の利益が存する間	期日においてする場合を除き、書面	500円	不可	—	—
執行裁判所	執行裁判所	裁判の告知を受けた日から１週間（不変期間）	書面（抗告状）の提出	1,000円	特別抗告 許可抗告	— —	— —
執行裁判所	執行裁判所	裁判の告知を受けた日から１週間（不変期間）	書面（抗告状）の提出	3,000円	特別抗告 許可抗告	— —	— —
執行裁判所	執行裁判所	異議の利益が存する間	期日においてする場合を除き、書面	500円	不可	—	—
執行裁判所	執行裁判所	異議の利益が存する間	期日においてする場合を除き書面	500円	不可	—	—
執行裁判所	執行裁判所	裁判の告知を受けた日から１週間（不変期間）	書面（抗告状）の提出	1,000円	特別抗告 許可抗告	—	—

<table>
<tr><th colspan="3"></th><th colspan="2">番号</th><th>書式番号</th><th>不服申立の対象となる行為ないし事実</th><th>参照条文</th><th>行為者</th><th>不服申立方法</th><th>根拠条文</th><th>不服申立の主体</th></tr>
<tr><td rowspan="9">第２章　強制執行</td><td rowspan="9">第３節　金銭の支払を目的としない請求権についての強制執行</td><td>代替執行</td><td>223</td><td>2</td><td>【書式１】</td><td>債権者が代替行為実施の費用を債務者に予め支払うべき旨を命ずる申立をしたところ、申立が却下された。</td><td>171条４項</td><td>執行裁判所</td><td>執行抗告</td><td>171条５項</td><td>債権者</td></tr>
<tr><td rowspan="4">間接強制</td><td rowspan="2">224</td><td>1</td><td>【書式１】
【書式８】</td><td>債権者が、建物の明渡しを求めて、間接強制の申立をしたところ、裁判所が強制金の決定をした。</td><td rowspan="2">172条１項</td><td rowspan="2">執行裁判所</td><td rowspan="2">執行抗告</td><td rowspan="2">172条５項</td><td>債務者</td></tr>
<tr><td>2</td><td>【書式１】</td><td>債権者が、建物の明渡しを求めて、間接強制の申立をしたが、裁判所が申立を却下した。</td><td>債権者</td></tr>
<tr><td rowspan="2">225</td><td>1</td><td>【書式１】</td><td>債務者が、事情の変更により、強制金決定の変更申立をしたところ、裁判所が変更決定をした。</td><td rowspan="2">172条２項</td><td rowspan="2">執行裁判所</td><td rowspan="2">執行抗告</td><td rowspan="2">172条５項</td><td>債権者</td></tr>
<tr><td>2</td><td>【書式１】
【書式８】</td><td>債務者が、事情の変更により、強制金決定の変更申立をしたが、裁判所が申立を却下した。</td><td>債務者</td></tr>
<tr><td rowspan="3">意思表示の擬制</td><td rowspan="3">226</td><td>1</td><td>【書式３】</td><td rowspan="2">「農地の所有権移転登記手続をせよ。」との判決を得た後、農地法による知事の許可がとれたので、許可証を示して裁判所書記官に債権者が執行文の付与を求めたところ、執行文の付与を拒絶された。</td><td rowspan="2">174条１項但書</td><td rowspan="3">裁判所書記官</td><td>執行文付与等に関する異議申立</td><td>32条</td><td rowspan="2">債権者</td></tr>
<tr><td>2</td><td>【書式４】</td><td>執行文付与の訴え</td><td>33条</td></tr>
<tr><td>3</td><td>【書式３】</td><td>「100万円と引き換えに所有権移転登記手続をせよ。」との引換給付判決を得た後、債権者が、100万円を債務者に支払ったので、裁判所書記官に執行文の付与を求めたところ、執行文付与を拒絶された。</td><td>174条１項但書、同条２項</td><td>執行文付与等に関する異議申立</td><td>32条</td><td>債権者</td></tr>
</table>

不服の申立先	不服を審理する機関	不服申立期間	方式等	手数料等	再度の不服申立	確定により効力が生ずるもの	補足説明その他実務に役立つ情報など
執行裁判所	執行裁判所	裁判の告知を受けた日から１週間（不変期間）	書面（抗告状）の提出	1,000円	特別抗告 許可抗告	—	—
執行裁判所	執行裁判所	裁判の告知を受けた日から１週間（不変期間）	書面（抗告状）の提出	3,000円	特別抗告 許可抗告	—	不動産等の引渡し等の強制執行（168条１項）、動産の引渡しの強制執行（169条１項）、目的物引渡請求権に係る強制執行（170条１項）及び代替執行に係る強制執行（171条１項）については、債権者の申立があるときは、間接強制の方法によることが可能である（173条１項）。
執行裁判所	執行裁判所	裁判の告知を受けた日から１週間（不変期間）	書面（抗告状）の提出	1,000円	特別抗告 許可抗告	—	— —
裁判所書記官の所属する裁判所	裁判所書記官の所属する裁判所	特になし	期日においてする場合を除き書面	500円	不可（32条５項）	—	事例は債務者の意思表示が、債権者の証明すべき事実の到来に係る場合の一例である。 拒絶処分の取消と執行文の付与を命ずる決定が出されると、裁判所書記官は直ちに執行文を付与することになる。
33条２項１号、６号所定の裁判所	33条２項１号、６号所定の裁判所	特になし	書面（訴状）	債務名義に表示された請求権の価額の２分の１	控訴・上告	—	事例は債務者の意思表示が、債権者の証明すべき事実の到来に係る場合の一例である。 執行文付与の訴えを認容する判決が確定した時は、執行文付与を受けるまでもなく、その確定時に意思表示が擬制される。
裁判所書記官の所属する裁判所	裁判所書記官の所属する裁判所	特になし	期日においてする場合を除き書面	500円	不可（32条５項）	—	事例は、債務者の意思表示が、反対給付との引換えに係る場合の一例である。 拒絶処分の取消と執行文の付与を命ずる決定が出されると、裁判所書記官は直ちに執行文を付与することになる。

			番号		書式番号	不服申立の対象となる行為ないし事実	参照条文	行為者	不服申立方法	根拠条文	不服申立の主体
第２章　強制執行	第３節　金銭の支払を目的としない請求権についての強制執行	意思表示の擬制	226	4	【書式４】	「100万円と引き換えに所有権移転登記手続をせよ。」との引換給付判決を得た後、債権者が、100万円を債務者に支払ったので、裁判所書記官に執行文の付与を求めたところ、執行文付与を拒絶された。	174条１項但書、同条２項	裁判所書記官	執行文付与の訴え	33条	債権者
				5	【書式３】	「被告は、原告に100万円を期限までに支払わない時は、この債務の代物弁済を原因とする所有権移転登記手続をする。」との和解をした後、債務者が期限までに支払わないので、債権者が裁判所書記官に執行文の付与を求めたが、執行文付与を拒絶された。	174条１項但書、同条３項		執行文付与等に関する異議申立	32条	債権者
				6	【書式４】				執行文付与の訴え	33条	
第３章　担保権実行としての競売等		不動産担保執行・収益執行	227		【書式２】【書式８】	担保権が消滅ないし不存在であるのに、裁判所が不動産担保競売開始決定をした。	181条１項	執行裁判所	執行異議	182条	債務者又は不動産の所有者
			228		【書式１】【書式８】	担保権が消滅ないし不存在であるのに、裁判所が不動産担保収益執行開始決定をした。	181条１項	執行裁判所	執行抗告	182条、188条、93条５項	債務者又は不動産の所有者
			229	1	【書式２】【書式８】	担保権のないことを証する確定判決の謄本を提出したにもかかわらず、裁判所（執行官）により執行が継続された。	183条１項、２項	執行裁判所	執行異議	11条１項	債務者被担保権者
				2				執行官	執行異議	11条１項後段	
			230		【書式２】	執行停止の要件を満たしていないのに執行が取り消された。	183条	執行裁判所	執行異議	11条１項	債権者

不服の申立先	不服を審理する機関	不服申立期間	方式等	手数料等	再度の不服申立	確定により効力が生ずるもの	補足説明その他実務に役立つ情報など
33条２項１号、６号所定の裁判所	33条２項１号、６号所定の裁判所	特になし	書面（訴状）	債務名義に表示された請求権の価額の２分の１	控訴・上告	—	事例は、債務者の意思表示が、反対給付との引換えに係る場合の一例である。 執行文付与の訴えを認容する判決が確定した時は、執行文付与を受けるまでもなく、その確定時に意思表示が擬制される。
裁判所書記官の所属する裁判所	裁判所書記官の所属する裁判所	特になし	期日においてする場合を除き書面	500円	不可（32条５項）	—	事例は、債務者の意思表示が、債務者の証明すべき事実のないことにかかる場合の一例である。 拒絶処分の取消と執行文の付与を命ずる決定が出されると、裁判所書記官は直ちに執行文を付与することになる。
33条２項１号、６号所定の裁判所	33条２項１号、６号所定の裁判所	特になし	書面（訴状）	債務名義に表示された請求権の価額の２分の１	控訴・上告	—	事例は、債務者の意思表示が、債務者の証明すべき事実のないことにかかる場合の一例である。 執行文付与の訴えを認容する判決が確定した時は、執行文付与を受けるまでもなく、その確定時に意思表示が擬制される。
執行裁判所	執行裁判所	異議の利益が存在する間	執行裁判所の期日の場合は口頭で可、それ以外は書面	500円	不可	—	主張しうる実体的事由は条文にある「担保権の消滅、不存在」の他に、被担保債権の履行期の未到来、承継の不存在も主張可能である。
原裁判所	高等裁判所	裁判の告知を受けた日から１週間（不変期間）	書面（抗告状）の提出	1,000円	特別抗告 許可抗告	—	
執行裁判所 執行官所属の地方裁判所（執行裁判所）	執行裁判所	異議の利益が存在する間	執行裁判所の期日の場合は口頭で可、それ以外は書面	500円	不可	—	停止文書・取消文書について、事例に挙げた判決謄本のほかは、183条を参照されたい。
執行裁判所	執行裁判所	異議の利益が存在する間	執行裁判所の期日の場合は口頭で可、それ以外は書面	500円	不可	—	執行抗告はできない（183条３項）。

		番号		書式番号	不服申立の対象となる行為ないし事実	参照条文	行為者	不服申立方法	根拠条文	不服申立の主体
第３章　担保権実行としての競売等	不動産担保執行・収益執行	231	1	【書式１】【書式８】	担保権者が担保不動産の価格が減少するとして保全処分を申し立てたところ、執行裁判所が保全決定をした。	187条１項、55条１項	執行裁判所	執行抗告	187条５項、55条６項	担保不動産所有者
			2	【書式１】	担保権者が担保不動産の価格が減少するとして保全処分を申し立てたのに、執行裁判所が却下した。					債権者
		232		【書式２】	保全処分決定を受けたのに、申立証明文書を提出しないとして裁判所が保全処分決定を取り消した。	55条１項、187条１項４項	執行裁判所	執行異議	11条１項	保全命令申立人
		233		【書式２】【書式８】	保全処分取消の申立をしたが、執行裁判所が申立を却下した。	187条４項	執行裁判所	執行異議	11条１項	保全命令被申立人又は不動産の所有者
		234		【書式２】【書式８】	不動産が滅失したにもかかわらず、執行裁判所が担保競売手続を取り消さない。	188条、53条	執行裁判所	執行異議	11条１項	債務者その他の利害関係人
		235		【書式１】	不動産が滅失していないのに、滅失したとして執行裁判所が担保競売手続を取り消した。	188条、53条	執行裁判所	執行抗告	12条１項前段	債権者その他の利害関係人
		236	1	【書式１】【書式８】	収益の分与を申し立てたところ、執行裁判所が、債務者に必要な金銭又は収益を分与すべき旨を命じた。	188条、98条１項	執行裁判所	執行抗告	188条、98条２項、97条３項	利害関係人（管理人は除く）
			2		生活が困窮するとして、収益の分与を申し立てたのに、執行裁判所が申立を却下した。					債務者
		237		【書式１】【書式８】	執行裁判所が【236-１】の命令を取消又は変更した。	188条、98条２項、97条２項	執行裁判所	執行抗告	188条、98条２項、97条３項	利害関係人（管理人は除く）
		238		【書式１】【書式８】	管理人の報酬が決定された。	188条、101条１項	執行裁判所	執行抗告	188条、101条２項、10条１項	管理人、差押債権者、債務者
		239		なし	管理人の管理行為に不服がある。	188条、100条	管理人	解任申立	102条	利害関係人
	船舶担保執行	240		【書式２】【書式８】	担保権が不存在（ないし消滅している）なのに、執行裁判所が船舶を目的とする担保権の実行としての競売開始決定をした。	189条、181条	執行裁判所	執行異議	11条１項前段、182条	債務者又は船舶の所有者

不服の申立先	不服を審理する機関	不服申立期間	方式等	手数料等	再度の不服申立	確定により効力が生ずるもの	補足説明その他実務に役立つ情報など
執行裁判所	抗告裁判所	裁判の告知を受けた日から１週間（不変期間）	書面（抗告状）の提出	1,000円	特別抗告 許可抗告	— —	用益権者も申立可能 —
執行裁判所	執行裁判所	異議の利益が存在する間	執行裁判所の期日の場合は口頭で可、それ以外は書面	500円	不可	—	—
執行裁判所	執行裁判所	異議の利益が存在する間	執行裁判所の期日の場合は口頭で可、それ以外は書面	500円	不可	—	—
執行裁判所	執行裁判所	異議の利益が存在する間	執行裁判所の期日の場合は口頭で可、それ以外は書面	500円	不可	—	職権発動を促すこともできる。 不動産の滅失の他に売却による不動産の移転を妨げる事情が明らかになった時は、手続を取り消さなければならない。
原裁判所	高等裁判所	裁判の告知を受けた日から１週間（不変期間）	書面（抗告状）の提出	1,000円	特別抗告 許可抗告	12条２項	—
原裁判所	高等裁判所	裁判の告知を受けた日から１週間（不変期間）	書面（抗告状）の提出	1,000円	特別抗告 許可抗告	—	—
原裁判所	高等裁判所	裁判の告知を受けた日から１週間（不変期間）	書面（抗告状）の提出	1,000円	特別抗告 許可抗告	—	—
原裁判所	高等裁判所	裁判の告知を受けた日から１週間（不変期間）	書面（抗告状）の提出	1,000円	特別抗告 許可抗告	—	—
執行裁判所	執行裁判所	管理人在任中	書面	なし	執行異議	—	—
執行裁判所	執行裁判所	異議の利益が存在する間	期日においてする場合を除き書面	500円	特別抗告 許可抗告	—	—

		番号		書式番号	不服申立の対象となる行為ないし事実	参照条文	行為者	不服申立方法	根拠条文	不服申立の主体
第３章　担保権実行としての競売等	船舶担保執行	241	1	【書式１】【書式８】	開始決定がなされた後に、占有者に対する船舶国籍証書等引渡命令の申立をしたところ、執行裁判所が、船舶国籍証書等引渡命令を出した。	民執規174条２項	執行裁判所	執行抗告	民執規174条３項	占有者
			2	【書式１】	開始決定がなされた後に、占有者に対する船舶国籍証書等引渡命令の申立をしたが、執行裁判所が申立を却下した。					申立人
	自動車	242		【書式１】【書式８】	担保権が不存在（ないし消滅している）なのに、執行裁判所が自動車を目的とする担保権の実行としての競売開始決定をした。	民執規176条２項、法181条	執行裁判所	執行抗告	民執規176条２項、89条３項、法182条	債務者又は自動車の所有者
	動産担保執行	243	1	【書式１】【書式８】	執行裁判所が、動産を目的とする担保権の実行を許可した。	190条２項	執行裁判所	執行抗告	190条４項	債務者
			2	【書式１】	執行裁判所が、動産を目的とする担保権の実行を不許可とした。					債権者
		244		【書式２】【書式８】	担保権が不存在（若しくは消滅し、又は担保権によって担保される債権の一部が消滅した）なのに、執行官が動産競売に係る動産を差し押えた。	192条、122条１項	執行官	執行異議	11条１項後段、191条	債務者又は動産の所有者
	債権	245		【書式１】【書式８】	担保権が存在していない（若しくは消滅した）のに、執行裁判所が、債権に対する担保権実行の差押命令をした。	193条２項、145条１項	執行裁判所	執行抗告	193条２項、182条、145条５項	債務者第三債務者
	その他財産等執行	246		【書式２】【書式８】	担保権が存在していない（若しくは消滅した）のに、執行裁判所が、航空機を目的とする担保権の実行としての競売開始決定をした。	民執規175条、法181条	執行裁判所	執行異議	11条１項前段、民執規175条、法182条	債務者又は航空機の所有者
		247		【書式１】【書式８】	担保権が存在していない（若しくは消滅した）のに、執行裁判所が建設機械を目的とする担保権の実行としての競売開始決定をした。	民訴規177条、176条２項、民訴法181条	執行裁判所	執行抗告	民執規177条、176条２項、89条３項、法182条	債務者又は建設機械の所有者
		248	1	【書式７】【書式８】	担保執行の目的とされた財産について他に所有権者がいるのに、執行裁判所が担保執行の許可をした。	194条、181条ないし192条、193条１項	執行裁判所	第三者異議の訴え	194条、38条	第三者
			2		担保執行の目的とされた財産についてほかに所有権者がいるのに執行官が担保執行の許可をした。		執行官			

不服の申立先	不服を審理する機関	不服申立期間	方式等	手数料等	再度の不服申立	確定により効力が生ずるもの	補足説明その他実務に役立つ情報など
原裁判所	高等裁判所	１週間（不変期間）	書面（抗告状）の提出	1,000円	特別抗告 許可抗告	—	—
原裁判所	高等裁判所	１週間（不変期間）	書面（抗告状）の提出	1,000円	特別抗告 許可抗告	—	—
原裁判所	高等裁判所	１週間（不変期間）	書面（抗告状）の提出	1,000円	特別抗告 許可抗告	—	—
執行裁判所	執行裁判所	異議の利益が存在する間	期日においてする場合を除き書面	500円	特別抗告 許可抗告	—	—
原裁判所	高等裁判所	１週間（不変期間）	書面（抗告状）の提出	1,000円	特別抗告 許可抗告	—	—
執行裁判所	執行裁判所	異議の利益が存在する間	期日においてする場合を除き書面	500円	特別抗告 許可抗告	—	—
原裁判所	高等裁判所	１週間（不変期間）	書面（抗告状）の提出	1,000円	特別抗告 許可抗告	—	—
執行裁判所	執行裁判所	担保執行開始後から終了まで	書面（訴状）	訴額による	控訴・上告	—	担保執行の目的とされた財産について、所有権その他目的財産の譲渡又は引渡しを妨げる法的地位を有する第三者がいる場合にその第三者から担保競売手続を妨げる方法である。

	番号		書式番号	不服申立の対象となる行為ないし事実	参照条文	行為者	不服申立方法	根拠条文	不服申立の主体
第4章 財産開示手続	249	1	【書式1】	債権者が、財産開示手続を実施する旨の決定を求めて申立をしたところ、執行裁判所が申立を却下した。	197条1項、2項	執行裁判所	執行抗告	197条5項	債権者
		2	【書式1】【書式8】	債権者が、財産開示手続を実施する旨の決定を求めて申立をしたところ、執行裁判所が、財産開示手続を実施する旨の決定がされた。		執行裁判所	執行抗告	197条5項	債務者
	250	1	【書式1】【書式8】	開示義務者が、陳述義務の一部免除の許可の申立をし、これを許可する決定がなされた。	200条1項	執行裁判所	執行抗告	200条2項	債権者等
		2	【書式1】【書式8】	開示義務者が、陳述義務の一部免除の許可の申立をし、申立が却下された。		執行裁判所	執行抗告	200条2項	開示義務者等
	251	1	【書式19】	財産開示期日に裁判所に出頭しなかったとして、執行裁判所により過料に処せられた。	206条1項1号前段、非訟162条1項	執行裁判所	即時抗告	非訟162条3項	開示義務者
		2		財産開示期日において宣誓を拒否したとして、執行裁判所により過料に処せられた。	206条1項1号後段、非訟162条1項				
		3		財産開示期日に陳述をしなかったところ、過料に処せられた。	206条1項2号、非訟162条1項				
		4		財産開示により得た情報を目的外に利用したとして過料に処せられた。	206条2項、非訟162条1項				記録の閲覧者等(202条)

不服の申立先	不服を審理する機関	不服申立期間	方式等	手数料等	再度の不服申立	確定により効力が生ずるもの	補足説明その他実務に役立つ情報など
執行裁判所	高等裁判所	１週間（不変期間）	書面(抗告状)の提出	1,000円	特別抗告 許可抗告	—	—
執行裁判所	高等裁判所	１週間（不変期間）	書面(抗告状)の提出	1,000円	特別抗告 許可抗告	—	一般先取特権については、担保権の不存在又は消滅を理由とすることができる（203条、182条)。
執行裁判所	高等裁判所	１週間（不変期間）	書面(抗告状)の提出	1,000円	特別抗告 許可抗告	—	—
執行裁判所	高等裁判所	１週間（不変期間）	書面(抗告状)の提出	1,000円	特別抗告 許可抗告	—	—
執行裁判所	高等裁判所	１週間（不変期間）	書面(抗告状)の提出	1,500円	特別抗告 許可抗告	—	即時抗告の申立に執行停止の効力がある（非訟162条３項)。

第3編

民事保全

第１章　民事保全手続における不服申立総論

第１　民事保全の不服申立制度の概要

民事保全手続における不服申立の概要を図で示せば、次のとおりである。

以下、それぞれの場面での不服申立方法としてどのようなものがあるかについて概説し、**第２**

民事保全における不服申立の概要

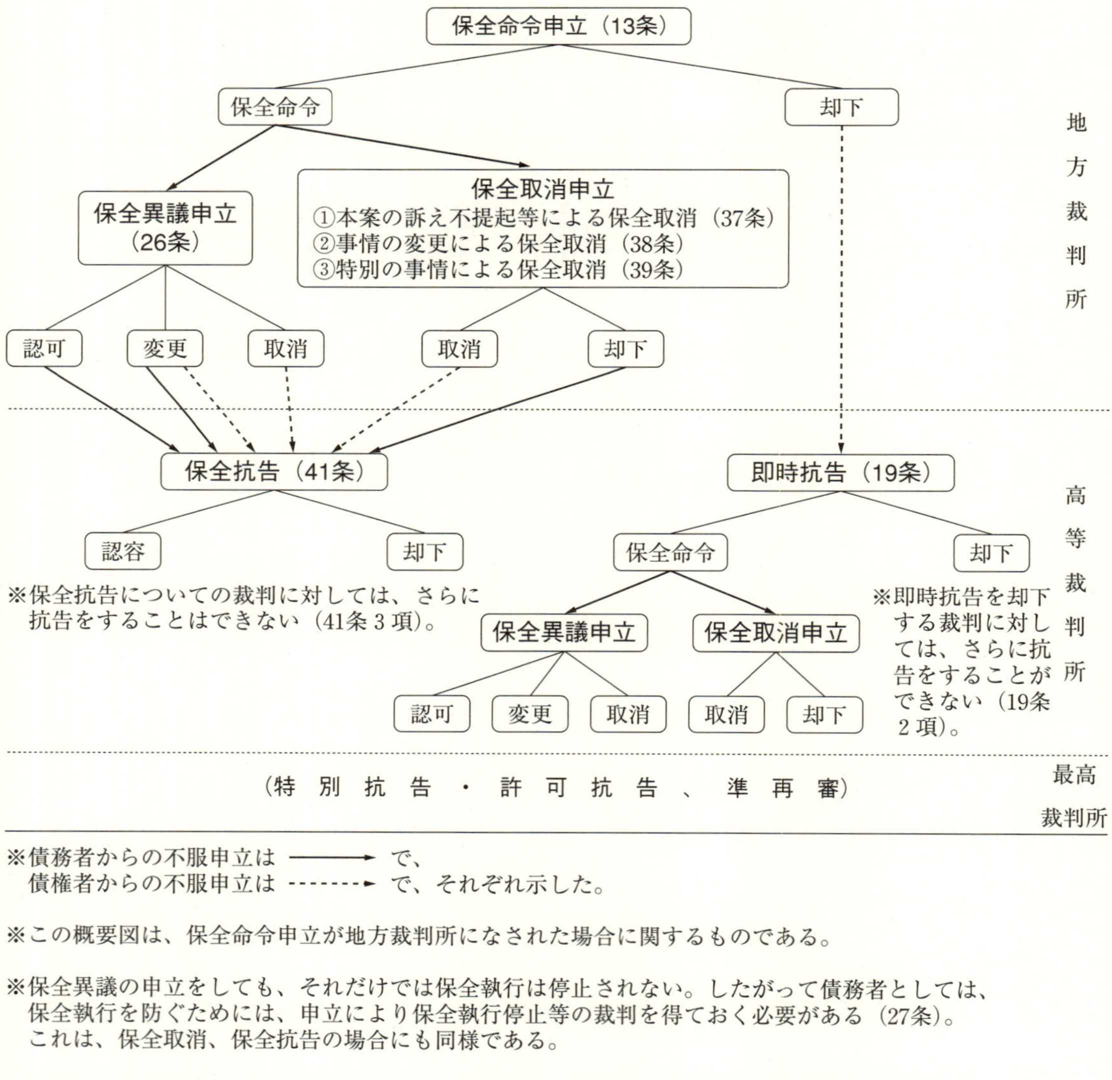

※債務者からの不服申立は ──→ で、
　債権者からの不服申立は - - - -→ で、それぞれ示した。

※この概要図は、保全命令申立が地方裁判所になされた場合に関するものである。

※保全異議の申立をしても、それだけでは保全執行は停止されない。したがって債務者としては、保全執行を防ぐためには、申立により保全執行停止等の裁判を得ておく必要がある（27条）。これは、保全取消、保全抗告の場合にも同様である。

※債務者の保全異議、保全取消の申立により保全命令が取り消された場合に、債権者が保全抗告をしても、当然には原決定の効力は停止されない。したがって債権者としては、保全命令の取消により償うことのできない損害が生ずるおそれがある場合には、申立により、保全命令を取り消す決定の効力の停止を命ずる裁判を得ておく必要がある（42条）。

以下でそれぞれの不服申立方法について説明する。

1　保全命令の申立が却下された場合

(1)　保全命令申立が却下された場合の債権者の不服申立方法は、即時抗告である（19条１項・裁判の告知を受けた日から２週間以内の不変期間。設例一覧表【１】参照。以下【　】内の数字は設例一覧表に対応したものである）。

なお、高等裁判所の保全命令申立の却下の裁判に対し、債権者は即時抗告はできない（裁判所法７条２号。ただし、要件を満たせば許可抗告・特別抗告は可）。

(2)　①　即時抗告審における即時抗告を却下する裁判に対しては、債権者はさらに抗告はできない（19条２項。【２】参照。特別抗告・許可抗告のみ可）。

②　即時抗告審において、抗告裁判所が原裁判を取り消し保全命令を発した場合には、債務者は保全異議・保全取消の申立をなし得る（【３】参照）。

(3)　①　抗告裁判所への保全異議の申立についての裁判に対しては、敗訴した当事者は保全抗告が許されない（41条１項但書）。

②　抗告裁判所への保全取消の申立についての裁判に対しては、敗訴した当事者は保全抗告の申立をなし得るが、裁判所法７条２号の規定により高等裁判所が抗告裁判所としてなした裁判に対して保全抗告はできないことになるので、結局、かかる申立が可能となるのは簡易裁判所に保全命令の申立がなされ、地方裁判所が抗告裁判所となる場合のみである。

2　保全命令の申立について、保全命令が発せられた場合

(1)　保全命令に対する債務者の不服申立方法は、保全異議（26条以下。【４】ないし【６】参照）と保全取消（37条以下。【12】ないし【17】参照）である。

(2)　保全異議・保全取消の申立についての裁判に対する敗訴した当事者からの不服申立方法は保全抗告（41条以下）である（【９】ないし【11】、【18】及び【19】参照）。

(3)　保全抗告についての裁判に対し、更に抗告はできない（41条３項。特別抗告・許可抗告のみ可。【９】ないし【11】、【18】及び【19】の再度の不服申立欄参照）。

第２　保全異議（26条以下）

1　概　　要

保全異議は、債務者が保全命令について被保全権利あるいは保全の必要性がないという理由で保全命令を争う手続である（【４】ないし【６】参照）。

2　申立方法

書面による（民保規１条３号。記載事項は民保規24条１項）。

3　管轄裁判所

保全命令を発した裁判所（26条）。

4　移　　送

裁判所は、当事者、尋問を受けるべき証人及び審尋を受けるべき参考人の住所その他の事情を考慮して、保全異議事件につき著しい遅滞を避け、又は当事者間の衡平を図るために必要があるときは、申立により又は職権で当該保全命令事件について管轄権を有する他の裁判所に事件を移送することができる（28条）。

移送の裁判に対しては即時抗告ができる（７条、民訴法21条。【７】及び【８】参照）。

5　申立期間

保全命令が有効に存在する限り、いつでも申し立てることができる。

6　審　　理

保全異議の審理は口頭弁論又は当事者双方が立ち会うことができる審尋の期日を経なければならない（29条）。

7　裁　　判

⑴　保全命令を維持するときはこれを認可する旨の裁判、維持しないときは取り消す旨の裁判、変更して維持するときは変更する旨の裁判をする（32条１項）。

⑵　裁判所は、保全命令の認可、変更の裁判において、債権者に対し、新たな担保を立てること、又は既に立てた担保について増担保をすることを保全執行の実施又は続行の条件とすることができる（32条２項）。

これに対し、保全命令を取り消す場合においては、債務者が担保を立てることを条件とすることができる（32条３項）。

また、債務者の申立により（職権による原状回復の裁判はなされない。**第６**、【24】参照）、保全執行により変動した状態を回復させるため、原状回復の裁判をすることができる（33条）。

第３　保全取消（37条以下）

1　概　　要

保全取消は、保全命令の発令後に発生し又は判明した事情を考慮に入れて保全命令を取り消すという債務者の救済方法であり、その取消事由により、⑴本案の訴えの不提起等による保全取消、⑵事情変更による保全取消、⑶特別の事情による保全取消に分類される。

⑴　本案の訴えの不提起等による保全取消（37条）

①　債務者の申立に基づき裁判所が債権者に対して一定期間内（２週間以上・37条２項）に本案訴訟を提起することを命じ（起訴命令・37条１項）、債権者がこれを怠るときは、債務者はこれを理由に保全命令の取消を申し立てることができる（【15】参照）。

管轄裁判所は、保全命令を発した裁判所である（37条１項但書）。

②　**起訴命令の申立（37条１項）**

ｉ　債務者は、裁判所に対し、裁判所が債権者に対して一定期間内に本案訴訟を提起することを命じることを申し立てることができる（書面による・民保規28条。【12】参照）。

ⅱ　管轄裁判所は、保全命令を発した裁判所であり、専属管轄である（40条１項但書、37条１項、６条）。

ⅲ　申立の時間的な制約はなく、保全命令が存在する限りいつでも申立ができる。

⑵　事情の変更による保全取消（38条）

①　保全命令の要件である被保全権利又は保全の必要性が発令後に消滅するなどして不当になった場合、債務者はこれを理由として保全命令の取消を申し立てることができる（【16】参照）。

管轄裁判所は、保全命令を発した裁判所又は本案の裁判所である（38条１項）。

②　**事情変更の意義**

ⅰ　被保全権利の弁済、相殺、解除等による消滅や本案訴訟で被保全権利の存在を否定する内容の判決が確定した場合等発令後に生じた事情は当然これにあたる。

ⅱ　上記内容の判決が未確定であっても当該判決が上級審で覆される蓋然性が少ないと認められる場合には事情変更による保全命令の取消が認められる（最判昭27・11・20民集６-10-1008。なお、この場合、保全異議の申立により争うことも可能である）。

ⅲ　保全命令の発令時に、事情変更に該当すべき事情が既に発生していたがこれを知ることができなかった場合や、事情は知っていたもののこれを疎明する資料がなく、保全命令発令後にこれを取得したような場合には、公平の観点から事情変更に該当すると考えられる（須藤典明・深見敏正・金子直史編「リーガル・プログレップ・シリーズ民事保全」（青林書院）193頁。「注釈民事保全法㊤」（民事法情報センター）533頁。

⑶　特別の事情による保全取消（39条）

仮処分命令によって償うことができない損害を生ずるおそれがあるとき、そのほか特別の事情（債権者が金銭補償をもって仮処分の目的を達することができる事情があるときも含まれる。最判昭26・２・６民集５-３-21）がある場合に、債務者はこれを理由として保全命令の取消を申し立てることができる（【17】参照）。

なお、裁判所が特別の事情により保全命令を取り消す場合には債務者に担保を立てさせることが条件となる（必要的担保）。

管轄裁判所は、保全命令を発した裁判所又は本案の裁判所である（39条１項）。

２　申立方法

いずれの理由による場合も書面による（民保規１条４号。記載事項は民保規29条、24条１項）。

３　移　　送

裁判所は、当事者、尋問を受けるべき証人及び審尋を受けるべき参考人の住所その他の事情を考慮して、保全取消事件につき著しい遅滞を避け、又は当事者間の衡平を図るために必要があるときは、申立により又は職権で当該保全命令事件について管轄権を有する他の裁判所に事件を移送することができる（40条、28条）。

移送の裁判に対しては即時抗告ができる（７条、民訴法21条。【７】及び【８】参照）。

なお、起訴命令については、前述のとおり専属管轄であり、移送はできない。

4　申立期間

いずれの理由による場合も保全命令が有効に存在する限り、いつでも申し立てることができる。

5　審　　理

いずれの理由による場合も保全取消の審理は口頭弁論又は当事者双方が立ち会うことができる審尋の期日を経なければならない（40条、29条）。

6　裁　　判

⑴　取消事由が認められるときは、保全命令を取り消す旨の裁判、認められないときは却下する旨の裁判をする（37条３項、38条１項、39条１項）。

⑵　いずれの理由による場合も、裁判所は保全命令を取り消す場合、債務者の申立により（職権による原状回復の裁判はなされない。**第６**の【24】参照）、保全執行により変動した状態を回復させるため、原状回復の裁判をすることができる（40条１項、33条）。

事情変更による保全取消の場合、裁判所は、却下する場合、債権者に対し、新たな担保を立てること、又は既に立てた担保について増担保をすることを保全執行の実施又は続行の条件とすることができ（38条３項、32条２項）、保全命令を取り消す場合においては、債務者が担保を立てることを条件とすることができる（38条３項、32条３項）。

特別事情による保全取消の場合は、債務者に担保を立てさせることが条件となる（必要的担保・39条１項）。

第４　保全抗告（41条以下）

1　保全抗告ができる場合

保全異議又は保全取消の申立についての裁判に対しては保全抗告の申立ができる（41条１項。【９】ないし【11】、【18】及び【19】参照）。

2　保全抗告ができない場合

⑴　抗告裁判所が発した保全命令に対する保全異議の申立についての裁判に対しては、保全抗告はできない（41条１項但書）。

⑵　高等裁判所の裁判に対して保全抗告はできない（裁判所法７条２号。特別抗告・許可抗告のみ可）。

3　申立方法

書面による（民保規１条５号。記載事項は民保規30条、24条１項）。

4　申立期間

保全異議、保全取消についての裁判の送達を受けた日から２週間以内の不変期間である（41条１項）。

５　審　　理

保全抗告の審理は、口頭弁論又は当事者双方が立ち会うことができる審尋の期日を経なければならない（41条４項、29条）。

６　裁　　判

保全抗告に理由がないときはこれを棄却する（ただし、実務上は「却下」とされることが多い）。

保全抗告に理由があるときには、原決定を取り消したうえで、原決定の態様に応じて、ア自判し、イ原審に差戻し（７条、民訴法331条、307条、308条）、あるいは移送する（７条、民訴法309条）。

裁判所が、保全命令を取り消す内容の決定をする場合、債務者の申立により（職権による原状回復の裁判はなされない。**第６**、【24】参照）、保全執行により変動した状態を回復させるため、原状回復の裁判をすることができる（41条４項、33条）。

保全抗告についての裁判に対し、さらに抗告はできない（41条３項。許可抗告・特別抗告のみ可。【９】ないし【11】、【18】及び【19】の再度の不服申立欄参照）。

７　保全命令を取り消す決定の効力停止の裁判（42条）

保全異議、保全取消の申立に基づき保全命令が取り消された場合、債務者は直ちに保全執行の解放を求めることができる。

これに対し、取消決定を受けた債権者は保全抗告の申立をすることができるが、債務者が保全執行の解放を受けた後に保全抗告が認容されても、既に保全すべき財産が散逸しているおそれがある。

そのため、債権者は保全抗告の申立をしたことに併せて、保全命令取消の効力の停止を命ずる裁判をするよう申し立てることができる。

裁判所は、原決定の取消の原因となることが明らかな事情及び保全命令の取消により償うことができない損害を生じるおそれがあることにつき疎明があったときに限り、保全抗告についての裁判をするまでの間、担保を立てさせて、又は担保を立てることを条件として保全命令を取り消す決定の効力の停止を命ずることができる。

第５　保全執行の停止等の裁判（27条１項、40条１項、41条４項）

１　概　　要

保全異議、保全取消、保全抗告の申立それ自体には保全執行を停止する効力はないので、債務者は保全執行を止めるために執行停止又は執行処分取消の申立をする必要がある（【20】参照）。

２　要　　件

(1)　保全異議、保全取消、保全抗告の申立がなされたこと。
　（執行停止等の裁判は、独立した手続ではなく、保全異議等の手続に付随するものである）
(2)　保全命令の取消の原因となることが明らかな事情があること。
(3)　保全執行により償うことのできない損害を生ずるおそれがあること。

3　申立方法

書面によらなければならないとの規定はないが、上記のとおり厳格な要件を求められることからすれば、書面によることが望ましいであろう。

4　管轄裁判所

保全異議、保全取消、保全抗告の申立がされた裁判所。

なお、抗告裁判所が保全命令を発した場合において、事件の記録が原裁判所に存するときは、原裁判所も裁判をすることができる（27条２項、40条１項）。

5　裁　　判

裁判所は、執行停止等の裁判の申立に理由があると判断した場合、保全異議、保全取消、保全抗告の申立についての決定において執行停止等の裁判についての判断がなされるまでの間、保全執行の停止又は既にした保全執行の取消を命じることができる。

この場合、必ず担保を立てさせ、又は担保を立てさせることを条件にしなければならない（必要的担保。27条１項、40条１項、41条４項）。

執行停止等の裁判に対して不服申立はできない（27条４項、40条１項、41条４項。【21】及び【22】参照）。

第６　原状回復の裁判（33条、40条１項、41条４項）

1　概　　要

債権者が仮処分命令に基づき物の引渡し若しくは明渡し若しくは金銭の支払を受け、又は物の使用若しくは保管をしている場合、保全異議、保全取消、保全抗告の裁判所において仮処分命令を取り消す内容の裁判がなされても、職権で原状回復が命じられることはないので、債務者は、原状回復の裁判の申立をする必要がある（【24】参照）。

2　要　　件

⑴　保全異議、保全取消、保全抗告の申立がなされたこと。
（原状回復の裁判は、独立した手続ではなく、保全異議等の手続に付随するものである。【25】参照）

⑵　仮処分命令を取り消す内容の裁判がなされたこと。

3　申立方法

書面又は口頭（７条、民訴規１条）。

4　管轄裁判所

保全異議、保全取消、保全抗告の申立がされた裁判所。

5　裁　　判

裁判所は、仮処分命令を取り消す内容の裁判において、債権者に対し、債務者が引き渡し若しくは明け渡した物の返還、債務者が支払った金銭の返還又は債権者が使用若しくは保管している物の返還を命じることができる。

原状回復の裁判に対して独立の不服申立はできない（【26】ないし【28】参照）。

第7　担保、記録閲覧、仮差押（仮処分）解放金についての不服申立

1　担保についての不服申立は、第2章第1、【29】ないし【31】参照。

2　記録閲覧についての不服申立は、【32】及び【33】参照。

3　仮差押（仮処分）解放金についての不服申立は、【34】ないし【37】参照。

第8　保全執行に対する不服申立

保全執行については、民事保全法が特別の規定を設けたこと以外については、民事執行法の規定が準用される（46条）。

不服申立に関する民事保全法上の特別規定としては、前記の保全異議・保全取消・保全抗告に伴う執行停止の規定（27条1項、40条1項、41条4項）、高等裁判所が保全執行裁判所としてなした保全執行に対する第三者異議の訴えは仮に差し押さえるべき物又は係争物の所在地を管轄する地方裁判所が管轄するという管轄裁判所の特例規定（45条）がある。

第2章　民事保全手続における不服申立各論

本章では民事保全手続における不服申立の主要な論点を取り上げて考察する。

第1　担保裁判に対する不服申立

1　債権者が担保決定（担保を定めた場合やその額が高額である場合）に対し不服を申し立てる場合

⑴　問題の所在

担保決定は付随的な裁判であるとはいえ独立した決定であることから旧法時代には独立して通常抗告をなし得ると考えられていた。新法下においてどのように考えるべきか。

⑵　考　　察

通常抗告ができるとすると抗告をなしうる期間に制限がなくなり、保全命令申立を却下する裁判に対する即時抗告（19条1項・2週間以内）とのバランスを失する。

実質的な申立の一部却下とみて、19条の即時抗告によるべき（瀬木比呂志「民事保全法（全訂第2版）」（判例タイムズ社）123頁。【29】参照）。

2　債務者が担保決定（無担保決定をした場合や担保を定めたがその額が低額である場合）に対し不服を申し立てる場合

⑴　問題の所在

担保を定めるか否か及びその算定が裁判所の全面的な裁量にゆだねられていることが明示された新法下において、担保の有無及びその額に対する不服を独立の保全異議の理由にすることができるか。

⑵　考　　察

保全異議の申立についての裁判において裁判所が新たに担保あるいは増担保を立てることを条件として認可裁判をなし得ることを前提とした規定（32条２項）があることや不服申立の方法が一切ないのは問題であることから、保全異議の理由とすることが可能と考えるべき（瀬木比呂志「民事保全法（全訂第２版）」（判例タイムズ社）123頁。【30】参照）。

第２　保全異議手続における取消事由の主張の可否

⑴　問題の所在

保全異議は保全命令申立事件の続行手続であるのに対し、保全取消は保全命令の存在を前提とした上でその後の事情により保全命令の取消を求める手続であり、その審理の対象及び審理構造が異なる。

⑵　考　　察

保全命令を維持するか否かの事由を判断する点で共通性を有すること、訴訟経済の観点等から保全異議手続において取消事由も主張し得るとするのが通説（須藤典明・深見敏正・金子直史編「リーガル・プログレッシブ・シリーズ民事保全」（青林書院）195頁。「注釈民事保全法㊤」（民事法情報センター）382頁）。

cf.　保全取消の審理の中で異議事由を主張することについては、保全取消の取消事由の内容は、個別の条文に記載された限定的なものになっており、保全取消の申立において保全異議の事由を主張することを予定しているとは認めがたいことから消極に解するのが判例である（最判昭23・11・９民集２-12-405）。

第３　保全異議係属中の別個の保全取消申立の可否

⑴　問題の所在

審理の重複や裁判の抵触の観点から否定すべきではないか。

⑵　考　　察

保全異議のほかに保全取消の制度が残された実質的な理由は、債務者を保全命令の拘束から早期に解放するために、保全命令の存在を前提とし争点を絞った不服申立のルートを別個に用意したものであると考え、両申立の競合を承認すべき（瀬木比呂志「民事保全法（全訂第２版）」（判例タイムズ社）455頁）。

第４　保全抗告についての高等裁判所の裁判に対する許可抗告の可否

⑴　問題の所在

７条は特別の定めがある場合を除き、民事保全の手続に関しては、民事訴訟の規定を準用するとされている。

しかし、許可抗告を規定した民訴法337条１項但書の文言上、許可抗告をなし得るのは「その裁判が地方裁判所の裁判であるとした場合に抗告することができるものであるときに限る」とされているところ、保全抗告の裁判に対しては再抗告は許されない（41条３項）ことから、保全抗告についての高等裁判所の裁判に対する許可抗告は許されないのではないか。

⑵　考　　察

許可抗告の制度趣旨は、民事訴訟、民事保全、民事執行に関する法律問題、解釈上の論点について最高裁判所により解釈の統一を図ることにあるから、保全抗告についての高等裁判所の裁判に対する許可抗告が認められないとすると立法趣旨に反する。

高等裁判所が発した保全命令又は保全命令の申立の却下の裁判については許可抗告をなし得るのに対し、上記の場合のみ許可抗告できないとすることの合理的な説明ができない。

よって、保全抗告に対する高等裁判所の裁判に対する許可抗告は可能とすべきであろう（最決平11・３・12民集53−３−505も積極説をとっている）。

第３章　参考書式

【書式１】

収入
印紙

保全異議申立書

平成　　年　　月　　日

○○地方裁判所　御中

債務者代理人弁護士　　○　○　○　○　印

当事者の表示　　別紙当事者目録記載のとおり

第１　申立の趣旨

１　○○地方裁判所が同裁判所平成19年（ヨ）第○○号債権仮差押命令申立事件について、平成○○年○○月○○日にした仮差押決定を取り消す

２　債権者の上記仮差押命令の申立を却下する

３　申立費用は債権者の負担とする

との裁判を求める。

第２　申立の理由

１　債権者は、本件仮差押命令申立において、債務者に対し自動車の売却代金債権を100万円有していると主張する。しかしながら、自動車の代金は80万円であり（乙１）、すでにこの80万円は弁済してある（乙２）。したがって、債権者は債務者に対し何ら債権を有しておらず、債権者主張の被保全債権は存在しない。

２　また、債権者は、債務者には財産を隠すおそれがあると主張しているが、債務者は申立書記載の住所地で洋服店を経営しており、経営も順調であり、利益が上がっている（乙３）ほか、その建物も自己所有のものであり（乙４）、相当の資産を有している。したがって、仮差押の必要性もない。

３　よって、本件仮差押決定は、被保全権利も必要性も認められないから、直ちに取り消されるべきである。

疎　明　方　法

乙１　　契約書控
乙２　　領収証
乙３　　確定申告書
乙４　　建物登記簿謄本

添　付　書　類

１　乙号証　　　各１通
２　訴訟委任状　　１通

【書式２】

起訴命令申立書

平成　　年　　月　　日

○○地方裁判所　御中

申立人代理人弁護士　　○　○　○　○　印

当事者の表示　　別紙当事者目録記載のとおり

上記当事者間の御庁平成19年（ヨ）第○○号不動産仮処分命令申立事件について、平成○○年○○月○○日決定がなされた。そこで、債権者に対し、いまだ本案訴訟を提起していないときはこれを管轄裁判所に提起するとともにその提起を証する書面を、既に本案訴訟を提起しているときはその係属を証する書面を、相当期間内に御庁に提出すべきことを命ぜられたく、本申立をする。

【書式３】

収入
印紙

本案訴訟の不提起等による保全取消申立書

平成　　年　　月　　日

○○地方裁判所　御中

申立人代理人弁護士　　○　○　○　○　印

当事者の表示　　別紙当事者目録記載のとおり

第１　申立の趣旨

１　○○地方裁判所が同裁判所平成19年（ヨ）第○○号不動産仮処分命令申立事件について、平成○○年○○月○○日にした仮処分決定を取り消す

２　申立費用は被申立人の負担とする

との裁判を求める。

第２　申立の理由

１　○○地方裁判所は、被申立人の申立により、同裁判所平成19年（ヨ）第○○号不動産仮処分命令申立事件について平成○○年○○月○○日仮処分決定をした（甲１）。

２　○○地方裁判所は、申立人の申立により、被申立人に対し、いまだ本案訴訟を提起していないときはこれを管轄裁判所に提起するとともにその提起を証する書面を、既に本案訴訟を提起しているときはその係属を証する書面を、この決定送達の日から○○日以内に○○地方裁判所に提出しなければならない旨の決定をなし（甲２）、同決定は、被申立人に、平成○○年○○月○○日送達された（甲３）。

３　しかしながら、被申立人は、同期間内に、本案訴訟の提起又は係属を証する書面を提出しないから、民事保全法第37条に基づき上記仮処分決定の取消を求める。

疎　明　方　法

甲１　　仮処分決定正本

甲２　　起訴命令決定正本

甲３　　送達証明書

添　付　書　類

１　甲号証　　　各１通

２　訴訟委任状　　１通

【書式４】

収入
印紙

事情変更による保全取消申立書

平成　　年　　月　　日

○○地方裁判所　御中

申立人代理人弁護士　　○　○　○　○　印

当事者の表示　　別紙当事者目録記載のとおり

第１　申立の趣旨

１　○○地方裁判所が同裁判所平成19年（ヨ）第○○号債権仮差押命令申立事件について、平成○○年○○月○○日にした仮差押決定を取り消す

２　申立費用は被申立人の負担とする

との裁判を求める。

第２　申立の理由

１　被申立人は、申立人を債務者として、○○地方裁判所に対し、別紙預金目録記載の銀行預金について仮差押命令申立をなし（同裁判所平成19年（ヨ）第○○号）、同裁判所は、平成○○年○○月○○日、これを認める仮差押決定をした（甲１）。

２　しかしながら、被申立人は、平成○○年○○月○○日、上記仮差押の被保全権利である貸金返還請求権を、申立外○○○○に債権譲渡し、同日、その旨の内容証明郵便が申立人に到達した。したがって、被申立人はその被保全権利を失うに至ったものである（甲２）。

３　よって、上記仮差押決定は、事情の変更を生じたものであるから、民事保全法第38条に基づき同仮差押決定の取消を求める。

疎　明　方　法

甲１　仮差押決定正本

甲２　内容証明郵便

添　付　書　類

１　甲号証　　　各１通

２　訴訟委任状　　１通

【書式５】

収入
印紙

特別事情による保全取消申立書

平成　　年　　月　　日

○○地方裁判所　御中

申立人代理人弁護士　　○　○　○　○　印

当事者の表示　　別紙当事者目録記載のとおり

第１　申立の趣旨

１　○○地方裁判所が同裁判所平成19年（ヨ）第○○号不動産仮処分命令申立事件について、平成○○年○○月○○日にした仮処分決定を取り消す

２　申立費用は被申立人の負担とする

との裁判を求める。

第２　申立の理由

１　被申立人は、申立人を債務者として、○○地方裁判所に対し、別紙物件目録記載の建物について占有移転禁止等の仮処分命令申立をなし、同裁判所は、平成○○年○○月○○日、これを認める仮処分決定をした（甲１）。

２　しかしながら、申立人には下記のような特別事情があるから、本件仮処分決定は取り消されるべきものである。

………（特別の事情としては債務者の異常損害「仮処分命令により償うことができない損害を生ずるおそれがあるとき」が例示されているが、これに限らず、債権者が金銭補償をもって仮処分の目的を達することができる事情があるときも含まれる。最判昭26・２・６民集５－３－21）。

３　以上のような理由により、被申立人が仮処分決定の取消によって被る損害は金銭にて塡補することが可能であり、申立人においては回復し難い損害を被るべき事情があるといわなければならないので民事保全法第39条によって、本申立に及んだ。

疎　　明　　方　　法

甲１　仮処分決定正本

添　　付　　書　　類

１　甲号証　　　各１通

２　訴訟委任状　　１通

【書式６】

収入
印紙

保全抗告申立書

平成　　年　　月　　日

○○高等裁判所　御中

抗告人代理人弁護士　　○　○　○　○　印

当事者の表示　　別紙当事者目録記載のとおり

第１　抗告の趣旨

１　原決定を取り消す

２　○○地方裁判所が同裁判所平成19年（ヨ）第○○号不動産仮処分命令申立事件について、平成○○年○○月○○日にした仮処分決定を取り消す

３　被抗告人の上記仮処分命令の申立を却下する

４　申立費用は、原審、抗告審とも被抗告人の負担とする

との裁判を求める。

第２　抗告の理由

１　抗告人は、本件仮処分の目的たる建物においてパチンコ店を経営しているが、平成○○年○○月○○日、この建物の改築工事に取りかかったところ、被抗告人から、契約違反に基づき賃貸借契約を解除し、解除に基づく明渡請求権を被保全権利として、本件建物の改築禁止を求める仮処分命令の申立がされ、これを認める仮処分決定がなされた。

２　しかしながら、そのような決定がなされれば、抗告人は多数の従業員をかかえてパチンコ店経営を続けることが不可能となるばかりか、地域からの信用を失うことにもなる（乙１）ことから、保全の必要性のないことを主張して保全異議の申立をした。ところが、原審である○○地方裁判所は、上記のとおり仮処分決定を認可する決定をしたので、ここに同決定の取消を求めるため、抗告の申立をするものである。

疎　明　方　法

乙１　　陳述書

添　付　書　類

１　乙号証　　　１通

２　資格証明書　２通

３　訴訟委任状　１通

【書式７】

収入
印紙

仮処分執行停止申立書

平成　　年　　月　　日

○○地方裁判所　御中

申立人代理人弁護士　　○　○　○　○　印

当事者の表示　　別紙当事者目録記載のとおり

第１　申立の趣旨

○○地方裁判所が同裁判所平成19年（ヨ）第○○号不動産仮処分命令申立事件について、平成○○年○○月○○日にした仮処分決定の執行は、保全異議の申立についての決定において本仮処分執行取消決定に対する裁判があるまでの間、これを停止する

との裁判を求める。

第２　申立の理由

１　被申立人は、申立人を債務者として、○○地方裁判所に対し、別紙物件目録記載の建物（本件建物）について改築禁止の仮処分命令申立をなし（同裁判所平成19年（ヨ）第○○号）、同裁判所は、平成○○年○○月○○日、これを認める仮処分決定をした（甲１）。

申立人は、本日、本件仮処分決定に対し、保全異議の申立をした。

２　申立人は、被申立人から本件建物を賃借し（甲２）、そこを住居として居住していたものであるが、平成○○年○○月ころから、総額約200万円をかけて本件建物の屋根及び天井の改築に着手していたものである。ところが、その改築途中で本件仮処分決定がなされたものである。

被申立人は、申立人が、被申立人の承諾なしに改築に着手したと主張するが、申立人は着手の１年前くらいから本件建物は雨漏りがするので直して欲しいと訴えており、その際、被申立人から申立人自身で改築して欲しいと言われていたものであって、被申立人の承諾があったことは明白である（甲３）。

３　現在、本件建物は雨漏りにより畳や床が腐食してきており、これを放置するとさらに損害が拡大する可能性が高く（甲４）、本件仮処分決定の執行によって償うことができない損害が生ずるおそれがある。

４　よって、申立人は、本件仮処分決定の執行の停止を求める。なお、申立人には、裁判所が相当と認める担保を立てる用意がある。

疎　明　方　法

甲１　　仮処分決定正本

甲２　　建物賃貸借契約書

甲３　　陳述書

甲４　　本件建物内部の写真

添　付　書　類

１　甲号証　　　各１通

２　訴訟委任状　　１通

第３編設

		番号	不服申立の対象となる行為ないし事実	参照条文	不服申立方法	根拠条文	不服申立の主体
保全命令の申立		1	裁判所が保全命令の申立を却下した。	20条１項、23条１項２項	即時抗告	19条１項	債権者
		2	抗告裁判所が即時抗告を却下した。	19条１項	不服申立できない（特別抗告、許可抗告のみ）。	19条２項	—
		3	抗告裁判所が保全命令を発した。	19条１項	保全異議ないし保全取消申立→【４】【15】【16】【17】参照	—	—
保全異議	保全異議の申立	4	裁判所が、被保全権利あるいは保全の必要性がないにもかかわらず、保全命令を発した。	20条１項、23条１項２項	保全異議申立	26条	債務者
		5	裁判所が、保全対象目的物の一部について管轄が認められないにもかかわらず、対象目的物のすべてについて仮差押命令を発した。	12条	保全異議申立	26条	債務者
		6	裁判所が、口頭弁論又は債務者の立会うことができる審尋の期日を経ることなく、仮の地位を定める仮処分命令を発した。	23条４項	保全異議申立	26条	債務者
	移送	7	裁判所が保全異議事件を移送する決定をした。	28条	即時抗告	７条、民訴法21条	当事者
		8	裁判所が保全異議事件の移送申立を却下した。	28条	即時抗告	７条、民訴法21条	当事者
	保全抗告	9	保全異議の申立をしたが、裁判所が保全命令を認可する決定をした。	32条	保全抗告（ただし、高裁の決定に対しては特別抗告、許可抗告のみ）	41条	債務者
		10	保全異議の申立により、裁判所が保全命令を変更する決定をした。	32条	保全抗告（ただし、高裁の決定に対しては特別抗告、許可抗告のみ）	41条	当事者
		11	保全異議の申立により、裁判所が保全命令を取り消す決定をした。	32条	保全抗告（ただし、高裁の決定に対しては特別抗告、許可抗告のみ）	41条	債権者

例一覧表

不服を審理する機関	不服申立期間	方式等	手数料等	再度の不服申立	その他実務に役立つ情報の有無等
直近上級裁判所	裁判の告知を受けた日から２週間以内	原裁判所に書面を提出する。	1,000円	不服申立できない。【２】参照	—
—	—	—	—	—	—
—	—	—	—	特別抗告、許可抗告のみ	—
原裁判所	特になし	原裁判所に書面を提出する。	500円	保全抗告【９】【10】参照	—
原裁判所	特になし	原裁判所に書面を提出する。	500円	保全抗告【９】【10】参照	民事保全法においては、民訴法７条（併合請求における管轄）の準用は認められておらず、管轄区域外の物に対して保全命令の申立がなされた場合には、管轄違いとなる。
原裁判所	特になし	原裁判所に書面を提出する。	500円	保全抗告【９】【10】参照	—
直近上級裁判所	裁判の告知を受けた日から１週間以内	原裁判所に書面を提出する。	1,000円	（抗告裁判所が地方裁判所の場合）再抗告 （抗告裁判所が高等裁判所の場合）特別抗告、許可抗告	保全取消事件についても同様である。
直近上級裁判所	裁判の告知を受けた日から１週間以内	原裁判所に書面を提出する。	1,000円	（抗告裁判所が地方裁判所の場合）再抗告 （抗告裁判所が高等裁判所の場合）特別抗告、許可抗告	保全取消事件についても同様である。
直近上級裁判所	裁判の送達を受けた日から２週間以内	原裁判所又は抗告裁判所に書面を提出する。	3,000円	特別抗告、許可抗告のみ	—
直近上級裁判所	裁判の送達を受けた日から２週間以内	原裁判所又は抗告裁判所に書面を提出する。	3,000円	特別抗告、許可抗告のみ	—
直近上級裁判所	裁判の送達を受けた日から２週間以内	原裁判所又は抗告裁判所に書面を提出する。	3,000円	特別抗告、許可抗告のみ	—

		番号	不服申立の対象となる行為ないし事実	参照条文	不服申立方法	根拠条文	不服申立の主体
保全取消	起訴命令	12	保全命令が発せられたが、債権者が本案の訴えを提起しない。	—	起訴命令の申立	37条１項	債務者
		13	債務者が起訴命令を申し立てたが、裁判所がこの申立を却下した。	37条１項	通常抗告	７条、民訴法328条１項	債務者
		14	債務者が起訴命令を申し立てたところ、裁判所が債権者に対し、起訴命令を発した。	37条１項	不服申立できない（保全取消の審理において起訴命令の適否を争う）。	—	—
	保全取消の申立	15	起訴命令が発せられたが、債権者が起訴命令で定められた期間内に訴え提起を証する書面を提出しなかった。	—	保全取消申立	37条３項	債務者
		16	保全命令が発せられたが、保全すべき権利関係の変動や保全の必要性の消滅などの事情が生じた。	—	保全取消申立	38条	債務者
		17	仮処分命令が発せられたが、仮処分命令により償うことができない損害が生じるおそれがある。	—	保全取消申立	39条	債務者
	保全抗告	18	債務者が保全取消を申し立てたが、裁判所がこの申立を却下した。	37条３項、38条、39条	保全抗告（ただし、高裁の却下決定に対しては特別抗告、許可抗告のみ）	41条	債務者
		19	債務者が保全取消を申し立てたところ、裁判所が保全命令を取り消した。	37条３項、38条、39条	保全抗告（ただし、高裁の決定に対しては特別抗告、許可抗告のみ）	41条	債権者
保全執行の停止、取消		20	保全異議、保全取消、保全抗告の申立についての決定までの間に保全執行により償うことができない損害を生ずるおそれがある。	43条	保全執行停止、取消の申立（独立した手続ではなく、保全異議等の手続に付随するものである）	27条１項、40条１項、41条４項	債務者
		21	裁判所が保全執行の停止又は既にした執行処分の取消を命じた。	27条１項、40条１項、41条４項	不服申立できない。	27条４項、40条１項、41条４項	—
		22	裁判所が保全執行の停止又は既にした執行処分の取消の申立を却下した。	27条１項、40条１項、41条４項	不服申立できない。	27条４項、40条１項、41条４項	—

不服を審理する機関	不服申立期間	方式等	手数料等	再度の不服申立	その他実務に役立つ情報の有無等
原裁判所	特になし	原裁判所に書面を提出する。	不要	通常抗告 【13】参照	—
直近上級裁判所	特になし	原裁判所に書面を提出する。	1,000円	（抗告裁判所が地方裁判所の場合）再抗告 （抗告裁判所が高等裁判所の場合）特別抗告、許可抗告	—
—	—	—	—	—	—
原裁判所	特になし	原裁判所に書面を提出する。	500円	保全抗告 【18】参照	—
原裁判所又は本案の裁判所	特になし	原裁判所又は本案の裁判所に書面を提出する。	500円	保全抗告 【18】参照	—
原裁判所又は本案の裁判所	特になし	原裁判所又は本案の裁判所に書面を提出する。	500円	保全抗告 【18】参照	—
直近上級裁判所	裁判の送達を受けた日から２週間以内	原裁判所に書面を提出する。	3,000円	特別抗告、許可抗告のみ	—
直近上級裁判所	裁判の送達を受けた日から２週間以内	原裁判所に書面を提出する。	3,000円	特別抗告、許可抗告のみ	—
保全異議、保全取消、保全抗告の申立がされた裁判所。ただし、抗告裁判所が保全命令を発した場合において、事件の記録が原裁判所に存するときは、原裁判所も裁判をすることができる(27条２項、40条１項)。	保全異議、保全取消、保全抗告の申立についての決定がなされるまで	書面又は口頭	500円	不服申立できない。 【22】参照	保全異議、保全取消、保全抗告の申立それ自体には保全執行を停止する効力はないので、債務者は保全執行を止めるために執行停止又は執行取消の申立をする必要がある。
—	—	—	—	—	—
—	—	—	—	—	—

	番号	不服申立の対象となる行為ないし事実	参照条文	不服申立方法	根拠条文	不服申立の主体
保全執行の停止、取消の	23	裁判所が保全異議の申立、保全取消の申立についての決定において、既にした保全執行の停止又は執行処分の取消の裁判を取り消し、変更し、又は認可した。	27条３項、40条１項、41条４項	不服申立できない。	27条４項、40条１項、41条４項	—
原状回復	24	債権者が仮処分命令に基づいて物の給付や金銭の支払を受けてしまった。	—	原状回復の裁判の申立（独立した手続ではなく、保全異議等の手続に付随するものである）	33条、40条１項、41条４項	債務者
	25	債権者が仮処分命令に基づいて物の給付や金銭の支払を受けた後、仮処分命令の申立を取り下げてしまった。	—	原状回復の裁判を求めることはできない。不当利得返還請求などの別訴、又は債務者側からの仮の地位を定める仮処分（逆断行の仮処分）を申し立てることになる。	—	—
	26	保全異議、保全取消の申立について、裁判所が、保全命令の取消決定をし、債権者に対して原状回復を命じた。	33条、40条１項	独立の不服申立の余地はない。仮処分取消決定に対する保全抗告を通じて不服申立をすることになる。	—	—
	27	保全抗告の申立について、裁判所が、保全命令を取り消す内容の決定をし、債権者に対して原状回復を命じた。	41条４項、33条	不服申立できない。	—	—
	28	保全異議、保全取消、保全抗告の申立について、裁判所が、保全命令を取り消す内容の決定をしたにもかかわらず、債務者による原状回復の申立を却下した。	33条、40条１項、41条４項	独立の不服申立の余地はない。別訴又は債務者側からの仮の地位を定める仮処分（逆断行の仮処分）を申し立てることになる。	—	—
担保	29	裁判所が保全命令を発するにあたり、担保の提供を命じた。	14条	即時抗告	19条１項	債権者
	30	裁判所が保全命令を発するにあたり、担保の提供を命じなかった。	14条	保全異議申立	26条	債務者
	31	担保の事由が消滅したことの証明があったとして、裁判所が担保の取消の決定をした。	４条２項、民訴法79条１項	即時抗告	４条２項、民訴法79条４項	債務者

不服を審理する機関	不服申立期間	方式等	手数料等	再度の不服申立	その他実務に役立つ情報の有無等
—	—	—	—	—	—
保全異議、保全取消、保全抗告の申立がされた裁判所	保全異議、保全取消、保全抗告の申立についての決定がなされるまで	書面又は口頭	不要	不服申立できない 【28】参照	—
—	—	—	—	—	原状回復の裁判は、保全異議等の手続から独立したものではなく、これに付随するものであり、その手続と一体のものとして取り扱われることから、保全処分の申立が取り下げられ、保全異議等の申立をすることができない段階に至っては、これに付随する原状回復の裁判の申立をすることもできなくなる。この場合、債務者が原状回復を図る手段としては、別訴又は逆断行の仮処分によるしかない。
—	—	—	—	—	—
—	—	—	—	—	—
—	—	—	—	—	—
直近上級裁判所	裁判の告知を受けた日から２週間以内	原裁判所に書面を提出する。	1,000円	特別抗告、許可抗告のみ	実質的な申立の一部却下として、19条の即時抗告によるべきとする見解が有力である。
原裁判所	特になし	原裁判所に書面を提出する。	500円	保全抗告 【９】【10】参照	—
直近上級裁判所	裁判の告知を受けた日から１週間以内	原裁判所に書面を提出する。	1,000円	特別抗告、許可抗告のみ	—

	番号	不服申立の対象となる行為ないし事実	参照条文	不服申立方法	根拠条文	不服申立の主体
記録閲覧	32	事件記録の閲覧等を請求したところ、裁判所書記官が利害関係がない者による請求であるとして閲覧等を拒否した。	５条	異議申立	７条、民訴法121条	閲覧等請求者
	33	裁判所が事件記録の閲覧等につき「秘密記載部分」については当事者に限る旨の決定をした。	５条、７条、民訴法92条１項	取消の申立	７条、民訴法92条３項	閲覧等の請求をしようとする第三者
仮差押（仮処分）解放金	34	裁判所が、仮差押の目的物の価格の方が請求債権額よりも低いことが明らかであるにもかかわらず、請求債権額を基準に仮差押解放金の金額を定めた。	22条１項	保全異議申立	26条	債務者
	35	裁判所が、仮差押命令を発するにあたり低額な仮差押解放金を定めた。	22条１項	即時抗告	19条１項	債権者
	36	裁判所が仮処分命令を発するにあたり、債務者にとって過大と思われる仮処分解放金を定めた。	25条１項	保全異議申立	26条	債務者
	37	裁判所が仮処分命令を発するにあたり、債権者の意見を聞かずに仮処分解放金を定めた。	25条１項	即時抗告	19条１項	債権者

不服を審理する機関	不服申立期間	方 式 等	手数料等	再度の不服申立	その他実務に役立つ情報の有無等
その裁判所書記官の所属する裁判所	特になし	書面又は口頭	500円	通常抗告（７条、民訴法328条）	—
原裁判所	特になし	書面又は口頭	500円	即時抗告（７条、民訴法92条４項）	—
原裁判所	特になし	原裁判所に書面を提出する。	500円	保全抗告【９】【10】参照	—
直近上級裁判所	裁判の告知を受けた日から２週間以内	原裁判所に書面を提出する。	1,000円	特別抗告、許可抗告のみ	実質的な申立の一部却下として、19条の即時抗告によるべきとする見解が有力である。
原裁判所	特になし	原裁判所に書面を提出する。	500円	保全抗告【９】【10】参照	—
直近上級裁判所	裁判の告知を受けた日から２週間以内	原裁判所に書面を提出する。	1,000円	特別抗告、許可抗告のみ	—

第 4 編

破　　産

第１章　破産手続における不服申立総論

破産手続における主要な不服申立方法は即時抗告である。そこで以下ではこの点についてやや詳しく説明し、続いてその他の不服申立方法について概説する。

第１　即時抗告

１　即時抗告が許される場合

破産法９条前段は、「破産手続等に関する裁判につき利害関係を有する者は、この法律に特別の定めがある場合に限り、当該裁判に対し即時抗告をすることができる」と規定する（設例一覧表【１】参照）。

この点旧破産法（大正11年法律第71号）は、破産手続に関する裁判については、裁判に利害関係を有する者は、特別の定めがある場合を除き、即時抗告ができると定めていた（旧法112条）。現行破産法は、多数関係者間の法律関係を早期に確定することで、破産手続の迅速性を実現すべく、即時抗告ができる場合を特別の規定がある場合に限定したもので、特別の規定がない限り広く即時抗告を認めていた旧破産法とは、即時抗告ができる場合の原則と例外が逆になっている。

なお、破産法に特別の定めがない場合にも、即時抗告を認める個別規定の類推適用により即時抗告が許される余地が全くないわけではないと解されているが、今後の問題であろう。

２　即時抗告権者

即時抗告の申立ができるのは、当該裁判について法律上の利害関係を有する者である。利害関係の有無は、当該裁判との関係で個別的に判断される。

なお、即時抗告権者が具体的に規定されている場合もある（例えば、34条６項では、即時抗告権者が破産者と明示されている）。

３　即時抗告期間

ア　裁判の公告があった場合

裁判の公告が効力を生じた日、すなわち公告が官報に掲載された日の翌日（10条２項）から起算して、２週間である（９条後段）。

イ　送達により裁判の告知を受けた場合

13条によって民訴法332条が準用される結果、裁判の送達の日から１週間以内の不変期間（ただし、初日不算入）が即時抗告期間となる。

ウ　公告と送達がともになされた場合

公告を基準として一律に処理することで多数当事者間の法律関係を統一的に律することができることから、一律に公告を基準とすると解されている（いずれも旧破産法下の判例ではあるが、破産宣告について最決平13・３・23判時1748-117、免責許可決定について最決平12・７・26民集54-６-1981）。

4　即時抗告の手続等

即時抗告は、原裁判所に書面（抗告状）を提出することにより行う（13条、民訴法331条本文、同法286条、破規１条１項）。

5　執行停止の効力

即時抗告には、一般に、執行停止効がある（13条、民訴法334条１項）。しかし、原裁判の効力を維持し、破産手続を円滑かつ迅速に進めるべく、破産法は、執行停止効を否定する個別的な例外規定を多く有している。

また、明文がなくとも、解釈上、執行停止効がないとされているものもある（例えば、破産手続開始決定に対する即時抗告には執行停止効がないと解されている）。

6　個別の検討について

即時抗告ができる場合はどのような場合か、また、その場合即時抗告に執行停止効があるか等は、後述の不服申立各論のほか、網羅的な検討を加えた後記の設例一覧表を参照していただきたい。

第２　即時抗告以外の不服申立方法

1　異議の訴え

破産法上、破産債権査定決定、役員責任査定決定及び否認請求認容決定に対しては、破産裁判所を管轄裁判所とする異議の訴えが認められている。これらは、いずれも、実体法上の権利義務の存否に直接かかわるため、当事者に口頭弁論手続による手続保障を与えたものである。いずれの異議の訴えも、各利害関係人が原裁判の送達を受けた日から１か月の不変期間内に提起しなければならない。

これらの詳細については、後述の不服申立各論及び設例一覧表も参照されたい。

2　各種の異議申立

以上のほか、破産法上、破産手続に関して種々の異議申立が認められている。詳細は、後述の不服申立各論や設例一覧表に譲る。

3　そ の 他

また、本来的な意味での不服申立とは言えないが、広い意味では不服申立ないしそれに類した対抗手段といえるものもある（たとえば、免責申立に対する意見申述や、破産管財人の行為に対する対抗手段など）。後述の不服申立各論や設例一覧表では、実務上考えられるそうした事実上の不服申立も取り上げた。

第２章　破産手続における不服申立各論

以下では、破産法上の不服申立に関し、実務上重要であったり、まとまった解説が必要と思われる事項について、整理しておく。より網羅的には、後記設例一覧表を参照されたい。

第１　破産手続開始の申立についての裁判と即時抗告（【10】）

破産手続開始の申立についての裁判に対しては、利害関係人は、即時抗告をすることができる（33条１項）。以下、裁判の内容に応じて検討する。

１　破産手続開始決定に対する即時抗告

(1)　破産手続開始決定は、その決定のときから効力が生じるが（30条２項）、抗告期間は、裁判所が破産手続開始の決定の公告をし（32条）、その公告が効力を生じた日（官報掲載日の翌日）から２週間である（９条）。

(2)　破産手続開始決定について即時抗告ができる利害関係人の範囲はどのように判断されるか。債務者申立により破産手続開始決定がなされたときは、債権者は、100条１項により個別的な権利行使が制限されるので即時抗告権者となる。これに対し、債権者申立によって破産手続開始決定がなされたときは、78条１項により財産管理処分権を剥奪されることになる債務者が当然に利害関係人として即時抗告できるし、申立人以外の債権者も、個別的な権利行使が制限されるので、即時抗告権が認められる。

(3)　抗告審は、破産手続開始決定の手続的要件及び実体的要件について審査をする。破産手続開始原因の存否は、抗告審の審理終結時を基準として判断される。もっとも、破産手続が既に開始されているので、手続的要件のうち申立債権者についての破産債権の存否は問題にならない。

(4)　抗告審の審査の結果、破産手続開始決定が正当であれば、抗告審は抗告を棄却する。

これに対し、破産手続開始決定に不当な点があれば、抗告審は当該開始決定を取り消し、破産手続開始申立を却下又は棄却する。

開始決定が取り消されると、開始決定に基づく効果は遡及的に消滅する（再度の考案に基づく取消も同様）。ただし、既に破産手続が開始された後であるので、破産管財人は、残務整理の限度で権限が認められる（財団債権の弁済について90条２項）。また、破産管財人が第三者との間で行った行為は、その効力を失わないと解される。

開始決定が取り消されたときは、取消の決定をした裁判所ではなく、当該開始決定をした裁判所が、破産取消決定の公告や知れている債権者への通知などの事後処理手続を行う（33条３項）。

２　破産手続開始申立を却下又は棄却する裁判に対する即時抗告

(1)　抗告期間は、裁判の告知を受けた日から１週間である（13条、民訴法332条）。

(2)　申立を却下する裁判（申立が手続的要件から不適法である場合、例えば18条２項に定める破産原因の疎明が行われない場合、債権者申立で債権の存在の疎明が行われない場合や予納金の不納付の場合、不当な目的で申立がされた場合、その他申立が誠実にされたものではない場合などになされる）については、申立人のみが即時抗告できる。申立人以外には、法律上の影響が生じないからである。

申立の棄却決定の場合、債務者による申立を棄却する決定（破産手続開始の原因となる事実が認められないときになされる）に対しては、申立人である債務者のほかに、債権者も、否認や相殺禁止との関係で、破産手続を開始させることに法律上の利害関係を持つから、即時抗告権が認められると解する（伊藤眞「破産法（第４版補訂版）」（有斐閣）123頁。もっとも、大決大15・12・23民集５−894はこれを否定している）。

債権者による申立を棄却する決定に対しては、同様の理由により、申立人のほか、他の債権者にも即時抗告権が認められるが、債務者には、棄却決定により不利益は生じないので、即時抗告権は認められない。

(3)　抗告審が、審査の結果、破産手続開始申立を適法と認め、かつ破産手続開始原因の存在があると認めたときは、原審の却下決定又は棄却決定を取り消すことになるが、抗告審の裁判所が自ら破産手続開始決定及び破産管財人選任などの同時処分をなしうるか（なすべきか）については見解が分かれている。なお、抗告審の裁判所としては、開始決定前の財産の散逸等が懸念される場合、自ら、強制執行等の中止命令、包括的禁止命令、その他必要な保全処分を発令できる（33条２項）。

第２　文書の閲覧制限と不服申立（【２】）

１　事件に関する文書等の閲覧等請求権

破産手続においては、債権者等の利害関係人の手続関与を実質的に保障する必要がある一方、破産管財人等が破産財団に関して作成した文書等がすべて閲覧等の対象となると、管財業務に支障を来すおそれもある。

そのため、破産法は、利害関係人に文書等の閲覧等請求権を認め（11条）、他方で、文書等の閲覧等請求権を制限する規定を設けている。

まず、利害関係人の種類及び時期に応じた制限がある（11条４項。後注⑴）また、文書の種類に応じた制限もある（支障部分の閲覧制限。12条１項）。

そして、支障部分の閲覧等制限に関する不服申立手段として、即時抗告等が規定されている。

２　支障部分の閲覧等制限

(1)　閲覧等制限の申立

破産法12条１項に規定する文書等（後注⑵）については、利害関係人がその閲覧等を行うことにより、破産財団の管理又は換価に著しい支障を生じるおそれがある部分（支障部分）が含まれていることがある。そのため、破産管財人又は保全管理人が、12条１項に規定する文書等を提出する際に、支障部分を特定してその閲覧等の制限の申立をなし（破規11条１項、同条２項）、支障部分があることにつき疎明があった場合には、裁判所は、支障部分の閲覧等の請求ができる者を、制限の申立をした者（その者が保全管理人である場合にあっては、保全管理人又は破産管財人）に限ることができる（12条１項）。

⑵　支障部分の閲覧等制限の申立の効果

支障部分の閲覧等制限の申立がなされると、その申立の裁判が確定するまで、申立人を除く利害関係人は、支障部分の閲覧等を請求することができない（12条２項）。

3　支障部分の閲覧等制限に関する決定に対する不服申立手段

⑴　支障部分の閲覧等制限申立を却下した決定に対する不服申立手段

支障部分の閲覧等制限申立を却下した決定に対しては、即時抗告が認められる（12条４項）。この場合、上記12条２項により、即時抗告中は支障部分の閲覧等請求ができない状況が続くことになる。

⑵　支障部分の閲覧等制限決定に対する不服申立手段

支障部分の閲覧等制限決定に対しては、即時抗告はできない。

しかし、支障部分の閲覧等の請求をしようとする利害関係人は、破産裁判所に対して、閲覧等の制限の要件を当初から欠くこと、又はこれを欠くに至ったことを理由として、閲覧等制限決定の取消の申立をすることができる（12条３項）。

⑶　支障部分の閲覧等制限決定の取消に関する不服申立手段

支障部分の閲覧等制限決定の取消の申立についての裁判に対しては、即時抗告が認められる（12条４項）。

なお、支障部分の閲覧等制限決定の取消決定は、確定しなければその効力を生じない（12条５項）。したがって、即時抗告中は支障部分の閲覧等請求ができない状況が続くことになる。

後注　⑴　債務者以外の利害関係人については、強制執行等の中止命令（24条１項）、包括的禁止命令（25条２項）、財産保全処分（28条１項）、保全管理命令（91条２項）、否認権のための保全処分（171条１項）又は破産手続開始の申立についての裁判がなされるまでの間は、文書等についての閲覧等請求権を行使できない（11条４項１号）。ただし、当該利害関係人が破産手続開始の申立人である場合には、閲覧等ができる（11条４項但書）。

また、債務者については、破産手続開始の申立に関する口頭弁論若しくは債務者審尋の期日の指定の裁判、強制執行等の中止命令（24条１項）、包括的禁止命令（25条２項）、財産保全処分（28条１項）、保全管理命令（91条２項）、否認権のための保全処分（171条１項）又は破産手続開始の申立についての裁判がなされるまでの間は、文書等についての閲覧等請求はできない（11条４項２号）。ただし、債務者が破産手続開始の申立人である場合には、閲覧等ができる（11条４項但書）。

⑵　12条１項に規定する文書等は、以下のものである。

①　破産管財人が破産者の事業を継続する場合に（36条）、裁判所の許可を得るために提出された文書等（12条１項１号）。

②　破産管財人又は保全管理人が破産者の従業者等に説明を求める場合に（40条１項柱書但書５号、同条２項、96条１項）、裁判所の許可を得るために提出された文書等（12条１項１号）。

③　破産管財人又は保全管理人が不動産の任意売却その他裁判所の許可を得なければならないものとされた行為をする場合に（78条２項、93条３項）、裁判所の許可を得るために提出された文書等（12条１項１号）。

④　破産管財人又は保全管理人が警察上の援助を求める場合に（84条、96条１項）、裁判所からの許可を得るために提出された文書等（12条１項１号）。

⑤　保全管理人が債務者の常務に属しない行為をする場合に（93条１項但書）、裁判所の許可

を得るために提出された文書等（12条１項１号）。

⑥　破産管財人が法定の報告事項以外の事項を裁判所に報告することを命じられた場合（157条２項）の報告に係る文書等（12条１項２号）。

第３　債権調査と不服申立（【20】～【29】）

１　債権調査の方法と異議

債権調査の方法は、債権調査期間における書面方式（調査期間内に作成される破産管財人の認否書と破産債権者や破産者からの書面による異議とによって行う）と、債権調査期日における口頭方式（調査期日における破産管財人の認否と破産債権者や破産者からの異議とによって行う）とがある（なお、後注⑴及び⑵）。

いずれの場合も、破産管財人や他の破産債権者から異議が出された場合と、破産者から異議が出された場合とで、効果が大きく分かれる。

債権調査手続の流れは、312頁の概観図のとおりである。

２　破産者からの異議

⑴　破産者から異議が出された場合は、破産管財人等から異議が出された場合と異なり、破産債権の確定を妨げる効果を持たず（124条１項参照）、破産手続終了後の破産債権者表の執行力が生じないというにとどまる。

債権調査の意義が、破産債権の存否・額、優先劣後の順位を破産手続上、集団的に確定させることにあるとすれば、破産者の異議は破産手続上格別の意味を持たず、むしろ破産手続終了後の強制執行という点でのみ意味を持つということになる。したがってまた、破産者による異議の対象は、債権額に限られる（118条２項）。

⑵　現行破産法下で若干注意を要するのは、破産者から異議が出された場合で、かつ既に当該破産債権を訴訟物とする訴訟が係属している場合に、旧法下では、中断した訴訟について破産債権者が破産者を相手方として訴訟を受継させることができるとしていた（旧法240条２項）ものが、削除されたことである。

これにより、破産債権者としては、中断事由が生じている間（すなわち破産手続が終了するまでの間）は手続を続行することができず、破産手続が終了してはじめて中断事由が解消されて、手続を続行することができることになる。

３　破産管財人や他の破産債権者からの異議

⑴　破産債権確定手続

破産管財人が認めず、あるいは他の破産債権者から異議が提出された破産債権については、その存否及び内容等に関して、125条以下の破産債権確定手続により解決される。この場合、当該破産債権が有名義債権（執行力ある債務名義又は終局判決が存在する場合をいう）かそれ以外の債権（無名義債権）かによって、手続の流れが分かれる。

⑵　無名義債権の場合

無名義債権の場合は、異議を出された破産債権者の側から手続をとらなければならない。

債権調査手続の流れ（概観図）

○管財人、他の破産債権者からの異議

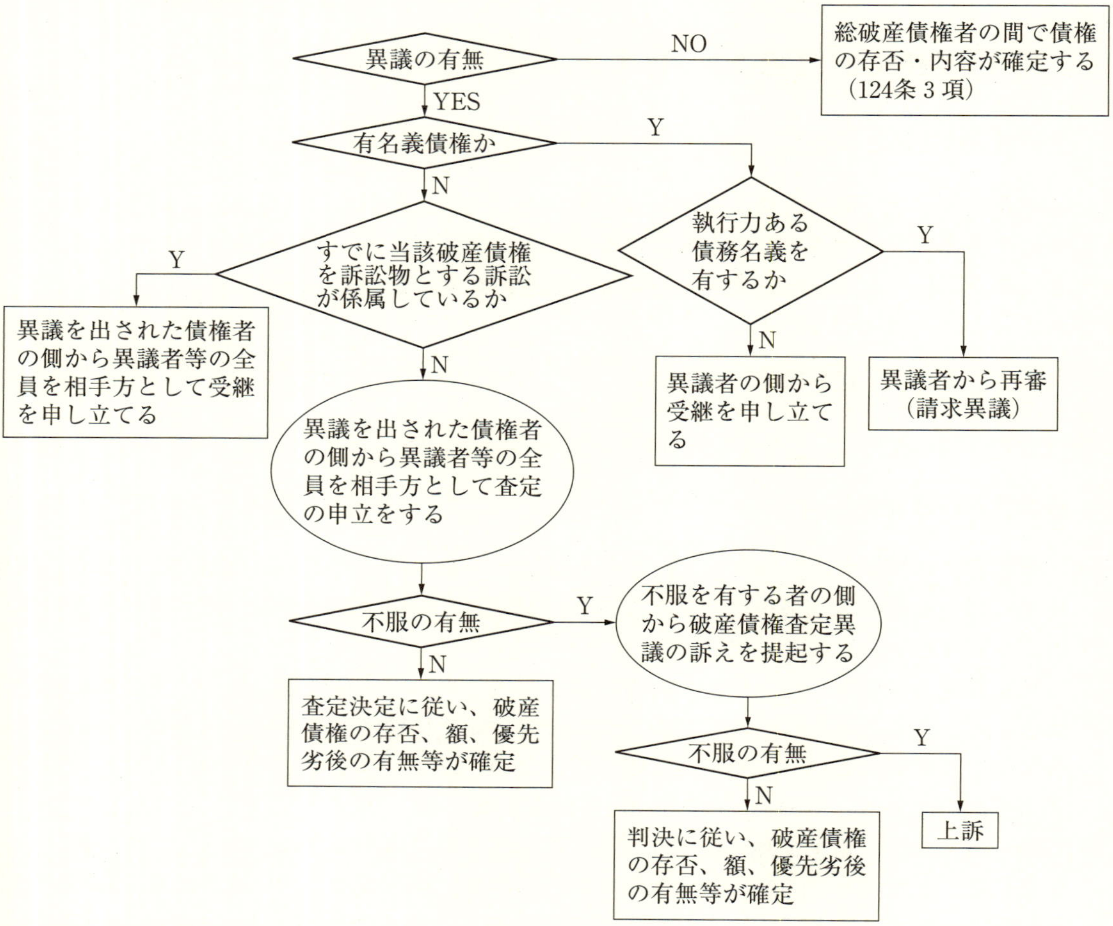
異議の有無
NO
総破産債権者の間で債権の存否・内容が確定する（124条３項）
YES
有名義債権か
Y
N
すでに当該破産債権を訴訟物とする訴訟が係属しているか
Y
異議を出された債権者の側から異議者等の全員を相手方として受継を申し立てる
N
異議を出された債権者の側から異議者等の全員を相手方として査定の申立をする
執行力ある債務名義を有するか
Y
異議者から再審（請求異議）
N
異議者の側から受継を申し立てる
不服の有無
Y
不服を有する者の側から破産債権査定異議の訴えを提起する
N
査定決定に従い、破産債権の存否、額、優先劣後の有無等が確定
不服の有無
Y
上訴
N
判決に従い、破産債権の存否、額、優先劣後の有無等が確定

○破産者からの異議

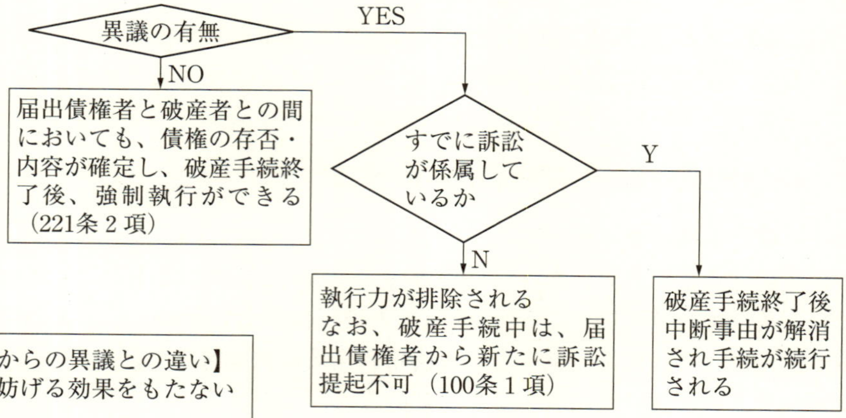
異議の有無
YES
NO
届出債権者と破産者との間においても、債権の存否・内容が確定し、破産手続終了後、強制執行ができる（221条２項）
すでに訴訟が係属しているか
Y
破産手続終了後中断事由が解消され手続が続行される
N
執行力が排除される
なお、破産手続中は、届出債権者から新たに訴訟提起不可（100条１項）

【管財人、他の債権者からの異議との違い】
① 破産債権の確定を妨げる効果をもたない（124条１項参照）
② 異議の対象が、債権の額に限られる（118条２項）
③ 異議なく確定した場合、執行力を生ずる

ア　受継申立を行うべき場合

まず、既に当該破産債権を訴訟物とする訴訟が係属している場合は、異議を出された破産債権者の側から、異議者等（否認した破産管財人及び異議を述べた破産債権者をいう。125条1項）の全員を相手方として受継を申し立てるべきこととなる（127条1項）。当該受継の申立は、一般調査期日又は特別調査期日から（期間方式の場合は、一般調査期間又は特別調査期間の末日から）1か月の不変期間内に行う必要がある（127条2項、125条2項）。

イ　破産債権査定の申立

特に係属している訴訟がない場合は、異議を出された債権者の側から異議者等の全員を相手方として、（現に破産事件の審理を行っている裁判体としての）裁判所に対し、破産債権査定の申立をする（125条1項）。この申立は、一般調査期日等から1か月の不変期間内に行う必要がある（125条2項）（後注(3)）。

査定の申立に対して裁判所が示す判断は、次の3つである（125条3項）。決定の効力については、131条2項参照。

① 不適法である場合　→　査定申立を不適法として却下する決定

② 査定申立を相当として破産債権の存在を認め、破産債権の額を増額する場合　→　査定申立を認め、破産債権の存在及び額を定める決定

③ 全額につき異議が出された破産債権につき、査定申立がなされたところ、全額が存在しないとの判断をする場合　→　異議等がある破産債権が存在しない旨の査定決定をする。査定申立を棄却するのでない。

ウ　破産債権査定異議の訴え

このように、破産債権査定決定手続によって、簡易迅速に破産債権の額や優先劣後の有無が確定されるのであるが、破産裁判所の行った査定決定に対して不服がある場合は、不服を有する者の側から破産債権査定異議の訴えを提起すべきこととなる（126条1項）。

異議の訴えは、破産裁判所（破産事件が係属している地方裁判所をいう。2条3項）の専属管轄に属する（126条2項）。例外的に、遅滞を避けるため移送の認められる場合がある（同条3項）。破産債権査定申立についての決定の送達を受けた日から1か月の不変期間内に訴えを提起する必要がある（同条1項）。

異議等のある破産債権を有する破産債権者が破産債権査定異議の訴えを提起する場合は、異議者等の全員を共同被告としなければならない（同条4項）。この訴えの性質は、固有必要的共同訴訟である。

これに対し、当該異議者等が訴えを提起する場合は、異議者等が複数存在する場合であっても、当事者適格は個別的に認められる。ただし、判決効が破産債権者全員に及ぶ（131条1項）関係上、弁論及び裁判は併合され、合一確定が図られている（126条5項6項、民訴法40条1項ないし3項）。すなわち、類似必要的共同訴訟としての性質を有する。

異議の訴えに対して裁判所が示す判断は、次の3つである（126条7項）。

① 不適法である場合　→　訴えを不適法として却下する判決

② 査定申立についての決定を相当と認める場合　→　査定申立についての決定を認可する判決

③ 査定申立についての決定を相当でないとして変更する場合　→　査定申立についての決定を変更する判決

例）ｉ　破産債権が存在しないとする査定決定を取り消して、その全部又は一部を認める判決

ⅱ　一定額の破産債権を認めた査定決定を取り消して、それを存在しないものとする判決

エ　主張の制限

先に述べたように、債権調査の意義は、破産債権の存否・額、優先劣後の順位を破産手続上、集団的に確定させることにあり、かつそれで足りることから、破産債権査定手続や破産債権査定異議訴訟、127条１項により受継された訴訟（上記ア）においては、破産債権者は、

①　各破産債権の額及び原因

②　優先的破産債権、（約定）劣後的破産債権である旨

について、破産債権者表に記載されている事項のみを主張することができる（128条）。

異議等の理由については、破産管財人の場合と破産債権者の場合とで区別しなければならない。破産管財人から当該破産債権に対して認めない意見を述べる場合には、理由を述べる必要はなく、たとえ理由を述べたとしても破産債権査定異議訴訟等の手続における破産管財人の主張がそれに拘束されることはない。これに対して、破産債権者から異議を述べる場合には、理由を述べる必要があり（破規39条１項前段、同43条１項前段）、後にそれと異なる理由を主張することは信義則違反とされる可能性がある（13条、民訴法２条）。

また、破産管財人は否認権行使を理由とするほかに、破産者が当該破産債権者に対して有していたあらゆる抗弁を主張することが可能であるのに対し、破産債権者が異議を述べる場合には、破産者の持つ形成権（取消権、解除権など）については、それが破産管財人の管理処分に服するという理由から、主張することができない。権利抗弁（留置権や同時履行の抗弁権の主張）についても同様である。

(3)　有名義債権の場合

ア　以上に述べた無名義債権の場合と異なり、有名義債権の場合は、破産債権者がそれまで有していた有利な手続上の地位・状態を尊重する必要があるため、異議者等の側から手続をとらなければならない。

しかも、有名義債権については債権査定手続を利用することはできない。執行力ある債務名義を有する破産債権に対しては、異議者等の側から再審の訴え等の破産者がすることのできる訴訟手続によってのみ、不服を申し立てることができる（129条１項）。請求異議の訴えを提起することができるかについては、争いがある。

また、終局判決がなされたが、確定前の破産債権に対しては、異議者等の側から受継を申し立てる必要がある（129条１項２項）。

そして、出訴期間を徒過すると、破産債権者の異議はなかったものとみなされ、破産管財人は当該破産債権を認めたものとみなされる（129条４項、125条５項）。

イ　なお、優先権の存在は債務名義等によっては確定されていないため、異議が有名義債権の優先性についてのみのものであった場合、届出債権者側が債権査定手続を申し立てなければならない。

後注　(1)　債権届出期間の経過後、一般調査期間の満了前又は一般調査期日の終了前に届出があり、又は届出事項の変更があった破産債権について、その調査をするための期間を特別調査期間とい

う（119条1項）。一般調査期間の経過後又は一般調査期日の終了後に、その責めに帰することのできない事由によることを明らかにした届出又は届出事項の変更が認められた場合にも、特別調査期間が開かれるが（119条2項）、いずれの場合であっても、特別調査期間に関する費用は、当該破産債権者が負担する（同条3項）。

他方、債権届出期間の経過後、一般調査期間の満了前又は一般調査期日の終了前に届出があり、又は届出事項の変更があった破産債権について、裁判所が必要であると認めるときに開かれる期日を、特別調査期日という（122条1項本文）。失権効の適用対象とならない破産債権が調査の対象となること、特別調査期日に関する費用は当該破産債権者が負担すること等は、特別調査期間の場合と同様である（122条2項、119条2項、3項）。

ただし、すでに破産管財人が提出した認否書において認否の対象とされている場合、又は一般調査期日において調査することについて破産管財人及び破産債権者の異議がない場合は、特別調査期間（期日）を定める必要がない（119条1項但書、122条1項但書）。

(2)　なお、別除権者が破産手続上の権利を行使できるのは、別除権の行使によっても満足を受けられない部分（以下「不足額」という。）に限られるから（108条1項本文）、別除権者の債権届出においては予定不足額を特定しなければならないが（111条2項）、債権調査の時点での不足額はあくまでも予定に過ぎず、最終的には配当の段階で確定を要求されるものであるから（210条1項、214条1項3号、198条3項、214条3項）、債権調査は被担保債権の存否についてなされるにとどまる。ただし、不足額は債権者集会における議決権の額を定める基準となるものであるから（140条1項2号）、破産管財人や他の破産債権者は届出のあった予定不足額についても債権調査において異議等を述べることとなる。

(3)　旧法下では、債権調査において異議の出された破産債権を確定させるためには、破産債権の確定訴訟を提起する必要があった（旧法244条1項）。しかし、破産手続とは別個の訴訟手続によって債権を確定させることは、多くの場合、破産債権の確定までに時間がかかる結果となり、破産手続の迅速な進行を阻害していた。そこで、迅速な債権の確定を図るために、破産裁判所が簡易迅速な決定手続によって破産債権の確定を行うことができるようにしたのが、この破産債権査定手続である。

第4　否認権（【35】～【36】）

1　否認権の類型

(1)　否認権とは、破産手続開始決定前になされた破産者の行為、又はこれと同視される第三者の行為（後注(1)、(2)）の効力を覆滅させる形成権であり、破産管財人のみが有する権能である。

そして、否認には、詐害行為否認、偏頗行為否認及び無償行為否認の3つの類型がある。

(2)　詐害行為否認とは、詐害行為、すなわち破産者の責任財産を絶対的に減少させる行為（例：財産の廉価売却）に対する否認である（160条1項）。これにもさらに2つの類型があり、1つは詐害行為と破産者の害意を要件とするが時期的要件がないもの（160条1項1号）、もう1つは支払停止又は破産手続開始申立（「支払の停止等」）後の詐害行為を要件とするが破産者の害意を要件としないもの（同項2号）である。いずれも、受益者が善意であるときは否認は認められないが、善意であることの立証責任は受益者側にある。

なお、相当対価を得てした財産処分行為については、①財産隠匿等の処分をするおそれを現に生じさせたこと（例えば、確実な財産である不動産を費消しやすい金銭に換価した等）、②破産者の財産隠匿等の処分の意思、③破産者に②の意思があることについての相手方の悪意の３つの要件を満たした場合のみ否認の対象となる（161条１項）。

⑶　偏頗行為否認とは、偏頗行為、すなわち一部の債権者に対する担保の供与や債務の消滅に関する行為を否認することである（162条１項）。否認の対象となる偏頗行為は、原則として破産者の支払不能又は破産手続開始申立後のものであるが、偏頗行為が破産者の義務に属さないものであるときは、支払不能前30日以内の行為も否認の対象となる。いずれの場合も、受益者の悪意が否認の要件となるが、受益者が破産者の内部者（取締役等）である場合は、立証責任が転換されており、受益者の側で善意を立証しなければならない（162条２項）。（後注⑶）

偏頗行為否認の中でも債務額を超える価値を有する目的物による代物弁済などの詐害的債務消滅行為については、詐害行為否認の対象にもなり得、その場合、超過部分のみが否認の対象となる（160条２項）。

⑷　無償行為否認とは、無償行為、すなわち無償で財産を減少させる行為若しくは債務を負担する行為又は無償行為と同視すべき有償行為に対する否認である（160条３項）。有害性の強い行為であるから、否認にあたっては、破産者と受益者の主観的要素は必要とされない。

2　否認権の行使方法

⑴　行使権者

否認権の行使は破産管財人の専権であり（173条１項）、破産管財人が行使しない場合でも破産債権者による代位行使は認められない（反対説はある）。破産管財人が否認権を行使しない場合、破産債権者としては、債権者委員会としての意見を述べる（144条３項）、債権者集会（135条）において発言する、裁判所の監督権発動（75条１項、78条２項10号）を求める、といった方法で破産管財人が適切に否認権を行使するように促すほか、破産管財人の解任申立（75条２項）や善管注意義務違反（85条）による賠償請求等に訴えるほかない。

⑵　行使の方法

否認権は、①訴え、②否認の請求（174条１項）又は③抗弁によって行使する（173条１項）。

①訴えによる行使の場合、破産裁判所（破産事件が係属している地方裁判所）が管轄裁判所となる（173条２項）。破産管財人は裁判所の許可を得て訴えを提起する（78条２項10号）。被告は、受益者若しくは転得者又はその双方である（後注⑷）。双方を被告とした場合でも合一確定の必要はない通常共同訴訟となる。受益者を被告とする否認訴訟の係属中に転得者が生じた場合には、訴訟承継がなされる（民訴法49条〜51条）し、口頭弁論終結後の転得者に対しては、受益者に対する判決の既判力が拡張される（同法115条１項１号）。破産管財人が訴えの取下げ、訴訟上の和解、請求の放棄などをなす場合には、訴え提起と同様に、裁判所の許可が必要である（78条２項11号、12号）。

②否認の請求による行使とは、決定手続により簡易迅速に否認権を行使する方法であり、破産裁判所が管轄する（173条２項）。否認請求の相手方たる受益者及び転得者については、審尋が必要的である（174条３項）が、否認権の原因となる事実は疎明で足りる（同条１項）。否認請求を認容し又は棄却する決定には、理由を付記しなければならない（同条２項）。認容決定があると、その裁判書は当事者に送達される。この場合、送達代用公告の規定は適用されない（同条４項）。

③抗弁による行使とは、例えば、取戻権に基づく物の引渡請求訴訟が提起されたり、又は破産債権者から破産債権に関する訴訟が提起されたりしたときに、破産管財人が防御方法として、引

渡請求権や債権の発生原因たる契約を否認するような場合である（破産管財人が原告となっている訴訟で再抗弁として否認が主張されることもありうる。例えば、請負代金請求訴訟において、被告が債務免除を抗弁として提出したのに対し、破産管財人が再抗弁として否認を主張する場合などである）。

3　不服申立方法

否認権行使の方法には、2に記載したとおり、①訴えによる行使、②否認の請求による行使、③抗弁による行使の３つがある。それぞれの場合について、不服申立の方法は以下のとおりとなる。

⑴　訴えによる行使の場合

敗訴した受益者又は転得者、あるいは破産管財人は、民訴法に従い控訴上告によって不服を申し立てることになる。

⑵　否認の請求による行使の場合

ア　否認の請求が認容された場合、否認の相手方たる受益者又は転得者は、決定の送達を受けた日から１か月の不変期間内に、認容決定に対して異議の訴えを提起すること（175条１項）により不服を申し立てることができる。相手方の裁判を受ける権利を保障するためである。

なお、異議の訴え提起の機会を確保するために、否認請求を認容する裁判書は当事者に送達され、その場合、送達代用公告（10条３項）の規定は適用されない（174条４項）ことは上述したとおりである。また、異議の訴えは破産裁判所の専属管轄である（175条２項）。

イ　否認の請求が棄却された場合、破産管財人は否認請求棄却（又は却下）決定に対して不服を申し立てることはできない（抗告も許されないし、異議の訴えも認められない）。なお、破産管財人が改めて否認の訴えを提起することは否定されていないが、信義則等による制限があり得る。

ウ　否認の請求を一部認容する決定に対しては、相手方は当然に異議の訴えを提起できるが、破産管財人も異議の訴えを提起できるか争いがある（伊藤眞「破産法（第４版補訂版）」（有斐閣）412頁）。

エ　なお、異議の訴えに対する判決の内容は、不適法却下、決定の認可、変更又は取消という形式をとる（175条３項）。この判決については、民訴法に従い、さらに控訴上告ができる。否認請求認容決定を認可する判決が確定したときは、当該認容決定は確定判決と同一の効力を有する（同条４項前段）。異議の訴えが期間内に提起されなかったときや異議の訴えが却下されたときも同様である（同項後段）。

⑶　抗弁の行使による場合

受益者又は転得者は、抗弁を否認するか、再抗弁を提出して争うことになる。そしてその結果敗訴した当事者は、民訴法に従い、敗訴判決に対する控訴上告により不服を申し立てることになる。

4　保全処分

(1)　否認権のための保全処分

破産手続開始決定後に破産管財人は受益者を相手として否認権を行使し、目的物を破産財団に取り戻すことになる。そして、受益者が目的物を他の者に転々譲渡した場合には、破産管財人は転得者に対する否認権を行使することになる。しかし、転得者に対する否認は、その要件が厳格なため（後注(4)）、否認権行使の実効性を維持するためには、目的物が受益者から第三者へ転々譲渡されることを防ぐ必要がある。そこで、裁判所は、破産手続開始申立から当該申立についての決定があるまでの間において、否認権を保全するために必要があると認めるときは、債権者などの利害関係人（債務者も含まれる）の申立に基づいて、又は職権によって仮差押えや仮処分などの保全処分を命じることができる（171条１項）。

保全管理人が選任されているときには、財産の管理処分権が保全管理人に帰属するので（93条１項本文）、保全処分の申立権は保全管理人に専属する（171条１項）。破産手続開始申立が棄却された場合であっても、棄却決定に対する即時抗告（33条１項）がなされた場合は、保全処分の可能性が認められる（171条７項、１項）。

この保全処分は、被保全権利としての否認権を前提としていること、立担保の可能性あることなどから、破産法上の一般の財産保全処分（28条）とは異なり、民事保全法に基づく保全処分と性質を同じくし、民事保全法の規定の一部も準用されている（172条４項）。

また、裁判所は、必要性などの変化に応じて保全処分を変更し、又は取り消すことができる（法171条３項）。

保全処分を続行するかどうかは破産管財人の判断に委ねられている（172条１項）が、破産管財人が開始決定から１か月以内に続行しなければ、保全処分はその効力を失う（172条２項）。

(2)　保全処分に関する不服申立方法

保全処分を命じ又は棄却する裁判や保全処分を変更又は取り消す裁判に対しては、即時抗告が認められる（171条４項）。即時抗告には執行停止効はない（同条５項）。また、保全処分等の裁判の裁判書は当事者に送達され、送達代用公告に関する規定（10条３項本文）は適用されない（171条６項）。

なお、保全処分を命ぜられた受益者としては、裁判所に対し、破産管財人が一定期間内に本案の訴えを提起しなければ保全処分を取り消すよう求める申立（起訴命令の申立）をすることも不服申立の方法といえる（172条４項、民保法37条１項）。

後注　(1)　権利変動に付随して行われる対抗要件具備行為についても、対象財産が責任財産から逸出していないとの一般債権者の信頼を保護するために、原因行為についての否認とは区別して、否認の可能性が認められる（権利変動の対抗要件の否認：164条）。

(2)　否認権は、否認しようとする行為について執行力のある債務名義があるとき（例えば、登記の移転を命じる判決に基づく移転登記申請）、又は否認しようとする行為が執行行為に基づくもの（例えば差押債権者が転付命令に基づき第三債務者から弁済を受けた場合）であっても、その行使を妨げられない（執行行為の否認：165条）。

(3)　手形の支払を受けた債権者については、所持人は否認された後に支払拒絶証書（手形法44条３項、同法77条１項４号）の作成を受けられないため、支払を受けなければ手形上の権利（遡求権）を失うという二律背反状態になることがある。そこで、破産法は、「手形の支払を受けなければ手形上の債務者の１人又は数人に対する手形上の権利を失う場合」には否認を制限している（163条１項）。

(4)　転得者に対する否認権の行使は、破産者と受益者との間の法律行為など、転得者の権利取得の前提となる受益者の権利を基礎付ける行為が対象となる。そして、転得者が転得の当時、それぞれの前者に対する否認の原因を知っていたことが要件となる（170条１項１号）。ただし、転得者が破産者の内部者であるときには否認原因の認識についての立証責任が転換され（170条１項２号）、無償行為等の場合には、転得者保護の要請は低いので、破産原因に対する転得者の認識は問題とされない（同項３号）。

第５　担保権消滅許可申立と対抗手段（【45】～【49】）

１　担保権消滅許可制度の制度趣旨

破産財団所属財産のうち担保権付きのものについては、従来、破産管財人、買受希望者及び別除権者の三者の合意に基づく任意売却による処分が行われてきた。これは、担保権者にとっては早期の（場合によっては高額の）弁済が得られる点で、破産管財人にとっては売却代金の一部の財団組入れによって破産財団の増殖を図ることができる点で、メリットがあった。ところが他

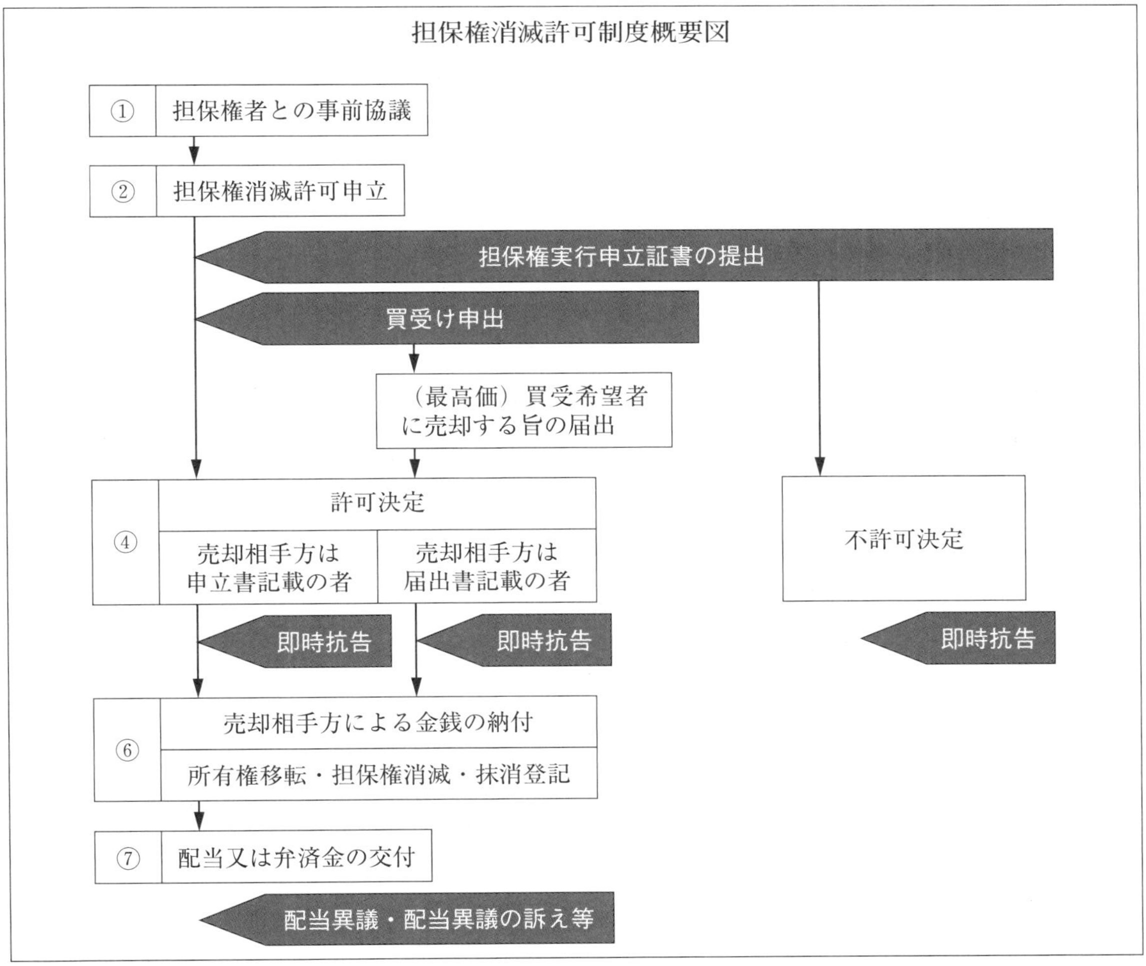

方、後順位担保権者が全く配当の見込みがないのにハンコ代と称して高額の抹消料を要求して任意売却に応じなかったり、財団組入額について合意が困難だったりという問題点もあった。

そこで現行破産法は、別除権目的財産について、売却のための担保権消滅許可申立の制度を導入した。ただし、別除権者の利益にも配慮し、特殊な対抗手段が認められている。

2　担保権消滅許可の申立

(1)　申立権者

破産管財人である。

(2)　申立要件

①　破産債権者の一般の利益に適合すること（186条１項柱書本文)。
　例えば、売得金の一部を組み入れることによる財団の増殖等が根拠となる。

②　（消極的要件）担保権者の利益を不当に害するとはいえないこと（同項柱書但書)。
　例えば、財団への組入額が不当に高額である場合などが考えられる。

(3)　手続とその流れ（概要図参照）

①　（売得金の一部を財団に組入れる場合）組入金額についての担保権者との事前協議（186条２項）

②　担保権消滅許可の申立（同条１項ないし３項）

・申立書の必要的記載事項（同条３項）
　申立書には、売得金の額、売却の相手方、財団への組入金があるときはその金額、担保権者との事前協議の経過等を記載しなければならない。

・添付書面（同条４項）
　申立書には、売買契約の内容を記載した書面等を添付しなければならない。

・申立書と添付書面の送達（同条５項）
　申立書とその添付書面は、消滅すべき担保権を有する者全員に送達される。

③　審理

④　許可決定（189条１項）

⑤　許可決定の確定（同条２項）＝売買契約の成立
　売却の相手方は、破産管財人の許可申立書に示された買受希望者である（同条１項１号)。ただし、後述の買受申出にかかる届出がなされたときは、売却の相手方は、そこに示された買受希望者である（同条１項２号)。

⑥　金銭の納付（190条１項ないし３項）＝所有権移転・担保権の消滅，担保権登記等抹消嘱託（同条４項、５項）

⑦　裁判所による配当又は弁済金の交付（191条）

3　不服のある者の対抗手段

(1)　概　　観

担保権消滅許可の申立に対して、消滅すべきものとされた担保権を有する別除権者（186条５項では、「被申立担保権者」と定義されている）からは、担保権消滅許可決定前（手続③の段階）にこれに対抗する手段がある。

また、担保権消滅許可の申立に関する裁判（手続④）に対しては、即時抗告ができる（189条

４項)。なお、不許可決定に対しては、破産管財人が再度担保権消滅許可の申立をすることも可能である。

さらに、買受人より金銭等が納付された後、裁判所による配当（手続⑦）の順位・額については、民執法の規定により不服申立ができる（191条３項)。

(2)　担保権消滅許可決定前の対抗手段（手続③の段階）

被申立担保権者の担保権消滅許可決定前における対抗手段としては、

・担保権実行の申立をしてそれを証する書面を裁判所に提出する方法、

・自己又は他の者の買受けを申し出る方法、

がある（両者は選択的にのみ行使できる）（後注(1))。

ア　担保権実行の申立を証する書面の提出

被申立担保権者は、担保権実行の申立をし、担保権消滅許可申立書等の送達から１か月以内に、担保権実行の申立をしたことを証する書面を裁判所に提出することができる（187条１項)。裁判所は、被申立担保権者にやむを得ない事情がある場合、同担保権者の申立により、１か月の期間を伸長することができる（同条２項)。

ただし、破産管財人との間で売得金・組入額について合意している場合は、担保権実行の申立はできない（同条３項)。

上記書面を提出した場合、裁判所は、担保権消滅不許可決定をすることとなる（189条１項柱書）（後注(2))。

イ　買受申出

被申立担保権者は、上述した担保権実行の申立を証する書面を提出することができる期間内に、自己又は他の者を別除権目的財産の買受人とすべき旨を破産管財人に申し出ることができる（188条１項)。買受申出額は、担保権消滅許可申立書記載の売得金額にその５％に相当する金額を加えた額以上でなければならない（188条３項)。

また、買受希望者は、買受申出にあたり、破産管財人に対して、買受申出額の20%を保証として提供しなければならない（188条５項、破規60条１項）（後注(3))。

ただし、破産管財人との間で売得金・組入額について合意している場合は、買受申出はできない（188条６項、187条３項)。

買受申出があった場合、破産管財人は、申出に係る買受希望者（申出が複数あった場合には、最高額を申し出た買受希望者。さらにそれが複数いた場合は、最も先に申し出た買受希望者）に売却する旨の届出を裁判所にしなければならない（188条８項)。

これにより裁判所は、申出に係る買受希望者を売却の相手方として担保権消滅許可決定をすることとなる（189条１項２号)。

(3)　決定に対する不服申立（手続④の段階）

被申立担保権者、破産管財人等の利害関係人は、担保権消滅許可の申立についての裁判（却下決定、許可決定、買受人を買受申出に係る買受希望者に変更した許可決定、不許可決定）に対して即時抗告ができる（189条４項)。

(4)　配当に対する不服申立（手続⑦の段階）

配当表に記載された配当の順位・額について、被申立担保権者は、民執法の規定に従って不服申立ができる。すなわち、まず配当期日において配当異議の申出をする（191条３項、民執法89条１項)。配当異議の申出をした被申立担保権者は、配当異議の訴えを提起しなければならない

（191条3項、民執法90条1項）。

後注　(1)　被申立担保権者は、申立要件（上記2(2)参照）についての反対主張をすることもできる。
すなわち、要件①に関しては、破産債権者の一般の利益に適合しないことを主張することができる。例えば、任意売却の条項の中に財団組入金が定められていないことである。
要件②に関しては、担保権者の利益を不当に害することを主張することができる。例えば、売却価格が競売手続における買受可能価額を下回る等不当に廉価であること、財団組入額が過大であることである。このような実体的内容のほか、担保権者との協議が不十分であるといった手続的内容もこれに含まれる。
裁判所がこれらの要件を欠くと判断した場合は、担保権消滅許可申立の却下決定をすることとなる（186条1項）。

(2)　担保権実行の申立を証する書面の提出により担保権消滅不許可決定が確定した後、担保権実行の申立が取り下げられ又は却下されることがある。この場合、その後破産管財人が再度担保権消滅許可の申立をしたときは、当該担保権者は、再度担保権実行の申立を証する書面を提出することはできない（187条6項）。担保権消滅を防ぐための担保権実行の濫用を防止する趣旨である。

(3)　保証の提供方法としては、
①　破産管財人の預貯金口座に一定の額の金銭を振込送金した上、その旨の金融機関の証明書を買受申出書に添付する方法（破規60条2項1号）
②　銀行等との間で支払保証委託契約を締結し、これを証する文書を買受の申出書に添付する方法（同項2号）
の2つが定められており、買受希望者はいずれかを選択しなければならない。

第6　商事留置権消滅請求と対抗手段（【50】～【53】）

1　商事留置権消滅請求制度の制度趣旨

破産財団所属財産を所持し、かつその上に存在する商事留置権を有する者は、破産手続開始決定後も当該財産を留置することができ、破産管財人からの返還請求を拒絶することができる（最判平10・7・14民集52-5-1261）。したがって、破産管財人としては、商事留置権の対象となっている事業用財産、在庫商品、原材料等の財産を、換価処分し又は事業継続(のちに事業譲渡等)のために利用することができないこととなる。

これに対しては、担保権消滅請求（186条以下）をすることも考えられるが、これは破産法上は目的財産の適正迅速な処分のための制度であり、目的財産の売却が前提となっており、さらに担保権者からの買受申出がなされる場合もあるなど、事業継続には不適当である。

そこで、現行破産法は、目的財産が事業継続に必要であり、その財産を回復した方が破産財団の価値の維持・増加に資する場合に、破産管財人が目的財産の価額（被担保債権額でなく）を弁済して商事留置権を消滅させることができる制度を新設した。

2　商事留置権消滅請求

(1)　法的性質

実体法上の形成権である。裁判所の許可が必要とされているが、これは78条2項の許可と同様、破産管財人の職務執行の監督のためのものである。

⑵　請求権者

破産管財人である。

⑶　要　　件

①　当該財産の回復が破産財団の価値の維持又は増加に資すること（192条1項）
例えば、当該財産が事業継続に必要なこと等が根拠となる。

②　商事留置権者に対して当該財産の価額に相当する金銭を弁済したこと（同条2項）

⑷　商事留置権消滅請求に関する手続とその流れ

①　商事留置権消滅請求・弁済についての裁判所の許可（同条3項）

②　商事留置権者に対する弁済（同条2項）

③　商事留置権者に対する商事留置権消滅請求（形成権行使）（同条1項）＝②③のいずれか遅い時に商事留置権消滅

④　当該財産の所持者に対する財産返還請求の訴え提起
（②の弁済の額が当該財産の価額を満たさない場合）不足額弁済の申立

⑤　判決

3　不服のある者の対抗手段

⑴　商事留置権消滅についての裁判所の許可（手続①）について

即時抗告はできない（9条）。

⑵　商事留置権消滅請求（手続③）について

商事留置権消滅請求は、前述のように実体法上の形成権行使であるから、それ自体に対する手続上の不服申立方法があるわけではない。

しかし、商事留置権者としては、商事留置権消滅請求の要件がないことを理由に目的財産を返還しないことによって対抗することができる。

これに対しては、破産管財人は、商事留置権消滅を原因とする目的財産返還の訴えを提起して対抗することになる（手続④）。

ところで、この訴訟の中で弁済額が当該財産の額に満たないことが判明した場合、商事留置権消滅の効果は認められず、請求棄却判決がなされることになる（192条2項、4項）。そこで、これにそなえて、破産管財人は、相当の期間内に不足額を弁済する旨の申立をしておくことができる。この申立がなされた場合、受訴裁判所は、相当と認めるとき（破産財団の維持・増加に貢献するかどうか等の判断と考えられる）は、相当の期間内に不足額を弁済することを条件として当該財産返還を命ずることができる（同条5項）。

この訴訟に関する判決（手続⑤）に不服のある者は、上訴ができる。

第7　破産管財人の権限行使に対する対抗手段

1　破産管財人とその権限

⑴　破産管財人とは、破産手続において破産財団に属する財産の管理及び処分をする権利を有する者をいう（2条12項）。

⑵　破産管財人は、破産手続開始決定と同時に裁判所によって選任され、破産者、破産債権者等の利害関係人の利害を調整しつつ、財団の管理換価や配当といった破産手続を中心的に遂

行する職責を担う。そのため、破産管財人には、その役割を果たすべく強い権限が認められている。具体的には、否認権の行使はその専権とされ（173条１項）、財団債権の支払に際しても事実上一定の裁量が認められる（後注⑴）。

2　破産管財人に対する対抗手段

⑴　このように強い権限を有する破産管財人の職務執行に関し、利害関係人との間で実務上紛争が生じる場合が見られる。

具体的には、破産債権者が否認権の行使を望んでいるにもかかわらず破産管財人が否認権を行使しない場合や、財団債権者が財団債権を有する旨を申し出たが（破規50条１項）、破産管財人が支払に応じない、あるいは152条に定める割合に反して財団債権を弁済した場合などである。

⑵　破産法上、こうした破産管財人の職務執行に対しては、特別な規定がある場合を除いて、直接的な不服申立はできない（後注⑵）。

もっとも、破産管財人の権限行使に対する対抗手段としては、以下のような間接的な方法がある。

すなわち、利害関係人たる破産債権者は、①債権者委員会として意見を述べたり（144条３項）、②債権者集会（135条）において発言することができる。また、破産債権者はもとよりその他の利害関係人も、③裁判所に対して、破産管財人への監督権発動（75条１項。なお、78条２項）を求めることもできる。

さらには、④破産裁判所に対して破産管財人の解任を申し立てる（75条２項）ことも考えられる。破産管財人の解任は、利害関係人の申立又は職権で裁判所が行う。この場合、破産管財人に対する審尋が必要的とされている。

また、⑤破産管財人に対して、善管注意義務違反を理由とする損害賠償請求をする（85条２項）方法もある。ただし、この関係では、任務終了による破産管財人の計算報告が承認された後は（88条６項、89条４項）、その計算内容が事実と異なることを理由として破産管財人の責任を問うことはできないことに注意を要する。

⑶　なお、破産管財人が自己又は第三者の利益を図り、又は債権者に損害を加える目的で、その任務に背く行為をし、債権者に財産上の損害を加えたときは、10年以下の懲役若しくは1,000万円以下の罰金に処し、又はこれを併科する（267条１項）。また、破産管財人が、その職務に関し、賄賂を収受し、又はその要求若しくは約束をしたときは、３年以下の懲役若しくは300万円以下の罰金に処し、又はこれを併科する（273条１項）。

後注　⑴　財団債権とは、破産手続によらないで破産財団から随時弁済を受けることができる債権をいう（２条７項）。破産財団が財団債権の総額に足りず、異時廃止の際、財産不足が生じる場合がありうる。そのため、破産法は152条において、財産不足が生じることが明らかになった場合の弁済の順位、方法を定めている（法令に定める優先権にかかわらず、原則として平等弁済。ただし、一定の共益性の強い費用については他の財団債権に優先する）。

⑵　破産管財人が任意に財団債権の弁済をしない場合、財団債権者は破産管財人を相手として訴えを提起することはできるが、強制執行は認められていない（42条１項）。なお、財団債権に当たるか否かに争いがある場合、債権者からの給付訴訟のほか、破産管財人からの財団債権不存在確認訴訟による解決が考えられる。

第８　配当と不服申立（【54】～【61】）

１　配当の意義

配当とは、破産管財人が、破産財団に帰属する財産を換価して得た金銭を、届出破産債権者の確定債権に対し、その順位及び債権額に応じて平等の割合で分配する手続をいう。

２　配当の種類

(1)　実施の時期に応じて、(a)中間配当（209条１項）、(b)最後配当（195条１項）、(c)追加配当（215条１項）の３つに分類される。

(2)　最後配当は、手続の簡易化の程度により、①最後配当、②簡易配当（204条１項柱書）、③同意配当（208条１項）の３つに分類される。

さらに、簡易配当は、(i)配当可能金額が1,000万円に満たないと認められるときに許される少額型（204条１項１号）、(ii)裁判所が破産手続開始の際に、簡易配当を実施することに異議のある破産債権者は異議を述べるべき旨を公告及び通知し（32条１項５号、同３項）、届出破産債権者が異議を述べなかった場合に許される開始時異議確認型（204条１項２号）、(iii)裁判所書記官が相当と認める場合に許される配当時異議確認型（同項３号）がある（後注(1)）。

３　配当に関する不服申立

(1)　配当表に対する異議（200条、205条、209条３項）

ア　趣　　旨

配当表に記載された内容に不服がある届出債権者の利益を保護するため、配当表に対する異議申立手続が設けられた。

イ　申立権者

届出をしてある破産債権者ならば、当該配当手続に参加できる破産債権者でなくても、異議申立をすることができる。

ウ　異議申立期間

配当表に対する異議申立は、除斥期間経過後１週間以内に行わなければならない。

最後配当及び中間配当の除斥期間は、配当の公告が効力を生じた日又は破産管財人が配当の通知の到達の届出をした日から起算して２週間とされている（198条１項、209条３項）（後注(2)）。

簡易配当の場合は、除斥期間は、破産管財人が配当の通知の到達の届出をした日から起算して１週間とされている（204条、205条、198条１項）。ただし、配当時異議確認型の場合で、簡易配当の許可が取り消されたときは、最後配当の手続が行われる（後注(1)）。

エ　異議事由

配当に加えるべき債権を配当表に記載しなかったこと、配当に加えるべきでない債権を配当表に記載したこと、債権の額又は順位に誤りがあることなど、配当表の誤りを理由とするものでなければならない。債権調査の結果、既に確定された債権の内容に関する主張は、異議事由とはならない。

オ　異議申立に対する裁判

裁判所は、配当表に対する異議申立に理由があると判断した場合には破産管財人に配当表の更

簡易配当手続の流れ

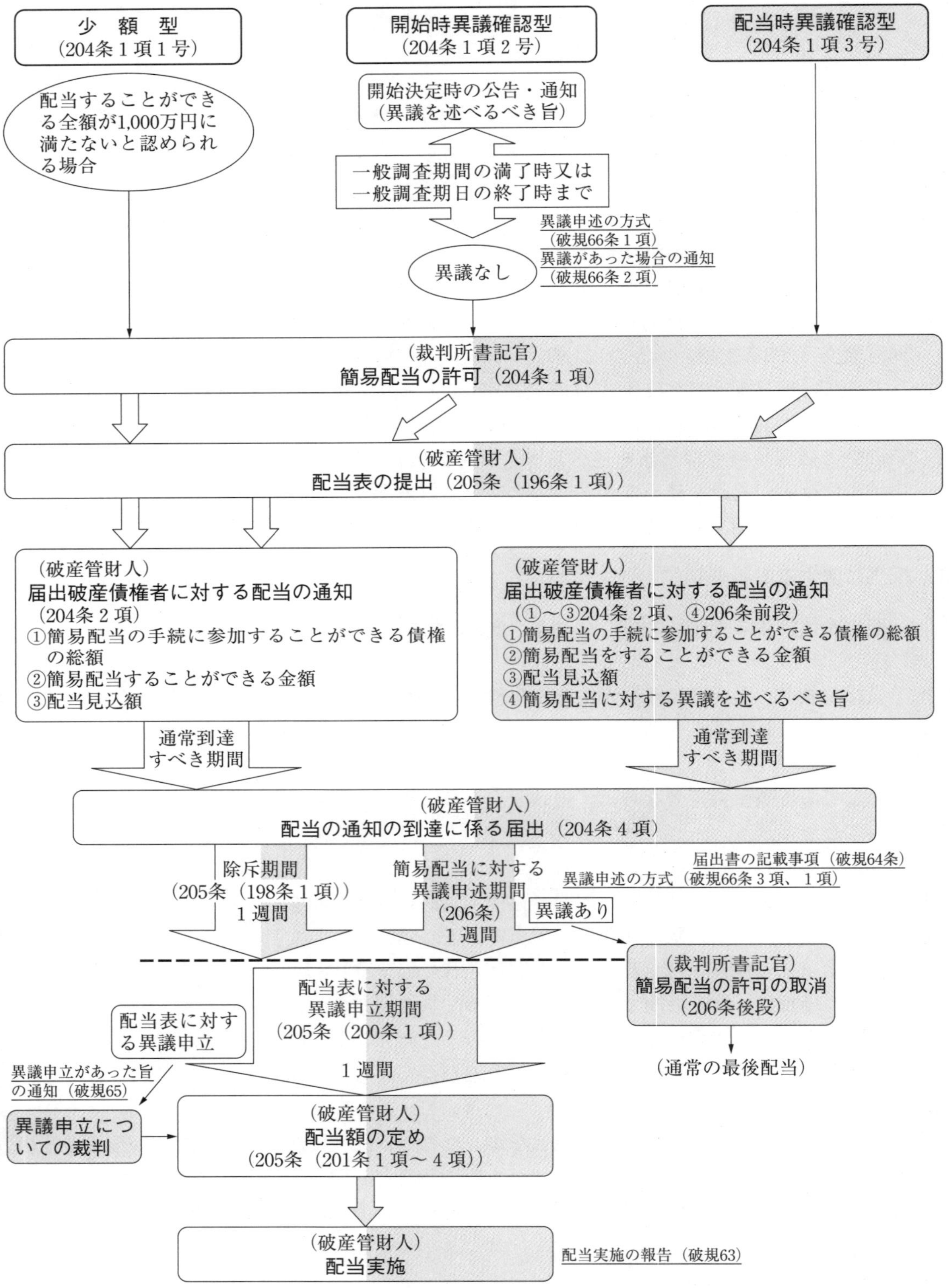
少　額　型
（204条1項1号）
開始時異議確認型
（204条1項2号）
配当時異議確認型
（204条1項3号）
配当することができる全額が1,000万円に満たないと認められる場合
開始決定時の公告・通知
（異議を述べるべき旨）
一般調査期間の満了時又は
一般調査期日の終了時まで
異議申述の方式
（破規66条1項）
異議があった場合の通知
（破規66条2項）
異議なし
（裁判所書記官）
簡易配当の許可（204条1項）
（破産管財人）
配当表の提出（205条（196条1項））
（破産管財人）
届出破産債権者に対する配当の通知
（204条2項）
①簡易配当の手続に参加することができる債権の総額
②簡易配当することができる金額
③配当見込額
（破産管財人）
届出破産債権者に対する配当の通知
（①～③204条2項、④206条前段）
①簡易配当の手続に参加することができる債権の総額
②簡易配当をすることができる金額
③配当見込額
④簡易配当に対する異議を述べるべき旨
通常到達
すべき期間
通常到達
すべき期間
（破産管財人）
配当の通知の到達に係る届出（204条4項）
届出書の記載事項（破規64条）
異議申述の方式（破規66条3項、1項）
除斥期間
（205条（198条1項））
1週間
簡易配当に対する
異議申述期間
（206条）
1週間
異議あり
（裁判所書記官）
簡易配当の許可の取消
（206条後段）
（通常の最後配当）
配当表に対する
異議申立期間
（205条（200条1項））
1週間
配当表に対する異議申立
異議申立があった旨の通知（破規65）
異議申立についての裁判
（破産管財人）
配当額の定め
（205条（201条1項～4項））
（破産管財人）
配当実施
配当実施の報告（破規63）

（出典）　最高裁事務総局民事局監修「条解破産規則」（法曹会）

正を命じ（200条2項）、理由がないと判断した場合には申立を却下する。

⑵　即時抗告

ア　上記の配当表に対する異議申立に対する裁判に対しては、利害関係人から即時抗告をすることができる（200条3項前段）。

ただし、簡易配当については、即時抗告は認められない（205条かっこ書）。簡易配当の目的たる配当の簡易迅速を優先させる趣旨である。

イ　即時抗告期間

即時抗告期間は、配当表の更正を命じる裁判に対する場合は、利害関係人がその裁判書の閲覧請求ができるようになった日から起算して1週間である（200条1項、3項）。一方、申立を却下する裁判に対する場合は、当該裁判書が送達された日の翌日から起算して1週間である。

⑶　異議申立・即時抗告と執行停止効

最後配当及び簡易配当の配当表に対する異議、ないし最後配当の配当表に対する異議についての決定に対する不服申立である即時抗告には、執行停止効があり、配当実施は、最後配当は「当該異議の申立に係る手続が終了した後」（201条1項かっこ書）、簡易配当は「当該異議の申立についての決定があった後」（205条、201条1項かっこ書）でなければできない。

これに対し、中間配当の場合の配当表に対する異議についての不服申立手続が係属中であっても配当を実施できるかどうかについては、考え方に対立がある。理論的には配当の実施は可能である。最後配当の場合には、「当該異議の申立に係る手続が終了した後」（201条1項かっこ書）でなければ配当実施ができないが、中間配当にはその要件がないことが理由になる。ただし、実務的には、異議の申立に係る手続が終了するのを待つことになると思われる。

後注　⑴　簡易配当のうち、配当時異議確認型の場合には、破産管財人の届出から1週間の異議申述期間が設けられ、この期間内に届出破産債権者が簡易配当に対して異議を述べると、裁判所書記官は、簡易配当の許可を取り消さなければならず（206条後段）、①の最後配当の手続が行われる。

⑵　最後配当、中間配当においては、破産管財人は、裁判所に配当表を提出後、遅滞なく、配当の手続に参加することができる債権の総額及び配当可能金額を公告し、又は届出破産債権者に通知しなければならない（209条3項、197条1項）。通知は、その通知が通常到達するべきであった時に、到達したものとみなす（197条2項、209条3項、）。通知が届出破産債権者に通常到達すべきであった時を経過したときは、破産管財人は、遅滞なく、その旨を裁判所に届け出なければならない（197条3項、209条3項）。届出書には、通知の方法及び通知を発した日をも記載しなければならない（破規64条、69条）。この公告又は届出は、異議等を述べられた債権者が破産債権確定手続が係属していることを証明して、配当手続に参加するための2週間の除斥期間の起算点としての意味をもつ（209条3項、198条1項）。

第9　破産廃止と不服申立（【62】～【68】）

1　総　　論

破産手続の一般的な終了事由として、配当手続を経て終了する破産終結決定（220条1項）の場合以外に、破産廃止の場合がある。そして、破産廃止には、破産財団をもって破産手続の費用を支弁するのに不足するために手続を終了せざるを得ない場合に行われる同時破産手続廃止又は異時破産手続廃止と、破産手続の廃止に全債権者が同意する場合などに行われる同意破産手続廃止がある。

９条で規定されるとおり、破産廃止についても、即時抗告を認める規定がある場合には、即時抗告ができる。

２　同時破産手続廃止

⑴　意　義

裁判所が、破産財団をもって破産手続の費用を支弁するのに不足すると認め、破産手続開始の決定と同時に破産手続廃止の決定をすること（216条１項）を、同時廃止という。

⑵　不服申立

同時廃止決定に対して、利害関係人(主に破産債権者)は、即時抗告をすることができるが(216条４項)、執行停止の効力はない（同条５項)。そのため、即時抗告がなされた場合でも、破産管財人の選任等の同時処分や公告等の付随処分はなされない。

もっとも、即時抗告に基づいて廃止決定を取り消す決定が確定すれば、破産手続開始に基づいて破産手続が認められることになるので、同時処分及び付随処分が行われる(216条６項、31条、32条)。

３　異時破産手続廃止

⑴　意　義

裁判所は、破産手続開始の決定があった後、破産財団をもって破産手続の費用を支弁するのに不足すると認めるときは、破産管財人の申立により、又は職権に基づいて、あらかじめ破産債権者の意見を聴いた上で(217条１項後段)、破産手続廃止の決定をしなければならない(同項前段)。これを異時廃止、異時破産廃止、あるいは財団不足による廃止という。

⑵　不服申立

破産管財人の申立により又は職権に基づいて、破産手続廃止決定がなされた場合、利害関係人（主に破産債権者）は即時抗告ができる（218条５項)。また、破産管財人の破産廃止の申立に対して、裁判所が棄却決定をした場合も、利害関係人（主に破産管財人）は即時抗告による不服申立が許される（217条６項)。

なお、即時抗告の結果として、異時廃止決定を取り消す決定が確定したときは、当該廃止決定をした裁判所は、直ちに、その旨を公告しなければならない（同条７項)。

４　同意破産手続廃止

⑴　意　義

破産者は、債権届出期間内に届出をした破産債権者の全員の同意を得ている場合、又は、同意しない債権者に対して裁判所が相当と認める担保を供した場合には、破産手続廃止の申立をすることができる（218条１項)。これを同意破産手続廃止という。

⑵　要　件

同意を得なければならない破産債権者は、債権届出期間内に届け出た破産債権者であるが、未確定の破産債権者については、同意を要するかどうかを裁判所が決定する（218条２項)。これに対する不服申立は許されない。また、不同意破産債権者に対する担保が相当か否かは、裁判所が定める。決定に対する不服申立は許されない。

(3)　不服申立

裁判所が同意破産手続廃止の決定をした場合、利害関係人は、即時抗告をすることができる（218条5項、217条6項）。

逆に、裁判所が同意破産廃止の申立を棄却する決定をした場合も、利害関係人（主に破産者）は、即時抗告をすることができる（218条5項、217条6項）。

異時廃止の場合と同様、即時抗告の結果同意廃止決定を取り消す決定が確定したときは、当該廃止決定をした裁判所は、直ちに、その旨を公告しなければならない（218条5項、217条7項）。

第10　免責と不服申立（【70】～【75】）

1　免責制度

免責制度は、破産法上、手続終了後破産債権の一部又は全部の弁済について責任を免れる制度である。個人である債務者（破産手続開始決定後は破産者）は、破産手続開始申立があった日から破産手続開始決定が確定した日以後1月を経過する日までの間に、破産裁判所に対し、免責許可の申立をすることができる（248条1項）。債務者が自己破産の申立をしたときは、反対の意思が表示されていない限り、同時に免責許可の申立をしたとみなされる（同条4項）。免責が許可された場合、債務が消滅するという見解もあるが、自然債務になるというのが従来の多数説である。

免責許可の申立に対して、破産債権者としては、以下に述べるとおり、意見申述の方法（251条1項）で対抗手段を講じることが考えられるほか、免責許可決定に対し即時抗告ができる（252条5項）。また、一定の事由があれば、破産債権者には免責取消の申立権がある（254条）。

2　意見申述

裁判所は、免責許可の申立があったときは、破産手続開始の決定があった時以後、破産者につき免責許可の決定をすることの当否について、破産管財人及び破産債権者（253条第1項各号に掲げる非免責破産債権者を除く）が裁判所に対し意見を述べることができる期間（意見申述期間）を定めなければならない（251条1項）。

裁判所は、意見申述期間を定める決定をしたときは、その期間を公告し、かつ、破産管財人及び知れている破産債権者にその期間を通知しなければならない（同条2項）。また、意見申述期間は、かかる公告が効力を生じた日から起算して1か月以上でなければならない（同条3項）。

なお、この意見申述は、いわゆる手続上の不服申立ではなく、単なる破産者に免責不許可に該当する具体的事情が存在することについての債権者の主張にとどまる。意見申述は、期日でする場合を除いて、書面でしなければならず（破規76条1項）、また、252条1項各号の免責不許可事由に該当する具体的事実を明らかにしてしなければならない（破規76条2項）。

3　免責許可の申立に関する裁判と即時抗告

(1)　免責許可の決定

裁判所は、免責許可の決定をしたときは、直ちに、その裁判書を破産者及び破産管財人に、その決定の主文を記載した書面を破産債権者に、それぞれ送達しなければならない（252条3項）。

ただし、これらのうち破産債権者への送達は、公告をもって代えることができる（同項後段の反対解釈）ので、実務的には代用公告で済まされている場合が多いと思われる。また、破産者には抗告の利益がないので、実務上、破産者に対しては、普通郵便等での送付がなされているものと思われる。

(2)　免責不許可の決定

裁判所は、免責不許可の決定をしたときは、直ちに、その裁判書を破産者に送達しなければならない（252条4項）。

(3)　不服申立

免責許可の申立についての裁判に対しては、利害関係人は即時抗告をすることができる（252条5項）。即時抗告をなすのは、一般に、免責許可決定に対しては免責の効果が及ぶ破産債権者、免責不許可決定に対しては破産者である。この即時抗告についての裁判があった場合には、その裁判書を当事者に送達しなければならない（同条6項）。

いうまでもなく、免責許可の決定は、確定しなければその効力を生じない（同条7項）。

4　免責取消

(1)　免責取消と取消決定の送達

免責許可決定確定後でも、詐欺破産罪（265条）について破産者に対する有罪判決が確定した場合、裁判所は、破産債権者の申立により又は職権で、免責取消の決定をすることができる(254条1項前段)。破産者の不正な方法によって免責許可決定がされた場合で、破産債権者が免責許可決定から1年以内に免責取消の申立をした場合も同様である（同項後段）。

裁判所は、免責取消の決定をしたときは、直ちに、その裁判書を破産者及び申立人に、その決定の主文を記載した書面を破産債権者に、それぞれ送達しなければならない（同条2項前段）。このうち、裁判書の送達については、代用公告は認められない（同項後段）。

(2)　不服申立

免責取消の決定に対しては、即時抗告をすることができる（254条3項）。

この即時抗告についての裁判があった場合には、その裁判書を当事者に送達しなければならない（同条4項）。

(3)　免責取消の効力

免責取消の決定が確定したときは、免責許可の決定は、その効力を失う（254条5項）。

第3章　参考書式

本章では、破産法上の不服申立等に関する参考書式を紹介するが、その際、以下の点に留意いただきたい。

1　申立の書面性

破産手続に関する申立、届出、申出及び裁判所に対する報告は、特別の定めがない限り、原則として書面により行う必要がある(破規1条)。個別の場合の口頭による申立の可否については、後記設例一覧表も参照されたい。

2　申立書の記載事項等

破産手続に関する申立書の記載事項等については、破規２条に定めがある。

必要的記載事項として（同条１項）、①当事者の氏名又は名称及び住所並びに法定代理人の氏名及び住所、②申立の趣旨を記載しなければならない。

添付書類については、訓示的記載事項として（同条２項）、①申立を理由づける具体的な事実、②立証を要する事由ごとの証拠、③申立人又は代理人の郵便番号及び電話番号（ファクシミリの番号を含む）が挙げられている。また、同条３項において、立証を要する事由についての証拠書類の写しを添付するものとされている。

さらに、同条４項においては、法125条１項に規定する破産債権査定申立、173条１項に規定する否認の請求又は178条１項の規定による役員責任査定決定の申立をする者は、当該申立をする際、申立書及び証拠書類の写しを相手方に送付しなければならないとされている。

3　文書の標題

即時抗告の申立書面については、実務上、「抗告状」という標題を用いる場合と、「即時抗告申立書」という標題を用いる場合がある。控訴の場合ではあるが、破産法が準用する民事訴訟法では「控訴申立書」ではなく「控訴状」の表現がとられていること（同法286条）、実際にも、いわゆる保護命令に対する即時抗告の場合について最高裁規則において「抗告状」の表現が使われていること（配偶者暴力に関する保護命令手続規則７条）などから、前者、すなわち「抗告状」との表現がより適切であるとの考え方もあろう。しかし、本参考書式においては、即時抗告であることを明確にするため、後者の「即時抗告申立書」の用語によった。

破産手続開始決定に対する即時抗告申立書（【10の４】）**【書式１】**

即時抗告申立書

平成　　年　　月　　日

○○高等裁判所　御中

抗告人代理人弁護士　○　○　○　○

〒○○○−○○○○　○○県○○市○○○

抗　　告　　人（破産者）　○　○　株式会社

代表者代表取締役　○　○　○　○

〒○○○−○○○○　○○県○○市○○○

電　話　○○○（○○○）○○○○

ＦＡＸ　○○○（○○○）○○○○

抗告人代理人弁護士　○　○　○　○

〒○○○−○○○○　○○県○○市○○○

相手方（破産申立債権者）　○　○　株式会社

代表者代表取締役　○　○　○　○

上記当事者間の○○地方裁判所平成○○年（フ）第○○○号破産手続開始申立事件について、同裁判所が平成○○年○○月○○日午後５時になした後記破産手続開始決定は全部不服であるから抗告する。

第１　原決定の主文

○○株式会社について破産手続を開始する。

第２　抗告の趣旨

原決定を取り消す

相手方の破産手続開始の申立てを棄却する

抗告費用は相手方の負担とする

との決定を求める。

第３　抗告の理由

１　原裁判所は、抗告人が相手方ほか○○名の債権者に対し合計金○○○○万円の債務を負担し支払不能の状態にあるとして、上記原決定の主文のとおりの破産手続開始決定をした。

２　しかしながら、抗告人には以下のとおりの資産があり、その収益状況に照らして支払不能の状態にはなく、その他抗告人に破産手続開始原因は存しない。

（中略）

３　よって、原決定は不当であるからこれを取り消し、相手方による破産手続開始の申立を棄却する旨の決定を求める。

証拠書類

（以下略）

以　上

破産手続開始申立棄却決定に対する即時抗告申立書（【10の３】）**【書式２】**

即時抗告申立書

平成　　年　　月　　日

○○高等裁判所　御中

抗告人代理人弁護士　○　○　○　○

〒○○○-○○○○　○○県○○市○○○

抗告人(申立債権者)　○　○　株式会社

代表者代表取締役　○　○　○　○

〒○○○-○○○○　○○県○○市○○○

電　話　○○○（○○○）○○○○

ＦＡＸ　○○○（○○○）○○○○

抗告人代理人弁護士　○　○　○　○

〒○○○-○○○○　○○県○○市○○○

相　手　方（債務者）　○　○　株式会社

代表者代表取締役　○　○　○　○

上記当事者間の○○地方裁判所平成○○年（フ）第○○○号破産手続開始申立事件について、同裁判所が平成○○年○○月○○日になした後記破産手続開始申立棄却決定は全部不服であるから抗告する。

第１　原決定の主文

本件破産手続開始申立を棄却する。

第２　抗告の趣旨

原決定を取り消す

相手方について、破産手続を開始する

抗告費用は相手方の負担とする

との決定を求める。

第３　抗告の理由

１　原裁判所は、相手方には破産手続開始原因がないとして、抗告人の破産手続開始申立を棄却した。

２　しかしながら、疎明資料から明らかなとおり、相手方には多額の負債があるところ、相手方の資産資力に照らし、相手方が債務超過、支払不能の状態にあることは明らかである。

すなわち、

（中略）

３　よって、原決定は不当であるからこれを取り消し、相手方について破産手続を開始する旨の決定を求める。

証拠書類

（以下略）

以　上

文書の閲覧制限申立却下決定に対する即時抗告申立書（【２の１】）**【書式３】**

即時抗告申立書

平成　　年　　月　　日

○○高等裁判所　御中

抗告人　破産者○○株式会社
破産管財人弁護士　○　○　○　○
〒○○○-○○○○　○○県○○市○○○
電　話　○○○（○○○）○○○○
ＦＡＸ　○○○（○○○）○○○○
抗告人　破産者○○株式会社
破産管財人弁護士　○　○　○　○

抗告の趣旨

原決定を取り消す

○○地方裁判所平成○○年（フ）第○○○号破産手続開始申立事件について、破産管財人が提出した平成○○年○月○日付け報告書のうち○○の部分について、その閲覧若しくは謄写、その正本、謄本若しくは抄本の交付又はその複製を行うことができる者を破産管財人に限るとの決定を求める。

抗告の理由

1　○○地方裁判所は、平成○○年○月○日、平成○○年（フ）第○○号破産手続開始申立事件に関し、破産管財人が提出した平成○○年○月○日付け報告書のうち、○○の部分（以下「本件支障部分」という）について、閲覧若しくは謄写、その正本、謄本若しくは抄本の交付又はその複製（以下「閲覧等」という）を行うことができる者を破産管財人に限る旨の申立（以下「本件申立」という）を却下するとの決定をなした。

2　しかるに、以下のとおりの事情から、本件支障部分につき、破産管財人以外の者に閲覧等を認めると、破産財団の管理又は換価に著しい支障を生ずるおそれがあるため、原決定は取り消されるべきである。

すなわち、（中略）

3　よって、抗告人は、破産法12条４項に基づき、抗告の趣旨記載のとおりの決定を求める。

証拠書類

（以下略）

以　上

閲覧等制限決定取消申立書（【２の２】）**【書式４】**

閲覧等の制限の取消申立書

平成　　年　　月　　日

○○地方裁判所　御中

申立人代理人弁護士　○　○　○　○

〒○○○-○○○○　○○県○○市○○○

申　　立　　人　○　○　株式会社

代表者代表取締役　○　○　○　○

〒○○○-○○○○　○○県○○市○○○

○○法律事務所［送達場所］

電　話　○○○（○○○）○○○○

ＦＡＸ　○○○（○○○）○○○○

申立人代理人弁護士　○　○　○　○

〒○○○-○○○○　○○県○○市○○○

相　　手　　方　破産者○○株式会社

破産管財人弁護士　○　○　○　○

申立の趣旨

御庁平成○○年（フ）第○○号破産手続開始申立事件に関し、御庁が平成○○年○月○日になした閲覧等制限決定を取り消す

との決定を求める。

申立の理由

1　御庁は、平成○○年○月○日、平成○○年（フ）第○○号破産手続開始申立事件に関し、破産管財人が提出した平成○○年○月○日付け報告書のうち、○○の部分（以下「本件支障部分」という）について、閲覧若しくは謄写、その正本、謄本若しくは抄本の交付又はその複製（以下「閲覧等」という）を行うことができる者を破産管財人に限る旨の決定をなした。

2　しかるに、以下のとおりの事情から、本件支障部分につき、破産管財人以外の者に閲覧等を認めても、破産財団の管理又は換価に著しい支障を生ずるおそれはなくなっている。

すなわち、（中略）

3　よって、申立人は、破産法12条３項に基づき、申立の趣旨記載のとおりの決定を求める。

証拠書類

（以下略）

以　上

自由財産拡張申立却下に対する即時抗告申立書（【11の１】）【書式５】

即時抗告申立書

平成　　年　　月　　日

○○高等裁判所　御中

抗告人代理人弁護士　○　○　○　○
〒○○○-○○○○　○○県○○市○○○
電　話　○○○（○○○）○○○○
ＦＡＸ　○○○（○○○）○○○○
抗　　告　　人（破産者）　○　○　○　○
上記抗告人代理人弁護士　○　○　○　○

抗告の趣旨

○○地方裁判所平成○○年（フ）第○○○号破産手続開始申立事件について、同裁判所が平成○年○月○日になした自由財産拡張申立を却下するとの決定を取り消す

別紙財産目録記載の財産のうち、自由財産拡張希望と記載のある財産について、破産財団に属さない財産とする

との決定を求める。

抗告の理由

1　抗告人は、○○地方裁判所に対し、平成○年○月○日、自由財産拡張を申し立てたところ、平成○年○月○日、同庁は、同申立を却下するとの決定をした。
2　しかし、（…以下取消理由）。
3　よって、抗告の趣旨記載の決定を求め、本抗告をする。

証拠書類

（以下略）

（別紙財産目録省略）

以　上

書面による計算報告に対する異議申述書（【16の２】）【書式６】

平成　　年（フ）第　　号
破産者　株式会社○○○○

計算報告書に対する異議申述書

平成　　年　　月　　日

○○地方裁判所　御中

〒○○○-○○○○
○○県○○市○○町○○

破産債権者（債権者番号　番）
株式会社　○　○　○　○
代表者代表取締役　○　○　○　○
電話○○○−○○○−○○○○

第１　異議申述の趣旨
破産管財人○○作成の平成○○年○月○日付け計算報告書における計算について、以下に述べるとおり異議があるので、その旨申述する。

第２　異議申述の理由
破産管財人○○作成の平成○○年○月○日付計算報告書には、「(略)」との記載がある。しかし、(中略) である。
したがって、この部分の計算について承認することはできない。
そこで、第１記載のとおり異議を述べるに至った次第である。

以　上

破産債権者表更正の申立書（【19の１】）**【書式７】**

平成　　年（フ）第　　号

破産債権者表更正申立書

平成　　年　　月　　日

○○地方裁判所民事部
裁判所書記官殿

〒○○○−○○○○　○○県○○市○○町○丁目○番○号
申立人　○○○○
電　話　○○○−○○○−○○○○
ＦＡＸ　○○○−○○○−○○○○

破産者○○○○に対する頭書事件につき、申立人（債権者番号○○番）にかかる破産債権者表の「届出債権額」の欄に下記のとおり誤記があるので、更正されたく申立をする。

記

誤　100,00
正　100,000

以　上

他の届出債権者からの異議書（【20の１】）【**書式８**】

平成　　年（フ）第　　　号

異　議　書

平成　　年　　月　　日

○○地方裁判所民事部　御中

破産債権者（受付番号○○）
○○○○

破産者○○○○にかかる頭書事件について、下記破産債権者の届出破産債権に対し、破産法118条１項に基づき下記異議額欄記載のとおり異議を述べる。

記

異議の相手方（破産債権者）　○○○○

受付番号	債権の種類	届出債権額（届出議決権額・円）	異議額（異議のある議決権額・円）	異議の具体的理由

以　上

破産債権査定申立書（【26】）【**書式９**】

平成　　年（フ）第　　号　破産手続開始申立事件
破産者○○株式会社

破産債権査定申立書

平成　　年　　月　　日

○○地方裁判所　御中

申立人代理人　　弁護士○○○○

〒○○○−○○○○　○○県○○市○○○
申立人(破産債権者)　○○株式会社
代表者代表取締役　　○○○○

〒○○○−○○○○　○○県○○市○○○
電　話　○○○（○○○）○○○○
ＦＡＸ　○○○（○○○）○○○○
上記申立人代理人弁護士　○○○○

〒○○○−○○○○　○○県○○市○○○
電　話　○○○（○○○）○○○○
ＦＡＸ　○○○（○○○）○○○○
相手方　破産者○○株式会社
破産管財人弁護士　○○○○

第１　申立の趣旨
　１　申立人の届け出た売掛金債権（債権者番号○○）の額を金○○円と査定する
　２　申立費用は、相手方の負担とする
との決定を求める。
第２　申立の理由
　１　当事者
　　申立人は、食料品の販売を業とする株式会社である。
　　相手方は、頭書事件（以下「本件破産事件」という）の破産管財人である。
　２　申立人の破産債権
　(1)　申立人は、平成○○年○○月○○日、破産者との間で、下記のとおり売買契約を締結し、同日売買物件を破産者に引き渡した。

記

（中　略）

　(2)　しかし、破産者は、上記約定の弁済期日に代金の支払をせず、現在までその支払をしない。
３　破産手続開始決定
　申立人は、上記のとおり、破産者に対し金○○円の破産債権を有するところ、破産者は、貴庁に対し、破産手続開始の申立をなし、貴庁は、平成○○年○○月○○日、破産手続を開始する旨決定した。
４　申立人の届出
　申立人は、本件破産事件の破産債権届出期間内である平成○○年○○月○○日、上記売掛金債権○○円について破産債権として届け出た。
５　相手方の認否
　ところが、相手方は、申立人の上記届出破産債権について、全額を認めない旨の認否をした。
６　結　　論
　よって、申立人は、破産法125条１項に基づき申立の趣旨記載のとおりの内容の査定決定を求める。

証拠方法

１　甲第１号証　売買契約書
２　甲第２号証　納品書
３　甲第３号証　受領書

添付書類

１　甲号証写し　各１通
２　資格証明書　　１通
３　委任状　　　　１通

以　上

破産債権査定異議の訴えの訴状（【27の１】）**【書式10】**

訴　　状

平成　　年　　月　　日

○○地方裁判所　御中

原告訴訟代理人弁護士　○○○○

〒○○○-○○○○
○○県○○市○○町○○○
原告　○○株式会社

〒○○○-○○○○
○○県○○市○○町○○○
○○法律事務所（送達場所）
上記原告訴訟代理人弁護士　○　○　○　○
電　話　○○○-○○○-○○○○
ＦＡＸ　○○○-○○○-○○○○

〒○○○-○○○○
○○県○○市○○町○○○
被告　破産者○○株式会社
破産管財人弁護士　○　○　○　○

破産債権査定異議の訴え
　訴訟物の価額　金○○○○円
　貼用印紙額　　金○○○○円
第１　請求の趣旨
　1　○○地方裁判所が原告の申立てに基づき、同裁判所平成○○年（モ）第○○号事件につき、平成○○年○○月○○日になした破産債権査定決定は取り消す
　2　原告が破産者○○株式会社に対し、金○○○○円の破産債権を有することを確定する
　3　訴訟費用は、被告の負担とする
との判決を求める。
第２　請求の原因
　1　当事者
　　原告は、食料品の販売を業とする株式会社である。
　　被告は、○○地方裁判所平成○○年（フ）第○○号破産手続開始申立事件（以下「本件破産事件」という）の破産者○○株式会社の破産管財人である。
　2　原告の破産債権
　⑴　原告は、平成○○年○○月○○日、破産者との間で、下記のとおり売買契約を締結し、同日売買物件を破産者に引き渡した。

記

（中　略）

　⑵　しかし、破産者は、上記約定の弁済期日に代金の支払をせず、現在までその支払をしない。
　3　破産手続開始決定
　　原告は、上記のとおり、破産者に対し金○○○○円の破産債権（以下、「本件破産債権」という。）を有するところ、破産者は、貴庁に対し、破産手続開始の申立をなし、貴庁は、平成○○年○○月○○日、破産手続を開始する旨決定した。
　4　査定の裁判
　　原告は、貴庁に対し、本件破産事件の破産債権届出期間内である平成○○年○○月○○日、上記売掛金債権○○○○円について破産債権として届け出た。
　　これに対し、被告は本件破産債権の全額を認めない旨の認否をした。
　　そこで、原告は、平成○○年○○月○○日、貴庁に対し、被告を相手方として、破産債権査定の申立をしたところ、貴庁は平成○○年○○月○○日、本件破産債権が存在しない旨の決定をした。
　5　結　　論
　　よって、原告は本件破産債権について、請求の趣旨記載の判決を求める。

証拠方法

　1　甲第１号証　売買契約書
　2　甲第２号証　納品書
　3　甲第３号証　受領書

添付書類

　1　甲号証写し　各１通
　2　資格証明書　　２通
　3　訴訟委任状　　１通

以　上

否認請求認容決定に対する異議の訴えの訴状（【36の３】）【書式11】

訴　　状

平成　　年　　月　　日

○○地方裁判所民事部　御中

原告訴訟代理人弁護士　○○○○
〒○○○-○○○○
○○県○○市○○○
原告　○○株式会社
〒○○○-○○○○
○○県○○市○○○
○○法律事務所（送達場所）
上記原告訴訟代理人弁護士　○○○○
電話　○○○-○○○-○○○○

FAX　○○○−○○○−○○○○
〒○○○−○○○○
○○県○○市○○○
被告　破産者○○株式会社
破産管財人弁護士　○○○○

否認請求の認容決定に対する異議の訴え
訴訟物の価額　金○○○○円
貼用印紙額　　金○○○○円
第１　請求の趣旨
１　原告と被告との間の○○地方裁判所平成○○年（モ）第○○号否認請求申立事件につき、同裁判所が平成○○年○○月○○日に行った決定は、これを取り消す
２　被告の否認請求を棄却する
３　申立費用及び訴訟費用は、いずれも被告の負担とする
との判決を求める。
第２　請求の原因
１　○○株式会社（以下「破産者」という）は、平成○○年○○月○○日午後５時御庁において破産手続開始決定を受け、被告が破産管財人に選任された。
２　原告は、平成○○年○○月○○日、破産者に対し、利息及び返済期限の約定なく、金○○○○万円を貸し渡した（以下「本件貸付」という）。
３　破産者は、平成○○年○○月○○日、原告に対し、本件貸付の残元本○○○○万円全額の弁済した（甲２）。
４　被告は、平成○○年○○月○○日、原告に対し、前項の弁済が偏頗弁済にあたるとして否認請求の申立を行ったところ、御庁は平成○○年○○月○○日、これを認容する決定をした（甲３、４）。
５　しかし、第３項の弁済時点において、破産者は、申立外○○株式会社からスポンサーとして支援を受けることが決まっており、支払不能ではなかった。仮に支払不能であったとしても、原告はこれを知らなかった（甲５）。
６　よって、原告は、被告の否認請求を認容した決定の取消を求めて、破産法175条１項に基づき請求の趣旨のとおり請求する。

証拠方法

１　甲第１号証　金銭消費貸借契約書
２　甲第２号証　領収書控え
３　甲第３号証　申立書
４　甲第４号証　裁判書
５　甲第５号証　陳述書

添付書類

１　甲号証写し　各１通
２　資格証明書　　２通
３　訴訟委任状　　１通

以　上

担保権実行申立書面（【45の１】）**【書式12】**

平成　　年（フ）第　　号　破産手続開始申立事件
平成　　年（モ）第　　号　担保権消滅許可申立事件
破産者　○○○○株式会社

担保権の実行の申立を証する書面提出書

平成　　年　　月　　日

○○地方裁判所民事部　御中

被申立担保権者　○　○　○　○
代理人弁護士　甲　野　太　郎
〒○○○-○○○○　○○県○○市○○○
被申立担保権者　○○○○
〒○○○-○○○○　○○県○○市○○○
電　話　○○○（○○○）○○○○
FAX　○○○（○○○）○○○○
上記代理人弁護士　○　○　○　○

御庁頭書事件につき、被申立担保権者○○○○は、破産法187条1項に基づき担保権の実行の申立をしたことを証する書面を提出する。

添付書類

1　不動産競売手続開始申立事件受理証明
2　委任状

以　上

買受申出書（【45の2】）**【書式13の1】**

平成　　年（フ）第　　号　破産手続開始申立事件
平成　　年（モ）第　　号　担保権消滅許可申立事件
破産者　○○○○株式会社

買受申出書

平成　　年　　月　　日

破産者○○○○株式会社
破産管財人　○○○○殿

被申立担保権者　○○○○
上記代理人弁護士　○○○○
〒○○○-○○○○　○○県○○市○○○
電　話　○○○（○○○）○○○○
FAX　○○○（○○○）○○○○
被申立担保権者　○　○　○　○
〒○○○-○○○○　○○県○○市○○○
電　話　○○○（○○○）○○○○
FAX　○○○（○○○）○○○○
上記代理人弁護士　○　○　○　○

頭書事件につき、被申立担保権者○○○○は、破産法188条１項に基づき下記のとおり、買受けの申出をする。

記

１　買受希望者の名称等
〒○○○-○○○○　　○○県○○市○○○
○○○○
電　話　○○○-○○○-○○○○
ＦＡＸ　○○○-○○○-○○○○

２　買受けの申出の額
○○○○円

添付書類

１　買受申込書（買受希望者作成）
２　住民票
３　委任状

以　上

買受申込書（【書式13の１】の添付書類）**【書式13の２】**

買受申込書

私は、破産法188条に基づき別紙物件目録記載の物件について、金○○○○円にて、買受けの申込みをいたします。

平成　　年　　月　　日

○○県○○市○○○
○○○○
電　話　○○○-○○○-○○○○
ＦＡＸ　○○○-○○○-○○○○

破　産　者　○○○○株式会社
破産管財人　○○○○　殿

以　上

（別紙物件目録省略）

配当表に対する異議申立書（【54】【58】【59】）**【書式14】**

平成　　年　　月　　日

○○地方裁判所　御中

配当表に対する異議申立書

〒○○○-○○○○
○○県○○市○○○
電　話　○○○-○○○-○○○○
ＦＡＸ　○○○-○○○-○○○○
異議申立人（破産債権者）　○○○○

破産者○○○○に対する平成○○年（フ）第○○号破産手続開始申立事件につき、平成○○年○○月○○日破産管財人○○○○の作成した配当表のうち、破産債権者である申立人の配当に加えるべき債権の額が金○○○○円（債権者番号第○○号）と記載されているが、債権表の記載金○○○○円に照らして金額の記載が誤りであるから、破産管財人に対し、上記の記載を金○○○○円と更正を命じるよう異議を申し立てる。

以　上

債権者による免責に関する意見申述書（【70】）**【書式15】**

平成　　年（フ）第　　号
破産者　○○○○

免責に関する意見申述書

平成　　年　　月　　日

○○地方裁判所　御中

債権者　　○○○○
上記代理人弁護士　○　○　○　○

頭書破産者には下記のとおり免責不許可事由に該当する行為があり、かつ、裁量により免責を許可することも相当ではないので、免責を不許可とする決定をしていただけますよう意見を申述いたします。

記

1　……
2　……

3　……
4　以上の次第であって、破産者には破産法252条１項○号所定の免責不許可事由があり、かつ、裁量により免責を許可することも相当ではない。

以　上

免責不許可決定に対する即時抗告申立書（【72】）【書式16】

免責不許可決定に対する即時抗告申立書

平成　　年　　月　　日

○○高等裁判所　御中

抗告人代理人弁護士　○　○　○　○
〒○○○-○○○○　○○県○○市○○○
電　話　○○○（○○○）○○○○
ＦＡＸ　○○○（○○○）○○○○
抗告人（破産者）　○　○　○　○
上記抗告人代理人弁護士　○○○○

抗告の趣旨

1　上記破産者の○○地方裁判所平成○○年（フ）第○○号破産手続開始申立事件について、同裁判所がなした平成○○年○月○日付免責不許可決定を取り消す
2　上記破産者について免責を許可する
との決定を求める。

抗告の理由

1　○○地方裁判所は、平成○○年○月○日、破産者○○○○の○○地方裁判所平成○○年（フ）第○○号破産手続開始申立事件について、破産者には破産法252条第１項第○号所定の免責不許可事由があるとして、その免責を不許可とする決定をした。
2　しかし、下記のとおり、破産者の行為は免責不許可事由に該当するとはいえず、また百歩譲って仮にこれに該当するとしても、破産者がかかる行為に至った経緯、今後の更生の可能性等の諸般の事情を斟酌すると、なお免責を許可することが相当である。
(1)　……
(2)　……
3　よって、抗告人は、抗告の趣旨記載の裁判を求めるべく、本申立に及ぶ。

証拠書類
（以下略）

以　上

第４編設

		番号	不服申立の対象となる行為ないし事実	参照条文	行為者	原裁判等の送達方法の特別の定め	不服申立方法	不服申立の根拠条文	不服申立の主体
第1章　総則		1	破産手続等に関して裁判がなされた。	９条	裁判所 裁判長	—	即時抗告（ただし、法律に特別の定めがある場合に限る）	民訴法332条	破産手続等に関する裁判につき利害関係を有する者
第2章　破産手続の開始	第1節　破産手続開始の申立	2-1	破産管財人又は保全管理人が閲覧等の制限を申し立てたところ、裁判所が申立を却下した。	12条１項	裁判所	—	即時抗告【書式３】	12条４項	利害関係人（例：破産管財人、保全管理人）
		2-2	破産管財人又は保全管理人が閲覧等の制限を申し立てたところ、裁判所が閲覧等の制限決定をした。	12条１項	裁判所	—	不服申立はできないが、取消の申立をすることはできる（12条３項）。【書式４】	９条	—
		2-3	閲覧等の請求をしようとする利害関係人が閲覧等の制限決定の取消を求めたところ、裁判所が却下した。	12条３項	裁判所	—	即時抗告	12条４項	利害関係人（例：取消の申立をした債権者）
		2-4	閲覧等の請求をしようとする利害関係人が閲覧等の制限決定の取消を求めたところ、裁判所が同決定を取り消した。	12条３項	裁判所	—	即時抗告	12条４項	利害関係人（例：破産管財人、保全管理人）

例一覧表

不服の申立先	不服を審理する機関	不服申立期間	方式等	手数料等	執行停止効等	再度の不服申立	その他実務に役立つ情報の有無
原裁判所（民訴法331条、286条）	抗告裁判所（高等裁判所）（裁判所法16条２号）	裁判の公告があった場合は公告が官報に掲載された日の翌日から起算して２週間（不変期間９条） 送達又は相当の方法で裁判の告知を受けた場合には、その告知を受けた日から１週間（不変期間民訴法332条）	抗告状（書面）の提出（破規１条）	1,000円（民訴費３条別表第一18(4)）以下即時抗告の手数料につき根拠条文同じ。	民訴法上は、即時抗告には執行停止効があるが、破産法では、執行停止効の制限規定がおかれるものも多い。	特別抗告・許可抗告（民訴法336条、337条）	公告と送達が同時になされた場合の不服申立期間は、公告を基準とする（判例）。
原裁判所	抗告裁判所（高等裁判所）	【１】と同じ	書面	1,000円	執行停止効があり、閲覧等制限の申立についての裁判が確定するまで利害関係人は支障部分の閲覧等を請求できない（12条２項）。	特別抗告・許可抗告	—
—	—	—	—	—	—	—	閲覧等を制限する決定に対しては、不服申立はできない（直ちに確定する）。ただし、そうした閲覧等制限の要件を当初から欠くこと又は欠くに至ったことを理由として、利害関係人は、閲覧等制限決定の取消を求めることができる（12条３項）。
原裁判所	抗告裁判所（高等裁判所）	【１】と同じ	書面	1,000円	—	特別抗告・許可抗告	—
原裁判所	抗告裁判所（高等裁判所）	【１】と同じ	書面	1,000円	執行停止効があり、閲覧等制限の取消決定は、確定しなければその効力を生じない（12条５項）ので、閲覧制限が続く。	特別抗告・許可抗告	—

		番号		不服申立の対象となる行為ないし事実	参照条文	行為者	原裁判等の送達方法の特別の定め	不服申立方法	不服申立の根拠条文	不服申立の主体
第２章　破産手続の開始	第１節　破産手続開始の申立	3	1	書記官が、破産手続開始申立書に不備があるとして補正を命じた。	21条１項	書記官	相当と認める方法で告知（21条２項）	異議申立	21条３項	破産申立人
			2	書記官が、破産手続開始の申立手数料（いわゆる貼用印紙）が足りないとして納付を命じた。	21条１項	書記官	相当と認める方法で告知（21条２項）	異議申立	21条３項	破産申立人
		4	1	申立書の補正（【３の１】参照）や申立手数料の納付（【３の２】参照）を命じられたが補正や納付をしないでいたところ、裁判長が申立書を却下した。	21条１項、６項	裁判長	—	即時抗告	21条７項	利害関係人（例：破産申立人）
			2	申立書の補正（【３の１】参照）や申立手数料の納付（【３の２】参照）を命じられたので、異議を申し立てたが、その異議が却下され、かつ、裁判所が申立書を却下した。	21条１項、６項	裁判長	—	即時抗告	21条７項	利害関係人（例：破産申立人）
			3	書記官から補正を命じられたため異議申立をしたところ、今度は裁判所から書記官が命じた他にも不備がある補正を命じられたが、補正しないでいたところ、裁判長が申立書を却下した。	21条５項、６項	裁判長	—	即時抗告	21条７項	利害関係人（例：破産申立人）
		5		裁判所が高額の予納金を定めた。	22条１項	裁判所	—	即時抗告	22条２項	利害関係人（例：破産申立人）
		6	1	強制執行等の手続をしていたが、破産手続開始申立があり、裁判所が強制執行等の手続の中止を命じた。	24条１項	裁判所	当事者への送達（24条６項）	即時抗告	24条４項	利害関係人（例：執行をしていた債権者）
			2	強制執行等の手続の中止命令があったが、裁判所が職権で強制執行等の手続の中止命令を取り消（変更）した。	24条２項					利害関係人（例：破産申立人）
			3	保全管理命令が発せられた上、裁判所が中止されていた強制執行等の手続を取り消した。	24条３項					利害関係人（例：執行をしていた債権者）

不服の申立先	不服を審理する機関	不服申立期間	方式等	手数料等	執行停止効等	再度の不服申立	その他実務に役立つ情報の有無
処分をした書記官が所属する裁判所	処分をした書記官が所属する裁判所（民訴法121条）	処分の告知を受けた日から１週間以内（不変期間）（21条３項）	書面	500円（民訴費３条１項別表第一17イ）	執行停止効あり（21条４項）	—	申立書の却下命令に対する即時抗告が可能（【４の２】へ）。
処分をした書記官が所属する裁判所	処分をした書記官が所属する裁判所（民訴法121条）	処分の告知を受けた日から１週間以内（不変期間）（21条３項）	書面	500円（民訴費３条１項別表第一17イ）		—	申立書の却下命令に対する即時抗告が可能（【４の２】へ）。
却下命令を下した裁判長が所属する裁判所	抗告裁判所（高等裁判所）	【１】と同じ	書面	1,000円	—	特別抗告・許可抗告	—
却下命令を下した裁判長が所属する裁判所	抗告裁判所（高等裁判所）	【１】と同じ	書面	1,000円	—	特別抗告・許可抗告	—
却下命令を下した裁判長が所属する裁判所	抗告裁判所（高等裁判所）	【１】と同じ	書面	1,000円	—	特別抗告・許可抗告	—
原裁判所	抗告裁判所（高等裁判所）	【１】と同じ	書面	1,000円	執行停止効あり	特別抗告・許可抗告	22条２項により予納金額に対する不服申立が独立して認められていることから、予納金額についての不服は、予納がないことを理由とする破産手続開始申立却下についての即時抗告理由（33条１項）にならない（【10の２】参照）。
原裁判所	抗告裁判所（高等裁判所）	【１】と同じ	書面	1,000円	執行停止効はない（24条５項）ので、原決定に基づく中止の効力は維持される。	特別抗告・許可抗告	即時抗告に代えて、中止命令の取消や変更の決定（24条２項）をするよう裁判所に職権発動を求めることも考えられる（【６の２】へ）。
					執行停止効はない（24条５項）ので、原決定に基づく取消変更の効力は維持される。		—
					執行停止効はない（24条５項）ので、原決定に基づく取消の効力は維持される。		—

<table>
<tr><th colspan="2"></th><th colspan="2">番号</th><th>不服申立の対象となる行為ないし事実</th><th>参照条文</th><th>行為者</th><th>原裁判等の送達方法の特別の定め</th><th>不服申立方法</th><th>不服申立の根拠条文</th><th>不服申立の主体</th></tr>
<tr><td rowspan="7">第2章　破産手続の開始</td><td rowspan="7">第1節　破産手続開始の申立</td><td rowspan="3">7</td><td>1</td><td>裁判所が包括的禁止命令を発した。</td><td>25条1項、25条2項</td><td rowspan="3">裁判所</td><td rowspan="3">公告、送達及び通知（26条1項）</td><td rowspan="3">即時抗告</td><td rowspan="3">25条6項</td><td>利害関係人（例：執行をしていた債権者）</td></tr>
<tr><td>2</td><td>裁判所が職権で包括的禁止命令を取り消（変更）した。</td><td>25条4項</td><td>利害関係人（例：包括的禁止命令の申立人）</td></tr>
<tr><td>3</td><td>包括的禁止命令が出たことに加え、保全管理命令も発せられた上、裁判所が強制執行等の手続を取り消した。</td><td>25条5項</td><td>利害関係人（例：執行をしていた債権者）</td></tr>
<tr><td rowspan="2">8</td><td>1</td><td>強制執行等の申立人である債権者の申立により、裁判所が包括的禁止命令を解除した。</td><td>27条1項</td><td>裁判所</td><td rowspan="2">当事者への送達（27条6項）10条3項（公告による代替）の適用排除</td><td>即時抗告</td><td>27条4項</td><td>利害関係人（例：破産申立人）</td></tr>
<tr><td>2</td><td>包括的禁止命令を解除してもらうように申し立てたが却下された。</td><td>27条1項</td><td>裁判所</td><td>即時抗告</td><td>27条4項</td><td>利害関係人（例：解除を申し立てた債権者）</td></tr>
<tr><td rowspan="2">9</td><td>1</td><td>破産手続開始の申立をした後、裁判所が、債務者の財産について、処分禁止の仮処分その他必要な保全処分を命じた。</td><td>28条1項</td><td rowspan="2">裁判所</td><td rowspan="2">当事者への送達（28条5項）10条3項（公告による代替）の適用排除</td><td rowspan="2">即時抗告</td><td rowspan="2">28条3項</td><td>利害関係人（例：処分禁止を命じられた債務者）</td></tr>
<tr><td>2</td><td>破産手続開始の申立をした後、債務者の財産について、処分禁止の保全処分その他の保全処分が出たところ、裁判所がその保全処分を取り消（変更）した。</td><td>28条2項</td><td>利害関係人（例：取り消された保全処分の申立人）</td></tr>
</table>

不服の申立先	不服を審理する機関	不服申立期　　間	方式等	手数料等	執行停止効等	再度の不服申立	その他実務に役立つ情報の有無
原裁判所	抗告裁判所（高等裁判所）	【1】と同じ	書面	1,000円	執行停止効はない（25条7項）ので、包括的禁止命令の効力は維持される。	特別抗告・許可抗告	包括的禁止命令が発せられると、裁判所が特に除外したものを除き、破産手続開始についての決定があるまでの間、すべての債権者に対し、強制執行等や国税滞納処分が禁止される。 包括的禁止命令に対する即時抗告に代えて、包括的禁止命令の取消や変更（25条4項）をするよう裁判所に職権発動を求めることも考えられる（【7の2】へ）。 また、包括的禁止命令の解除（27条1項）を申し立てることも考えられる（【8の1】へ）。
					執行停止効はない（25条7項）ので、原決定に基づく包括的禁止命令の変更、取消の効力は維持される。		—
					執行停止効はないので（25条7項）、強制執行等の手続の取消の効力は維持される。		—
原裁判所	抗告裁判所（高等裁判所）	【1】と同じ	書面	1,000円	執行停止効はない（27条5項）ので、包括的禁止命令の解除の効力は維持される。	特別抗告・許可抗告	包括的禁止命令の解除は、包括的禁止命令がある執行債権者に不当な損害を及ぼすおそれがあると認められるときに、当該債権者の申立により、当該債権者に限って行われる。
原裁判所	抗告裁判所（高等裁判所）	【1】と同じ	書面	1,000円	—		
原裁判所	抗告裁判所（高等裁判所）	【1】と同じ	書面	1,000円	執行停止効はない（28条4項）ので、保全処分の効力は維持される。	特別抗告・許可抗告	即時抗告に代えて、保全処分の取消変更（28条2項）の職権発動を裁判所に求めることも考えられる（【9の2】へ）。
					執行停止効はない（28条4項）ので、保全処分の取消、変更の効力は維持される。		—

		番号		不服申立の対象となる行為ないし事実	参照条文	行為者	原裁判等の送達方法の特別の定め	不服申立方法	不服申立の根拠条文	不服申立の主体
第２章　破産手続の開始	第２節　破産手続開始の決定	10	1	破産手続開始の申立をしたが、破産能力を欠く、あるいは債権者申立における破産債権の疎明を欠くとして、裁判所が申立を却下した。	30条１項	裁判所	—	即時抗告	33条１項	利害関係人（例：破産申立人）
			2	破産手続開始の申立をしたが、予納金の納付を欠くとして、裁判所が申立を却下した。	30条１項	裁判所	—	即時抗告	33条１項	利害関係人（例：破産申立人）
			3	破産手続開始の申立をしたが、破産原因がない、あるいは不当な目的で申立がなされたとして、棄却した。	30条１項	裁判所	—	即時抗告【書式２】	33条１項	利害関係人（例：破産申立人）
			4	破産原因がない、あるいは不当な目的で申立がなされたのに、裁判所が破産手続開始決定をした。	30条１項	裁判所	破産手続開始決定の公告及び通知（32条１項及び３項）	即時抗告【書式１】	33条１項	利害関係人（例：破産者、債権者）
	第３節　破産手続開始の効果	11	1	破産者が、自由財産拡張の申立をしたが、裁判所が却下した。	34条４項	裁判所	破産者及び破産管財人への送達（34条７項）10条３項（公告による代替）の適用排除	即時抗告【書式５】	34条６項	破産者
			2	破産者が自由財産拡張の申立をしたところ、裁判所が認容した。	34条４項	裁判所	—	不服申立できない。	９条	—
		12	1	破産者が居住地を離れることの許可を申し立てたが、裁判所が却下した。	37条１項	裁判所	—	即時抗告	37条２項	破産者
			2	破産者の法定代理人、取締役等が居住地を離れることの許可を申し立てたが、裁判所が却下した。	39条、37条１項	裁判所	—	即時抗告	39条	法定代理人取締役等
		13	1	破産者又は開始決定前の債務者について、裁判所が引致を命じた。	38条１項、２項	裁判所	—	即時抗告	38条４項	破産者又は債務者
			2	破産者の法定代理人、取締役等について、裁判所が引致を命じた。	39条、38条１項	裁判所	—	即時抗告	39条	法定代理人取締役等
第３章　破産手続の機関	第１節　破産管財人	14	1	郵便物等を破産管財人に配達するよう、裁判所が嘱託した。	81条１項	裁判所	—	即時抗告	81条４項	破産者又は破産管財人

不服の申立先	不服を審理する機関	不服申立期間	方式等	手数料等	執行停止効等	再度の不服申立	その他実務に役立つ情報の有無
原裁判所	抗告裁判所(高等裁判所)	【１】と同じ	書面	1,000円	—	特別抗告・許可抗告	—
原裁判所	抗告裁判所(高等裁判所)	【１】と同じ	書面	1,000円	—	特別抗告・許可抗告	予納金額に対する不服申立が独立して認められていることから（22条２項）、予納がないことを理由とする破産手続開始申立却下については、予納金額に関する不服自体は即時抗告理由にならない（【５】参照）。
原裁判所	抗告裁判所(高等裁判所)	【１】と同じ	書面	1,000円	—	特別抗告・許可抗告	—
原裁判所	抗告裁判所(高等裁判所)	【１】と同じ	書面	1,000円	執行停止効はなく、破産手続は進行する（30条２項からの解釈）。	特別抗告・許可抗告	—
原裁判所	抗告裁判所(高等裁判所)	【１】と同じ	書面	1,000円	—	特別抗告・許可抗告	—
—	—	—	—	—	—	—	自由財産拡張を認める決定には不服申立できない（34条６項参照）。
原裁判所	抗告裁判所(高等裁判所)	【１】と同じ	書面	1,000円	—	特別抗告・許可抗告	—
原裁判所	抗告裁判所(高等裁判所)	【１】と同じ	書面	1,000円	—	特別抗告・許可抗告	—
原裁判所	抗告裁判所(高等裁判所)	【１】と同じ	書面	1,000円	執行停止効あり	特別抗告・許可抗告	—
原裁判所	抗告裁判所(高等裁判所)	【１】と同じ	書面	1,000円	執行停止効あり	特別抗告・許可抗告	—
原裁判所	抗告裁判所(高等裁判所)	【１】と同じ	書面	1,000円	執行停止効はない（81条５項）ので、郵便物の管財人への転送が続く。	特別抗告・許可抗告	嘱託の取消（変更）の職権発動を求めることも考えられる（【14の２】へ）。

章	節	番号		不服申立の対象となる行為ないし事実	参照条文	行為者	原裁判等の送達方法の特別の定め	不服申立方法	不服申立の根拠条文	不服申立の主体
第3章 破産手続の機関	第1節 破産管財人	14	2	郵便物等の配達嘱託について、裁判所が取消（変更）をした。	81条 2 項	裁判所	—	即時抗告	81条 4 項	破産者又は破産管財人
		15	1	破産管財人について、裁判所が前払費用や報酬の決定をした。	87条 1 項	裁判所	—	即時抗告	87条 2 項	利害関係人（例：破産管財人、債権者）
			2	破産管財人代理について、裁判所が前払費用や報酬の決定をした。	87条 3 項	裁判所	—	即時抗告	87条 3 項	利害関係人（例：破産管財人代理、債権者）
		16	1	破産管財人が、債権者集会において任務終了の計算報告をした。	88条 1 項、88条 2 項	破産管財人	—	異議を述べる	88条 4 項	破産者、破産債権者又は後任の破産管財人
			2	破産管財人が、書面による任務終了の計算報告をした。	89条 1 項	破産管財人	異議提出期間の公告（89条 2 項）	異議を述べる【書式 6】	89条 3 項	破産者、破産債権者又は後任の破産管財人
	第2節 保全管理人	17	1	裁判所が、保全管理命令を出した。	91条 1 項	裁判所	公告及び当事者への送達（92条 1 項、 2 項）	即時抗告	91条 5 項	利害関係人（例：債務者）
			2	保全管理命令が出た後、裁判所がそれを取消（変更）した。	91条 4 項	裁判所	公告及び当事者への送達（92条 1 項、 2 項）	即時抗告	91条 5 項	利害関係人（例：保全管理人）
		18	1	保全管理人について、裁判所が前払費用や報酬の決定をした。	96条 1 項、87条 1 項	裁判所	—	即時抗告	96 条 1 項、87条 2 項	利害関係人（例：保全管理人）
			2	保全管理人代理について、裁判所が前払費用や報酬の決定をした。	96条 1 項、87条 1 項	裁判所	—	即時抗告	96 条 1 項、87条 2 項	利害関係人（例：保全管理人代理）
第4章 破産債権	第3節 破産債権の調査及び確定 第1款 通則	19	1	書記官が、破産債権者表に誤りがある記載をした。	115 条 1 項	書記官	—	不服申立できない。ただし、更正の申立ができる（【19の 2 】へ）【書式 7 】	9 条	—
			2	書記官が、申立により又は職権で、破産債権者表の更正処分をした。	115 条 3 項	書記官	—	異議の申立	13条、民訴法121条	利害関係人（例：破産債権者等）

不服の申立先	不服を審理する機関	不服申立期間	方式等	手数料等	執行停止効等	再度の不服申立	その他実務に役立つ情報の有無
原裁判所	抗告裁判所（高等裁判所）	【1】と同じ	書面	1,000円	執行停止効あり	特別抗告・許可抗告	—
原裁判所	抗告裁判所（高等裁判所）	【1】と同じ	書面	1,000円	執行停止効あり	特別抗告・許可抗告	破規27条には「裁判所は、破産管財人又は破産管財人代理の報酬を定めるに当たっては、その職務と責任にふさわしい額を定めるものとする」とある。
原裁判所	抗告裁判所（高等裁判所）	【1】と同じ	書面	1,000円	執行停止効あり	特別抗告・許可抗告	
裁判所（債権者集会）	—	債権者集会で行使	口頭	不要	計算が承認されない。	—	異議が提出されない場合、計算報告が承認されたものとみなされ（88条6項、89条4項）、破産管財人の責任が解除される。一方、異議が提出されたときは、計算が承認されず、その後の問題は、異議申立人と破産管財人との間の損害賠償請求等で処理される。
裁判所	—	裁判所が定める異議提出期間内（1か月を下ることができない）(89条2項)	書面（破規28条）	不要	計算が承認されない。	—	
原裁判所	抗告裁判所（高等裁判所）	【1】と同じ	書面	1,000円	執行停止効はない（91条6項）ので、保全管理命令の効力が維持される。	特別抗告・許可抗告	保全管理命令の取消（変更）の職権発動を求めることも考えられる（【17の2】へ）。
原裁判所	抗告裁判所（高等裁判所）	【1】と同じ	書面	1,000円	執行停止効はない（91条6項）ので、保全管理命令の取消変更の効力が維持される。	特別抗告・許可抗告	—
原裁判所	抗告裁判所（高等裁判所）	【1】と同じ	書面	1,000円	執行停止効あり	特別抗告・許可抗告	—
原裁判所	抗告裁判所（高等裁判所）	【1】と同じ	書面	1,000円	執行停止効あり	特別抗告・許可抗告	—
—	—	—	—	更正の申立費用は不要	—	—	—
処分をした書記官が所属する裁判所	処分をした書記官が所属する裁判所	特になし	書面	500円（民訴費3条1項別表第一17項イ）	—	—	—

章	節	款	番号		不服申立の対象となる行為ないし事実	参照条文	行為者	原裁判等の送達方法の特別の定め	不服申立方法	不服申立の根拠条文	不服申立の主体
第４章　破産債権	第３節　破産債権の調査及び確定	第２款　書面による破産債権の調査	20	1	届出をした破産債権者であるが、他の破産債権者から届け出られた破産債権の内容に異議がある。	111条	破産債権者	—	異議を述べる【書式８】	118条１項	届出をした破産債権者
				2	破産者であるが、破産債権者から届け出られた破産債権の額に異議がある。	111条	破産債権者	—	異議を述べる	118条２項	破産者
			21	1	届出をした破産債権者であるが、特別調査期間に係る破産債権について異議がある。	111条	破産債権者	—	異議を述べる	119条５項	届出をした破産債権者
				2	破産者であるが、特別調査期間に係る破産債権の額に異議がある。	111条	破産債権者	—	異議を述べる	119条５項	破産者
			22	1	書記官が、特別調査期間に要する費用の予納を命じた。	120条１項	書記官	相当と認める方法で告知（120条２項）	異議の申立	120条３項	予納を命じられた破産債権者
				2	書記官が特別調査期間に要する費用の予納を命じたところ、破産債権者が予納をしなかったので、破産債権の届出等を却下した。	120条５項	破産裁判所	—	即時抗告	120条６項	利害関係人（例：予納を命じられた破産債権者）
		第３款　期日における破産債権の調査	23	1	届出をした破産債権者であるが、他の破産債権者から届け出られた内容に異議がある（一般調査期日が定められている場合）。	111条	破産債権者	—	異議を述べる	121条２項	届出をした破産債権者又は代理人
				2	破産者であるが、破産債権者から届け出られた破産債権の額に異議がある（一般調査期日が定められている場合）。	111条	破産債権者		異議を述べる	121条４項	破産者
			24	1	届出をした破産債権者であるが、他の破産債権者から届け出られた内容に異議がある（特別調査期日が定められている場合）。	111条	破産債権者	—	異議を述べる	122条２項、121条２項	届出をした破産債権者又は代理人

不服の申立先	不服を審理する機関	不服申立期間	方式等	手数料等	執行停止効等	再度の不服申立	その他実務に役立つ情報の有無
裁判所	—	一般調査期間内	書面（118条、破規39条１項）	—	—	—	一般の場合（有名義債権以外）で、訴訟が係属していない→【26】へ 一般の場合（有名義債権以外）で、訴訟係属中→【28】へ 有名義債権の場合→【29の１】、【29の２】へ
裁判所	—	一般調査期間内	書面（118条、破規39条12項）	—	—	—	—
裁判所	—	特別調査期間内	書面（119条５項、破規39条1項）	—	—	—	一般の場合（有名義債権以外）で、訴訟が係属していない→【26】へ 一般の場合（有名義債権以外）で、訴訟係属中→【28】へ 有名義債権の場合→【29の１】、【29の２】へ
—	—	—	—	—	—	—	—
予納を命じた書記官の所属する裁判所	予納を命じた書記官の所属する裁判所	告知を受けた日から１週間の不変期間内（120条３項）	書面	500円（民訴費３条１項別表第一17項イ）	異議の申立により執行停止の効力を生じる（120条４項）。	—	—
原裁判所	抗告裁判所（高等裁判所）	【１】と同じ	書面	1,000円	執行停止効あり	特別抗告・許可抗告	—
裁判所	—	一般調査期日	書面又は口頭	—	—	—	一般の場合（有名義債権以外）で、訴訟が係属していない→【26】へ 一般の場合（有名義債権以外）で、訴訟係属中→【28】へ 有名義債権の場合→【29の１】、【29の２】へ
					—	—	—
裁判所	—	特別調査期日	書面又は口頭	—	—	—	一般の場合（有名義債権以外）で、訴訟が係属していない→【26】へ 一般の場合（有名義債権以外）で、訴訟係属中→【28】へ 有名義債権の場合→【29の１】、【29の２】へ

章	節	款	番号		不服申立の対象となる行為ないし事実	参照条文	行為者	原裁判等の送達方法の特別の定め	不服申立方法	不服申立の根拠条文	不服申立の主体
第４章　破産債権	第３節　破産債権の調査及び確定	第３款　期日における破産債権の調査	24	2	破産者であるが、破産債権者から届け出られた破産債権の額に異議がある（特別調査期日が定められている場合）。	111条	破産債権者	―	異議を述べる	122条２項、121条４項	破産者
			25	1	書記官が、特別調査期日に要する費用の予納を命じた。	122条２項、120条１項	書記官	相当と認める方法で告知（120条２項）	異議の申立	122条２項、120条３項	予納を命じられた破産債権者
			25	2	書記官が特別調査期日に要する費用の予納を命じたところ、破産債権者が予納をしなかったので、破産債権の届出等を却下した。	122条２項、120条５項	裁判所	―	即時抗告	122条２項、120条６項	利害関係人（例：予納を命じられた破産債権者）
		第４款　破産債権の確定	26		破産管財人や届出破産債権者が破産債権の額等について異議を出した。	124条１項	異議者等	―	破産債権査定申立【書式９】	125条１項	異議等のある破産債権を有する破産債権者
			27	1	破産債権者が破産債権査定申立をしたところ、裁判所は異議等がある破産債権は存在しない旨の（あるいは、不適法として却下する）決定をした。	125条３項	裁判所	当事者への送達を要する（125条５項）。10条３項（公告による代替）の適用排除	破産債権査定異議の訴え【書式10】	126条１項	異議等のある破産債権を有する破産債権者
			27	2	破産債権者が破産債権査定申立をしたところ、裁判所は査定の申立を全額認容する決定をした。	125条３項	裁判所	当事者への送達を要する（125条５項）。10条３項（公告による代替）の適用排除	破産債権査定異議の訴え	126条１項	異議者等
			28		破産債権を訴訟物とする訴訟が係属し第１審判決がなされる前の状態で破産手続が開始し、破産債権者が債権の届出をしたところ、破産管財人や他の届出破産債権者が破産債権の額等について異議を出した。	111条	異議者等	―	受継の申立	127条１項	異議等のある破産債権を有する破産債権者

不服の申立先	不服を審理する機関	不服申立期間	方式等	手数料等	執行停止効等	再度の不服申立	その他実務に役立つ情報の有無
裁判所	—	特別調査期日	書面又は口頭	—	—	—	—
予納を命じた書記官の所属する裁判所	予納を命じた書記官の所属する裁判所	告知を受けた日から１週間の不変期間内（122条２項、120条３項）	書面	500円（民訴費３条１項、別表第一17項イ）	異議の申立により執行停止の効力を生じる（122条２項120条４項）。	—	—
原裁判所	抗告裁判所（高等裁判所）	【１】と同じ	書面	1,000円	執行停止効あり	特別抗告・許可抗告	—
裁判所	抗告裁判所（高等裁判所）	異議等のある破産債権にかかる一般調査期間若しくは特別調査期間の末日、又は一般調査期日若しくは特別調査期日から１か月以内（125条２項）	書面	不要	—	破産債権査定異議の訴え（126条１項）→【27】へ	異議者等とは、債権認否において破産債権の額等について認めない意見を述べた破産管財人と、債権調査において異議を述べた届出破産債権者をいう（125条１項）。
破産裁判所（126条２項）	抗告裁判所（高等裁判所）	破産債権査定決定の送達を受けた日から１か月以内（126条１項）	書面	訴額による。訴額は、配当予定額を基準として受訴裁判所が定める（破規45条）。	—	控訴	—
訴訟の係属する裁判所	抗告裁判所（高等裁判所）	異議等のある破産債権に係る一般調査期間若しくは特別調査期間の末日、又は一般調査期日若しくは特別調査期日から１か月以内（127条２項、125条２項）	書面	不要	—	控訴	破産債権を訴訟物とする訴訟が破産手続開始当時係属するときは、その訴訟は開始とともに中断する（44条１項）。この訴訟は、原則として破産管財人による受継の対象とならない（同条２項）。

			番号		不服申立の対象となる行為ないし事実	参照条文	行為者	原裁判等の送達方法の特別の定め	不服申立方法	不服申立の根拠条文	不服申立の主体
第４章　破産債権	第３節　破産債権の調査及び確定	第４款　破産債権の確定	29	1	執行力ある債務名義を有する破産債権につき、破産債権者が内容に疑義のある債権の届出をした。	111条	破産債権者	—	債権調査において異議を述べた上、判決の更正申立、再審の訴え、請求異議の訴え、債務不存在確認の訴え	129条１項 民訴法257条、338条１項 民執法35条	異議者等
				2	破産債権を訴訟物とする訴訟につき終局判決がなされた後、確定前に破産手続が開始したところ、破産債権者が内容に疑義のある債権の届出をした。	111条	破産債権者	—	債権調査において異議を述べた上、訴訟手続の受継と上訴・異議申立	129条１項２項、民訴法281条１項、311条１項、357条	同上
		第５款　租税等の請求権等についての特例	30		租税等の請求権につき、優先破産債権者が、内容に疑義のある債権届出をした。	114条	優先破産債権者	—	債権調査において異議を述べた上、国税通則法、行政事件訴訟法に基づく不服申立	134条２項	破産管財人
	第４節　債権者集会及び債権者委員会	第１款　債権者集会	31		届出のあった破産債権のうち未確定のものについて議決権の行使に問題がある。	140条１項２号３号	破産債権者	—	異議を述べる	140条２項	破産管財人他の破産債権者
		第２款　債権者委員会	32		裁判所が債権者委員会の破産手続への関与を承認した。	144条１項	裁判所	—	承認取消の申立	144条５項	利害関係人（例：破産管財人）
第５章　財団債権			33		社債管理会社等が破産債権である社債の管理に関する事務を行おうとする場合（あるいは既に行った場合）に、裁判所が当該社債管理会社の事務処理に要する費用請求権を財団債権とする許可をした。	150条１項ないし３項及び６項	裁判所	—	即時抗告	150条５項及び６項	利害関係人（例：破産管財人）

不服の申立先	不服を審理する機関	不服申立期間	方式等	手数料等	執行停止効等	再度の不服申立	その他実務に役立つ情報の有無
確定判決をした裁判所等	抗告裁判所（高等裁判所）	異議等のある破産債権に係る一般調査期間若しくは特別調査期間の末日、又は一般調査期日若しくは特別調査期日から１か月以内（129条３項、125条２項）	書面	更正決定：不要 再審：4,000円 請求異議の訴え：訴額による	—	上訴	破産債権の優先・劣後の有無についてのみ異議が出された場合は、原則どおり届出破産債権者が債権確定手続を開始しなければならない。 破産手続開始後に執行文の付与を受けることができるか争いがあるが、肯定するのが通説である。 同一の破産債権に関し異議者等が複数存在する場合、数個同時に係属する訴訟の弁論及び裁判は併合される（129条３項、126条６項）。
訴訟の係属する裁判所等	抗告裁判所（高等裁判所）	異議等のある破産債権に係る一般調査期間若しくは特別調査期間の末日、又は一般調査期日若しくは特別調査期日から１か月以内（129条３項、125条２項）	書面	上訴・異議申立の種類に応じた手数料が必要	—	上訴	
税務署長（税務署長が処分をした場合）など	税務署長（税務署長が処分をした場合）など	当該請求権の届出があったことを知った日から１か月以内（134条４項）	書面	不要	—	税務上の手続（審査請求、課税処分取消訴訟等）による。	通常の債権調査・確定手続には服さない。 他の破産債権者からの異議は、認められない。
裁判所	裁判所	債権者集会で行使	書面又は口頭	不要	—	変更の申立ができる（140条３項）。	—
裁判所	裁判所	とくに制限なし	書面	不要	—	—	—
原裁判所	抗告裁判所（高等裁判所）	【１】と同じ	書面	1,000円	執行停止効あり	特別抗告・許可抗告	—

		番号		不服申立の対象となる行為ないし事実	参照条文	行為者	原裁判等の送達方法の特別の定め	不服申立方法	不服申立の根拠条文	不服申立の主体
第6章　破産財団の管理	第1節　破産者の財産状況の調査	34	1	裁判所が、破産管財人の申立により、破産者に対し、破産財団に属する財産を破産管財人に引き渡すべき旨を命ずる決定をした。	156条1項	裁判所	当事者への送達を要する（156条4項）。10条3項（公告による代替）の適用排除	即時抗告	156条3項	利害関係人（例：破産者）
			2	破産管財人が、破産財団に属する財産を破産管財人に引き渡すべき旨を命ずる決定を求める申立をしたのに対し、破産裁判所がこれを却下する決定をした。	156条1項	裁判所	当事者への送達を要する（156条4項）。10条3項（公告による代替）の適用排除	即時抗告	156条3項	利害関係人（例：破産管財人）
	第2節　否認権	35	1	裁判所が、否認権を保全するため必要と判断して、申立又は職権で仮差押、仮処分等の保全処分を命ずる決定をした。	171条1項	裁判所	裁判書を当事者に送達。10条3項（公告による代替）の適用排除（171条6項）	即時抗告	171条4項	利害関係人（例：受益者）
			2	利害関係人（債権者や保全管理人）が否認権を保全するために不動産の処分禁止の仮処分の申立をしたところ、破産裁判所が保全の必要性がないと判断して、申立を棄却する決定をした。	171条1項	裁判所	裁判書を当事者に送達。10条3項（公告による代替）の適用排除（171条6項）	即時抗告	171条4項	利害関係人（例：保全管理人）
			3	破産裁判所が、申立により又は職権で、【35の1】の保全処分を変更又は取り消す決定をした。	171条3項	裁判所	裁判書を当事者に送達。10条3項（公告による代替）の適用排除（171条6項）	即時抗告	171条4項	利害関係人（例：破産管財人）
		36	1	破産管財人が、訴えにより否認権を行使したのに対し、請求を認容する判決がなされた。	173条1項	裁判所	—	控訴	民訴法281条1項	判決に不服のある当事者（例：受益者）
			2	破産管財人が、訴えにより否認権を行使したのに対し、請求を棄却する判決がなされた。	173条1項	裁判所	—	控訴	民訴法281条1項	破産管財人
			3	破産管財人が、請求（決定手続）により否認権を行使したのに対し、認容する決定がなされた。	174条2項	裁判所	裁判書を当事者に送達。10条3項（公告による代替）の適用排除（174条4項）	否認請求認容決定に対する異議の訴え【書式11】	175条1項	決定に不服がある者（例：受益者）

不服の申立先	不服を審理する機関	不服申立期間	方式等	手数料等	執行停止効等	再度の不服申立	その他実務に役立つ情報の有無
原裁判所	抗告裁判所（高等裁判所）	【１】と同じ	書面	1,000円	執行停止効あり（156条５項）	特別抗告・許可抗告	第三者が占有している財産に関しては、破産管財人は引渡訴訟などを提起して個別に債務名義を得なければならない。即時抗告の規定や、送達方法につき特別の定めがなされているのは、破産者が占有する財産には自由財産に属するものが含まれている可能性があるので、慎重な判断を期するためである。
原裁判所	抗告裁判所（高等裁判所）	【１】と同じ	書面	1,000円	—	特別抗告・許可抗告	
原裁判所	抗告裁判所（高等裁判所）	【１】と同じ	書面	1,000円	執行停止効なし（171条５項）	特別抗告・許可抗告	その他の対抗手段としては、変更取消の申立（【35の３】へ）や起訴命令などをすること（172条４項、民保法37条）も考えることができる。なお、保全処分は、破産管財人が破産手続開始後１か月以内に手続きを続行（172条１項２項）しないときには失効する。
原裁判所	抗告裁判所（高等裁判所）	【１】と同じ	書面	1,000円	執行停止効なし（171条５項）	特別抗告・許可抗告	—
原裁判所	抗告裁判所（高等裁判所）	【１】と同じ	書面	1,000円	執行停止効なし（171条５項）	特別抗告・許可抗告	—
原裁判所	高等裁判所	判決書又は調書の送達を受けた日から２週間の控訴期間内（民訴法285条）	書面（民訴法286条１項）	第１審の1.5倍（民訴費３条１項別表第一２）	—	上告	—
原裁判所	高等裁判所	判決書又は調書の送達を受けた日から２週間の控訴期間内（民訴法285条）	書面（民訴法286条１項）	第１審の1.5倍（民訴費３条１項別表第一２）	—	上告	—
裁判所	同左（175条２項）	認容決定の送達を受けた日から１か月の不変期間内（175条１項）	書面（民訴法133条１項）	訴額に応じて算出した額による（民訴費３条１項別表第一１）	—	控訴（【36の５】へ）	否認の請求に関する裁判は、理由を付した決定で行われる（174条２項）。理由は異議の訴えの手がかりとなる。

			番号		不服申立の対象となる行為ないし事実	参照条文	行為者	原裁判等の送達方法の特別の定め	不服申立方法	不服申立の根拠条文	不服申立の主体
第６章　破産財団の管理	第２節　否認権		36	4	破産管財人が、請求(決定手続)により否認権を行使したのに対し、棄却する決定がなされた。	174条２項	裁判所	—	不服申立できない	９条	—
第６章　破産財団の管理	第２節　否認権		36	5	否認の請求を認容する決定に対して不服があるため、受益者又は転得者が異議の訴えを提起したところ、 ・判決により認容決定が認可された。 ・判決により認容決定が取り消された。 ・判決により認容決定が変更された。	175条３項	裁判所	—	控訴	民訴法281条１項	判決に不服のある当事者（例：破産管財人）
第６章　破産財団の管理	第３節　法人の役員の責任の追及等		37		破産手続開始決定後、破産管財人の申立又は職権により、裁判所が、破産者たる法人の理事、取締役、執行役、監事、監査役、清算人又はこれらに準ずる者（役員）の財産に対する保全処分をした。	177条１項	裁判所	裁判書を当事者に送達。10条３項（公告による代替）の適用排除（177条６項）	即時抗告	177条４項	利害関係人（例：理事等）
第６章　破産財団の管理	第３節　法人の役員の責任の追及等		38		破産手続開始の申立後破産手続開始決定前、債務者若しくは保全管理人の申立又は職権により、裁判所が、破産者たる法人の理事、取締役、執行役、監事、監査役、清算人又はこれらに準ずる者（役員）の財産に対する保全処分をした。	177条２項	裁判所	裁判書を当事者に送達。10条３項（公告による代替）の適用排除（177条６項）	即時抗告	177条４項	利害関係人（例：理事等）
第６章　破産財団の管理	第３節　法人の役員の責任の追及等		39		裁判所が、破産手続開始決定前・破産手続開始決定後の役員財産に対する保全処分を変更し又は取り消す決定をした。	177条３項	裁判所	裁判書を当事者に送達。10条３項（公告による代替）の適用排除（177条６項）	即時抗告	177条４項	利害関係人（例：破産管財人）
第６章　破産財団の管理	第３節　法人の役員の責任の追及等		40		破産管財人の申立又は職権により、裁判所が、破産者たる法人の理事、取締役、執行役、監事、監査役、清算人又はこれらに準ずるもの（役員）の責任に基づく損害賠償責任の査定の裁判(役員責任査定決定)をした。	178条１項	裁判所	裁判書を当事者に送達。10条３項（公告による代替）の適用排除（179条３項）	役員責任査定決定に対する異議の訴え	180条１項	役員責任査定決定に不服がある者（例：理事等、破産管財人）

不服の申立先	不服を審理する機関	不服申立期　　間	方式等	手数料等	執行停止効等	再度の不服申立	その他実務に役立つ情報の有無
—	—	—	—	—	—	—	否認の請求を棄却する決定に対しては既判力はないので、破産管財人から改めて否認の訴えをすることができるが、信義則の面から、例外的な場合に制限されるとする考えがある。
原裁判所	高等裁判所	判決書又は調書の送達を受けた日から2週間の控訴期間内（民訴法285条）	書　面（民訴法 286条 1項）	第1審の1.5倍（民訴費3条1項別表第一2）	執行停止効あり（175条4項）。ただし、仮執行宣言を付されることがある（175条5項）。	上告	—
原裁判所	抗告裁判所（高等裁判所）	【1】と同じ	書面	1,000円	執行停止効なし（177条5項）	特別抗告・許可抗告	破産手続開始決定後の保全処分は、「必要があるとき」に認められる。 保全処分の変更又は取消の職権発動を求めることも考えられる（【39】へ）。
原裁判所	抗告裁判所（高等裁判所）	【1】と同じ	書面	1,000円	執行停止効なし（177条5項）	特別抗告・許可抗告	破産手続開始決定前の保全処分は、「緊急の必要があるとき」に認められる。 保全処分の変更又は取消の職権発動を求めることも考えられる（【39】へ）。
原裁判所	抗告裁判所（高等裁判所）	【1】と同じ	書面	1,000円	執行停止効なし（177条5項）	特別抗告・許可抗告	—
破産裁判所（180条2項）	裁判所	裁判書の送達を受けた日から1か月（180条1項、不変期間）	書面	訴額に応じて算出した額による（民訴費3条1項別表第一1）	執行停止効あり（181条）	控訴	役員責任査定決定手続開始の決定に対しては不服申立はできないので、役員責任査定決定がなされた後にこれに対する異議の訴えを提起することとなる。 役員責任査定の裁判の要件は、「必要がある」ことである（178条1項）。審理においては、役員の審尋が行われる（179条2項）。

章	節	番号		不服申立の対象となる行為ないし事実	参照条文	行為者	原裁判等の送達方法の特別の定め	不服申立方法	不服申立の根拠条文	不服申立の主体
第６章　破産財団の管理	第３節　法人の役員の責任の追及等	41		破産管財人が役員責任査定決定の申立をしたが、裁判所は申立を棄却する決定をした。	178条１項、179条１項	裁判所	—	不服申立できない（ただし、通常訴訟を提起することはできる）。	9条	—
		42		役員責任査定決定に不服のある者が役員責任査定決定に対する異議の訴えを提起したが、受訴裁判所は、 ・これを却下する判決、 ・役員責任査定決定を認可する判決、 ・役員責任査定決定を変更若しくは取り消す判決、 をした。	180条４項	受訴裁判所	—	控訴	民訴法281条１項	判決に不服のある当事者（例：理事等、破産管財人）
第７章　破産財団の換価	第１節　通則	43		破産管財人が、別除権の目的たる財産について、民事執行法その他の強制執行手続により換価した。	184条１項	破産管財人	—	別除権者は換価を拒むことができない（182条２項）。	—	—
		44		別除権者は法定の権利実行方法以外の方法で目的物を処分する権利を有していたが、裁判所は、破産管財人の申立により、法定外の方法で目的物を処分すべき期間を定める決定をした。	185条１項	裁判所	裁判書を当事者に送達。10条３項（公告による代替）の適用排除（185条４項）	即時抗告	185条３項	利害関係人（例：別除権者）
	第２節　担保権の消滅	45	1	破産管財人が、担保権消滅の許可の申立をした。	186条１項	破産管財人	担保権消滅許可申立書及び添付書類を被申立担保権者に送達しなければならない。代用公告（10条３項　本文）の適用排除（186条５項）。送達がすべて終了した場合は、破産管財人に通知される（破規58条１項）。	担保権実行の申立をしたことを証する書面の提出【書式12】	187条１項	被申立担保権者
			2					買受けの申出【書式13の１】【書式13の２】	188条１項	被申立担保権者

不服の申立先	不服を審理する機関	不服申立期　　間	方式等	手数料等	執行停止効等	再度の不服申立	その他実務に役立つ情報の有無
—	—	—	—	—	—	—	棄却決定には理由が付される（179条１項）が、その裁判書の送達を要しない。この場合、破産管財人は、裁判所の許可を得て（78条２項10号）通常訴訟により損害賠償請求していくことになる。
原裁判所	控訴裁判所（高等裁判所）	２週間（民訴法285条）	書　面（民訴法 286条　１項）	第１審の1.5倍（民訴費３条１項別表第一２）	執行停止効あり。 ただし、仮執行宣言が付されることがある（180条６項）。	上告	—
—	—	—	—	—	—	—	目的財産に剰余が生ずる見込みがなくても、強制執行手続は取り消されない（184条３項、民執法63条、129条）。 別除権者は換価代金から配当を受けるほかはない。
原裁判所	抗告裁判所（高等裁判所）	【１】と同じ	書面	1,000円	—	特別抗告・許可抗告	非典型担保や商事上の流質契約（商法515条）ある質権が設定されている場合である。
裁判所	裁判所	担保権消滅許可申立書及び添付書類が被申立担保権者に送達された日から１か月（187条１項）	証明書面提出（187条　１項）	—	—	即時抗告（【46】へ）	187条１項に定める１か月の期間は、被申立担保権者の申立により伸長されることもある（187条２項）。
破産管財人	裁判所	担保権消滅許可申立書及び添付書類が被申立担保権者に送達された日から１か月（188条１項、187条１項）	書　面（188条２項、破規59条） 添付書面（188条　５項、破規60条２項）	申出額の20%の保証（188条５項、破規60条１項）	—	即時抗告（【46】、【48】へ）	１か月の期間の伸長は認められていない。

		番号	不服申立の対象となる行為ないし事実	参照条文	行為者	原裁判等の送達方法の特別の定め	不服申立方法	不服申立の根拠条文	不服申立の主体
第7章 破産財団の換価	第2節 担保権の消滅	46	裁判所が担保権消滅許可決定をした。	186条1項、189条1項	裁判所	裁判書を当事者に送達。10条3項（公告による代替）の適用排除（189条5項）	即時抗告	189条4項	利害関係人（例：被申立担保権者、買受申出人）
		47	破産管財人が担保権消滅許可の申立をしたところ、裁判所が不許可決定又は却下決定をした。	186条1項、189条1項	裁判所	裁判書を当事者に送達。10条3項（公告による代替）の適用排除（189条5項）	即時抗告	189条4項	利害関係人（例：破産管財人）
		48	破産管財人が担保権消滅許可の申立をしたところ、被申立担保権者が買受けの申出をなし、裁判所が買受希望者を売却の相手方とする許可決定をした。	186条1項、189条1項	裁判所	裁判書を当事者に送達。10条3項（公告による代替）の適用排除（189条5項）	即時抗告	189条4項	利害関係人（例：破産管財人）
		49	担保権消滅・売却許可決定が確定し買受人が代金を納付した後、裁判所が、売却代金の配当の順位・額等を定めた。	191条、民執法85条	裁判所	—	配当異議の申出→配当異議の訴え	191条3項、民執法89条、90条	利害関係人（例：債権者・債務者）
	第3節 商事留置権の消滅	50	破産管財人が商事留置権者に対して商事留置権消滅請求・弁済をするにあたり、裁判所に許可を求めたところ、裁判所が不許可とした。	192条1項、2項、3項	裁判所	—	不服申立できない。ただし、目的物返還請求訴訟を提起することはできる。	9条	—

不服の申立先	不服を審理する機関	不服申立期　　間	方式等	手数料等	執行停止効等	再度の不服申立	その他実務に役立つ情報の有無
原裁判所	抗告裁判所（高等裁判所）	【１】と同じ	書面	1,000円	—	特別抗告・許可抗告	—
原裁判所	抗告裁判所（高等裁判所）	【１】と同じ	書面	1,000円	—	特別抗告・許可抗告	—
原裁判所	抗告裁判所（高等裁判所）	【１】と同じ	書面	1,000円	—	特別抗告・許可抗告	例えば、 ・買受申出期間を徒過していた。 ・破産管財人と被申立担保権者との間で合意が成立していた。 ・複数の買受申出があった場合に最高額の買受希望者でない者を買受人とした。 などの場合に即時抗告の対象となる。
裁判所	裁判所	（配当異議の申出）配当期日（民執法89条１項） （配当異議の訴え）配当期日から１週間（民執法90条６項）	申出は出頭の上口頭。訴えは書面	（配当異議の申出）費用不要 （配当異議の訴え）訴額に応じて算出した額による（民訴費３条１項別表第一１）	—	上訴	具体的な不服申立方法等については、民執法が準用されていることから第２編民事執行の配当異議の申出及び配当異議の訴えの箇所を参照。
—	—	—	—	—	—	—	商事留置権消滅の許可については不服申立できない。しかし、破産管財人は、目的物返還請求訴訟を提起することができる。この場合、商事留置権者が留置権を主張すれば、債権額の弁済との引換給付判決がなされることとなる。

		番号	不服申立の対象となる行為ないし事実	参照条文	行為者	原裁判等の送達方法の特別の定め	不服申立方法	不服申立の根拠条文	不服申立の主体
第７章　破産財団の換価	第３節　商事留置権の消滅	51	破産管財人が商事留置権者に対して商事留置権消滅請求・弁済をするにあたり、裁判所に許可を求めたところ、裁判所が許可した。	192条１項、２項、３項	裁判所	—	不服申立できない。ただし、商事留置権消滅請求の要件を欠くことを主張して目的物を引き渡さず、争うことはできる。	９条	—
		52	目的財産返還請求訴訟において、弁済金額が財産の価額に満たないことが判明したので、破産管財人が相当期間内に不足額を弁済することを条件として財産返還を命ずることを求める申立をしたところ、受訴裁判所は、不相当な額の弁済を条件として財産返還を命ずる判決をした。	192条５項	受訴裁判所	—	控訴	民訴法281条１項	判決に不服のある当事者（例：被告（財産所持者））
		53	目的財産返還請求訴訟において、弁済金額が財産の価額に満たないことが判明したので、破産管財人が相当期間内に不足額を弁済することを条件として財産返還を命ずることを求める申立をしたが、受訴裁判所は請求棄却判決をした。	192条５項	受訴裁判所	—	控訴	民訴法281条１項	判決に不服のある当事者（例：原告（破産管財人））
第８章　配当	第２節　最後配当	54	破産管財人が、裁判所書記官の最後配当の許可を得て、配当表を作成し、裁判所に提出した。	196条１項	破産管財人	197条１項、198条１項参照	異議の申立【書式14】	200条１項	届出をした破産債権者
		55	届出をした破産債権者が配当表に対して異議申立をし、裁判所が破産管財人に対し配当表の更正を命じた。	200条２項	裁判所	当事者へ送達不要（200条４項）	即時抗告	200条３項	利害関係人（例：破産管財人）

不服の申立先	不服を審理する機関	不服申立期間	方式等	手数料等	執行停止効等	再度の不服申立	その他実務に役立つ情報の有無
—	—	—	—	—	—	—	【52】、【53】へ
原裁判所	上級裁判所	２週間（民訴法285条）	控訴状（286条１項）	第１審の1.5倍（民訴費３条１項別表第一２）	執行停止効あり。ただし、仮執行宣言が付されることがある。	上告	—
原裁判所	上級裁判所	２週間（民訴法285条）	控訴状（286条１項）	第１審の1.5倍（民訴費３条１項別表第一２）	—	上告	—
裁判所	裁判所	最後配当に関する除斥期間が経過した後１週間以内（200条１項）	書面	なし	執行停止効あり	即時抗告（200条３項、【55】及び【56】へ。）	配当表に対する異議の事由は、配当に加えるべき債権を配当表に記載しなかったこと、配当に加えるべきでない債権を配当表に記載したこと、債権の額又は順位に誤りがあることなど、配当表の誤りを理由とするもの。債権調査の結果、既に確定された債権の内容に関する主張は、異議事由とはならない。 書記官は、異議の申立があった時は、遅滞なく破産管財人に通知をしなければならない（破規65条）
原裁判所	抗告裁判所（高等裁判所）	利害関係人が11条１項の規定によりその裁判書を閲覧請求できる日から起算して１週間以内（200条３項）。	書面	1,000円	執行停止効あり	特別抗告・許可抗告	更正決定に対する送達は不要であることを書く。

		番号	不服申立の対象となる行為ないし事実	参照条文	行為者	原裁判等の送達方法の特別の定め	不服申立方法	不服申立の根拠条文	不服申立の主体
第8章　配当	第2節　最後配当	56	届出をした破産債権者が配当表に対して異議申立をしたが、裁判所がその申立を却下した。	200条2項	裁判所	裁判書を当事者へ送達（200条4項）	即時抗告	200条3項	利害関係人（例：異議申立をした破産債権者）
第8章　配当	第2節　最後配当	57	書記官が、破産管財人の申立により、相当と認め、配当時異議確認型の簡易配当の許可をした。	204条1項3号	書記官	204条２項、３項参照	異議を述べる	206条	届出をした破産債権者
第8章　配当	第2節　最後配当	58	破産管財人が、書記官の簡易配当の許可を得て、配当表を作成し、裁判所に提出した。	204条1項、205条、196条1項	破産管財人	204条２項、３項	異議の申立【書式14】	205条、200条１項	届出をした破産債権者
第8章　配当	第5節　中間配当	59	破産管財人が、裁判所の中間配当の許可を得て、配当表を作成し、裁判所に提出した。	209条1項、3項、196条1項	破産管財人	209条３項、197条１項、198条１項参照	異議の申立【書式14】	209条３項、200条１項	届出をした破産債権者
第8章　配当	第5節　中間配当	60	中間配当の場合に、届出をした破産債権者が配当表に対して異議申立をし、裁判所が破産管財人に対し更正を命じた。	209条3項、200条2項	裁判所	209条３項、200条４項	即時抗告	209条３項、200条３項	利害関係人（例：破産管財人）

不服の申立先	不服を審理する機関	不服申立期間	方式等	手数料等	執行停止効等	再度の不服申立	その他実務に役立つ情報の有無
原裁判所	抗告裁判所（高等裁判所）	【１】と同じ。	書面	1,000円	執行停止効あり	特別抗告・許可抗告	—
裁判所	異議があれば、書記官は当該許可を取り消さなければならない（206条後段）。	204条４項による届出の日から起算して１週間以内（206条後段）	書面（破規66条）	なし	—	—	配当時異議確認型の簡易配当の場合には、破産管財人の届出から１週間の異議申述期間が設けられ、この期間内に届出破産債権者が簡易配当に対して異議を述べると、書記官は、簡易配当の許可を取り消さなければならず（206条後段）、最後配当の手続が行われる。【54】、【55】、【56】へ
裁判所	裁判所	簡易配当に関する除斥期間が経過した後１週間以内（205条、200条１項）	書面	なし	—	—	裁判所書記官は、異議の申立があった時は、遅滞なく破産管財人に通知をしなければならない（破規67条、65条）
裁判所	裁判所	210条１項に規定する中間配当に関する除斥期間が経過した後１週間以内（209条３項、200条１項）	書面	なし	配当表に対する異議についての決定に対して不服申立手続が継続中であっても中間配当を実施できるかどうかについては、考え方に対立がある。最後配当の場合には、異議落着が要求されるが（201条１項かっこ書）、中間配当にはその要件がないことが理由になる。ただし、実務的には異議の落着を待つことになると思われる。	即時抗告（209条３項、200条３項、【60】及び【61】へ。）	書記官は、異議の申立があった時は、遅滞なく破産管財人に通知をしなければならない（破規69条、65条）
原裁判所	抗告裁判所（高等裁判所）	利害関係人がその裁判書を閲覧請求できる日から起算して１週間以内（209条３項、200条３項）。	書面	1,000円	—	特別抗告・許可抗告	—

		番号	不服申立の対象となる行為ないし事実	参照条文	行為者	原裁判等の送達方法の特別の定め	不服申立方法	不服申立の根拠条文	不服申立の主体
第8章 配当	第5節 中間配当	61	中間配当の場合に、届出をした破産債権者が配当表に対して異議申立をしたが、裁判所がその申立を却下した。	209条3項、200条2項	裁判所	裁判書を当事者へ送達（209条3項、200条4項）	即時抗告	209条3項、200条3項	利害関係人（例：異議申立をした破産債権者）
第9章 破産手続の終了		62	裁判所が、破産財団をもって破産手続の費用を支弁するのに不足すると認め、破産手続開始の決定と同時に、破産手続廃止の決定をした。	216条1項	裁判所	直ちに、1破産手続開始の決定の主文、2破産手続廃止の決定の主文及び理由の要旨を公告し、かつ、破産者に通知しなければならない（216条3項）。	即時抗告	216条4項	利害関係人（例：破産債権者）
		63	裁判所が、破産手続開始の決定があった後、破産財団をもって破産手続の費用を支弁するに不足すると認め、破産管財人の申立により又は職権で、破産手続廃止の決定をした。	217条1項	裁判所	破産手続廃止の決定をしたときは、直ちに、その主文及び理由の要旨を公告し、かつ、その裁判書を破産者及び破産管財人に送達しなければならない(217条4項)。	即時抗告	217条6項	利害関係人（例：破産債権者）
		64	破産手続開始の決定があった後、破産管財人が破産手続廃止決定の申立をしたにもかかわらず、裁判所が申立を棄却する決定をした。	217条1項	裁判所	破産管財人の申立を棄却する決定の場合は、その裁判書を破産管財人に送達しなければならない。10条3項(公告による代替)の適用排除(217条5項)	即時抗告	217条6項	利害関係人（例：破産管財人）

不服の申立先	不服を審理する機関	不服申立期　間	方式等	手数料等	執行停止効等	再度の不服申立	その他実務に役立つ情報の有無
原裁判所	抗告裁判所（高等裁判所）	【１】と同じ	書面	1,000円	—	特別抗告・許可抗告	—
原裁判所	抗告裁判所（高等裁判所）	【１】と同じ	書面	1,000円	執行停止効はないので廃止決定の効力が継続（216条５項）。しかし、即時抗告に基づいて廃止決定を取り消す決定が確定すれば、破産手続開始に基づいて破産手続が進められることになるので、同時処分及び付随処分が行われる（216条６項、31条、32条）。	特別抗告・許可抗告	—
原裁判所	抗告裁判所（高等裁判所）	【１】と同じ	書面	1,000円	破産手続廃止の決定は確定しなければ効力を生じない（217条８項）。	特別抗告・許可抗告	—
原裁判所	抗告裁判所（高等裁判所）	【１】と同じ	書面	1,000円	—	特別抗告・許可抗告	—

	番号	不服申立の対象となる行為ないし事実	参照条文	行為者	原裁判等の送達方法の特別の定め	不服申立方法	不服申立の根拠条文	不服申立の主体
第９章　破産手続の終了	65	破産手続を廃止することについて債権届出期間内に届出をした破産債権者の全員の同意を得ている場合（裁判所がまだ確定していない破産債権を有する破産債権者について同意を得ることを要しない旨の決定をした場合も含む）に、破産者の申立により、裁判所が、破産手続廃止の決定をした。	218条１項、２項	裁判所	破産手続廃止の決定をしたときは、直ちに、その主文及び理由の要旨を公告し、かつ、その裁判書を破産者及び破産管財人に送達しなければならない（218条５項、217条４項）。	即時抗告	218条５項、217条６項	利害関係人（例：同意を要しないと決定された破産債権者）
	66	破産手続を廃止することについて債権届出期間内に届出をした破産債権者の全員の同意を得ている場合（裁判所がまだ確定していない破産債権を有する破産債権者について同意を得ることを要しない旨の決定をした場合も含む）に、破産者が申立をなしたが、裁判所が破産手続廃止申立棄却の決定をした。	218条１項、２項	裁判所	破産者の申立を棄却する決定の場合は、その裁判書を破産者に送達しなければならない。10条３項（公告による代替）の適用排除（218条５項、217条５項）	即時抗告	218条５項、217条６項	利害関係人（例：破産者）
	67	破産手続を廃止することについて債権届出期間内に届出をした破産債権者の全員の同意を得ていないものの、同意をしない破産債権者に対して、他の破産債権者の同意を得て破産財団から裁判所が相当と認める担保を供した場合に、破産者の申立により、裁判所が、破産手続廃止の決定をした。	218条１項、２項	裁判所	破産手続廃止の決定をしたときは、直ちに、その主文及び理由の要旨を公告し、かつ、その裁判書を破産者及び破産管財人に送達しなければならない（218条５項、217条４項）。	即時抗告	218条５項、217条６項	利害関係人（例：同意をしていない破産債権者）
	68	破産手続を廃止することについて債権届出期間内に届出をした破産債権者の全員の同意を得ていないものの、同意をしない破産債権者に対して、他の破産債権者の同意を得て破産財団から裁判所が相当と認める担保を供し、破産者が破産手続廃止の申立をなしたが、裁判所が、破産手続廃止申立棄却の決定をした。	218条１項、２項	裁判所	破産者の申立を棄却する決定の場合は、その裁判書を破産管財人に送達しなければならない。10条３項（公告による代替）の適用排除（218条５項、217条５項）	即時抗告	218条５項、217条６項	利害関係人（例：破産者）

不服の申立先	不服を審理する機関	不服申立期間	方式等	手数料等	執行停止効等	再度の不服申立	その他実務に役立つ情報の有無
原裁判所	抗告裁判所（高等裁判所）	【1】と同じ	書面	1,000円	破産手続廃止の決定は確定しなければ効力を生じない（218条5項、217条8項）ので、破産手続が継続	特別抗告・許可抗告	【65】ないし【68】の申立があったときは、その旨を公告しなければならない（218条3項）。届出をした破産債権者は公告が効力を生じた日から2週間以内に、裁判所に対し、【65】から【68】の申立に対して、意見を述べることができる（218条4項）。
原裁判所	抗告裁判所（高等裁判所）	【1】と同じ	書面	1,000円	—	特別抗告・許可抗告	
原裁判所	抗告裁判所（高等裁判所）	【1】と同じ	書面	1,000円	破産手続廃止の決定は確定しなければ効力を生じない（218条5項、217条8項）ので、破産手続が継続	特別抗告・許可抗告	
原裁判所	抗告裁判所（高等裁判所）	【1】と同じ	書面	1,000円	—	特別抗告・許可抗告	

	番号	不服申立の対象となる行為ないし事実	参照条文	行為者	原裁判等の送達方法の特別の定め	不服申立方法	不服申立の根拠条文	不服申立の主体
第10章 相続財産の破産等に関する特則	69	破産手続開始の申立後で破産手続開始の決定前に債務者について相続が開始した場合に、債務者の相続債権者、受遺者、相続人、相続財産の管理人又は遺言執行者が債務者の相続財産についてその破産手続続行申立をしたところ、裁判所が却下した。	226条１項	裁判所	—	即時抗告	226条４項	利害関係人（例：相続債権者）
第12章 免責手続及び復権 第１節 免責手続	70	債務者（破産手続開始の決定後は破産者）が免責許可の申立をした。	248条１項	債務者（破産者）	意見申述期間を通知・公告される（251条２項）	意見を述べる【書式15】	251条	破産管財人及び破産債権者
	71	債務者（破産手続開始の決定後は破産者）が免責許可の申立をしたところ、裁判所が免責許可決定をした。	248条１項、252条１項	裁判所	裁判書を破産者及び破産管財人へ、主文を記載した書面を破産債権者へ送達。裁判書については、10条３項本文（公告による代替）の適用排除（252条３項）	即時抗告	252条５項	利害関係人（例：破産債権者）
	72	債務者（破産手続開始の決定後は破産者）が免責許可の申立をしたところ、裁判所が免責不許可決定をした。	248条１項、252条１項	裁判所	裁判書を破産者に送達。10条３項本文（公告による代替）の適用排除（252条４項）	即時抗告【書式16】	252条５項	利害関係人（例：破産者）

不服の申立先	不服を審理する機関	不服申立期間	方式等	手数料等	執行停止効等	再度の不服申立	その他実務に役立つ情報の有無
原裁判所	抗告裁判所（高等裁判所）	【１】と同じ	書面	1,000円	執行停止効あり（226条３項）	特別抗告・許可抗告	被相続人に対する破産手続開始後に相続が開始されたときには、相続財産を破産者とする手続が当然に続行される（227条）。破産手続開始決定後の続行が当然続行とされているのは、既に破産手続開始決定の効力が生じ（30条２項）、破産管財人がその職務を遂行している以上、利害関係人の意思を問わず、相続財産について清算を続行することが適当であるとの判断に基づく。これに対し、破産手続開始手続中は、相続財産破産を開始するか否かを利害関係人の意思に委ねるのが適当であると判断されるところから、申立続行とされたものである。１か月の期間内に相続債権者などによる続行申立がなければ、破産手続開始手続は終了するし、続行申立が却下され、その裁判が確定したときにも、手続は終了する（226条３項、４項）。
裁判所	裁判所	公告が効力を生じた日から起算して１か月以上の裁判所が定める期限（251条１項、３項）	書面（期日においては口頭でも可：破規76条）	—	—	—	—
原裁判所	抗告裁判所（高等裁判所）	【１】と同じ	書面	1,000円	免責許可の決定は、確定しなければその効力を生じない（252条７項）。	特別抗告・許可抗告	破産債権者への送達は実務では代用公告を行うのが一般的である。 免責取消を申し立てる方法もある（【74】及び【75】へ）
原裁判所	抗告裁判所（高等裁判所）	【１】と同じ	書面	1,000円	—	特別抗告・許可抗告	抗告の利益を有しない破産債権者に対する送達は不要

		番号	不服申立の対象となる行為ないし事実	参照条文	行為者	原裁判等の送達方法の特別の定め	不服申立方法	不服申立の根拠条文	不服申立の主体
第12章　免責手続及び復権	第１節　免責手続	73	破産者に免責不許可事由があったが、裁判所が裁量により免責許可決定をした。	248条１項、252条２項	裁判所	裁判書を破産者及び破産管財人に、主文を記載した書面を破産債権者へ送達。裁判書については、10条３項本文（公告による代替）の適用排除（252条３項）	即時抗告	252条５項	利害関係人（例：破産債権者）
		74	裁判所が、破産債権者の申立により又は職権で免責取消の決定をした。	254条１項	裁判所	裁判書を破産者及び申立人に、主文を記載した書面を破産債権者へ送達。裁判書については、10条３項本文（公告による代替）の適用排除（254条２項）	即時抗告	254条３項	利害関係人（例：破産者）
		75	破産債権者からの免責取消の申立に対し、裁判所が却下した。	254条１項	裁判所	—	即時抗告	254条３項	利害関係人（例：破産債権者）
	第２節　復権	76	破産者が弁済その他の方法により破産債権者に対する債務の全部について責任を免れたので、復権の申立をし、裁判所が復権の決定をした。	256条１項	裁判所	裁判書を破産者に、主文を記載した書面を破産債権者へ送達。裁判書については、10条３項本文（公告による代替）の適用排除（256条４項）	即時抗告	256条５項	利害関係人（例：破産債権者）
		77	破産者が弁済その他の方法により破産債権者に対する債務の全部について責任を免れたので、復権の申立をしたところ、裁判所が却下した。	256条１項	裁判所	裁判書を破産者に、主文を記載した書面を破産債権者へ送達。裁判書については、10条３項本文（公告による代替）の適用排除（256条４項）	即時抗告	256条５項	利害関係人（例：破産者）

不服の申立先	不服を審理する機関	不服申立期　　間	方式等	手数料等	執行停止効等	再度の不服申立	その他実務に役立つ情報の有無
原裁判所	抗告裁判所（高等裁判所）	【１】と同じ	書面	1,000円	免責許可の決定は、確定しなければその効力を生じない（252条７項）。	特別抗告・許可抗告	破産債権者への送達は実務では代用公告を行うのが一般的である。 免責取消を申し立てる方法もある（【74】及び【75】へ）
原裁判所	抗告裁判所（高等裁判所）	【１】と同じ	書面	1,000円	免責取消の決定が確定したときは、免責許可の決定は効力を失う（254条５項）ので、免責取消の決定が確定するまでは免責許可の決定は効力が維持される。	特別抗告・許可抗告	—
原裁判所	抗告裁判所（高等裁判所）	【１】と同じ	書面	1,000円	—	特別抗告・許可抗告	—
原裁判所	抗告裁判所（高等裁判所）	【１】と同じ	書面	1,000円	執行停止効あり	特別抗告・許可抗告	破産債権者は復権申立の公告が効力を生じた日から起算して３か月以内に、裁判所に対し、復権申立について意見を述べることができる（256条２項、３項）。
原裁判所	抗告裁判所（高等裁判所）	【１】と同じ	書面	1,000円	—	特別抗告・許可抗告	—

おわりに

本書の性格や出版経緯等については、巻頭の「刊行にあたって」に譲ることにして、ここでは、本書完成までの苦労話などを紹介します。

本書は、もともとは本年８月25日に茨城県弁護士会が担当会として開催する「関東十県会夏期研修会」のテキストとして用いるためのものです。

ところが、最近では、どの担当弁護士会でも研究成果を研修会での資料にとどめずに、実務家向けの出版本として刊行することが通例となっています。そして、十県会所属外の弁護士などからも、毎年どのような本が出版されるのかが注目されています。

このような経緯もあって、10年に一度回ってくる担当弁護士会としては、売れる本を目指して本のテーマ選定に神経を使うことになります。当会では、今回は平成17年４月に早々と「テーマ選定委員会」を発足させて検討を重ねました。約５か月間の議論の中で７つほどのテーマが候補に挙がりましたが、最終的には「不服申立」に関する問題を研究テーマとすることで意見の一致を見ました。

平素我々弁護士は、訴訟手続等の中で、「裁判官や相手方弁護士の言っていることは何かおかしい」と感じつつも、適時に如何なる異議や不服申立ができるのかについての知識が欠如しているために、ついつい引き下がってしまうといった苦い経験を味わっているのではないでしょうか。そこで、どのような場面でどのような不服申立ができるのかについて、整理した形で記述されている本があったら便利ではないかというのが本テーマの選定意図です。

そして、平成17年９月に「夏期研修会準備委員会」を発足させ、本格的な準備作業に入りました。委員長には私が就任しましたが、過去の経験を振り返ってみますと、良い本ができるか、また研修会を成功に導けるかどうかは、実際の実務を担当する副委員長の双肩にかかっています。そこで、委員長権限を行使し、10年前に「墓地の法律と実務」という本を出版した際のテーマ提唱者であった後藤直樹会員を知恵袋用の副委員長に指名し、さらには実際の作業において準備委員の尻を叩き、厳しい原稿の督促をしてもらうための鬼軍曹的役割を期待して根本信義会員をもう１名の副委員長に指名しましたが、今にして思うと「してやったり」という感じです。また、不服申立のテーマを提案した篠崎和則現副会長には提案者として最後まで見届け役を担ってもらうという意味から、準副委員長的なチーフ役に就いてもらい、そして各準備委員を10班に振り分け、それぞれの班に適任の班長を配置しました。

今回は、本の分量などの関係もあって、対象を民事訴訟、民事執行・保全、破産の範囲に限らざるを得ませんでした。家事や刑事等の分野については、他日を期したいと思います。

今、最終ゲラを目の前にしてこの一文を書いていますが、ここに至るまでの２度の本格的な合宿、土日をつぶしての多数回の日帰り合宿、各班ごとの班会議での激論などが懐かしく思い返されます。準備委員が原稿執筆のために集まった回数は数知れません。準備委員の皆さんには本当にご苦労をかけました。特に土浦、下妻支部の委員の方々には何度も水戸まで足を運んでいただき、感謝に堪えません。

本書は、現時点での茨城県弁護士会の中堅・若手会員の知的水準を示すものです。その水準がどの程度のものであるかは、読者諸兄の判断に委ねるほかはありませんが、会員が忙しい本業の合い間に完成させた本であることを考えますと、委員長である私としては、なかなかの出来栄えではないかと密かに自負しています。しかし、過去に類書のない本であるため、理論的検討が不足している箇所など不十分な点も多々あるに違いありません。本書の内容についての読者の方々からの異議申立（不服申立）も大いに歓迎です。

最後になりましたが、本書執筆過程で、理論的側面から筑波大学の村上正子准教授より貴重なご教示をいただき、水戸地方裁判所管内の書記官の方々からも実務面でのご指導を受けました。また、株式会社ぎょうせいの関係者にも大変お世話になりました。ここに記して深甚なる謝意を表します。

今後、本書が法廷での弁護士必携（バイブル）となることを願っています。

平成19年８月

茨城県弁護士会関東十県会夏期研修会
準備委員会委員長　**大和田　一　雄**

民事訴訟・執行・保全・破産における
不服申立の実務—抗告・異議等の活用—

平成19年８月31日初版発行
平成19年９月30日再版発行

編　者　　茨城県弁護士会

発行所　　株式会社　ぎょうせい

本　社　　東京都中央区銀座７—４—12（〒104-0061）
本　部　　東京都杉並区荻窪４—30—16（〒167-8088）
電　話　　編集　(03)5349-6619
　　　　　営業　(03)5349-6666
　　　　　URL http://www.gyosei.co.jp
《検印省略》

印刷　ぎょうせいデジタル株式会社
※乱丁、落丁本はおとりかえいたします。　
ISBN978-4-324-08254-6
(5107245-00-000)
〔略号：民事不服申立〕